復旦哲學・中國哲學文獻叢書

肆

主編
吴震
［日］吾妻重二
［韓］張東宇

東亞《家禮》文獻彙編

日本篇

①

上海古籍出版社

泣血餘滴

［日本］林鵝峰　撰
申緒璐　整理

《泣血餘滴》解題

[日]吾妻重二　撰　董伊莎　譯

《泣血餘滴》，刊本，上下二卷，一册。有藏於關西大學綜合圖書館長澤文庫的單行本，圖書編號爲 L23 * * 900 * 1615。衆所周知，長澤文庫收藏的是現代日本代表性文獻學者長澤規矩也的舊藏書，其中有許多貴重書籍。此長澤文庫之藏本的影印本還刊載於一九七九年東京汲古書院出版的《影印日本隨筆集成》第十二輯中。

《泣血餘滴》的著者林鵝峰（一六一九—一六八〇）是林羅山（一五八三—一六五七）的第三子，名恕，别名春勝，又名春齋，字子和、之道，號鵝峰、向陽子等。生於京都，後隨羅山移居江户（現東京）。他是朱子學者羅山的繼承者，擴建了林家學塾和先聖殿（即孔子廟），并爲後來的昌平坂學問所（江户幕府的最高學府——譯者注）奠定了基礎，是江户時代初期的重要學者。

其著作有受江户幕府之命編纂的《寛永諸家系圖傳》一百八十六卷、《本朝通鑑》正編四十卷、前編三卷、續編二百三十卷、《日本王代一覽》七卷等有關日本史學的名著。此外，他還編纂了《華夷變態》三十五卷等海外情况史料集，儒教相關的著述有《周易程傳私考》十八卷、《周易本義私考》十三卷、《易學啓蒙私考》一卷、《書經集傳私考》四册、《詩經私考》三十二卷、《禮記私考》十一卷、《春秋胡氏傳私考》八卷等，更編有日本文學相關的《本朝百人一首》十卷等，著述非常豐富。文集有刊本《鵝峰先生林學士文集》一百二十卷。

史料説明《家禮》一書最遲在室町時代中期，即十五世紀已經有完本傳到日本，但此後二百多年間并没有引起特别的反響。該書在經歷了長期的空白期後，到了江户初期才開始受到廣泛矚目。作爲儒禮實踐草創期的人物，具代表性的有藤原惺窩（一五六一—一六一九）及其門人林羅山，他們不僅關注儒教的「思想」，還着眼於「儀禮」，可説是嘗試儒禮實踐的重要人物。但對日本接受《家禮》起重要作用的無疑是本書《泣血餘滴》。其實，鵝峰平時就熱衷於閲讀《家禮》，寛文八年（一六六八）的《家禮跋》（《鵝峰先生林學士文集》卷九十八）對此有明確記載：

家禮跋

儀禮久矣，古制難悉效焉。朱文公《家禮》取簡要而應其時也。後儒效之，遂施行于天下，永爲儒門之法。然行之有時，施之有所，則在本朝之今，難效乎？不然。何處何家何人不有冠婚喪祭之事，其所因其所損益，無此書則何據何效乎？乃知不讀《家禮》，則惑流俗，陷異端，不能知儒禮者必矣。

這是説,「何處何家何人」都不免要經歷「冠婚喪祭之事」,因此人們要用《家禮》來規範「冠婚喪祭」的儀禮實踐。當然,正如這裏所説的「損益」,鵝峰主張:應根據日本的實情和時宜,對《家禮》的記述加以取捨選擇,但即便如此,以《家禮》爲準則也是不可動摇的。

也正由此,鵝峰遵循《家禮》爲其母荒川龜(即羅山之妻)舉辦了葬儀。鵝峰之母原是「常念西方,唱彌陀」(《先妣順淑孺人事實》)的浄土佛教信者,但她不願由他人送葬,更希望由兒子送葬,故同意鵝峰爲她舉行儒葬。

這部《泣血餘滴》是明曆二年(一六五六)三月鵝峰用儒禮舉行母親荒川氏(順淑孺人)葬儀的記録,同年四月完稿,三年後的萬治二年(一六五九)受到羅山同門、藤原惺窩的高徒——京都的石川丈山的援助,由京都的大森安右衛門出版。上卷共十七葉,下卷共二十五葉。上卷收録了鵝峰的《先妣順淑孺人事實》和鵝峰之弟林讀耕齋的《先妣順淑孺人哀辭并序》,下卷爲《泣血餘滴》本文。

關於《泣血餘滴》的撰述基本方針,同書序文有云:

昔朱文公遭其母祝孺人之喪,折衷《儀禮·士喪》而制作《家禮》,後學無不由之。本朝釋教流布閩國,爲彼徒被惑,無知儒禮者,故無貴賤皆葬事無不倩浮屠。嗚呼痛哉!近世有志之人,雖偶注心於《家禮》,然拘於俗風,而雖欲爲之而不能行者亦有之。今余丁母之憂,而其葬悉從儒禮行之。因叙其次序，滴淚以記之如左，取高柴「親喪泣血」之言而號曰《泣血餘滴》。

文末提到的高柴是春秋時代人，字子皋，《禮記・檀弓篇上》有云：「高子皋之執親之喪也，泣血三年，未嘗見齒。」「泣血」意謂對父母之死哀傷到了流血淚的程度。此書名便是包含了這種儒教傳統的意蘊。

本書作爲江户時代最早的有關《家禮》的完整著述，内容涉及日本的國情和風俗，又盡力忠實於《家禮》。雖然出版自己母親的葬儀記録并向世人公開，似乎頗爲特殊，但那也是爲了在日本推廣「儒禮葬法」的積極行爲。在本書出版前一年的萬治元年（一六五八），鵝峰在給京都石川丈山的書簡中寫道：

聞先年所借《泣血餘滴》，可刻梓以行于世，使人知儒禮葬法。（《答石丈山》，《鵝峰先生林學士文集》卷二十八）

可見，本書因石川丈山的勸誘，而得以出版問世。

此外，《泣血餘滴》在元禄二年（一六八九）序刊的《鵝峰先生林學士文集》中也有收録。《文集》卷七十三爲《先妣順淑孺人事實》，卷七十四爲《泣血餘滴》，但没有收録讀耕齋的《先妣順淑孺人哀辭并序》。

順便一提，朱舜水（一六〇〇—一六八二）流落長崎時曾仔細閱讀萬治二年刊本的《泣血餘滴》，并在欄外和本文間寫入批注。這是朱舜水《家禮》研究的一環，此文本不久後由德川光圀的家臣佐佐十竹（宗淳）帶到江户的水户藩邸。此朱舜水批注的《泣血餘滴》轉抄本現藏於水户明德會彰考館，十分珍貴。與此相關的考察可見拙文《水户德川家と儒教儀禮——葬禮をめぐって》（《水户德川家與儒教儀禮——以葬禮爲中心》）（《東洋の思想と宗教》第二十五號，早稻田大學，二〇〇八年）。

本書的一個重要價值在於首次揭示了在當時的日本環境中《家禮》式的儀禮實踐究竟能够達到何等程度。此外，鵝峰在《泣血餘滴》刊行後不久的萬治三年（一六六〇）更撰寫了《祭奠私儀》一書。《泣血餘滴》是以《家禮》爲基礎的「喪禮」之書，相對地，《祭奠私儀》則是以《家禮》爲基礎的「祭禮」之書。後來，林家的喪禮與祭禮便是以《泣血餘滴》和《祭奠私儀》爲基準來持續實施的。不僅如此，與支撑幕府文教政策的林家名望相符，此二書在後世的影響極大，作爲日本《家禮》式喪祭儀禮的基準，是值得銘記的。

目録

泣血餘滴卷上

先妣順淑孺人事實

先妣順淑孺人，以明曆二年丙申三月二日逝矣。嗚呼哀哉！先妣姓源，氏荒川，諱龜娘，其先河内國荒川邑人也。父曰宗意，移家攝津國難波城下，娶榎木氏女，生二男四女，先妣其第三之娘也。慶長三年戊戌某月某日産於難波。幼而聰惠，甚爲父母被愛。九歲喪母，宗意再娶。此時長女、次女既適人，先妣在家不背繼母，撫愛弟妹。其後宗意移居於洛，先妣十二歲擇對嫁家君。家君父曰林入，林入兄曰理齋，養家君爲子。先妣能事理齋，夙夜不懈，其於林入亦無違禮也。壬子之歲，先妣年十五，從家君出洛赴駿府。明年癸丑五月朔，誕長子敬吉於駿府。其明年甲寅之冬，東照大神君發台旆於駿府，有事於難波。家君扈從，先妣留駿，命處守者曰：「台旆所向，誰敢可敵？則其凱歌可計日而待焉。然若難波乘勝，則夫子其不免乎！我雖爲婦人，豈爲寇被劫哉？汝必可手刃我也。」既而難波請和，台旆還駿，家君有官事留滯于洛。明年乙卯正月二十九日，理齋歸泉。其訃聞於駿府，而先妣悲慕殊甚，終身不忘焉。喪畢，家君到駿，凡在駿五年。宗意屢馳脚夫，問其安否。元和二年丙辰四月十七日，大神君捐群臣。家君自駿赴江城，奉仕台德院殿大相國，而送先妣於洛。時有娠，歸家産次男長吉。自是家君隔年來往于江城、京洛，戊午五月二十九日生余，時先妣二十一歲。庚申十一月二十一日，長吉病痘疹而夭，時纔五歲。未幾，敬吉及余同有痘疹之病，先妣深憂之。與宗意相議，招諸醫晝夜看疾，療養無怠。手自調飲食，不解笄帶者殆二十日，幸得平復。時會家君偶歸自江城，而雖嘆長吉早世，然喜二子之無恙，而謝宗意以勞。先妣寬永元年甲子十一月二十一日産守勝，今改名春德，一名靖。時先妣二十七歲。宗意甚愛敬吉及余，守勝謂其侍婢曰：「我多外孫，唯龜娘所産，皆有非常之相，不必辱其父之種也。」家君東遊年久，先妣留守甚謹，貞正和淑，不樂宴樂，不好佚遊。其於林入、宗意，省問不絶，有禮有孝。其於姊妹兄弟相和樂而怡怡如也。鞠育三子，慈愛教誨，兼備常慮。有其病，或豫使飲丸散之藥，或察時氣以灸俞穴。而至成長也，乃勸讀書學字。或有怠慢，則設夏楚以勵之。且平生戒諭曰：「汝等起居温飽，不飢不寒者，全是夫子勤勞優仕之餘澤，要須念茲在茲也。」家君采邑在洛畔，使吏治之。然其量入爲出之總括，皆先妣處分之，指揮適宜，取捨當理。然其間事不細小者，無附風潮而不羕家君之旨，不敢私决之，故親族懷其惠，鄰里慕其德，蒼頭赤脚無不敬之，無不畏之。而不渝其交際，不遺其故舊，則往往來謁者，亦無敢怨焉。丙寅八月四日，宗意下世，先妣哭泣哀毁。此時幕下入洛，家君偶在京而會其葬。此行也，家君倍台轅，往還洛淀之間，公務頻繁。先妣雖在喪，辨成家事而内助之勤，無敢闕焉。既而台轅東還，家君亦奉從焉，先妣留守如前。敬吉聰明絶倫，成童，早有秀才之譽。戊辰之冬，敬吉十六歲，應家君之召赴江城。先妣離袂之情甚切，而雖無日不東顧，然喜其晨昏奉椿砌以成學業。明年己巳六月十六日，林入年耄屬纊，先妣哀之慕之。未過旬，家君馳飛書告曰：「今月十九日敬吉易簀。」先妣哭慟擗踊，而絶飲食者旬餘。此時林入之訃達於江城，家君賜官暇入洛。先妣迎接雖不失禮，然無晝無夜相共悼敬吉，無不垂淚也。其冬，家君東行，先妣任身。明年庚午之夏，先妣嬰病殆危。家君聞之，告暇歸家，時六月七日也。其日振娘脱胎，家君招群醫治療。精密累月，有驗復常，家君乃徂東。頃年，家君近侍大猷院殿幕下，眷遇甚渥，故更數歲而不歸家。○先妣慈育余及守勝、振娘，守節彌謹，視事益勤。甲戌之夏，幕下入洛，家君奉從焉，先妣及余輩歡迎。其秋，台駕還東，家君𦎧鈞命，暫留洛。逮冬，携先妣及三子移家於江城，時先妣三十七歲，余十七歲，守勝十一歲，振娘五歲也。既而到府，爾來二十餘年。家君官仕，退公之暇，唯以讀書教授爲業。先妣平生中饋之奉，葛裘裁縫之勤，日用雜事之營，奴婢年支之分，皆得其所也。其間余及春德娶妻，每有弄璋瓦之慶，則産褥衛護之力居多，而膝上含飴之慈不可枚舉也。家君嘗有疾，則旦暮侍枕，終(霄)〔宵〕不眠。或手自煎藥，或手自焫艾灸，不肯少休者，累月遂平安也。先妣有疾，則家君常盡心勞思，擇醫藥，檢方書，其望問視察，非尋常之所及，故得其驗者數矣。配耦殆五十年，有禮敬而不相狎褻，有順和而不相乖違，故家君悉附内事而不敢疑焉。余幸依庇陰，別賜年俸以受宅地。先妣太喜，請家君之旨，點定居家之器用以頒授之，以令不匱乏也。有暇則偶來遊余宅，愛諸孫以怡顔悦心，不覺日之夕也，不知夜之闌也。就中愛春信殊甚，其幼則食而分甘，卧而同被。若有不豫，則連宿而不去者數日。彼既受家君之口授，知字誦文而有弓冶之志，先妣喜而不寐。春德喪耦，其子皆在襁褓。先妣鞠養憐愍，懇篤深切。其衣食起卧，無不注心，故人不知其爲無母之子也。先妣嘗憂敬吉爲家督而無後，余從容白曰：「兄没弟及者，古來惟多。余及春德在焉，則雖爲慈堂百歲之後，何爲廢其祀哉？然兄弟之子猶子也，故以姪繼伯父之家者不爲少矣。請擇春信、春常以爲敬吉之嗣乎。二子之間唯命。」先妣莞爾曰：「佗日與夫子議以決之。」明曆元年乙未之春，先妣有齒疾，家君招醫内外治療，湯液傳藥無不試用。經夏及秋，寢食不快。牙齦痛楚，血出不止。三彭成仇，積聚爲痼。胸鬲否塞，遍身苦辛。肌肉瘦枯，手足不起。於是自悟其可死而謂余及春德曰：「我隨父祖之教，常念西方唱彌陀。然我掩糙之日，其葬儀唯可任汝意。予縱雖爲質朴之老婦，與其葬於佗人之手也，無寧葬於汝輩之手乎？」且告曰：「遺言之狀一紙，數年以前既手記之以藏於匣底，其取捨宜任夫子之意。」又告余曰：「春德鰥居，二女一男皆幼，振娘亦無所倚賴。夫子春秋既高，恐爲彼等勞其心，汝宜爲之扶護也。」余嗚咽不能答焉。既而豫自調入棺之具以待絶命之期。至季秋，疾病增重，凡有名于世鴻術家及齒醫、針醫、外科按摩師，殆三十餘人，遂未得微效，無如之何。時會朝鮮信使將入府，先妣嘆曰：「我宿痾既久，幸依夫子之力而氣息未絶以至于今也。想夫異邦來聘，寔是本國之盛舉而吾家所可有事也。我今死而各觸服穢，則有妨於此乎。死者雖所期，唯願延一月之命也。」聞者無不感焉，執政亦聞而奇之。家君大息之餘，遍考巢氏《病源論》、孫氏《千金方》、陳氏《三因方》、方氏《奇效良方》、李氏《百病主治方》等。偶得妙方以飲之，則止嘔吐、開胸鬲，而稀粥稍進。又求或人之秘藥以傳貼其痛處，則暫忘勞劬，滿家皆欣欣然。孟冬，信使入府，登營拜禮。事畢，家君奉台命以草御書之案，且作執政所答彼國禮曹之回翰，余輩亦預其事。既而信使賜暇歸國，其間官事埤益，無些滯礙，果如其所願也。自是氣宇小安而不廢匕箸者百餘日，諸醫僉云，脉氣不惡，至陽和之時，則若夫得復本乎。然顔色日衰，體疲肉脱，而進粥則侍婢扶起，而徹膳則卧。不言不語，晝夜困睡，偶醒則開眼顧左右而已。余輩聞醫所言，雖動喜色，然退省其病容，則無不憂懼。今兹仲春下旬，餘寒未退，暴風屢吹，邪氣乘虚，彌留大漸。余暫抑淚，白家君曰：「慈堂不諱，其在近乎！去秋有所遺命也。嘗聞，父在則子不爲喪主，是禮也。然喪葬事煩，恐勞貴體，若得恩許，則已爲喪主以行之。」家君許之。嗚呼！如何不淑！三月二日申酉之交，遂瞑焉。其臨終，老婢揚聲勸唱念佛，然不肯唱之。蓋其守曾所遺命乎？歲五十有九。哀哉！痛哉！招魂不返，終天永訣之情，可争禁哉！聞者無不驚嘆，況於親族僮婢乎？噫！母子天性之恩，古今無貴賤一也。然或有遠遊索居者，或有拘事而罕逢者。如余生來三十九年，曾因公事赴京師，登久能山，奉使南山，祇役日光山者，四回。其往還或旬餘，或踰月而已，其餘不肯離膝下也。賜宅異居之後，既十年，無日不省定焉。春德今兹三十三歲，曾從家君詣日光山，來往一旬之外，無一日不侍其側。慈之深也，愛之厚也，豈尋常之謂哉？於是余與春德私議曰：「謚法曰『慈和遍服曰順』，古人稱女子之有德者曰『淑』，先妣當之。且夫順者，地勢也，坤道也。順從家君，無失其禮，不亦可乎？」乃告家君，奉謚曰「順淑孺人」。其夜小斂，明夜舉棺大斂。治棺之制，靈座之設，魂帛銘旌之法，朝夕奠之品，聊效朱文公之《家禮》，不作佛事。四日之夕，將發引靈柩，雨不克葬。五日之夕襄事，余及春德黲衣素服，徒步以從之，遂葬於上野別墅之艮隅。豫遣家隸岸清隆穿壙作灰隔。及期，先使春信、春常往焉，門生來會者十餘輩。余兄弟護靈柩至其地，使人謝門生等，於是安靈柩於甓子，以備奠供。上香而祠后土，使春信讀祝文，遂窆封之。余及春德哭擗仆地，少焉起而記神主，讀祝文，而令清隆留以實土而築之，假搆竹籬。余及春德等拭涕泗，還謁家君，問其興居無佗，而後安神主於奧。而後沐浴，而後供奠膳以擬虞祭。神主之制，櫝韜之式，皆取法於《家禮》。嗚呼！國法不能久殯，故葬之速，不可不嘆焉。既畢葬，而後使清隆築墳墓，其前立小石碑，其外繚逮栗柱以爲周垣，敷石以爲基趾。其匝栽樹若干株，墳崇四尺，其形如卧斧，所謂馬鬣封也。碑高四尺，圭首趺高尺許，皆有所據也。碑面刻書曰：「順淑孺人荒川氏龜媼之墓。」其陰傍刻曰：「明曆二年丙申季春孝子春齋林恕立。」不記其行實。蓋古法有所損益者，其微意有所難言也。凡寸尺，從宋儒之説，皆用周尺。周尺之法雖未詳，然余曾與有志人相議，有所考，有所證，以兼造之，故今用之。其斂窆及墳碑喪服等之事，別詳記之。作書一卷，號曰《泣血餘滴》。嗟夫！逝者如斯，晝夜推移。既過三旬，無時不哀悼，無日不追慕。然古來幼有喪父母者，韓昌黎、張横渠之類是也。又早有失隻親者，雖仲尼之聖、朱子之賢亦然。余既近强仕，而父母俱存，平生自喜曰：「孟子所謂一樂，天壤之間，復何可以代此也。」方今不幸闕其一，不亦悲乎？唯喜家君康健，老而猶壯。素知父恩重於母，則若使仲尼、朱子並世，以余輩爲幸乎！然則豈哀而傷毁而致病，而可爲父之憂哉？不可不慎焉！況自今爲先妣可行追遠之祭，終身之喪，則全身而可也。何不思之乎？門生作挽詞吊慰者多，然胸有茅，眼有淚，口有棘，愁有草，而未能答謝之。抑是黄庭堅居喪不作詩之意乎？果是至哀無文之謂乎？今日始遭流俗所稱一周月忌，拜神主，詣墳墓，悵然不言，追懷無限。長日難消，淚痕猶滴，因思往事，聊述衷曲，謹記先妣事實如右。昔程正公爲上谷郡君作傳，朱文公爲祝孺人作誌，則吾豈敢。然非無景慕之志，雖似有僭踰之罪，庶幾其孝道之一端乎？明曆二年丙申四月二日哀子春齋林恕泣血記之。

先妣順淑孺人哀辭并序

今兹明曆二年丙申三月初二日，母堂宿痾不起，春秋半百有九。嗚呼哀哉！家兄向陽子爲之喪主，小子亦贊助之。其儀概從朱文公之《家禮》而不作佛事，乃奉窆靈櫬于上野之深奥處，此是家君之别墅也。乃奉安神主于私室，乃奉謚「順淑孺人」。嗚呼哀哉！小子哭踊無節，悲憾愈深。晨昏嚴侍之外，不對面于門生，况於佗客乎。筆硯久廢，豈有篇咏之經意乎？流景猝猝，孟夏之二日，俄遇匝月之忌，不堪大息之至。勉强握筆，一字一淚，滴墨涪以爲哀辭一篇。嗚呼哀哉！

吁嗟二豎之久居膏肓兮，難得神醫之禁方兮。東風之恣吹北堂兮，争奈萱艸之凋傷兮。豈圖盈畹之蕪荒兮，恨彼忘憂之不爲祥兮。殘裹之藥誰復嘗兮，周身之衣空在篋兮。惟上巳之節異尋常兮，淚洒桃花露瀼瀼兮。眼迷於衆卉之誇艷陽兮，耳酸於暖禽之弄圓吭兮。文公《家禮》之有典章兮，兄爲喪主余在傍兮。魂帛銘旌精爽彰兮，朝夕之奠靈座床兮。靈柩之下低上昂兮，斂衣蓋了瀝松肪兮。麻衰黲衣鞋是芒兮，護送徒步泥點裳兮。奉瘞於上野之幽壙兮，不覔九原與北邙兮。吁嗟慈性端且莊兮，吁嗟慈誨懇且詳兮。吁嗟慈容不可望兮，吁嗟慈音乍渺茫兮。哀哉悼哉太慨慷兮，攪斷九回之寸腸兮。神主尊崇櫝中藏兮，儼然平生之姿相兮。虞祭之祝文神風颸兮，從此陪坐拜恐惶兮。薦清茶新菓之潔芳兮，焫沉檀一瓣之速香兮。案側銀燭之熒煌兮，膳羞時時之供張兮。感於幽冥覩於羹墻兮，更以事存可事亡兮。新墳之崇四尺强兮，土封馬鬣之騰驤兮。外鋪片石兮兆疆兮，繞以藩籬之鄣防兮。前頭之小石碑屹然揚兮，順淑之美可傳於千霜兮。日日詣墓行不翔兮，上香俯號聊彷徨兮。宰樹有響風鏘鏘兮，阡草無情雨浪浪兮。吁嗟一旦辭洞房兮，長眠泉下葬事襄兮。兩華甲子猶未央兮，浮生夢短一炊粱兮。時惟三春車馬遊冶郎兮，弄花狎柳對鳥斟霞觴兮。吁我滿眼昏霧滂兮，花之相似人之不同驚欲狂兮。既是餘春大盡之去忽忙兮，往事悠悠仰彼蒼兮。况又没後周月之流光兮，拊膺浩嘆感無量兮。日之不吉辰之不良兮，胡然今逢母之喪兮。吁嗟鞠育之恩不可忘兮，東海之水沄沄汪汪兮。哀慕之淚千行萬行兮，如河如泉孰短長兮。

右哀辭字之長短不同也，句之拙率不煉也，唯攄憂情、攄悲憶而已。抑月忌之説，中華之禮典無之，以其正當之月爲之忌日者也。每月之忌景者，出于本朝之俗風也久矣。雖然，追慕之不能忘也，可以固然矣。三年之喪者，古來之通喪也，本朝不能行之。本朝之舊制，父母之喪服一年也，近世不能行之。其情之薄也，其志之淺也，固既如此。然則流俗之月忌，幸是存之而可也。若今俄欲考諸古禮而除之，則情志之彌薄彌淺也，末如之何也已。

丙申孟夏二日　小子林靖拜

泣血餘滴卷下

昔朱文公遭其母祝孺人之喪，折衷《儀禮・士喪》而制作《家禮》，後學無不由之。本朝釋教流布，闔國爲彼徒被惑，無知儒禮者，故無貴賤皆葬事無不倩浮屠。嗚呼痛哉！近世有志之人，雖偶注心於《家禮》，然拘於俗風，而雖欲爲之而不能行者亦有之。今余丁母之憂，而其葬悉從儒禮行之。因叙其次序，滴涙以記之如左，取高柴「親喪泣血」之言而號曰《泣血餘滴》。

明曆二年丙申，三月二日辛巳申酉之交，余母荒川氏諱龜。終於寢。初其病間遺言於余及春德曰：「喪葬禮宜任汝意。」余白家君曰：「古禮有云『父在則子不爲喪主』，然遺言如此，且喪葬事繁，慮勞貴體，願余爲喪主行之。」家君許之。詳載《事實》。余復白曰：「然則葬處宜於上野別墅内而相攸乎？」家君諾。及其屬纊，戒内外，設屏風於寢奥，敷席加蒲團，遷尸覆之以衾，置枕南首。猶用生者之禮也。而使近侍老女二三輩居其傍，使家僮二三人護之，余及春德亦不離其邊。及夜而復，家君作其詞，遣一人持其所曾經服上衣，左執領、右執腰，余代家君焚香讀其詞。古禮，升屋行之，今於尸傍爲之。其詞云：

嗚呼哀哉！配我以來，既四十八年。宜家宜人，閨軌淑焉。季春初二，空房嗒然。是日何日，啼涙漣漣。懇戒巫陽，招魂于天。魂歸來兮，東有蝦夷，毒箭控弦。魂歸來兮，南海漫漫，長鯨吞舩。魂歸來兮，西有羯虜，擾亂山川。魂歸來兮，北胡韃馬，飛如鷹鸇。魂歸來兮，欲上天而雲不可以穿，欲入地而隧不可以及泉。魂歸來兮，汝有室，汝有筵。魂歸來兮，決不歸來，使我悁悁。嗚呼！魂而有靈兮，何不乘此香煙。嗚呼哀哉！痛哉！唯願窈窕之來前。

明曆二年丙申三月二日　林道春硯與淚同滴以書

讀了哭擗無數，既而家君及余、春德并春信、春常等皆易服，黲衣素服。斬衰、齊衰等之制，今俄難詳之。黲素者，本朝古來喪服藤衣是也。况朱文公亦居喪服黲素之例有之，則彼此不爲無據。乃命工治棺，訃告于親戚。

其後陳襲衣，乃設沐浴之具。既而沐浴畢，著明衣，襲白服，結白帶，著綿韈而幎目巾，握手巾，加白帽而飯含，用米錢。事終而抱尸。復初座而仰卧之，加單被於其上，以擬小斂。絞布之制未詳，且有不忍爲之意，故略之。古禮，幎目巾、握手巾等，皆有制法，然今用先妣豫所調置之具。於是置靈座，設魂帛，立銘旌，不作佛事。

靈座尸前設架，架上置衣服。其前置魂帛，其前設卓子。卓上設香爐，香合蠟燭，供酒茶菓。

魂帛

用白絹一匹結之。

按魂帛象人形，以帛造之，故難立之。今以薄板爲首之心，以細竹爲兩足之心。

銘旌以絳帛爲之，廣中幅長八尺，用周尺。以竹爲杠，加於靈座之右。其制如傘架，粉書隨其生時所稱，曰「某之柩」。

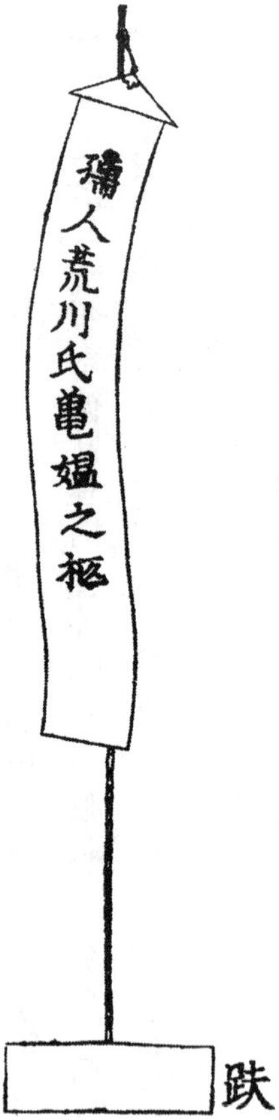

今按銘旌所書，於男女有所異。尺長短於貴賤有不同，詳見《家禮注》。今所用者，稱我家之分而准士禮之例，餘皆效之。

又按《儀禮・士喪禮》注有銘旌之事，其制與《家禮注》相異，今暫從《家禮》。

三日壬午。朝奠。食時上食齋膳。夕奠。余及春德等拜魂帛上香，三奠皆然。但朝夕用茶菓，不供膳。

今日遣家隸岸田清隆於別墅相攸於艮隅穿壙，壙深六尺五寸許，長一丈許，橫六尺許。

今夜棺成以檜板造之，擇木精密無孔無節。內外皆塗灰漆而合板釘穴，皆用瀝青鎔瀉之。瀝青者，松肪也。

後高一尺三寸　橫一尺三寸

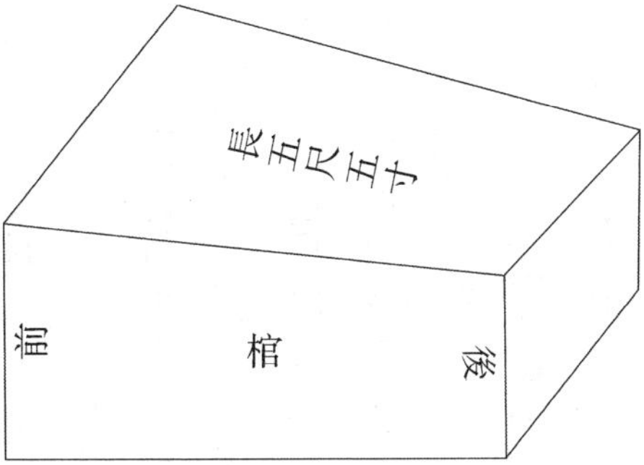

板厚二寸五分，蓋厚亦同。

棺寸尺雖用周尺，然所記於此者，以今尺記之，爲使工匠易解也。

古制棺外四隅打鐵鐶，懸索持之。

前高一尺六寸　橫一尺六寸

今按《家禮注》云「棺制方直，頭大足小，僅取容身」云云，然其寸尺長短大小未詳。去年乙未，朝鮮學士石湖李明彬與春德筆談曰「棺制上高下低，上廣下狹，其大小從死者之形」云云。然則彼國所傳聞中華之制法者可知焉，故今據《家禮》併校明彬之言以造之。又按《家禮注》云：「擇木爲棺，油杉爲上，柏次之，土杉爲下。」今不用杉柏用檜者，隨時宜，而檜之性亦爲入土中久不朽腐也。想夫擇木要其堅緻，未必决爲何木也。嗚呼！棺者葬具之最要也，不可不盡心者也。

於是舉棺於寢内以大斂。鋪石灰於棺底三寸許，而加紙於其上，而鋪七星板。板厚一寸許，有七孔。而鋪大綿衾於其上，而垂其四裔於棺外，而置木枕。枕之制，中窪而左右高，爲不使尸首動揺也。既而抱尸以容之於棺内，而仰卧之斂衣如前。掩以單被，而實生時齒髮於其傍，以絹綿塞其空缺，而收衾裔之垂棺外者。先掩足，次掩首，次掩左，次掩右，令棺中平滿，而加蓋打釘。而吻合，令無些罅隙，且塗瀝青。而置凳子兩個於屏風内，而安棺於其上。以白布覆棺上，而設靈座立魂帛，備奠供而立銘旌於其右。

今夕余與春德私議，白家君奉諡先妣曰「順淑孺人」。詳載《事實》。

四日癸未。雨降終日不止。

朝奠、食時上食、夕奠皆如昨日。上香拜禮如昨。

余及春德相議，謂國俗不能久殯，禮曰：「吉事用剛日，凶事用柔日。」今日柔日也，及昏可葬。乃白家君，家君領之。因考《家禮注》及《丘氏儀節書》，后土神主祝文貼於版，版高五寸，長一尺，用今尺。議發引之事。然及晚，以雨猶未止，故不克葬，遣人於別墅護壙穴。

五日甲申。雨止，天陰。

朝奠，食時上食，夕奠，皆如昨日。上香拜禮如昨。

一昨日以來，貴戚權門使价來吊，平生通交甲族良家，濟濟歷歷。或自來，或馳使，或寄書吊慰者多，門生等日日來問。或有贈賻銀者，皆辭不受之。

今朝，余謂春德曰：「古禮三月而葬，且卜遠日。孝子之情固當然，今從國俗者，無奈之何。昨日之雨於我輩可謂幸也。今日剛日也，然則葬可期明日，然陰晴不可知焉，且他妨不可圖也。若近鄰有失火，則周章不可言也，不如今夕行葬。」春德無異論，於是白家君，家君曰：「可也。」乃遣清隆於別墅率工及匹夫臨壙造灰隔。

下横二尺八寸

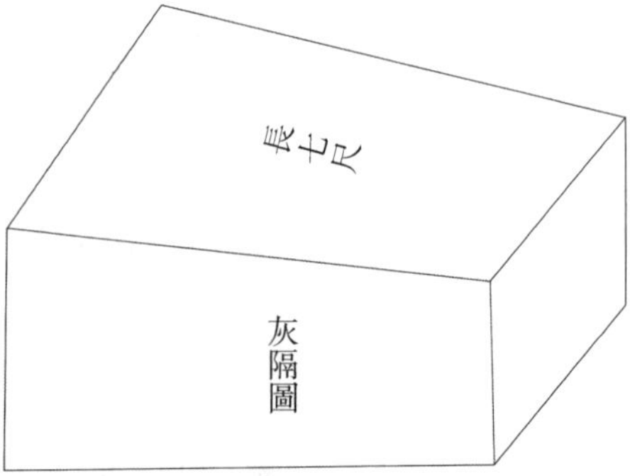

上横三尺一寸

寸尺皆記今尺，爲使工匠匹夫易解也。
前後左右廣於棺各五寸。
灰隔外穴，廣前後左右各一尺五寸。

壙中周圍以板爲墻，板厚一寸，如椁之狀，而無底。底鋪炭末及石灰，厚五寸許。而入棺之後，其上猶餘五寸。

及晚，天未晴，泥土不乾。清隆歸告曰：「灰隔既成。」於是將發引，門生等十餘人欲從葬，不能辭之，使先到別墅。及黄昏，余白家君曰：「靈柩可發。」家君來柩前告別，垂淚入寢。余使門生殊睦者二三輩留侍家君，既而發引。
〇張燈　一人
〇長力　一人擬方相。
〇銘旌　中村祐晴捧之。黲色。千敢反，淺青黑色，謂物將敗時顔色。肩衣袴。
〇魂帛箱　岸田清隆持之。同前。
〇神主櫝　荒川長好持之。同前。
〇張燈　二人
〇靈柩　早川道雲素服。護之，步卒三人副之，匹夫八人舁之。以布覆之，掛細索，有捧四本。
〇凳子　二人
〇張燈　一人
春齋　小臣二人　步卒三人　履奚一人
徒步　黲衣素服芒鞋
春德　小臣二人　步卒二人　履奚一人
徒步　黲衣素服芒鞋
春信　小臣二人　步卒一人　履奚一人

黲色肩衣袴，素服

春常同前。　小臣二人　履奚一人

春信、春常徒步請隨行，然以幼年，故因家君命先到别墅。婦人四五人。徒步。

古禮有大轝、竹格、功布、黼黻翣、雲翣、香案、明器、食案、靈車、功布、翣、婦人、布幃以從行，今略之。

古禮謂「父喪竹杖，母喪桐杖」云云，然《問喪》云「父在不敢杖」，故今從之。

既到葬地，置凳子於壙邊，而安靈柩於其上，令清隆爲有司。道雲代清隆持魂帛箱。役送者四人，舁兩卓子出置靈柩前。一卓盛奠供，粢餅酒茶菓。一卓置香爐香合燭臺硯筥，而燃松明以照壙邊。余遣使价以謝會葬門生，而後余及春德向壙前。使清隆灌酒於壙左以祭后土，使春信讀祝文，其詞云：

維

明曆二年，歲次丙申，三月庚辰朔越癸未日，哀子春齊林恕敢昭告于土地之神，今爲先妣荒川氏營建宅兆，神其保祐，俾無後艱。謹以粢盛清酌，祗薦于神。尚饗。

讀了，埋祝文。古禮或焚之。○按《家禮》，未葬以前先祭后土，有祝文。臨葬又祭后土，有祝文，今省其一。○此祝文昨日制之，雖延及今日，不改其干支者，爲存欲用柔日之本意也。神主、祝文亦如此。

其後余詣靈柩前，上香再拜。次春德，次春信、春常上香再拜。次荒川長好并清隆等再拜。

其後窆靈柩於灰隔板内，而西首古禮北首，今隨地形之便，宜如此。加銘旌於柩上。柩前後左右五寸許之間鋪炭末、石灰，柩上鋪石灰五寸許，而其上並鋪片木十株許。長三尺六寸，四角面各三寸，但今尺。而加大板厚一寸。於其上以爲灰隔之蓋。打釘堅閉之，而實土三尺，其傍埋魂帛。古禮，魂帛者，虞祭之後埋之。今隨時宜如此。

窆封之圖

古禮兼刻誌石及窆而下之，今略之。

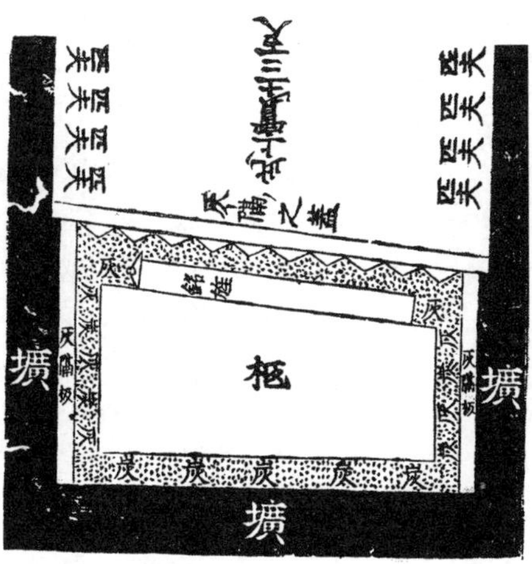

柩并灰隔及壙穴寸尺詳見前。

臨窆，余及春德等以下哭泣仆地，既而起。春德進，出神主於櫝内，使祐晴書之。春常持祝文到余前，余讀之，古禮，喪主不必讀之。其詞云：

維

明曆二年，歲次丙申，三月庚辰朔越癸未日，哀子春齋林恕敢昭告于先妣荒川孺人，形歸窀穸，神返室堂。神主既成，伏惟尊靈捨舊從新，是憑是依。

讀了，春齋、春德、春信、春常等拜神主而後納之於櫝。

神主書式

陷中

荒川氏龜媪神主

孝子林恕奉祀

粉面

顯妣順淑孺人荒川氏神主

神主圖式

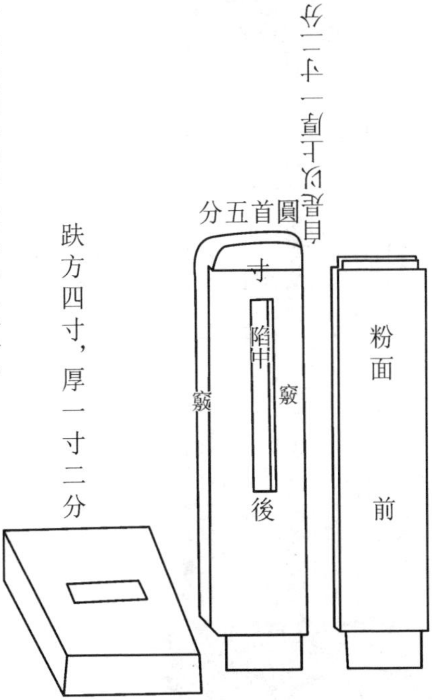

高一尺一寸，橫三寸，厚四分，并後一寸二分。

前後合之，植於趺身，出趺上一尺八分，并趺高一尺二寸。

高一尺二寸，橫三寸。

厚八分，并前一寸二分。

剡上五分爲圓首，寸之下勒前爲額，而判之爲二片。而其一分居前，二分居後，前四分後八分。

陷中在後，前面以粉塗之。

陷中長六寸，或曰一尺，横一寸，深四分。

竅其旁以通中，如身厚三之一，謂圓徑四分居二分之上，謂在七寸二分之上。

前粉面書屬稱，屬謂高曾祖考，稱謂官或號行，如處士、秀才、幾郎、幾公。

陷中以書爵姓名行，書曰「故某官某公諱某字某第幾神主」。

粉面左旁題主祀之名，曰「孝子某奉祀」，或書奉祀於右旁。加贈易世則筆滌而更之，外改中不改也。外謂粉面，中謂陷中。

櫝式《家禮》有圖，然無寸尺法。如此大體恰好，櫝内外頂座皆黑漆。

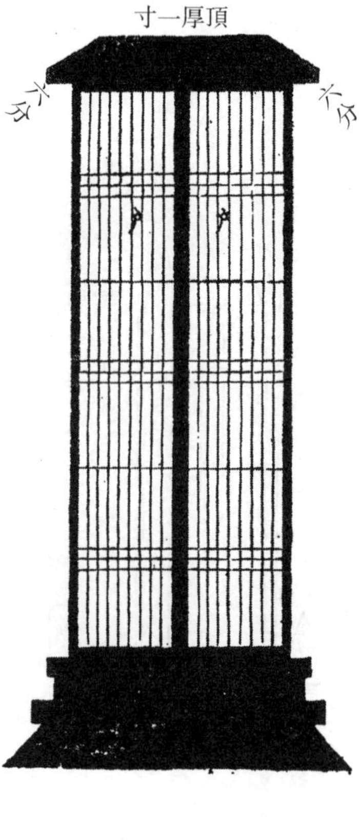

高一尺八寸，但周尺。横一尺，左右脇各八寸，座高五寸。

今按《家禮注》云：「神主其下左旁曰『孝子某奉禮』。」然見神主圖式，則奉祀在右。朝鮮李退溪《自省録》論之，蓋神主之右即是向彼者之左也，由是圖與注有異歟。然曰神主其下左則左，乃是神主之左，而非向者之左。且神道尊右，則奉祀者豈以己名可記於其右哉？今姑據注不據圖，猶可考焉。

又按神主并櫝之圖式，詳見《家禮》。其式皆用周尺，神主寸尺精密，今詳記之如右。櫝有式，無寸尺，故據神主寸尺臆斷之，以隨宜恰好。他日垂韜其制如斗帳，又設藉皆用緋色，其制式據《家禮》。

於是奉神主入書院暫休，而後使長好、道雲等護神主先歸。而後余及春德、春信、春常等乘輿而歸家，留清隆止宿守葬地，假搆竹籬。

余及春德等歸路欲徒步以從神主，然慮家君之可待而不能然也。《家禮注》云：「出墓門乘車馬。」然則不爲非禮歟。

余及春德等歸家，謁家君而後假安神主於深奥處，而鋪新席，設卓子，夜既闌。余始歸私室而寢於外。

六日乙酉。雨降，早朝，余及春德等沐浴而上香供花。《家禮》不記供花之事，然古本《家廟圖》有花品，且先妣常愛花，故供之。拜神主，獻齋膳，擬虞祭，設酒茶菓，誦祝文，其詞云：

維

明曆二年，歲次丙申，三月庚辰朔越乙酉日，哀子春齊林恕敢昭告于顯妣順淑孺人荒川氏之靈，曰：「日月不居，爰及虞祭。夙興夜處，哀慕不寧。謹以粢盛庶品，哀薦祫事。尚饗。」

今按古禮，葬日初虞，過柔日再虞，過剛日三虞，其後遇剛日卒哭，是士之禮也。卒哭者，先儒以爲没後百日也。想夫三月而葬，則三虞之後漸可及百日也。然天子九虞，諸侯七虞，大夫五虞，且葬有遲速，則卒哭必不可當百日歟。今隨國俗而葬之甚速，而葬畢夜既深，故翌旦一虞而已。未詳何日可再虞，何日可三虞，故略之。噫！俗風之不可革也，古禮之不可復也，無如之何。朱子所謂「行之有時，施之有所」，可不思乎？

祭畢赴葬地，使清隆築墳墓，其前立小石碑，經旬而成墳。崇四尺，隨防墓之例而用周尺。形如卧斧，前高後下，旁殺刃上而長，上狹而難登，所謂馬鬣封是也。據《檀弓》而參考鄭玄、孫毓説，詳見《檀弓注疏》。其竪横之寸尺未聞古法，故據其崇，隨宜恰好，似棺并灰隔而稍廣。碑高四尺，趺高尺許。闊尺以上，其厚居三之二，皆據《家禮》而用周尺。碑首如圭形，刻其面曰「順淑孺人荒川氏龜媪之墓」，其陰右傍刻曰「明曆二年丙申季春孝子春齊林恕立」。隨古禮而欲刻行實於碑左後右，然其内以可刻家君姓名而有忌憚之心，故略之。陰傍刻某立者小石碑，雖未聞其例，暫效大碑之例，而使後世知爲余之母也。刻於右傍者，存刻于其左，轉及後右而周焉之法也。又碑面古例不必刻其諱，今加龜媪二字者，雖似有憚，然其生時之稱號人所遍知也，爲使顯著之，故如此。古禮損益，非無先例，恐可無其妨歟。先妣世系、言行、履歷，不可不使我子孫知之，故別作《事實》一卷以代碑刻。碑面陰傍刻書使門生坂伯元筆之，雕刻而後塗墨，又加漆，爲欲使風雨塵埃不泯滅也。頃日，門生嶋道慶來監雕刻之事，助余勞煩。

墳墓圖皆用周尺。

前高後卑，上狹下廣，高四尺。

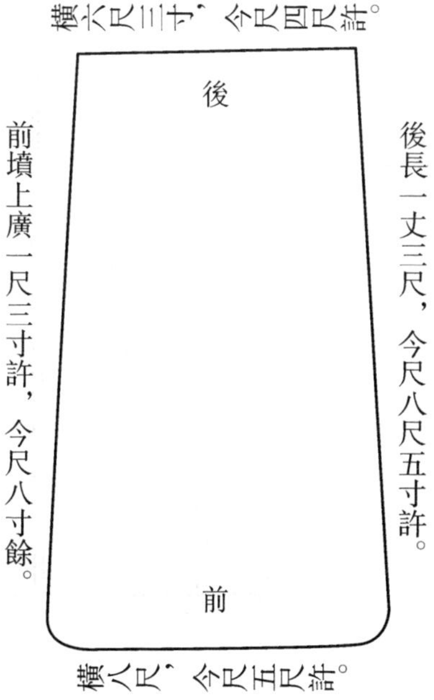

小石碑圖　横二尺四寸，四方，今尺一尺五寸，四方。趺高九寸三分半。今尺六寸。

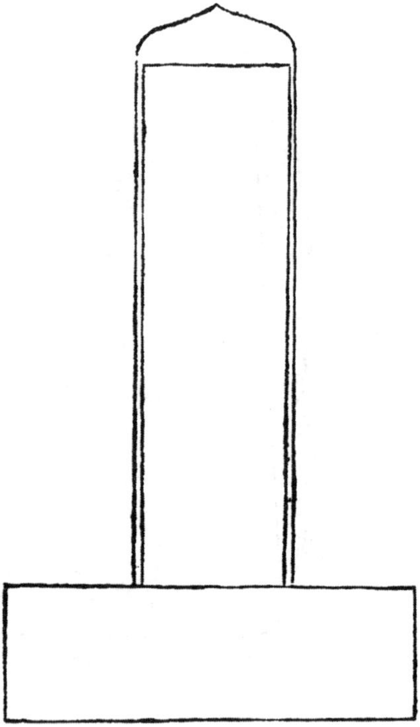

高四尺，今尺二尺五寸五分餘。

厚七寸九分，今尺五寸一分。

闊一尺一寸八分，今尺七寸六分。

碑趺下鋪一盤石，廣於趺，方一寸。今尺。墳上植芝草，爲使不虧不崩也。墳并碑之前後左右共敷青小石，其周圍並敷片石以爲基趾。其上繚建栗柱五十株許，以爲垣牆，高六尺許。今尺。其前向碑面設門，而左右開闔。有關木，有鐵鏁，其前之竪横又並敷片石以爲拜禮之所。垣外繞栽杉樹等若干，其傍置小石盥盤。今按《周禮疏》引《春秋緯》謂「墓樹，天子植松，諸侯松柏半之，大夫藥草，士槐，庶人楊柳」云云。然後世不必用此制，唯栽宜土之木耳。

別墅去家不近，然慕古人廬墓之事，余及春德日日詣墳墓，家君亦屢赴焉。阿妹、野妻、春信、春常等時時詣墓，僮婢等亦屢往拜，皆無不垂淚。門生之内有志者，亦往詣焉。

墳墓既成，余招會葬門生十餘輩於私室，勸齋膳，而禁浮屠，不召之。余謂世俗追福之席，飽食飽飲，與尋常燕席不異，唯不喫魚肉而已，甚非居喪之法。余忌中禁酒，故不伴食，而設一司客代余接待之。而不及飽食，又不强酒，聊效「食於有喪者之側，未嘗飽也」之意。其後日畀素食於僮婢等，以慰勞其病中并葬事者。

初葬後以來至今日，余及春德、阿妹每日晨昏拜神主，上香，用沉香。春信無日不拜焉。每朝奠茶，朔望獻齋膳。他後望日不及獻膳，而可供茶菓。讀祝文。

嗚呼！九天蒼蒼，九原茫茫。母兮何如，欲從無方。日月易流，而當朔奠。追慕慈容，不可復見。仰而號天，天高莫籲。伏而叩地，地厚莫訴。追養不逮，悲木號風。天地有盡，此乃無窮。嗚呼痛哉！望日者，改朔奠作望奠，其餘同。

按此祝文不載於《家禮》《儀節》，而王氏《翰墨全書》有之。但看其文，則大祥忌以後之朔望也。今省其詞，改其字以用之。

四月二日，當一周月忌。拜神主，獻齋膳。按古禮所稱忌日者，一年一度也。往年家君奉鈞命與朝鮮聘使筆談及忌日之事，彼亦謂一歲唯一度也。蓋其傳習中華之法者乎。本朝舊記所稱國忌，亦一年唯一日也。然則月忌之説者，出於中古以來流俗者歟。然追遠不忘之情，誠是孝道之一事也，不廢之而可乎？春德謂三年之喪，本朝古來不能行之。而父母喪服以一年爲限，故遭親喪者一年解官辭職。近世唯以五旬爲暇，謂之忌中而已。偶有月忌之稱者，存之而可也。若效古禮而除之，則情之淺而志之薄也。余謂此議固當然，祠堂祭高祖考妣以下四世，每月有八忌日。而并朔望、俗節、四時祭，則或其繁煩乎。然則至遠祖及傍親，則唯用一年一忌日。而如考妣則可存月忌，況其大祥忌。前者猶是三年喪中也。既隨國俗而不能守古禮，則亦隨國俗而可存月忌之祭。浮屠者貪其嚫金，我輩唯欲興孝志。本朝之制，妻服三月，暇二十日爲限。故家君既除忌登營，哀情雖切，官事無盬。祖母服五月，暇三十日爲限。春信、春常等亦明日可除忌也。且余及春德亦至今月二十二日，既過五旬，則隨俗禮以詣執政，受其旨而可入公門乎。既入公門，則可食肉飲酒而脱凶服乎。效古禮，則父在則母喪期年而中月而禫，凡十五月而除服。以本朝古例言之，則解官一年之間，可著喪服者明矣。有舊記之可據，又有哀歌之可證也。然近世唯五旬忌畢則諸事與平生不異，唯一年之間不觸神社之事而已。嗚呼！流俗之不可變也，使親子之情譾薄如此，無奈之何。嘗聞應安年中，南朝右大將藤原長親行三年喪，而咏倭歌以述其意也。其歌并小序載在《新葉集》，有志者如此。

我朝不可謂無人乎，我輩不能行之，何不慚之乎？然生乎今之世，反古之道者，聖人之所戒也。昔朱文公忌日著黲素之服，有問其故者，公曰：「忌日者，終身之喪也。」然則余縱雖隨俗過五旬而除忌脱服，至忌日則每月著黲素。則追遠之志，其誠於中而形於外乎，雖今之世行之而可無妨乎。禮曰：「居喪未葬讀喪禮，既葬讀祭禮。」然則他後祭奠稱家之分，而不可懈也。祭奠之式亦既粗記之，載在別記，豈可不盡心乎？

明曆二年丙申四月二日　哀子春齊林恕

余平生交際之人不爲少矣，就中河州太守井上正利最好儒學，不信浮屠，常拒邪説而潛心於程朱之書。數年前謂余曰：「喪祭者，儒家之大事也。近世知之者鮮矣，豈可不嘆乎！」於是與余相議，參考《儀禮》《家禮》其中可行於今者若干條抄出之，作倭字諺解以藏於巾笥。余今不幸而遭家艱，哭泣無節。然守三日不怠之禮，而喪葬之儀，聊用儒禮，則與太守所曾議者不爲無益也，可以謝焉。太守嘗熟讀蔡氏《律吕新書》，制十二管，以其餘力試造周尺。然周尺之制，雖先儒未詳之，故深秘之不以示人。余偶赴或人之宅，見《農政全書》，有周尺之圖，乃寫之。歸而示太守，其寸尺與太守之所造不差毫釐，太守悦甚。今般所用周尺者即是也。神主之制，其式雖載《家禮》，其文義難解，有誤失其法者。太守圭復不措，遂全得其法，可謂奇才乎！想夫揚善成人之美者，君子之道也。吾雖不肖，亦何可默哉？因記之於卷尾，以示子孫云。

春齋記之

祭奠私儀

［日本］林鵝峰　撰
申緒璐　整理

《祭奠私儀》解題

［日］吾妻重二　撰　董伊莎　譯

《祭奠私儀》，寫本，不分卷，一册，全二十九葉。有東京國立公文書館内閣文庫藏的林鵝峰手稿本，圖書編號爲190－38。此本原爲昌平坂學問所所藏，是林家代代相傳的珍貴寫本。《泣血餘滴》是有關「喪禮」的書，基本上没有祖先祭祀方面的記述。相對地，爲「祭禮」的實踐而撰寫的便是這部《祭奠私儀》。

鵝峰之父羅山，在鵝峰之母荒川龜死去的翌年即明曆三年（一六五七）一月逝世。隨後明曆四年二月，鵝峰修建了祭祀祖先的儒式祠堂。以此爲背景，鵝峰爲明確解説祖先祭祀的方法而撰寫了此書。根據跋文，可知是萬治三年（一六六〇）的撰述，所以本書應爲萬治二年刊行《泣血餘滴》的第二年撰成。

此書也是以《家禮》爲範本的著作，其序文中有云：

> 其儀專宗朱文公《家禮》，且參考丘氏《儀節》，以聊損益而從時宜。

據此，鵝峰以「朱文公《家禮》」爲中心，參考「丘氏《儀節》」，又加以增減以適應日本的時宜。

「丘氏《儀節》」指明代丘濬的《文公家禮儀節》，在江户時代的日本與《家禮》一樣廣爲流傳。鵝峰除了推行儒式喪禮，還嘗試推廣儒式祭禮，試圖使其成爲日本的定式。序文中有云：

庶幾後世博雅君子質正之，以使儒禮永行於本朝，則今日之《私儀》爲佗日公道之草創乎。

此「使儒禮永行於本朝」一句很好地體現了儒者鵝峰對儒教儀禮實踐的熱情。林家後來便是根據《祭奠私儀》來舉行各種祭祖禮儀的。正如《鵝峰先生自叙譜略》（小島憲之校注《本朝一人一首》附録）萬治元年（一六五八）條：「春，祠堂成。二月，行春分祭。自是每歲分至之祭不懈。」另外，國立公文書館内閣文庫所藏的《林家祭奠私儀》一册，即是舊水户彰考館藏本，應爲此書的抄本。

依據《祭奠私儀》，祠堂的樣式如下：

祠堂有三間之制，有一間之制，詳《家禮》。今所營，效三間之制，而以左房擬祧廟，而右房納祭器，而室内上壇安考妣神主，下壇安敬吉神主。

據此，林家祠堂與《家禮》所述相同，由三間組成：中央爲正室；左室視作祧廟，祧廟是安置遠祖神主的場所；右室收納祭器。本書卷頭的「戊戌春分之祭儀」有云：「東階上供玄酒，酒注，酒酹（並盃）。西階上有祝版（並告詞）。」由此「東階」「西階」的説法來看，該祠堂應與《家禮》所説相同，爲獨立的一棟建築。

依據「戊戌春分之祭儀」、其後的「祧主祭儀」以及祝文所述，此時的新祠堂内有了新的布置，諸如把此前臨時安置在家屋内深處房間的羅山及鵞峰之母荒川氏等的神主安置到正面，其具體措施如下：

中央正室

上壇　正位　羅山（文敏先生）、荒川氏（順淑孺人）

下壇　祔食　敬吉（鵞峰長兄，羅山的長子）

左室（比擬祧廟）

祧主　理齋、小筱氏（羅山養父及其妻，即鵞峰的伯祖父母）

林入、田中氏（羅山親父及其妻，即鵞峰的祖父母）

永喜（林入之子）

信貞（永喜的長子）、永甫（永喜的次子）

長吉（鵞峰二兄）

右室　放置祭器

林家系圖

*□爲祠堂裏放置有神主的人

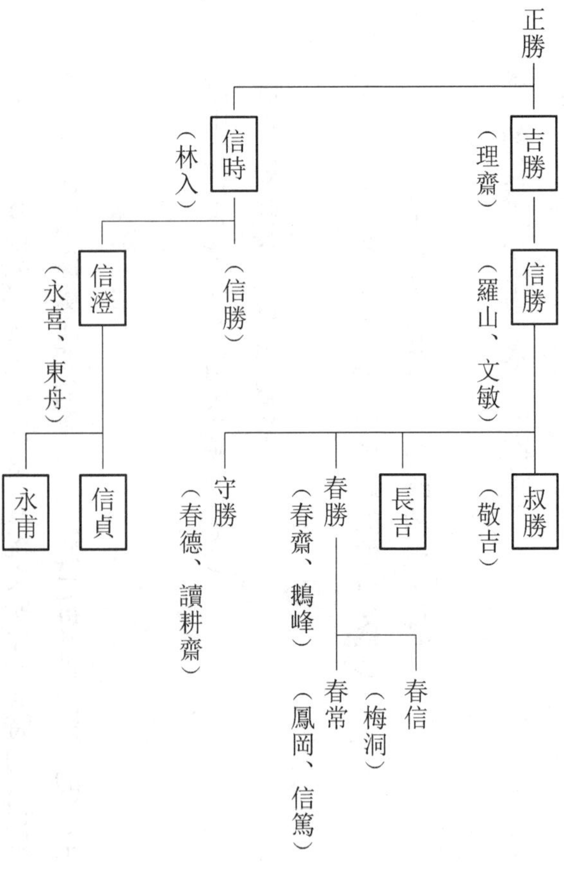

右圖是林家家系。據此，營造的祠堂雖然樣式上基本與《家禮》相同，但祭祀對象僅限於祖父母、父母及同輩三代，未及《家禮》所説的四代（高祖、曾祖、祖、父），一族的範圍變得狹窄了。

祧廟之制也是《家禮》中没有的，特别是羅山的養父理齋，對鵝峰來説實際是祖父，不把其神主放在正室而放在左室(祧廟)，説明鵝峰把羅山當作初祖。

此外，鵝峰的二兄長吉在五歲去世，相當於《家禮》所説的「無服之殤」，本不需奉祀，但這裏作爲同胞親族設有神主。

接下來，《祭奠私儀》以「年中祭儀」規定了每月應該舉行祭祀的日期。整理其項目如下：

1. 從正月到十二月的每月

朔日　正月是元日

二日　順淑孺人忌日(月忌)，只有三月二日是正忌日。

十五日　正月是上元(從國俗)，其餘月份是望日。

十六日　林入忌日(月忌)，只有六月十六日是正忌日。

十九日　敬吉忌日(月忌)，只有六月十九日是正忌日。

二十三日　羅山忌日(月忌)，只有正月二十三日是正忌日。

二十九日　理齋忌日(月忌)，只有正月二十九日是正忌日。

2. 其他祭祀

正月三日　歲初之祭

七日　人日
二月　春分祭
三月三日　上巳(從國俗)
五月五日　墓祭
五月五日　端午
五月　夏至祭
七月七日　供索麵(從國俗)
七月十五日　中元　與盂蘭盆會重合,但非佛教式。
八月　永喜的正忌日(命日)
八月　秋分祭
九月九日　重陽(從國俗)
十一月二十一日　長吉的正忌日(命日)　因是無服之殤,每年只有一次祭祀。没有月忌。
十一月　冬至祭
十二月晦日　歲暮祭

由此可見,鵝峰對於祭禮也顧及日本部分習俗,同時盡力保持《家禮》原來的各種記述。從

《鵝峰先生林學士文集》卷六十五至六十六所收的衆多祝文、鵝峰的日記《後喪日録》《國史館日録》和《南塾乘》中，都可確認這樣的儒式祭禮在林家基本保存了下來。祭祀的具體過程是：首先擺放香爐、茅砂和香案等祭器，放上供品，然後舉行參神、降神、進饌等儀式，還有三獻的初獻、亞獻、終獻，最後撤饌，基本上與《家禮》相同。

關於本書詳情，可參考拙文《日本における『家禮』の受容——林鵝峰『泣血餘滴』『祭奠私儀』を中心に》(《日本〈家禮〉的接受——以林鵝峰〈泣血餘滴〉和〈祭奠私儀〉爲中心》，吾妻重二、樸元在編《朱子家禮と東アジアの文化交渉》所收，東京：汲古書院，二〇一二年)。

目録

祭奠私儀序

明曆四年戊戌，二月二十日，祠堂經營事畢，翌日春分也。初行祭禮，其儀專宗朱文公《家禮》，且參考丘氏《儀節》，以聊損益而從時宜。嗚呼！本朝儒禮久不行，故人知之者鮮矣。今祠堂之制雖據舊式，然宅地之狹隘、方角之向背，非力之所及也；器物之未備、威儀之未習，非俄而所可成也。唯以誠敬爲要。其祭祀之品節，稍雖與古法異者亦有之，蓋於報本追遠，事亡如事存，而非無微意。示諭子孫，可以爲我家之法，故號曰《私儀》。然其禮稱家之有無，則富於我者推之可以豐焉，貧於我者減之可以儉焉。則示之於同志者，亦可無妨也。傳不云乎，「殷因夏禮，周因殷禮，所損益，可知也」。由是觀之，則朱子因古禮及温公、程子之説，後儒因程朱。然其間不能不加新意，豈其違戾程朱哉？所謂行之有時，施之有所者也。余家《私儀》亦然，庶幾後世博雅君子質正之，以使儒禮永行於本朝，則今日之《私儀》爲佗日公道之草創乎。

戊戌春分之祭儀

早朝陳設

正位二座　文敏先生、順淑孺人　安于室中西面準南面。

祔食一座　敬吉　安于室中北面準西南。

每位　香爐　茅砂以紅絲束之。

堂中置香案香爐、燭臺。香合香七。

案下置茅砂以紅絲束之。

東階上供玄酒，酒注，酒爵並盃。

西階上有祝板並告詞。

膳具　在次座

茶具　在次座

盤帨　在次座

炊水茶水　早朝汲井華水，以供其用，玄酒亦同。

春齋、春德、春信、春常盥漱上堂，有參神之儀。四人守序而拜。

降神　春齋到香案前上香，一人持盃，一人持酒注來。春齋執盃受之，縮于茅砂。事畢，二人退，春齋拜。詳考《家禮》，祭于祠堂，則降神而後參神。奉主祭于正寢，則參神而後降神。朝鮮李珥《祭儀抄》亦辨之。

盃　春常

酒注　長好

進饌　正位正饌春齋獻之。　副饌春德獻之。

祔食正饌春信獻之。　副饌春常獻之。

膳具司清隆

役送長好　重時　正敦

初獻每位　春齋　盃春常　酒注長好

春齋受酒，小縮于每位茅砂。

此時讀祝文，春信勤之。讀畢，春齋拜。

供肴　清隆持來而盛于皿，長好、重時、正敦獻之。

一人持酒酹來，縮初獻之酒。清隆。
徹飯而再進，徹汁而再進。
亞獻　齊德其儀同初獻。　盃長好　酒注重時
吸物　春常獻之。
縮亞獻之酒其儀同前。
終獻　春信其儀同初獻。　盃重時　酒注正敦
進湯
縮終獻之酒其儀同前。
春齋、春德、春信、春常皆拜。
徹饌
供茶　正位春齋、春德　祔位春信
茶具司安成
菓子　春齋、春德、春常供之。
婦女參拜
徹茶菓

事畢閉室户

餕　禮畢夏至、秋分、冬至祭儀同焉。

祧主祭儀

正位二座理齋、小篠氏一櫝。　各供粢盛

祔位二座永喜一櫝，長吉一座蓋。　各供粢盛

每位置香爐茅砂

春齋上香，獻酒　盃　酒注同前。

讀告詞　春信勤之，讀畢而春齋拜。

春德上香獻酒其儀同春齋。

春信、春常拜。

徹饌

供茶菓

事畢徹茶菓

餕

今般祠堂新築，故雖似僭禮，聊行之。他後不可及此，但立春可別祭之。

祝文

維明曆四年，歲次戊戌，三月戊辰，朔越二十一日戊子，孝子春齋林恕敢昭告于顯考文敏先生羅山林君、顯妣順淑孺人荒川氏，先是假奉置神主於寢奥，方今祠堂新成，謹奉移於堂之室中，仰冀神其安居於此。嗚呼！歲序流易，時維仲春。追感歲時，不勝永慕。謹以祭饌、清酌、庶品，祗薦歲事。

亡兄敬吉，實是我家之嫡，不幸早世。長殤無後，痛恨有餘，故令祔食。尚饗。

凡祝文書式，見《家禮注》并丘瓊山《儀節》，今以祠堂新築，初祭，故加載其事。他後春分、夏至、秋分、冬至等，每祭皆可用《家禮》之式。若有事，則加筆而可也。

告詞

維明曆四年，歲次戊戌，二月戊辰，朔越二十一日戊子，春齋林恕敢昭告于顯伯祖理齋林君、顯伯祖母小篠氏，伏惟顯考文敏先生，自幼被養於顯伯祖父母，以至成長，而繼其家，以親則爲伯姪，以恩則爲父子。今爲考妣新營祠堂，故奉安顯伯祖父母之神主於此。然古禮有封爵顯名者爲祖，顯考，德爵禄名大興其家，故奉安考妣於室中。然庇蔭之所由，何爲忽諸？是以擬祧主，以隔板於室之左房奉安之。時經仲春，謹伸奠獻。尚饗。

告詞

維明曆四年，歲次戊戌，二月戊辰，朔越二十一日戊子，孝孫春齋林恕敢昭告于顯祖父林入齋、林恕顯祖母田中氏，方今爲顯考文敏先生新營祠堂，伏惟顯考自幼被養於理齋翁爲一家之宗，而叔父東舟無後，故顯祖父母不能享祭也。如余以家譜言之，則爲姪孫之行，然以所生言之，則實爲孝孫，不可不奉祀焉。想夫顯考德爵禄名大興其家，則百世不遷之祖也。故今以顯祖父母擬祧主，興理齋翁共隔板於室之左房奉安之。時維仲春，謹伸奠獻。尚饗。

告詞

維明曆四年，先生克承林入翁之家，且季而優，仕而優以顯其名。然長子信貞、次男永甫早世以絶其祭祀。嗚呼痛哉！方今爲我顯考新營祠堂，古禮有祔傍親無後者之例，况於叔姪之近，何爲廢之？故安其主於室之左傍，以祔于林入翁。時維仲春，聊伸奠供。尚饗。

告詞

維明曆四年，歲次戊戌，二月戊辰，朔越二十一日戊子，家弟春齋林恕敢昭告于亡兄林孺子長吉，夫以孺子五歲下世，距今三十九年。嗚呼痛哉！古禮無服之殤不祭，然同胞之親不可忘也。方今爲考妣新營祠堂，故姑安孺子神主於左房之隅，時維仲春，聊伸奠供。尚饗。

按《家禮》四時祭，前日掃除正寢設位，當日奉主就位，祭畢納主。想夫祭高祖以下，則神主八位也。祠堂內不廣，則進退有滯，宜祭於寢而可也。然今余宅雖有一堂，擬廈屋其餘寢室等，不協古制，故不動神位，直於祠堂祭之。他後若合祭祖考、祖妣等，及傍親祔位於一時，則詳考其式，而祭於前堂亦可乎。

神主之制法并書式，往年詳考《家禮》，載圖說於《泣血餘滴》，故今不贅。

凡祭日可著野服，或雖著白袴，亦無妨乎。或雖著深衣，不爲過焉。如春信、春常可著肩衣袴，役送有司亦同。但忌日之祭，黲衣素服可也。

凡祭，宗子行之，支子相其禮，不能自祭於其家，其說詳見《家禮》。

祠堂有三間之制，有一間之制，詳《家禮》。今所營，效三間之制，而以左房擬祧廟，而右房納祭器，而室内上壇安考妣神主，下壇安敬吉神主。香爐、香奩、茅沙備焉，祭饌供物陳於下壇。四時祭等，則出敬吉主於堂，以安於案上，以室内不廣也。玄酒、酒器、降神、茅沙、祝板等陳於堂内，以堂室不廣，故未能如《家禮》式。且祭器未效古制，姑以陶器爲之。

年中祭儀

○正月

元日　早朝參拜，上香，供雜煮餅。從國俗，正位二座，祔食一座。

二日　順淑孺人忌日。供粢菜，上香，灌酒一獻，供茶菓。三月之外每月如此。

三日　歲初祭，其儀如四仲分、至。

按先儒謂歲初祭，仕官者，或除夜之前三四日豫行之，或於孟春上旬卜日行之。余元日登城，二日齋日素食，故以猪日爲例日。《家禮》唯有四時祭，丘氏《儀節》加歲暮一條，是亦據朱子之説。歲暮有祭，則歲初不可無祭。况《家禮》亦既有正旦之儀節乎？唯闕祝文耳。王氏《翰墨全書》有元日祝文，今效其例，新作祝文，載在下條。

七日　人日。供七種菜羹。正位二座，祔食一座，凡俗節供物效之。

十五日　上元。供赤豆餅羹。從國俗。

十六日　林入翁忌日。早朝參拜。

十九日　敬吉忌日。供粢菜，上香，灌酒一獻，供茶菓。六月之外每月如此。

二十三日　文敏先生正忌日也。供齋饌，上香，灌酒初獻，時讀祝文，亞獻、終獻。畢事徹饌，供茶菓。其儀大體如分、至。唯祭一位，不供魚味，據《家禮》。祝文則雖忌日有牲，然姑從俗禮。且厭厨下觸腥臭，故如此。

二十九日　理齋翁正忌日。供齋饌，上香，灌酒三獻，供茶菓。每月二十九日早朝參拜。

○二月

朔日　早朝參拜，供粢菜於正位二座，祔食一座，上香，灌酒一獻，供茶菓。每月朔如此。

二日　如正月。

十五日　供粢菜於正位二座，祔食一座，上香，茶菓，無獻酒之儀。每月望如此。

十六日　同正月。

十九日　同正月。

廿三日　文敏先生忌日。供粢菜，上香，灌酒一獻，供茶菓。正月之外每月如此。

廿九日　理齋翁忌日。早朝參拜。

是月春分，祭儀如例，祝文效《家禮》，見下條。

○三月

朔日　如二月。

二日　順淑孺人正忌日也。其儀如正月二十三日之儀。

三日　上巳。供艾餅。從國俗。凡俗節所供，正位二座，祔食一座也，下效之。

五日　墓祭，其儀見下。按古人以清明、寒食祭墳墓，然《家禮》唯曰「三月上旬」，則不拘清明、寒食者必矣。故以五日爲例，若有風雨，可延及佗日。

十五日　如二月。

十六日　如二月。

十九日　如二月。

廿三日　如二月。

廿九日　如二月。

○四月

朔日　如二月。
二日　如二月。
十五日　如二月。
十六日　如二月。
十九日　如二月。
廿三日　如二月。
廿九日　如二月。

○五月

朔日　如二月。
二日　如二月。

五日　端午。供粽。其儀如上巳。
十五日　如二月。
十六日　同。
十九日　同。
廿三日　同。
廿九日　同。
是月夏至祭如例。

○六月

朔日　二日　十五日共如二月。
十六日　林入翁正忌日也。其儀如正月廿九日之儀。
十九日　敬吉正忌日也。其儀如正月二十三日之儀。敬吉者，我家長嫡也，不幸早世，故祀非尋常祔食之比。
廿三日　廿九日共如二月。

○七月

朔日　二日如例月。　七日　供索麵。從國俗。

十五日　如例月，但從國俗，供蓮飯。中華以是日爲中元之節，則比他月望日則可加禮乎。世俗盂蘭盆之儀，非所取焉。

廿三日　廿九日如例月。

○八月

朔日　二日　十五日　十六日如例月。

十九日　祭敬吉，如例月。

今月東舟先生正忌日也。供粢菜，上香，供酒，以無子孫，故如此。

廿三日　廿九日　如例月。廿三日，田中氏正忌日。廿九日，小篠氏正忌日。

是月秋分祭儀如例。

○九月

朔日　二日如例月。

九日　重陽，供栗。從國俗。

十五日　十六日　十九日　廿三日　廿九日共如例月。

○十月

朔日　二日　十五日　十六日　十九日　廿三日　廿九日共如例月。

○十一月

朔日　二日　十五日　十六日　廿九日如例月。

廿一日　長吉正忌日。上香，奠茶。古禮無服之殤不祭，然於余同胞之親，不忍廢之，故納主於座。蓋一歲一度如此，唯不忘其名耳。

廿三日如例月。　廿九日如例月。

是月冬至祭儀如例。

〇十二月

朔日　二日　十五日　十六日　十九日　二十三日　二十九日共如例月。

歲暮祭　廿八九晦日之内可行之，但歲末紛冗，其儀比四仲則雖簡省，從時宜，不可失誠敬也。

立春祭　理齋翁、小篠氏一櫝　林入翁、田中氏一櫝以上正位。　東舟先生一櫝　長吉一櫝以上祔位。

各供粢菜，合祭，上香，獻酒，讀祝文，新作之，載在下條。供茶菓。長吉無服之殤也，據古禮則不可祔食乎。今姑不忍除之，故祔東舟之次。　按程子冬至祭初祖，立春祭先祖，朱子用捨之，詳見《家禮注》。丘氏《儀節》詳論之，以朱子語爲據，初祖祭似僭先祖祭，行之亦不有害乎，故今姑爲之。又按季秋祭禰者，每歲四件。祭高祖以下者，於其所生，別加季秋祭乎。余以乃祖擬祧主而四件，唯祭考妣，故季秋不祭之。

凡四時祭，古人或用丁日，或用亥日。自唐以來，以分、至爲式。《家禮注》有丁亥之説，不必限分、至。然則今若分、至有障，則或用丁，或用亥，亦可無妨乎。然温公、朱子亦以孟詵用分、至爲是，則宜從之。

春分祭儀既見前，夏至、秋分、冬至其儀可爲同前。

祝文恒式 效《家禮》之式。

維某年，歲次干支，某月干支，朔越某日，當春分、夏至、秋分、冬至，孝子春齋林恕敢昭告于顯考文敏先生羅山林君、顯妣順淑孺人荒川氏。歲序流易，時維仲春夏秋冬。追感歲時，不勝永慕。謹以祭饌酒茶菓等，祗薦歲事。以亡兄敬吉祔食。尚饗。

歲暮祝文同式，但改時維仲爲歲律將更。效丘氏《儀節》。

忌日之祝文 效《家禮》之式。

維其年，歲次干支，其日干支，朔越其日干支，孝子春齋林恕敢昭告于顯考妣。歲序流易，諱日復臨。追遠感時，昊天罔極。謹以齋饌用伸奠獻。尚饗。

按據《家禮注》，則理齋、林入忌日，改「昊天罔極」可作「不勝永慕乎」。東舟、敬吉、長吉忌日，祝文改。「追遠感時，昊天罔極」八字除之，可作「諱日復臨，不勝感愴」。

中華古例，忌日一年唯一度。今從國俗，取每月忌日之儀，往歲所作《泣血餘滴》詳辨之。今每月考妣忌日行小祭，無祝文，至正忌日則聊效《家禮》之儀。而雖每月忌日，絶酒肉，黲衣素服，寢於外，自前霄至後朝。正忌日則自前日素食，當日終日不脱黲素，不進外客。朝祭畢，詣墳墓。及暮，又拜神主，但先考正忌日，門生來拜者進晚炊。

或問余曰：「文敏先生以儒禮祭之，固當也。理齋、林入兩翁及順淑孺人，念阿彌陀。則四時朔望俗節置而不論，如忌日則供佛施僧，亦可協彼意而可從俗儀乎？」余答曰：「葬從死者，祭從生者。今效儒禮，納主於祠堂，則決不可用浮屠之儀。且夫順淑孺人臨終之正，見《事實》。其葬既用儒禮，見《泣血餘滴》。則祭儀亦宜然。故以尹氏誦《金剛經》事雖有難，余輩者決志不屑之。然洛陽外族當順淑忌日，招僧施齋，雖制之未從焉，俗習之難改者，教諭之未盡者乎。非余素意，無如之何，可漸漸化之。且夫彼者一時之志也，此者世世不易之禮也，不必妨焉。如理齋、林入者，非他家之所關涉，則其精神何不享余祭哉？余幼時深蒙外祖荒川宗意撫育，今猶不忘之。然其子孫用浮屠之法，且非余所可祭，故八月四日正忌日，素食以報其恩。

墓祭

掃除墳墓内外，垣外鋪席。

墓城外置卓，陳供物并錫二香合。

文敏先生二膳

其一洗米一器。 菜一器。 其前置香爐

其一餅饅二器。 茶一椀。 其前置土器代盞。

順淑孺人同前。

樗墩先生一膳 洗米一器。 茶一椀。 香爐土器 茶一器。 餅饅一器交盛。

敬吉秀才同前。

后土神一卓 洗米、菜、餅饅、茶各一器。 香爐土器

右配膳役 長好 安成 正敦 重晴

初獻春齋 盥漱，詣文敏墓前降神再拜。 錫長好 香合定政

祝文春常

次詣順淑墓前，其儀同前。但無祝文。
次樗墩墓、敬吉墓，其儀同前。
亞獻春德　次弟同前。但無降神儀。
錫香合役人同前。酒注重睛
終獻春德　次弟同前。但不及詣樗墩墓。
錫香合役人同前。酒注正敦
三獻畢，春常、長好上香再拜。
但春常詣三墳，不詣樗墩。長好者，文敏、順淑二墳而已。
若有門生來會者，此次可拜文敏墓，其次有司等拜。但正敦、重睛詣二墳，安成、定政者一墳，最末
杉山氏拜四墳，不及燒香。
次祭后土
初獻，降神，上香，祭酒。再拜同前。
錫安成　香合定政　酒注一人。
祝文春常
亞獻同前。但無降神祝文。

終獻同前。

辭神

徹供物

閉墓門杉山氏從之。

墳墓祝文

維萬治二年，歲次己亥，三月壬戌，朔越丙寅，孝子春齋林恕敢昭告于顯考文敏先生羅山林君之墓、顯妣順淑孺人荒川氏之墓。歲序流易，雨露既濡。瞻掃封塋，不勝感慕。謹以祭膳、清酌、庶品，祗薦歲事。且合祭樗墩先生之墓、敬吉秀才之墓。尚饗。

后土祝文

維萬治二年，歲次己亥，三月壬戌，朔越丙寅，春齋林恕敢昭告于土地之神。某躬修歲事於顯考、顯妣之墓。惟時保佑，實賴神休。敢以酒食敬伸奠獻。尚饗。

右墓祭之儀並祝文，聊效《家禮》。以己亥三月五日行之，以爲恒式。

凡考妣忌日及朔望，每月詣墳墓，俗節亦然。忌日黲衣素服，其餘著野服。

按朝鮮李珥《擊蒙要訣》曰「《家禮》墓祭只於三月擇日行之，一年一祭而已。今俗於四名日正朝、寒食、端午、秋夕。皆行墓祭，從俗從厚亦無妨。但墓祭行于四時，與家廟無等殺，亦似未安。若講求得中之禮，則當於寒食、秋夕二節，具盛饌，讀祝文，祭土神，一依《家禮》墓祭之儀。正朔、端午二節，則略備饌物，只一獻，無祝，且不祭土神。夫如是，則酌古通今，似爲得宜」云云。珥之言損益固當，然可以《家禮》爲正也。往年聞韓客所談彼國忌日一年唯一度，然則忌日效中華墓祭，從國俗。珥於墓祭曰「從俗從厚亦無妨」，余輩從俗，用每月忌日，亦是同意也。

歲初祭文己亥正月三日新作之，以爲恒式。

伏以洪鈞回轉，新歲云來。維其三陽之交，乃是四時之始。屠穌隨例，追憶事存之舊儀。茅沙降神，陳設如在之薄奠。嗚呼！顯考、顯妣祔以先兄，聊表微忱，謹致薦享。伏惟尚饗。

立春祝文己亥新作之，以爲恒例。

維萬治二年，歲次己亥，十二月戊子，朔越二十六日祭丑，孝孫春齋林恕敢昭告于顯伯祖理齋林君及妣小篠氏，顯祖林入齋君及妣田中氏。今以立春生物之始，追惟報本，禮不敢忘。謹以粢盛、清酌、茶菓等庶品，祇薦□事。我顯考、顯妣及敬吉，四時奉祀有常，故今以亡叔東舟先生林君、亡兄長吉祔食。其餘旁親，咸茲來格。尚饗。

當時或人春分、夏至、秋分祭考妣，冬至併先祖祭之，不行立春祭，亦不爲不可也。祖考相並享食，神意可以樂乎。然於冬至祭初祖，立春祭先祖之説，則可有辨也。彼人堂寢寬廣，有司不乏，故合祭行之不難，況又祿爵威重，非余所企及乎。先儒謂祭初祖似禘祭，先祖似祫。丘氏辨之，祫祭比禘爲輕，然如余猶恐似僭。然祠堂祭高祖以下既爲通禮，故立春祭理齋林入，縱有失於厚之過，可逃僭越之罪乎。

朔望　據溫公説，則朔供常食，獻酒茶，望不設食，唯獻酒茶。朱子省略之，朔供酒，望唯獻茶。丘氏從朱子。今聊損益，朔獻粢菜、酒、茶、菓，望亦准之，唯不設酒。而朔望共上香，但正朔不可混，每朔故別行。歲初祭，王氏《翰墨全書》有每朔望祝文，然以不見《家禮》，故略祝文。

俗節　是非古禮，然中古以來，其儀重於每月朔望，故《家禮・通禮》載之，唯曰「獻時食」，注引朱子説曰二味一獻，丘氏説與本注有詳略，故今於人日、上元、上巳、端午、七夕、中元、重陽等俗節，唯獻世俗所用，而酒茶可從時宜也。《家禮》又曰「俗節不作祝文」，今從之。如八朔當時准俗節，然中華不用之，且非本朝古禮，故與每朔不分其儀。如清明及十月朔、下元、臘日者，准中華准俗節，然本朝不用之，故今從俗不行之。十朔亦與每朔同例。

俗節、朔望、忌日有舊識門生來拜者，可許之上香獻酒，可依其志也。但所拜者，其志之所向，可爲一位而已。但至親戚，則依其人，可有等殺。

原夫事亡如事存，則出告反面之禮，不可一日怠焉。吉凶哀樂，凡有事則不可不告焉。古禮既然，今亦可效之。然祭不欲數，數則煩，煩則不敬。祭不欲疏，疏則怠，故古禮唯有四時祭。朱子編祭禮，僅如忌日、墓祭等數件，而如朔望、俗節，則入通禮，所謂敬而遠之之義乎。其旨深矣，不簡不繁，可謂用其中於民者，於《家禮》可以觀焉。

跋

余自戊戌之春行祠堂祭，其禮未備，其儀未熟，唯以誠敬爲要。經二歲，聊存例式。今日當先妣正忌日，祭奠參墓事畢，感懷無聊，寂然無事，於是抄録頃歲所行，以爲小册，置諸座右而示兒童，佗日猶再校取捨而可也。

萬治三年庚子三月二日，亭午越筆至亥刻而成　向陽子林恕

慎終日録・威公

[日本] 小宅處齋 撰

金瑞 整理

《慎終日録・威公》解題

[日]吾妻重二　撰　董伊莎　譯

《慎終日録・威公》(漢文)是與《慎終日録・義公、恭伯世子》(和文)合爲一册的寫本,全十七葉。底本原爲水户市常盤神社所藏,現由水户市茨城縣立歷史館委托管理。資料編號爲常7－18。「慎終」來自《論語・學而篇》「慎終追遠,民德歸厚矣」,即謂喪禮(葬儀和服喪)。這裏收載的《慎終日録・威公》是水户藩初代藩主德川賴房(一五七一——一六五八)的葬儀記録。

江户時代初期,德川政權的上臺爲戰亂打上了休止符,社會恢復平穩,儒教作爲一種新的文化開始獲得人心。圍繞儒教,當時官、民兩個階層均有鮮明的新動向。「民」的一方出現了藤原惺窩、林羅山、谷時中、山崎闇齋、松永尺五、堀杏庵等有名的儒教思想家,他們熱心講學、著述,獲得了衆多支持者。「官」的一方則出現了尾張的德川義直、水户的德川光圀、備前岡山的池田光政、會津的保科正之等重視儒教的好學大名(藩主),他們從民間起用前述學者,鞏固藩政基礎的同時,提昇自己名君的聲望。如此,在官、民兩方面均出現了由儒教及其近世形式的朱子學領導江户時代初期思潮的盛況。

作爲尊崇儒教的「官」方代表大名，水户藩主德川光圀（一六二八—一七〇一）的存在大放异彩。水户藩即所謂「御三家」之一，處於德川政權的樞要位置，其影響力之大無需多言。

德川光圀的祖父是將軍家康，父親是水户藩初代藩主賴房，光圀爲該藩第二代藩主。他設置彰考館，命儒臣編纂《大日本史》，又編輯集成了日本朝廷和公家禮法、儀式的《禮儀類典》，更招聘了從中國逃亡到日本的朱舜水做賓師，種種功績廣爲人知。

光圀很早就開始注意儒教儀禮和《家禮》，並着手其實踐。例如，萬治元年（一六五八）以儒禮舉行了正室泰姬的葬儀，寬文元年（一六六一）以《家禮》和中國的儀禮爲基礎舉行了父親賴房的葬儀，同時在大田的瑞龍山建造了儒教式墓域。又如，寬文五年（一六六五）招聘朱舜水，讓其講説《家禮》，寬文六年（一六六六）又命人用和文撰述以《家禮》爲基礎的《喪葬儀略》並頒給家臣。更在寬文二年（一六六二）於水户城内修建祭祀水户藩歷代藩主的「祠堂」，開始儒教式祖先祭祀。祠堂也稱家廟，在《家禮》中也作爲祖先祭祀的中心設施有所記述，但建造祠堂在當時的日本幾乎没有先例，這充分體現了光圀對儒教的傾心。

水户藩所作的儒教儀禮文獻數量頗多，各種與朱熹《家禮》相關的文獻也不少，這裏就收録了其中以漢文寫成的資料《慎終日録・威公》。

《慎終日録・威公》是前述寬文元年（一六六一）七月，光圀爲父親賴房舉行葬儀的記録，用漢文寫成。「威公」是頼房的謚號。如開頭「小宅順謹誌」所示，由小宅處齋（生順）記録。處齋曾參加林鵞峰的講席，也曾作爲光圀的使者成功招攬了朱舜水。本書記載了從頼房死去的當日至第五十日——即日本的喪期結束之日——期間每天的葬禮情況，是極爲珍貴的記録。最後的識語中有天保十四年（一八四三）十一月的日期，緊接有「檢討葬祭禮之餘暇……石河幹修謹記」，可知本書爲天保年間石河明善轉抄流傳的寫本。

主辦此葬儀的當然是光圀，關於其方針有云：

嗣君命儒臣野一考《文公家禮》，襄事一從先王之制，兼通時宜，不雜浮屠。其不可于今者，略闕之。

這裏的「嗣君」即光圀，其方針是不混雜「浮屠」（佛教）的葬儀並根據《家禮》調和日本的「時宜」。「野一」指羅山的門人人見卜幽。此葬儀除《家禮》以外也深受《泣血餘滴》的影響。不過實際上也有不得不遵從「國俗」而舉行「佛事」的情况，例如，死後第三十九日的甲寅之日有：

嗣君不得已，從俗使浮屠誦《净土經》一千部，始於今日。

雖有此例，但並没有認可實行其後的一周忌和三回忌、七回忌、十三回忌、十七回忌、二十五回忌、三十三回忌等佛教的年忌法要。

順便一提，與本書合訂的《慎終日録・義公、恭伯世子》，是爲光圀和恭伯世子的葬儀記録，用和文寫成。義公是光圀的謚號。恭伯世子是水户藩第三代藩主綱條之子吉孚，在寶永六年（一七〇九）時僅二十五歲便過世了。本書原記録者不明，但最後識語有「天保十四年癸卯十二月八日　平幹修敬寫」，應爲石河明善（幹修）繼《慎終日録·威公》之後書寫的。

兩人葬儀均爲儒式，《慎終日録·義公、恭伯世子》中關於光圀的葬儀有：

中村新八·粟山源介を被爲召被　仰出候者　威公御葬之通ニ諸事儒法可被游と被　思召候、日記等相考目論可申候、新八·源介、家禮儀節並威公葬記を相考、鵜飼權平·青野源左衛門等と衆議一同之上にて入　殿様御覽斟酌商量シテ相定ム。（中村新八和粟山源介被傳召，綱條吩咐其遵儒法按威公葬儀的形式舉辦，同時參考日記等作準備。新八和源介詳細研究《家禮儀節》和《威公葬記》，與鵜飼權平、青野源左衛門等商議並取得一致意見後，又呈交主君斟酌、商量，最後决定葬儀方式。）

中村新八指林羅山門人中村篁溪，粟山源介指崎門派學者粟山潛鋒，鵜飼權平即鵜飼稱齋，是山崎闇齋門下鵜飼錬齋之弟，鵜飼錬齋曾侍奉光圀。青野源左衛門指青野粟居。由此可知，綱條用與賴房相同的儒式葬儀舉辦光圀的葬儀，更與儒臣們斟酌日記、《家禮儀節》和賴房的葬儀記録（《慎終日録·威公》），相互商議，决定儀式流程。

不過，光圀的葬儀與賴房不同，明顯受到了朱舜水的影響。朱舜水認爲《家禮》是爲士人而設的儀禮書，用作諸侯的儀禮有所欠缺。安積淡泊在《大城祠堂宜稱廟議》（水府明德會彰考館藏，寫本，整理號爲9886）中引用了朱舜水的意見：

《家禮》皆士禮，間有及於大夫者。若諸侯之禮，未可盡以此爲憑。

此意見很好地體現了這一觀點。因此，關於光圀的葬儀和墓的樣式規模，除了《家禮》和《泣血餘滴》以外，還有參考《禮記》《白虎通》《明集禮》等多種文獻，試圖整備適合大名即諸侯地位的儀禮。把日本的大名（藩主）看作中國的諸侯這一點在禮制上也是很有意思的。

關於賴房（威公）和光圀（義公）的儒教式喪禮，詳細可參考拙文《水户德川家と儒教儀禮——葬禮をめぐって》（《水户德川家與儒教儀禮——以葬禮爲中心》）（《東洋の思想と宗教》第二十五號，早稻田大學東洋哲學會，二〇〇八年）。另外，關於水户藩的各種儒教喪祭儀禮文獻，亦可見拙稿《水户藩的儒教喪祭禮儀文獻》（胡珍子譯，《愛敬與儀章》第十二章，上海古籍出版社，二〇二一年）。

愼終日録

小宅順謹誌

今兹寬文元年，我君就國，如何不淑。夏六月，發背。諸醫診之曰：「難治」「可畏」云。於是尋名醫於群國，求神劑於多方。攻之不可，達之不及，逐日大漸，不可奈之何。自肉食至葆旅，叩頭致誠，日夜奔走，禱于神祇。天哉天哉！遂無无妄之喜。

秋七月乙亥，太劇，召嗣君，遺命曰：「我命在旦暮，凡後事，一委汝耳。國俗，古來皆用殉死。君而無殉者，稱不君；臣而不殉者，稱不臣。不仁之甚也！吾痛憤（舊）〔久〕矣。若夫没，汝必莫忘！」嗣君嗚咽奉遺命，今夜自赴真木隼人宅，預告遺命，忝止彼之殉。隼人者，平生志殉者，而以其志難奪，故首禁之如此。隼人理屈言窮，泣涕昏亂耳。

丙子，我君薨于正寢，享年五十有九歲。召群臣發喪，老臣宣遺命固禁殉，群臣驚擗，慟哭不知所爲。不堪追悼，而固請從死者十餘輩，而皆不聽焉。嗣君命儒臣野一考《文公家禮》，襄事一從先王之制，兼通時宜，不雜浮屠。其不可于今者，略闕之。

儀節：屬纊畢後皆易服。黲衣素服，命工治棺。其後陳襲衣，設沐浴之具。既而沐浴畢，著明衣，襲白服，結白帶，而以白綿充耳。幎目巾，握手巾，飯含，事終而抱尸復正寢而仰卧之，加單被於其上以小斂。

嗣君謂老臣曰：「先君獵鷹有七十餘架，其食皆鳥獸肉也。吾聞朝朝爲之屠殺鳥獸。今也臨大故，不忍殺之，不如速脱韝放鷹之爲愈。」乃使有司悉放之大田山。今夜備州牧大田資宗歸于東武，是先君養母大田尼君姪，而大田資次從兄弟也。柳營命省病，故頃日在水户。

丁丑，小斂已了，置靈座，設魂帛，立銘旌，朝夕奠不怠。

靈座　牀也，今以疊易之。設布幕于堂裏，以别内外。尸前設衣架，覆以錦被。架前置椅，椅上置坐褥，褥上置衣服，服上置魂帛。椅前設卓子，卓上設香爐、香合、酒盞、酒注、茶甌、果盤等。侍者赤林重政、駒井重治，朝夕設櫛頮奉養之具，皆如生時。

魂帛　温公所謂東帛依神者也。

銘旌　以絳帛爲之。廣終幅，長九尺，用周，以竹爲杠，其制如傘架。加於靈座之右，以粉大書曰：三品前黄門水户府君源賴房卿之柩，筆吏真幸正心書之。

朝奠　每日晨起，侍者駒井重治、赤林重政，設頮盆、帨巾、櫛具于靈牀側，凡生時所用之物皆列之。執事者赤林重政、駒井重治，設蔬、果、脯、醢、羹、飯、茶、酒、匙、箸于靈座前卓子上。

食時上食　執事者徹去朝奠，陳設如前。

夕奠　執事者徹去舊奠，陳設如前。右三奠皆拜魂帛上香。

嗣君首經竹杖，慟哭不已。昨日以後，水漿不入口，群臣患其毁性，欲進食而不可得。今日遣望月恒隆於大田山下宅兆。

八月戊寅朔，入棺大斂，三奠用蔬食。

棺寸尺雖用周，然所記於此者以今尺，爲使工匠易解也。凡棺前高一尺八寸，横一尺八寸，後高一尺五寸，横一尺五寸，長五尺七寸。《禮》曰：棺厚四寸，槨厚五寸。古制，棺外四隅打鐵鐶，懸索持之。板油杉爲上，柏次之。内外皆用灰漆，内仍用松脂鎔瀉，厚半寸以上。以煉熟糯米灰鋪其底，厚四寸許，加以紙。紙上加七星板，板厚一寸許，有七孔，故曰七星板。而鋪大綿衾於其上，而垂其四裔於棺外，而置木枕。枕之制，中窪而左右高，爲不使尸首動摇也。既而掩尸以容之於棺内而仰卧之，斂衣如前。掩以單被，而以絹綿塞其空缺，而收衾裔之垂棺外者。先掩足，次掩首，次掩左，次掩右，令棺中平滿，而加蓋打釘，而膠合令無些罅隙。且塗松脂，而置凳子兩個於衣架内，而安棺於其上。以白布覆棺上，而設靈座，置魂帛，備奠供，而立銘旌於其右。

嗣君猶未視水漿，群臣大患之。中山信治其外老臣相與强曰：「嗣君大孝盡矣。誰曰不然乎？臣等恐過哀毁性，冀俯從少進粥。」嗣君徐曰：「然□，吾亦欲强食，而如不下喉何哉？」諸老臣涕泣退矣。

己卯，嗣君始進粥，纔可一溢米。柳營使河州牧井上正利來吊喪，嗣君迎拜台命。嗣君問河州曰：「三年喪，我國近世所未聞。孤欲之而不得如期者，欲請台命如何。」河州曰：「本朝中葉以降未之有。君今欲請而不聽，無乃不可乎？親喪固所自盡也，無以則心喪可也。」先是，嗣君問田備州，亦如河州答。國之元老中山信正亦謂不可也，故折衷從俗。少焉，河州去矣。

庚辰，嗣君嚥饘稍加於昨，顔色太毁瘠。望月恒隆復命曰：「大田之隅，瑞龍縣山神山宅兆，惟食於是。」以明日爲葬日。初，先君畋于大田，見衆山秀麗，有終焉志。歎曰：「美哉山乎！吾居之。」近習木内忠次曰：「不便魚鹽。」先君愀然曰：「迂哉！汝之不解吾意。其然則雖有魚鹽，豈得食之？」吁嗟，遂爲讖！

辛巳，以此夕首發引之途。嗣君命諸臣曰：「凡所在囹圄者，罪無輕重盡肆之。市鄽之税，永年免之。海利之租，期年免之。以安先君靈。」諸臣速行命，朝野感聲殷殷不止。嗣君雖强從國制，而終期之心遂有不可已者，故有免租之命。蓋收海租則不異親網魚，而禁捕魚則民無食，是以唯免租耳。頃日淫雨歷宿，今朝始晴，人以爲天心感于嗣君。

壬午，灰隔既成，於是黎明發引、出城。

灰隔長七尺六寸，上横三尺七寸，下横三尺四寸，前、後、左、右廣於棺各五寸。灰隔外穴廣前後左右各一尺五寸。壙中周圍以板爲墻，板厚與棺同，如槨之狀而無底。底鋪炭末及石灰，厚五寸許。而入棺之後，其上猶餘五寸。寸尺皆記今尺。

發引儀節

張燈二人二行
長柄鎗十人一行
步行衆二十人一行
鐵炮二十人一行
弓矢十人一行
先驅一騎辻半三郎、若菜主税輪番勤之
宗領番衆三十人一行
省衆一人
方相一人長持刀
甲胄櫝二人
蓑笥一人
夾笥二人二行
同朋一人
香案四人持之，步士一人護之
神主案二人持之，步士二人護之
靈柩十六人舁之，步士六人護之

銘旌一人在靈柩右前
凳子一人
鎗一人
笠一人
戟一人　以上三人三行
張燈二人
乘馬一匹
用人一人
小姓頭二人
通使十人
腰物番十三人
臺子間番七人
大省一人
進物番小頭七人內小頭二人
小納户八人
五十人番七人

鳥見衆二人二行，但一人小童，是先君游畋時常所從者也

步省二人二行

奴省二人二行　諸士之從僕

執事者二騎駒井重治、赤林重政

奴省二人二行　諸士之從馬

嗣君大駕

群公子

群臣

嗣君命群臣，使赦徒拜靈柩。昨夜天復雷雨，人皆不患之，曰：「嗣君大孝，豈不感天？天亦豈無之應？是乃灑塵耳。」今朝果快晴。午時，靈柩到葬地，於是置凳子於壙邊，安靈柩於其上。其右立銘旌，設嗣君座。群公子西列東面，諸老臣東列西面，而嗣君就座北面向靈柩。有司舁卓子，出於東方，置于壙左，卓上陳粢餅酒茶果。有司灌酒于壙左，以祭后土。真幸正心出於東方，讀祝文，其辭曰：「維寛文元年，歲次辛丑，秋八月戊寅朔，越四日辛巳——從三位中將源光圀，敢昭告于土地之神。今爲正三位前權中納言源賴房卿營建宅地，神其保佑，俾無後艱。謹以粢盛清酌，祗薦于神。尚饗！」讀了，埋祝文。嗣君退于西庪，窆靈柩於灰隔板内而北首，

徹竹格大轝于東方。執事者出卓子於西方，安神主於其上，置魂帛於其後。開櫝，出神主，真幸正心題之。先題陷中，曰：「故正三位權中納言源賴房公神主。」次題粉面曰：「顯考正三位前權中納言水户府君源威公神主。」其下左旁書曰：「孝子光圀奉祀。」執事者設卓子於神主前，左右燃燭，置香案。嗣君北面，向神主。執事者酹酒點茶，嗣君自上香，三伏三拜。真幸正心出於西方，讀祝文，其辭曰：「維寬文元年，歲次辛丑，秋八月戊寅朔，越四日辛巳，哀子光圀，敢昭告于正三位前權中納言水户府君源威公：形歸窆穸，神返室堂。神主既成，伏惟尊靈，捨舊從新，是憑是依。」讀了，退于西方。而後嗣君退座，直歸大田，有司徹座。次使大久保代讚州太守少將賴重近藤氏某，代四品侍從賴元久方，代四品侍從賴隆米澤氏某，代讚州適子賴世早川氏某，代本多氏室上香伏拜。次群公子上香伏拜。次諸老臣上香伏拜。禮畢，執事者納神主於櫝，退于西方，而群臣遍上香伏拜。其後有司徹奠，供退于東方，加銘旌於靈柩上。靈柩前後左右五寸許，間鋪炭末石灰，其上並鋪片木十株，而加大板厚四寸五分於其上。以爲灰隔之，蓋打釘閉之，堅密而實土三尺。其傍埋魂帛。古禮，魂帛虞祭之後埋之，今隨時宜如此。今夕，嗣君歸自大田。

癸未，嗣君依台命而赴朝，宿邸。以明日爲發軫，今日定扈從之序。

甲申，嗣君發水户宿小幡驛，是水户南鄙也。

乙酉，嗣君發小幡宿藤城驛。今日欲雨，人人祈曰：「天若感嗣君之仁，勿濡裝具。」果不雨。入夜乃大雨。

丙戌，破曉雨晴，嗣君發藤城，黄昏就小石川邸。

丁亥

戊子

己丑

庚寅

辛卯

壬辰

癸巳

甲午

乙未

丙申，柳營使酒井少將忠清、阿倍侍從忠秋來繼先君封。嗣君拜命後，阿〔倍〕侍從中山信治、雜賀重政、田代吉音、谷重政、藤田忠清、河澄幸隆申台命。次酒少將對賴重、賴元、賴隆申台命。凡諸侯之嗣子，不出五旬則不錫繼封之命。今也先君薨纔二旬有一日，是柳營所以寵異我二君，而嗣君所不能辭也。國制受繼封之命日即飲酒食肉，嗣君不肯。然慎終之禮，皇皇之貌，見者未始不流涕。先是，嗣君割地欲封二弟，而問紀陽亞相公及諸執政，欲請命，麾下皆不可之，故止焉。

丁酉

戊戌

己亥

庚子，我君依台命登營拜錫命之辱，且國之老臣，如五品大夫中山信治、大田資政、松平康宣、雜賀重政、酒井忠恒、白江伊信、田代吉音、梶川尚盛、岡崎能繼等凡十七人，依台命登營拜台顏。柳營召信治，有殊恩之命。是日，先君遺物、嗣君幣物等獻之。

先君遺物

腰物中書正宗

筑紫肩衝袋珠光段子

右二品獻　麾下

續後拾遺集頓阿筆

右獻　尊夫人

嗣君獻物

黄金馬代二枚

白金五百枚

單帷子二十重

太刀正宗

辛丑

壬寅

癸卯

甲辰

乙巳，今日群侯、諸大夫、士皆登營拜台顔，是國之制也，嗣君請命不登。

丙午

丁未

閏八月戊申朔，群侯以下登營賀吉月，嗣君請命不登。

己酉

庚戌

辛亥

壬子

癸丑

甲寅，今日成佛事於水户城下。初，君不欲爲佛事。紀陽亞相公曰：「不可也，暫從國俗。」於是問之於麾下諸執政，亦如亞相公語。嗣君不得已，從俗使浮屠誦《浄土經》一千部，始于今日。案：浮屠喪儀不過四十九日，見光遍瑞溪等説可知焉。所謂一周、三年、七年、十三、十七、二十五、三十三年忌者，皆所以借我儒，而不知每年有時祭、朔望、忌日、節序等盛禮，故今也彼所謂諸年忌者，悉不取之。

乙卯

丙辰，嗣君命松平重之、孤竹太郎繼父禄重之者。六月以來患瘍，先先君死，嗣君恤彼孤，或賜佳果，或使人問起居。繼禄者不獨彼而已，凡今年所物故者，雖賤庶卑僕，悉賜父禄。

丁巳

戊午

己未

庚申

辛酉

壬戌，群侯登營賀。望日，我君亦登營。是國制，不得已也。

癸亥

甲子，今日水户佛事畢。

乙丑，我君始進魚肉，俯就國制也，豈君意哉？自大、小斂至今日，每日上香，供食不怠。君手親視盛饌，侍臣不得敢與之。嗚呼！日月流易，物節移易，五旬忽步目。哀哉！悼哉！糞壤書生小宅順伏拜滴淚，謹以書之。

天保十四年癸卯冬十一月晦，檢討葬祭禮之餘暇於梅華書屋寫焉　　石河幹修謹記

慎終疏節　追遠疏節

［日本］中村惕齋　撰
吴　姝　整理

《慎終疏節》《追遠疏節》解題

［日］吾妻重二　撰　董伊莎　譯

《慎終疏節》四卷，《追遠疏節》一卷。底本爲文化六年（一八〇九）寫本，現藏於日本國立公文書館内閣文庫，合一册。圖書編號爲 190－0562。

著者是中村惕齋（一六二九—一七〇二），名之欽，字敬甫，通稱七次、七左衛門、仲二郎，惕齋是其號。生於京都衣料商之家。無特定的師承關係，自學朱子學，以市井學者身份勤於講學，五十五歲時隱居伏見京町，其後專注於讀書和著述。

惕齋是通過《性理大全》領悟學問的篤實的朱子學者，室鳩巢評價説，「惕齋一生崇信程朱，終始不變，可謂近世之醇儒者」（《先哲叢談》卷四，中邨惕齋），確實恰當。以《小學》、《四書》、《近思録》教導門人，除了朱熹的編著外，對大部分宋代性理學著作都加以注釋、講説，同時精通天文曆數、音律、地理、尺度量衡，當時與年長兩歲的伊藤仁齋齊名、著稱。

著作有很多，如《四書示蒙句解》二十七卷、《四書鈔説》十二卷、《近思録示蒙句解》十四卷、《孝經示蒙句解》一卷、《孝經刊誤集解》一卷、《詩經示蒙句解》十八卷、《小學示蒙句解》十册、《周易程氏傳鈔説》四卷、《筆記周易本義》十六卷、《筆記易學啓蒙》四卷、《筆記書集傳》十二卷、《筆記詩集傳》十六卷、《筆記春秋胡氏傳》四卷、《筆記禮記集説》十五卷、《筆記太極圖説解》三卷、《筆記律吕新書》三卷、《入學紀綱》一卷、《講學筆記》三卷、《訓蒙圖匯》二十一卷、《三器考略》一卷、《律尺考驗》二卷、《匠人測景定方圖説》一卷、《比賣鑒》三十一卷等。還有各種講義録，其領域之廣，實在令人驚嘆。其中的《四書示蒙句解》、《近思録示蒙句解》、《詩經示蒙句解》、《小學示蒙句解》作爲古典原著的代表性解説書，以活字版收録於戰前的《先哲遺著漢籍國字解全書》（早稻田大學出版部）。這些《句解》用漢字、假名參雜的日文形式撰成，通俗易懂，廣爲流傳。另外，文集有《惕齋先生文集》十三卷（寫本，九州大學楠本文庫、國士館大學楠本文庫所藏），語録有《仲子語録》五卷（寫本，國立公文書館所藏）。

值得注意的是，以博學廣識聞名的惕齋對禮學極爲精通，其門人增田立軒的《惕齋先生行狀》（《事實文編》卷二十五）稱：

其於禮，尤所長也。文物之制，喪祭之節，設施周密，粲然可觀。故四方好禮之人，設疑來問，受其指揮者，不可舉數也。嘗爲人教工，鑄造文宣王像。既成，衆人來拜，莫不感服。

由此也可知，惕齋因周密地實踐過「喪祭之節」而喚起了人們的關注。這裏所説的「文宣王像」

即孔子像，關於其鑄造，現安置於岡山縣閑谷學校及佐賀縣多久聖廟兩處大成殿（聖廟）中的金銅製孔子像就是惕齋設計的。有關這方面的著作有元禄三年（一六九〇）《釋菜儀節考議》（寫本，國會圖書館所藏，明遠館叢書二十二），該書記録了祭祀孔子的釋菜儀式流程，用日文片假名標記祝文等中文發音，很有意義。

此外，南川金溪《閒散餘録》卷上有云：

中村惕齋ハ忠信篤實ナル學者ナリ。旁ラ樂ヲ好ンデ音律（律）ニ精シ。朱子ノイフ處、モシ孔子ノ道ニ戾ラバ、朱子ニ欺カレタリト思フテ、朱子ニ隨ンナド、イヘルヲ見レバ、其人品ノ温ナルコト想ヒヤラレタリ。故ニ闇齋流ノ學風ヨリ見ルトキハ、惕齋ハ名物ニハ精シケレドモ、性理ニ麤ナリト評ス。（中村惕齋爲忠信篤實的學者。同時愛好音樂，精通音律。他認爲，如果朱子所言不符合孔子之道就是被朱子蒙蔽，只須遵循朱子之説。由此可想象惕齋人品之温厚。故從闇齋流之學風看，惕齋雖精於名物，但粗於性理。）

據此，比起山崎闇齋等顯著的「性理」式即哲學式的思索，惕齋更精於「名物」——即儀禮和音律的考證。惕齋也曾深入解讀代表朱子學音樂理論的《律呂新書》，並著有《修正律呂新書》二卷和《筆記律呂新書説》三卷，值得關注。

關於《家禮》，《惕齋先生行狀》中有云：

> 又讀《文公家禮》，乃深嘆吾邦禮廢之久，喪祭二典全管於佛氏，且謂爲人子者，雖嫌予兇，而不可以講喪禮也。

由此可知，研讀《文公家禮》的惕齋感嘆喪禮與祭禮被佛教獨佔，故以《家禮》爲基礎深研儒禮。

惕齋早在明曆元年（一六五五），二十七歲時，便在住所的一隅設置祭祀祖先的祠堂，安置三世木主並進行祭祀，後來搬了家也有修建新的祠堂。關於祭祀，《惕齋先生行狀》有云：

> 其祭祀也，四時、朔望、忌日之薦，終始不怠。祭器之制，典雅可觀，禮文之度，詳明可法。

關於葬儀，《惕齋先生行狀》有云：

> 曾遇父喪。……先生荒迷之間，具棺椁而葬之，朝夕哭奠，日往拜塋域。又遇母喪，哀慟不食。大斂畢，初歠粥，製素紬內衣、生布禮服。

由此可見，惕齋不單崇信朱子學的思想，還對《家禮》也十分關注，親自實踐其中禮儀。

《慎終疏節》和《追遠疏節》二書基於《家禮》叙述了適應日本國情的禮儀方式。書名源自《論語・學而篇》的「慎終追遠，民德歸厚」，「慎終」相當於喪禮，「追遠」相當於祭禮。其基本方針見於《慎終疏節》序：

今據朱子喪禮，述爲四卷，舉士夫通行之略，名《愼終疏節》。

也見於《追遠疏節》序：

竊以朱氏祭禮爲體格，而叙邦俗可以行者爲一卷，聊擬士夫家奉先之儀略，且下逮民庶之微，亦使知其韭麥之薦可以致歆享，名爲《追遠疏節》。

惕齋在此也明言這些書的根據來自「朱子喪禮」和「朱子祭禮」。

這兩部書在分章和記述上都極爲忠實於《家禮》，但反過來説則是有照搬中國禮儀的地方，在當時的日本能否原樣實施這些禮儀值得懷疑。但關於惕齋的意圖，《愼終疏節》序有云：

敢望好禮之君子，校其輕重緩急，而簡擇得稱宜，以使孝子識免其悔之方，則庶幾有少補世教云爾。

惕齋認爲更重要的是從這些書中選擇適當可行的部分來應用於實踐。

《愼終疏節》和《追遠疏節》還有刊本。《愼終疏節》四卷爲元禄三年（一六九〇）序刊，現藏於京都大學圖書館等處。《追遠疏節》一卷是元禄三年序，享保二年（一七一七）刊行，現藏於國立公文書館内閣文庫等處。

本書所據底本（寫本）在上部欄眉處寫有批注，也載有幾幅彩圖。與此《追遠疏節》中所載的《祠堂室中圖》、《祠堂全圖》、《垂簾之圖》三圖均未見於刊本。這些圖和彩圖的作者不詳，但應與欄眉批注一樣出於惕齋後學之手。卷末有識語：「此册以日野前亜相資矩本命家僕成常令書寫，文化六年夏，前權大納言。」日野資矩（一七五六—一八三〇）是日本貴族「堂上公家」的日野家三十七代當主、著名歌人日野資枝之子，文化六年即一八〇九年。

《慎終疏節》卷三的卷末把《族葬圖説》引作「明趙季明著」，但著者其實不是明代，而是元代的趙炳（一二二二—一二八〇），字「彦明」。雖未知惕齋從何得到此書，但從寬文十三年（一六七三）刊的和刻本《居家必用事類全集》乙集卷四載有《季明趙氏族葬圖》和《族葬圖説》一事來看，或許惕齋是以此爲根據的。

除此之外，惕齋對於《慎終疏節》著有《慎終疏節通考》六卷，對於《追遠疏節》著有《追遠疏節通考》五卷，很詳細地整理、編集了古禮相關記録、後世沿革、諸儒的議論和考證等。關於服喪，惕齋另有《親尊服義》六卷，這些文獻均預定收載於本《彙編》。

需要補充的是，關於《慎終疏節》和《追遠疏節》，門人增田立軒在二書完成後用和文撰寫了引用惕齋教導的補説《慎終疏節聞録》一册（寫本，元禄十五年〔一七〇二〕，財團法人無窮會所藏）和《追遠疏節聞録》一册（寫本，享保十五年〔一七三〇〕，國立公文書館所藏）。因此二書均爲和文寫成，本《彙編》没有集録，但確實是爲瞭解惕齋儒教喪祭研究的重要文獻。

目録

慎終疏節卷二

慎終疏節卷三

慎終疏節序

夫人子之奉親也，生事喪祭必皆以禮，而後方謂之孝。然奉生承祭之禮猶可徐徐講之，獨治喪一節，其事至遽而其文至繁，雖平昔嘗習之，而一旦遭凶，則慌迷之際不能自措辨，非親黨僚友熟禮者爲之相，則不得舉行如儀。後世禮法之廢，此其最難復古者也。况國俗久溺浮屠教，而不知有先王之禮，親没則一任緇流，雖肆而焚之，贏而築之，亦靦不之顧，慘暴之甚，慣以爲常，悲矣。夫人子丁憂，孰不哀痛者？然徑行無文，則不能盡其情，且其情有厚薄，故先王爲之中制，使過之者俯而就，不至者跂而及，是以喪儀或節情焉，或助哀焉。要之，所以使人皆全其孝也。世之好學尚古者，往往避制禮議度之嫌，而不豫講明，凡持喪送終皆從苟率，而徒抱終身之悔，其亦不深思之也。蓋喪以哀戚爲本，禮過其哀，君子固不取之。然若襲斂之密，棺椁之牢，宅兆之安，則至情之所繫而非關儀文者，故曰「慎終」。曰「自盡」，唯慎之盡之而已。自非國法所禁，則其得爲，而力足者，雖或違衆異俗，而不可不致其誠信矣。且其儀制度數之間，有存古而宜今者，亦可以頗飾其哀，豈可以特異域殊而一槩舍之哉？今據朱子喪禮，述爲四卷，舉士夫通行之略，名「慎終疏節」。並纂《通考》六卷，雜録古禮所由出及後世沿革，本朝古今民間遺禮與夫諸儒論辨之説，又竊以鄙意竄其間。敢望好禮之君子，校其輕重緩急，而簡擇得稱宜，以使孝子識免其悔之方，則庶幾有少補世教云爾。

元禄庚午仲冬之月平安仲欽序。

慎終疏節卷一

喪禮簡儀

〇初終

疾病，遷居正寢而齋。遷居於正寢之室，北壁下東首。〇若非家主則各遷其所，居之正處。去褻衣，加新衣。或直加新衣，隨病者意。徹樂，清肅内外。清掃，肅戒，正席，焚香，務令内外止静。養者皆齋，男女改服，加禮衣。分禱所祀。禱宗，先之外，或竈或社，從宜祀之，或行之未危急之先。遺言則書之。問病者有何言，有則謹書之。〇去褻衣以下，並行無序。侍者持手足，用侍者四人，手足各一人，扶助屈伸反側。〇若婦人則内御者持體。〇男子不絶於婦人之手，婦人不絶於男子之手。既絶乃哭。主人啼，餘皆哭。

○復

復於正寢。侍者一人，以死者之上服嘗經衣者，左執領，右執要，自前檐升屋中霤，北面，招以衣，三呼曰：「某人復。」畢，卷衣，降，覆尸上。男女哭擗無數。○呼其人者，從生時之號。

○正尸　施帷　設奠　易服　不食

設牀遷尸。牀用施簀者，布席加枕，侍者舉牀設于室中西南，遷尸於牀上，南首，拘足，防其辟戾。○始死未葬之間，尸柩皆南首。唯朝祖時，暫北首耳。○盛暑則自是後設水盤於牀下。若不能備，則先用洛盤以盛水。

以衾覆之，用大斂衾。去死衣。悉去衣服，以待沐浴。施帷，以行帷蔽尸牀前後，無帷則用圍屏。又設帷幔於堂前，隨事褰舉，事畢施下。設奠，用病者所餘爲饌，盛用燕器。侍者置卓子於尸東，進饌，奠酒，當于尸。偶以巾罩之，此爲始死之奠。主人不執事，亦不拜尸柩也。○設牀以下，亦一時並作。乃易服不食。妻子婦妾皆素衣、徒跣、束髮不成髻，其餘唯服淺淡，内外皆去華飾。○諸子三日不食。期九月者三不食。五月三月者再不食。親戚鄰里爲糜粥以食之，尊長强之，少食可也。

○立喪主　設有司

立喪主，凡主人謂長子。無則長孫承重以奉饋奠，其與賓客爲禮，用同居之親且賢者。○或别立主賓，用宗屬之親賢者爲之，無則用外親，亦無則用執友，專主與賓爲禮。主婦，謂亡者之妻，無則主喪者之妻。護喪，以子弟知禮能幹者爲之，凡喪事皆禀之。○或别立相禮，用親友或鄉鄰素習禮者爲之，凡喪事皆聽之處分，而以護喪助焉。司書司貨，以親戚或吏僕爲之，下祝贊等亦同。司書擇用知書者，或每司各一人。司貨置三曆：其一書吊客姓名，其一書凡喪禮當用之物及財貨出入，其一書親賓賻襚祭奠之數。○凡喪事當用之物事，相禮者命司貨豫爲之備，及所用之人，亦當與護喪議，豫求其人，庶臨時得用不致缺乏。喪具别有圖目。及祝，奉靈座，執饋奠，告祝辭，讀祝文。贊，唱贊儀節。侍者，給近事又備内御者。執事者。供賤役。○凡護喪以下，其人不備則一人兼他事，但護喪與司貨則不可闕也。

○治棺

命匠治棺。護喪命匠擇木爲棺，油杉爲上，楨柏次之，土杉爲下。其制方直，頭大足小，僅取容身，勿令高大及爲高檐高足。槨外以漆覆布，然後内外皆施灰漆，以煉熟糯米灰鋪其底，厚三四寸，加七星板底，四隅各釘大鐶，動則以大索貫而舉之。○若漆棺不能備，則内外塗瀝青，外面上下四周先以瀝青覆布，布上更塗半寸以上。

○報訃　拜賓

訃君，主人下堂，命使者訖，再拜，使者出，主人哭入。告親戚僚友，護喪、司書爲之發書，若無，則主人自訃親戚，不訃僚友，自餘書問悉停。以書來吊者，並須卒哭後答之。有賓則拜之，凡主人未成服，往吊者當服淺淡色衣。親厚之人直入吊哭，其餘護喪若主賓代拜之，有尊者來則主人出拜之。親友助喪。人子方其親歿之時，號慟幾絶，故情親厚者聞其初喪，即常服往吊，隨力助喪事可也。庶幾喪主得專乎哀而禮可行。若其家貧，則助以財物僕力。

○沐浴　襲　含

執事者掘坎，掘坎于屏處潔地。陳襲事，布席于房内東壁下陳之，西領，南上。若無房，則于堂前東壁下，幅巾一，幎目一，握手二，深衣一，大帶一，條一，履二，襖子、汗衫、小帶、褌、偪、襪之類隨所用不計多少。有官者，具公服。○婦人以綿帽代幅巾，以綃衣爲上服。有官者，具衣袴。沐浴、飯含之具，以席陳于堂前西壁下，南上，錢三，洗實于盒。有力者用銀錢精米四合，以新水洗净，取潘爲沐。米實于碗，以白布一方覆之。竹匙一，加于米上。浴盤桶匏各一，沐巾、浴巾、乾巾亦各一。以上皆用新者。理髮之具如平常。遷奠，祝遷奠，未徹，且爲沐浴。辟之，置于室西南隅。乃沐浴，執事者爲沐潘及浴湯，侍者承沐入。主人以下皆出帷外，北面。侍者就牀邊，沐髮，承餘水以盤，乃櫛之，晞以巾，沐餘水棄于坎。○侍者又承湯入，舉尸浴于盤中，用巾。既浴，拭以巾。拭訖，施褌，席于牀西，而置尸于席上，覆之以衾，乃剪鬚、斷爪、撮髮、爲髻。浴餘水棄于坎。○凡沐浴、襲、含，内喪，則皆内御者行侍者之事。侍者布襲衣，先布大帶於牀上，而深衣次，襖子次，汗衫次，乃遷尸於衣上，而著汗衫，覆之以衾。○若殯斂不能如期，因襲遂斂，則先布小斂絞衾，衣如儀，乃加襲衣於其上。乃飯含。主人盥手執錢盒以入，侍者執米碗及幎巾以從，由牀頭旋而西，置于尸西牀上。徹枕，以幎覆面。主人就尸東，由足而西，東面舉巾，左手執匙抄米實于尸口之右，三並實一錢，其於左於中亦如之。又實米唯盈，訖乃復位。○若不可含，則以布巾包米及錢，置于尸之襟懷。○侍者徹餘米，執事者羕之爲粥。侍者卒襲，設幅巾，加幎目，納襪履，以襪系餘連結兩足，乃襲襖子、深衣，結大帶，加條，設握手。襲畢，交手腕於腹上，男上左，女上右，亦以握系餘相結于兩拇指本。仍覆以衾。若因襲斂乃入棺者，卒襲遂小斂，如儀：執事者布席于堂中間，舉棺以入，置于席上，侍者置衾於棺中，乃舉尸，男女奉之入棺，如大斂之儀，但未塞棺空，收衾裔必俟三日，而後蓋棺。○若室内狹者，於是即可徙尸牀置堂中間，設靈座于其前。祝反奠於尸東，始死之奠至是爲襲奠。○若既入棺者，于棺東。築坎，髻、爪、巾、櫛皆棄于坎，填之。涅厠。謂亡者之厠。

○靈座　靈主　銘旌　粥奠

置靈座、堂中間設衣架，覆以帕或錦被。若不能備，則以屏代之。其前置高案以奉靈主，案前設卓子置奠具，卓前設香案，置香爐、香盒、燭臺之類。○若既入棺者，設靈座于柩前。○卑幼之靈座各於室中間，餘言在堂者皆放此。靈主，題其韜如神主，粉面但曰靈主，而不旁注，以櫝納之。立銘旌，以粉大書曰：某官某君之柩。毋云某姓官某人某氏之柩。無官則字號、姓、君、先生、處士等隨宜書之，毋稱室人，掛于杠倚靈座之右。粥餘飯奠之。執事者以土盃二盛餘飯之粥，祝羞之，奠于靈座主前。執友親厚之人至是入哭。凡入吊，未斂，止號哭，不拜。既斂，望靈號，再拜。未成服，有奠者，請喪，司其職，主人匍匐叩首。成服後始出，次拜吊者，亦不必答言。

○爲位哭　設燭

主人以下爲位而哭。主人及衆丈夫坐于牀東，西向南上，重行，以服輕重爲次。尊行以長幼坐于牀東北壁下，南向西上。主婦及衆婦女坐于牀西，俱對丈夫。其尊行亦坐于牀西北壁下，南向東上。○設帷若屏障内外，異姓丈夫坐于帷外之東，北向西上。婦人在西，東上。俱以服爲行。○若内喪，則同姓丈夫尊卑坐帷外之東，北向西上。異姓丈夫在西，東上。○凡婦人之位隨事設屏障。○諸子婦妾夜則寢於尸旁，不脱衣帶，不御枕席，以至成服。家衆男女異室。外親歸家可也。宵則堂上下設燭。照哭者也，日夕哭不絶聲，但寡婦不夜哭。

○小斂　代哭

厥明，謂死之明日。執事者陳小斂衣衾，執事者布席於房内北壁下，陳小斂絞衾衣等，南領西上。若無房則于堂前東壁下，西領北上。衣服據死者所有隨宜用之，若多則不必盡用也。具奠，執事者具小斂奠，酒飯菜殽茶菓隨宜，别置食閣陳之，凡碗碟、托盤、瓶盞之類皆用素器，並備滌盆、浄巾等。侍者設席布絞衾衣，侍者設席於襲牀東，布絞於席上，横者在下，縱者在上，次布衾，次布衣美者，在中或傎或倒，但趨方正，唯上衣不倒。○若有力者，别設斂牀。乃遷襲奠。侍者舉卓子，遷襲奠，置于室西南隅，俟設新奠乃去之。後凡奠皆放此。若奠在，則遷于堂西南。遂小斂。侍者盥手舉尸，男女扶助之，遷于斂席衣上，以木枕墊其首。若用小棺，則屈折其膝，以一帶繞腰而結膝下，凡空缺處視其形勢以充囊補塞，唯取方正，然後以所布之衣裹之，又以餘衣自上裹之，乃以衾包裹，先掩足，次掩首，次掩左，次掩右。遂以絞結之，先結縱者，後結横者。主人主婦憑尸哭擗。主人西向，憑尸哭擗。主婦東向，亦如之哭。少間徙尸于堂。○吊者當斂而至，則雖尊者，亦主人辭不出。執事者設夷牀於靈座北，使者出襲牀，執事者舉夷牀置于堂中間靈座北。若別有斂牀，則不用此一節。若既徙尸于堂者，此下二節並不用。侍者奉尸徙于牀上。侍者舉尸，男女奉之，徙于靈座北牀上，以夷衾覆之。○若斂用牀，則以牀徙尸。○若因斂入棺者，執事者先布席於靈座北，役者舉棺入置于席上，侍者置衾，舉尸入棺，如大斂之儀，但未塞空，收裔必俟三日，乃卒殯斂。乃襃帷，主人謝賓。凡賓友助斂者，皆拜之。訖，爲位而哭，俱如室位。祝入設奠，侍者徹粥。祝帥執事者入，盥手舉饌，啓櫝，奠于靈前。祝焚香斟酒。男女詣靈座前又哭盡哀。男東女西，皆北向。主人主婦在中位，其餘重行，以服輕重爲次。男子西上，婦人東上，男子尊行在主人右前，婦人尊行在主婦左前，侍者在後。後哭于靈座者放此。卑幼皆再拜，孝子未拜，侍者以巾罩奠饌。乃代哭，不絶聲。使家人親屬更代而哭，晝夜不絶聲，至卒殯而止。至夕又奠，宵設燭如前儀。

○大斂　入棺　靈牀　喪次

厥明，小斂之明日，死之第三日也。執事者陳大斂衣衾，布席于堂前東壁下，陳大斂絞衾衣等，西領南上。衾三，其一用複者，此自始死以覆尸者也。其一用罩布被所謂紟也。若從簡則剬布紟一、綿衾一，用紟覆尸。更簡則唯以綿衾一當大斂，其餘絞紟並不剬也。用衣無常數，凡冠帽、衣服、帶、笏等小斂所未入者，及刀、扇、巾、櫛、紙、筆、墨、硯等平時隨身佩用之具皆備。○婦人則首飾及内具之物隨宜設之。具奠，如小斂奠而稍加盛。

遷靈座及舊奠，執事者遷靈座及小斂夕奠置于堂西南。舉棺入置于堂中少西。執事者先席于堂中少西，役者舉棺以入，置于席上。○若卑幼則于别室。侍者置衾於棺上，侍者取衾之有綿者置于棺上，垂其裔於四外。下帷設席布絞紟衾，執事者堂前下帷，侍者設席於尸東南，席上布絞如小斂，次横布紟，次直布衾，次布衣善者在外，或少留至入棺後用之。乃大斂。侍者與子孫婦女倶盥手，舉尸安于斂上，掩衣衾如小斂之儀。乃以紟衾緊掩之，疊收首足之餘，以縱絞結定，又以横絞結束，乃徹牀及水盤。遂奉尸入棺。子孫婦女及侍者又盥手共舉尸納于棺上，綿衾内乃實生時所落之齒髮等於棺角，又揣其空缺處，以衣物或充囊塞之，務令充實，不可摇動，謹勿以金玉珍玩置棺中，啓盜賊心。掩衾如前儀，令棺中平滿。男女憑哭盡哀。男女憑棺哭擗無數。○司馬温公曰：「凡動尸舉棺哭擗無算。然殯斂之際，亦當輟哭監視，務令安固，不可但哭而已。」乃蓋棺。婦人退入幕中，乃召匠加蓋下釘，仍以夷衾覆柩，柩南北以帷屏圍之，所謂殯也。遷銘旌，祝取銘旌設跗立于柩東。反靈座。執事者復設靈座於故處，奠則仍留于堂西南。褰帷，主人謝賓。如小斂之儀。侍者設靈牀于柩東，平時寢室、堂畔、小房皆可，不必柩東。其内牀帳、薦席、屏、枕、衣衾之屬皆如平生時。乃設奠，如小斂之儀。主人以下就喪次。中門之外擇樸陋之室爲丈夫喪次。斬衰寢苫枕塊，不脱絰帶，不與人坐焉，非時見乎母也不及中門。齊衰寢席。大功以下異居者，既殯而歸，居宿于外，三月而歸寢。婦人次于中門之内，别室或居殯側，去帷帳衾褥之華麗者，不得輒至男子喪次。至夕又奠，止代哭者。

○成服　哭吊　食粥

厥明，大斂之明日，死之第四日也，是日夙興。五服之人各服其服入就位，男于柩東，女于柩西，俱如室位，後哭于殯者放此。然後朝哭，皆哭盡哀。相吊。諸子孫就祖父及諸父前跪哭，皆撫哭盡哀，就祖母及諸母前哭，亦如之。女子就祖母及諸母前哭，遂就祖父諸父前哭，如男子之儀，但諸父不撫之耳。主婦以下就伯叔母哭，亦如之。訖乃復位，遂設朝奠。其服之制：一曰斬衰三年。斬，不緝也。衣裳皆用極粗生布，旁及下際皆不緝也。衣縫向外，裳縫向内。冠比衣裳用布稍細。絞帶用有子麻繩。苴杖用竹，高齊心，本在下。屨亦粗麻爲之。○婦人亦用極粗生布爲衣裳及蓋頭，皆不緝。布頭𦈡，竹釵，麻屨，而不杖亦可。二曰齊衰三年。齊，緝也。其衣裳冠制並同斬衰，但用次等粗生布，緝其旁及下際，絞帶以布爲之。杖以桐爲之，上圓下方。婦人服同斬衰，但布用次等爲異。杖期，服制同上，但又用次等生布。不杖期，服制同上，但不杖又用次等生布。五月，服制同上。三月。服制同上。三曰大功九月。服制同上，但用稍粗熟布。四曰小功五月。服制同上，但用稍細熟布。五曰緦麻三月。服制同上，但用極細熟布。凡所爲服之人别有圖例。各條别纂述服義以詳之。成服之日，主人及兄弟始食粥。諸子食粥。妻妾及期九月者，疏食水飲，不食菜果。五月、三月者，飲酒食肉，不與宴樂。○自是無故不出，若以喪事及不得已而出入，則男子乘樸馬布鞍，婦人乘素轎布簾。

朝夕哭奠　盛奠　薦新

每日晨起，執事者具朝奠，飯、羹、酒、饌、茶果隨宜設之。開堂褰帷設香燭。主人以下皆服其服，入就位，謂柩東西位。舉哀。皆哭盡哀。日方出設奠，祝帥執事者徹舊奠，啓櫝設新奠，祝盥手斟酒點茶。主人以下詣靈前再拜，且哭且拜。訖，侍者罩奠。○若暑月，則設饌如食，頃去之，止留茶酒果屬，仍罩之。禮畢歸次，執事者下帷。又具夕奠，日將入哭奠，俱如前儀。朝夕之間哭無時。哀至則哭于喪次。節朔忌日，則於朝奠設盛饌，如朝奠儀。有新物則薦之。謂五穀、果品、菜蔬凡初出而未嘗者。

○受吊　奠　賻

凡吊皆素服。各隨其人所當服之衣而用縞素者。奠用香、茶、燭、酒、果。有狀。或用食物即別爲文。賻用錢帛。有狀。惟親友分厚者有之。先使人通名，有禮物則從入。主人具服以俟，主人炷香點燭，各具服就位哭以俟，護喪出迎賓。賓入哭奠，賓入至廳事，進揖致辭。護喪引賓入，至靈座前，哭盡哀，再拜，焚香，跪，斟酒點茶，俯伏，興。祝跪，讀祭文、奠賻狀於賓之右，畢，興。賓主皆哭盡哀，再拜。○若無禮物則直哭拜。訖乃吊而退。主人哭出，西向，稽顙再拜。賓亦哭，東向答拜，進吊主人，主人對之，又再拜，賓答拜，又相向哭盡哀。賓先止，慰主人，乃揖而出。主人哭而入。護喪送至廳事，茶湯而退。○司馬温公曰：「凡吊人者，必易去華盛之服，有哀戚之容，若賓與亡者爲執友，則入酹。婦人非親戚，與其子爲執友曾升堂拜母者，則不入酹。凡吊及送喪者，問其所乏，分導營辦，貧者爲之執紼負土之類，毋擾及其飲食財貨可也。

○擇葬地　告啓期　開塋域　祠土地　穿壙　作灰隔　刻誌　造轝　具葬儀

三月而葬，前期擇地之可葬者。葬期大抵在初喪後五、七、十日之間。但既殯之後，即謀葬事，其有祖塋則以次祔葬，若窄狹則别擇地可也。擇地之法，大抵求土厚、水深、土色光潤、草木茂盛者。○程子曰：「五患不可不謹：使他日不爲道路，不爲城郭，不爲溝池，不爲貴勢所奪，不爲耕犂所及也。」一本云：「五患者：溝渠、道路、避村落、遠井窑。」擇日告啓期。既得地，則擇葬日。凡擇日用柔日，喪事先遠日。擇得吉之後，主人至殯前哭，遂以啓殯之期告于親戚、僚友、應會葬者，但告之宜在旬日以前。開塋域。既告啓期，則又擇日開塋域。主人既朝哭，帥執事者於所得之地掘兆，四隅外其壤，掘中南其壤，各立一標，當南門立兩標。祠土地。擇遠親或賓客一人，告土地之神。祝帥執事者布席、設神位於中標之左，南向，以卓子設盞注酒饌及香燭於其前，又設盥盆、帨巾於其東。告者吉服入，立于神位之前，北向，祝及執事在其後，東上，皆再拜。告者盥洗，上香，斟酒酹之，又斟獻之，俯伏，興，少退之。祝執板跪于告者之左，東向，讀之曰：「維某年歲月朔日，子某官姓名敢昭告于土地之神，今爲某官姓名營建宅兆，神其保佑，俾無後艱，謹以酒饌祗薦于神，尚饗。」訖，復位。告者再拜，祝及執事皆再拜，徹出。主人若先歸，則殯前哭。遂穿壙。其穿地宜狹而深。狹則不損崩，深則盜難近也。但地口兩畔比壙口各闊尺許，壙口兩旁可使人立。作灰隔。如椁而無蓋，底以隔沙灰與炭末也。其制高大於棺，以實沙灰於其間，用灰愈厚愈佳。穿壙既畢，先布炭末於壙底，築實二三寸，然後置灰隔於其上，乃下炭末於四外築之。下與先所布者相接，上與灰隔平。灰隔底實沙灰，築之四五寸以俟窆埋。但灰墎堅厚及壙深一丈以上者，不用炭木亦無害。○若有力者作石椁，椁外用沙灰，則先布沙灰，然後安石椁，乃以沙灰築其四外與椁等，而止又以糯米粥調石灰、石屑，用之勝於沙灰。刻誌石。蓋内刻云：「某官某君之墓。」無官則書其字，曰：「某君某甫。」底面刻云：「某官某君，諱某字某，某州某縣人。考諱某、某官，妣某氏。某年月日生，歷任某處某官，某年月日終，葬于某鄉某里某處。年若干娶某氏某人之女，子男某官，女適某官某人。婦人夫存，有官則當云某姓某人某氏之墓，無官則云某姓名室（或正室或繼室）某氏。夫亡則某官某君某人某氏，無官則某君某甫室某氏，其底叙年若干適某氏。葬之日置之壙上，誌中書柩所有。造大轝。造長轅平牀以載柩，仍多作新麻大索以備扎縛。（扎當作紮，側入切，纏束也。）此皆切要實用不可闕者，別作兩凳以備停柩。竹格，大轝既制而以夷衾覆柩，亦足少華道路。或更欲加飾，則以竹木爲之格，設小幄於轝上。若道路遠，決不可爲此虛飾，且多用油單裹柩以防濕而已。及靈車，作轎子，奉靈主，設酒饌、香火並載遣苞，或別具香輿食輿。具行裝如常儀。輿馬、儀仗、衣箱、行炬之類隨分具之。

○啓殯　朝祖　就轝　代哭　奠賻　陳器　祖奠　設燎

發引前一日，因朝奠以啓殯告。設饌如朝奠，祝盥洗、上香、斟酒訖，北面跪告曰：「今以吉辰，啓殯，敢告。」俯伏，興。主人以下皆哭再拜，祝帥執事者徹柩外帷屏，祝以新麻布巾拭柩，覆用夷衾，訖，乃退出。主人以下就位，哭盡哀。奉柩朝祖。主人以下復詣靈座前，祝跪告辭曰：「請奉靈柩朝祖廟。」俯伏興。役者入，婦人退避，主人以下立視，祝以箱奉主櫝，詣祠堂。執事者奉奠卓次之，銘旌次之，役者舉柩次之。主人以下哭從，男子由右，女子由左，重服在前，輕服在後。婦人皆蓋頭。至祠堂前，執事者先布席於祠堂中間，至則皆升自西階。靈主至，置于席北，北向啓櫝。役者致柩於席上，北首，而出。奠及旌留于中門。主人以下就位，婦人去蓋頭，哭盡哀，止。○祠堂狹隘不可遷柩，則直奉靈主朝祖，告辭曰：「請奉靈主朝祖廟。」銘旌先而立次之，餘如前儀。遂遷于堂前就轝。役者先舉大轝入置于祠堂前，南向，承以兩凳。婦人退避。祝跪于靈主前，堂狹則于主右。告辭曰：「請遷靈柩就輀車。」俯伏，興。役者入舉柩，祝奉靈主導柩，右旋。主人以下哭從，出視載。婦人哭于帷中。柩出乃載大轝，以索維之，令極牢實，覆以夷衾，乃加竹格，載畢，執事者設靈座于轝前南向。堂前狹，則轝東，東向。祝安靈主於座，仍設先奠。○祠堂前狹不可停柩車，或初以靈主朝祖，既朝遷柩於廳事，以就大轝。無廳事則略移動以趨外邊可也。乃代哭。如未殯之前以至發引。親賓致奠賻。如初喪儀。陳器。前後行裝如常儀，而備警衛、香食與在先銘旌，去跗執之，靈車次之，行炬次之，大轝次之，又具從葬輿馬，並以籍陳列行次，各注所執、所從之人。日晡時祖奠。饌如朝奠而加禮，祝盥洗、上香、斟酒訖，北向跪告曰：「永遷之禮，靈辰不留，今奉柩車，式遵祖道。尚饗。」俯伏，興。主人以下哭再拜。宵則門内設燎。設燭於門内之右，爲哭者爲明，以至發引。

遣奠

厥明，出葬之日也，此日晨起，主人以下就靈前哭。遷轝於中庭，役者入，婦人退避，執事者徹靈座，役者舉大轝降置于中庭，承以兩凳。執事者設靈座如初。此承遷柩於廳事言之，若就祠堂前而奠則不用此一節。乃設遣奠。饌如朝奠而加盛，有晡焉。婦人不在。祝行禮如祖奠，告辭曰：「靈輀既駕，往就幽宅，載陳遣禮，永訣終天。發引就道，勿驚勿怖，敢告。」孝子哭拜。禮畢，執事者徹脯苞之，別以盤奉之，前行或置于靈車中，將發引，徹靈座。祝奉靈主升車，靈車中置小卓，以安主櫝。設盞注、饌菓及香火於其前，皆以托盤承住之，細木支梧之，令不傾覆。婦人出哭，至是婦人乃蓋頭出帷，降階立哭。守舍者哭辭。守舍者哭盡哀，再拜而留。尊長則不拜也。〇婦人若不從葬，則亦如守舍者。

○發引

轝行，行儀如陳器。主人以下哭步從，如朝〔奠〕之儀。婦女則出門乘轎，先至于墓所而俟。若墓遠，或孝子有病不堪步者，皆許出郭乘馬，去塋三百步乃下。尊長次之，無服之親又次之，賓客又次之。皆乘輿馬，親賓或先待于墓所，或出郭外哭拜，辭歸。親賓設帷於郭外道旁，駐轝而奠。如在家之儀。塗中遇哀則哭。若墓遠則每舍設靈座於柩前，朝夕哭奠。夜則主人兄弟皆宿轝旁，親戚共守衛之。

○及墓　下棺　祠土地　奉靈車　成墳　立碑

未至，執事者先設墓幕、以布幕周壙外四面。靈帷、在墓道西南向有座卓。親賓次、在靈帷前十步，男東女西。婦人帷。在靈帷後，壙西。靈車至，祝奉主櫝，安于靈座。遂設奠而退。如常儀。轝至，執事者先布席於幕内壙南。轝至，則役者脱載致于席上，北首。執事者取銘旌，去杠，置柩上。主人男女各就位哭。主人、諸丈夫立壙東，西向。主婦、諸婦女立壙西帷内，東向。皆北上，如在塗之儀。賓客拜辭而歸。賓客詣柩前，哭再拜。主人謝賓，再拜。賓答拜。乃窆，壙内布席，然後下柩，窆用兩杠，有二法，見喪具。○大凡下柩最須詳審用力，不可誤有傾墜動搖。主人兄弟宜輟哭，親臨視之。○已下，再整柩衣、銘旌，令平正，訖，主人再拜稽顙，興，舉哀。在位者皆哭盡哀，拜訣。實以灰，柩外四旁實以沙灰，洒以淡酒，漸實漸築，但輕于築之，勿令震動，柩上沙灰厚倍於四旁，但壓窄之，未敢築也，灰上實炭末亦倍於四旁。○用石椁則棺外椁内上下四周充實沙灰，乃加蓋石，以油灰塞縫鏬，然後實灰炭如上法。乃實土而漸築之。下土每尺許而且蹋且築，去柩未遠，則尚輕手築之。○實土及半，乃藏苞筲。祠土地於墓左。如前儀，祝板並同，但云：「今爲某官某君窆兹幽宅，神其保佑。」後同。下誌石，墓在平地，則於壙上近前自地面下三四尺間先布磚一重，置石其上，又以磚四圍之，及覆其上。若墓在山側峻處，則於壙前數尺間掘地深四五尺，依此法埋之。若塋域狹則埋壙上。復實以土而堅築之。下土亦以尺許爲準，但須密杵堅築。祝奉靈主升車，或主人自抱櫝，乘轎而反。執事者徹靈座，遂行。主人以下哭從，如來儀。出墓門，尊長乘輿馬。去墓百步，許卑幼亦乘輿馬。但留子弟一人，監視實土以至成墳。墳高四尺，築成土饅頭。立小石碑於其前，亦高四尺，趺高尺許。刻其面，如誌之蓋，乃略述其世系名字行實，而刻于其左，轉及後右而周焉。婦人則俟夫葬乃立面，如夫亡者誌蓋之刻。合葬，則不曰之墓而曰祔。

○反哭

主人以下奉靈車，在塗徐行哭。其反如疑，爲親在彼，哀至則哭。祝奉靈主入置于靈座，執事者先設靈座于故處，祝奉主櫝入就位。主人以下于哭廳事，主人以下及門哭入，哭于廳事。婦人先入，哭于室。遂詣靈座前哭。升自西階，入，就位哭，婦人亦哭在位。祝盥洗上香，主人以下哭再拜。有吊者拜之如初，凡五服内男子及親友之厚者既歸，待反哭，各分先後而復吊。期九月之喪者，飲酒食肉，不與宴樂，杖期者，終喪不食肉，不飲酒，不復寢。小功以下、大功異居者，可以歸。其三月者，既葬除之，受以朝服。踰月復吉。儀見拊後變除。

慎終疏節卷二

虞禮簡儀

○虞祭

葬之日，日中而虞。或墓遠，則但不出是日可也。若去家經宿以上，則初虞於所館行之。○朱子曰：「未葬時奠而不祭，但酌酒，陳饌，再拜。虞，始用祭禮，卒哭，謂之吉祭。自虞祭後，儀節皆贊者唱引。」

主人以下皆沐浴。孝子未沐櫛爪剪也。○或已晚，不暇沐浴，即略自澡潔可也。執事者陳器就靈座，陳布，略如常祭，而無玄酒，其器用烏漆，無則磁器。具饌。如朔奠。祝啓櫝，主人以下入哭，如哭于靈座舊儀。降神，主人盥洗，詣香案前，焚香再拜，斟酒，酹之茅上，執事者佐之，訖，俯伏，興，少退再拜，復位。祝進膳。執事者佐之。初獻，主人詣靈座前，斟酒奠之，執事者佐之，訖，跪于香案前。讀祝。祝執版出于主人之右，西向跪，讀之曰：「維某年歲月朔日，子（孤子）某敢昭告于某考某官府君之靈。日月不居，奄及初虞，夙興夜處，哀慕不寧，謹以清酌庶羞，哀薦祫事。尚饗。」讀訖，置版於案上香爐西，主人哭再拜，復位。內喪則云「哀子某敢昭告于某妣某姓某人」。○無官者云「某號嚴君某姓室人」。亞獻。主人爲之，主婦亦可，禮如初獻，但不讀祝。終獻。親賓一人，或男或女爲之，禮如亞獻。侑食，子弟一人執注就添盞中酒。主人以下皆出，祝闔門。無門則垂簾圍屏皆可。主人門東，西向，卑幼丈夫在其後，重行，北上。主婦門西，東向，卑幼婦女亦如丈夫位。尊長休於他所。少頃，啓門，闔門如食頃。祝進，當門噫歆三聲，乃啓門，或擊鐘三聲。主人以下入，皆就位。點茶，執事者進菓注茶。辭神，主人以下皆哭再拜，但尊行不拜也，盡哀止。祝焚祝文於堂前，執事者撤膳，祝閉櫝。禮畢，主人以下出，就喪次。罷朝夕奠。朝夕哭，哀至哭如初。今從世俗，雖殯葬而靈座前猶上食亦可。遇柔日再虞。乙丁辛癸爲柔日。其禮如初虞，惟前一日陳器具饌。厥明夙興，設蔬菓酒饌，質明行事，祝詞改「初虞」爲「再虞」、「祫事」爲「虞事」爲異。若墓遠，亦途中遇柔日於館行之。遇剛日三虞。甲丙戊庚壬爲剛日。其禮如再虞，惟改「再虞」爲「三虞」、「虞事」爲「成事」。若墓遠，則途中遇剛日且闕之，須至家乃可行此祭。

○卒哭

《檀弓》曰：「卒哭，曰成事是日也，以吉祭易喪祭。」故此祭漸用吉祭。

三虞後遇剛日卒哭。人有家貧，或以他故不待三月而即葬者，宜速虞，但卒哭必俟三月。若殯後即葬者，既虞後，尚亦日薦常食，如朝夕奠，但少頃撤之。經五七旬，然後取終虞後剛日以行此禮。前期一日陳器具饌，並同虞祭，惟更設玄酒瓶一於酒瓶之西。厥明夙興，設蔬菓酒饌。並同虞祭，惟更取井花水充玄酒。質明，祝啓櫝，主人以下皆入哭，降神，並同虞祭。主人主婦進膳。主人奉正膳，主婦奉副膳。初獻，同虞祭。讀祝。祝執版出于主人之左，東面跪，讀詞，並同虞祭，但改「三虞」爲「卒哭」，其下云「追慕永往，攀號無逮」，其「哀薦成事」下云「來日隮祔于祖考某官府君」。其内喪及無官者之稱見虞祭祝文。亞獻，終獻，侑食，闔門，啓門，點茶，辭神。並同虞祭。自是朝夕之間哀至不哭，猶朝夕哭。主人兄弟疏食水飲，不食菜菓，寢席枕木。

○祔

卒哭，明日而祔，卒哭之祭既徹，即陳器具饌。哭如卒哭，皆陳之於祠堂。祠堂狹，則於廳事，隨便。設亡者祖考妣位於中，南向，西上，設亡者位於其東，西向。内喪則不設祖考位。具饌亦如卒哭而三分，内喪則兩分。祖妣二人以上則以親者。○若喪主與繼祖之宗異居，則宗子爲告于祖，就喪家設紙牓以祭之，祭畢焚之。主人以下沐浴、櫛、爪剪，具祔服，用次等粗布墨染爲之。厥明夙興，設蔬菓酒饌。並同卒哭。質明，主人以下改服，入哭于靈座前，盡哀止。詣祠堂，奉神主出，置于座。主人以下俱詣祠堂，祝軸簾奉櫝置于座，啓櫝。還，奉靈主入祠堂，置于座。主人以下還，詣靈座前哭，祝跪告曰：「請奉靈主，祔于顯祖。」俯伏，興，乃奉櫝，詣祠堂。主人以下哭從，如從柩之叙，至門止哭。祝升自西階，置櫝於所設亡者位，啓櫝。○若請宗子行禮，則不用上兩節。惟遷靈座于堂東，西向，設祖位于靈座故處，南向。敘位，如虞祭之儀。○若喪主非宗子，則宗子宗婦居中位，喪主在宗子之右，喪婦在宗婦之左，長則居前，少則居後。參神，在位者皆再拜，參祖考妣。降神，若喪主非宗子，則宗子行之，並同卒哭。祝進饌。並同虞祭。初獻，讀祝，若喪主非宗子，則宗子行初獻。初獻並同卒哭，但酌獻先祖考妣，祝版、日子同前，但云：「孝曾孫某謹以清酌庶羞，薦顯曾祖考某官府君，隮祔孫某官。尚饗。」皆不哭。○內喪則云「顯曾祖妣某姓某人」，云「隮祔孫婦某氏」。妻喪則夫祔其祖妣，祝版同上。○次獻亡者祝版同前，但云：「孝子某謹以清酌庶羞，薦祔事於先考某官府君，適于顯曾祖考某官府君。尚饗。」內喪則皆云「某妣某人」。凡無官者之稱，見虞祭祝文。○若喪主非宗子，則隨宗子所稱，但云爲「某親某告祖某祔孫某」。○若亡者於宗子爲卑幼，則宗子不拜。亞獻，終獻。並同卒哭及前條初獻儀，唯不讀祝。○若喪主非宗子，則喪主爲亞獻，宗婦爲終獻。侑食，闔門，啓門，點茶，辭神。並同卒哭，但不哭。祝奉主各還故處。祝先閉祖考妣主櫝納于龕中，次奉亡者主櫝反于靈座，出門。主人哭從如來儀，盡哀止。○若喪主非宗子則哭而先行，宗子亦哭送之，盡哀止。既祔，徹靈牀，自後尚朝夕哭。家衆詣靈前，啓櫝，焚香，拜哭。朔望節序之薦如奉祠堂。每薦于祠堂，遂及靈座。但祠堂則吉拜，靈座仍凶拜。

○祔後變除

凡斬、齊三年之服，祔，練、祥、禫變除之節並同。其杖期者，祥、禫日月雖異，其儀亦同。杖期，十一月練，十三月祥，十五月禫。練、祥皆不計閏，禫則計閏。不杖期以下變除各依其月算，期十三月不計閏，九月以下皆計閏。皆以其服就位哭，改服又哭。其日晨具衰服入，就位哭盡哀，出就別室，釋服，著朝服素冠，又入，就位哭盡哀，出就別室終日。異門者至此各還其家。踰月復吉。

○小祥

祥，吉也。又謂之練祭。

期而小祥，自喪至此，不計閏凡十三月。古者卜日而祭，今止用初忌以從簡易。大祥放此。○若以閏月亡者，二祥忌日皆以所附之月爲正。若當祥之月有閏，則先卜後月之忌，不得吉，則用前月之忌。命工作栗主。櫝、韜、藉等如制。前期一日，主人以下沐浴，櫛爪剪。題新主，執事者設卓子於靈座前，左向，右置硯筆墨於其上。主人出就位。祝盥洗，出神主，卧置卓子上。題主者盥洗，就卓子先題陷中，次題粉面。題畢，祝奉主納櫝，主人謝題主者，再拜，題主者答拜。○題主式考主陷中書，云「故某官某君諱某字某號某」。神主妣主則云「故某姓某人某氏諱某字某」。神主無官者，考則「某君」以下，妣稱「某姓室人某氏」，餘並同上。粉面考主書「昌顯考某官府君」，神主妣主書曰「顯妣某氏某人」。神主無官者，考稱大伯嚴君仲叔季，隨宜書；妣稱某氏室人，高曾祖考妣亦然；妻稱先嬪。旁親則先伯叔兄某官府君，無官者「先伯叔兄」下更云大伯仲叔季君或幾伯仲叔君亡弟。

有官者稱官，不稱府君。無官者稱幾仲叔季子，不稱大。諸姪與子同例，先姑姊妹姪，如伯叔兄弟子，但不稱君及子，而並稱娘耳，伯母曰先姆，叔母曰先嬸，諸子稱亡大哥、幾哥、某官或某甫，諸女稱亡大姐、幾姐或某卿，其餘類推，隨宜書之。粉面左旁下細書云「孝子某奉祀」，孝孫曾玄弟姪等隨分而稱，書名不書姓，若亡者卑幼則不旁書，餘詳祭禮考。陳器具饌，主人帥衆丈夫洒掃滌濯，主婦帥衆婦女滌金鼎、具祭饌，他皆如卒哭之禮。設次陳練服。丈夫禮服及婦人上服皆用絹絁細布之類，染成淺淡之色，未得用綾羅及施紋彩染濃色，並用縞素爲裏。○夫既除服，而妻之二祥，亦夫素淡之服主之，其祝詞亦不必言爲子而祭也。厥明夙興，設蔬菓酒饌。並同卒哭。質明，祝奉神主就座。祝盥洗，先遷靈主置于舊座之後，乃奉新主就舊座，啓櫝焚香。主人以下入哭，皆如卒哭。但主人與期親各服其服而入。若已除服者來預祭，亦釋去華盛之服，皆哭盡哀止。乃出，就次易服，復入哭。祝止之。降神。自是後用吉拜。三獻，讀祝，並如卒哭之儀。祝版亦同前，但云：「日月驚迫，奄及小祥，攀慕永遠，重增荼裂，謹以清酌庶羞，祗薦常事，吉主新成，喪主將藏。伏惟尊靈，舍舊從新，是憑是依。尚饗。」○凡杖期之喪，十一月小祥，十三月大祥，十五月禫。若夫主妻喪則大祥禮畢即就祠堂，設祖妣一位，供酒菓如朔儀，告曰：「某年月朔日，子孝孫某，敢昭告于顯祖妣某姓某人，茲以先嬪某姓某人大祥已届，禮當舉主祔于祖妣，不勝感愴。虔告。」告畢，納主，乃送妻主安于祖妣龕旁。侑食，闔門，啓門，點茶，辭神。皆如卒哭之儀。祝奉靈主出，埋于廟門外之左。無地則埋墓側。止朝夕哭。此後主人主婦朝夕詣靈前，不啓櫝，焚香，再拜，不哭。但在喪次，哭無時。朔望忌日，未除服者尚會哭于靈前。其遭喪以來，親戚之未嘗相見者相見，雖已除服，猶哭盡哀，然後叙拜。始食菜菓。

○大祥

再期大祥。自喪至此，不計閏凡二十五月，亦止用第二忌日祭，遇閏之儀見小祥。前期一日沐浴，櫛爪剪。陳器具饌，皆如小祥。設次陳禫服，用常服新者，但未施盛飾，未服祭服。告遷於祠堂，以酒菓告，如朔旦之儀。祝版祖先止稱官號而不書高曾祖考妣，詞曰：「維某年歲月朔日，子孝孫某敢昭告于某官府君某姓某人，高祖以下並同。茲以先考某官府君大祥已届，禮當遷主入廟，某官府君某姓某人親盡，神主當祧，無親盡者則不用此二句。某官府君某姓某人神主改題爲高祖，曾祖及祖隨宜。世次迭遷，不勝感愴，謹以酒菓用伸虔告，尚饗。」○若祔妻則云：「茲以先嬪某姓大祥已届，禮當遷主祔于祖妣，不勝感愴。」祭畢祔于祖妣龕東。○若父先亡已入祠堂，而後母死，只告先考一位，其祝文曰：「茲以先妣某姓某人大祥已届，禮當祔于先考並饗，不勝感愴。」改題神主，執事者先洗去舊粉，而新塗以粉，俟乾。其親盡者以紙裹暫置卓子上，粉既乾，乃合善書者改題。遞遷龕位，既題，主人自納主於櫝，遞遷其位而西，虚東一龕以俟新主。遷訖，再拜復位，衆皆再拜以辭神，焚祝，禮畢。厥明行事皆如小祥之儀。唯祝版改云：「日月逾邁，奄及大祥，攀慕永遠，無任荒蹐，謹以清酌庶羞祇薦祥事，靈筵告徹，神主入廟，伏乞昭歆，啓我后人。尚饗。」○若母先亡，父已祔于祖妣，則祝文「神主入廟」下添入「先妣其姓某人先亡，祔于祖妣，祝當遷祔于先考並饗，不勝感愴」。畢，祝奉神主入于祠堂，既辭神後，舉哀，焚祝文。祝納主於櫝，奉之詣祠堂，主人以下哭從，如祔之叙至堂前，哭止，安主於東一龕，以爲禰廟。若母主至是祔于父，則遷主安于父主之右。徹靈座，斷杖棄之，使人不褻之。冠、絰等焚之於大門空闊處。告遷於祧，主遂埋于墓側。祥祭既畢，執事者設神位於廳事，具饌。祝奉遷主就位，其禮並如朔旦之儀。祝版云：「維某年歲月朔日，子孝玄孫某敢昭告于五世祖考某官府君，五世妣某姓某人。古人制禮，祀止向代，心雖無窮，分則有限，神主當祧，不勝感愴，謹以果酒百拜告辭，尚饗。」告畢，執事者以箱奉主，主人自送至墓側埋之而回。○若其始祖親盡，而宗子爲士庶，則告祧畢遷于墓所，不埋。其佗宗子親盡，而族人有親未盡者，則告畢遷于最尊之房，使主其祭。若有德業聞望貽謀裕後者，雖親皆盡而當別議，存其祀也。既除服，讀樂章，逾月成笙歌。

○禫

大祥之後，中月而禫。中月，間一月也，自喪至此，不計閏凡二十七月。但大祥之後有閏則計之，若大祥月有閏而前月祥亦閏之，次月禫。○凡禫爲父母夫妻長子。但父在爲妻及庶子在父室者，則雖爲母亦不禫也。前一月下旬卜日，下旬之首擇來月三旬各一日，或丁或亥。設卓子於祠堂中門外，西向，置香爐、香盒、环珓、盤子於其上。主人禫服西向，兄弟次之，少退北上。子孫在主人後，重行北上。執事者北向東上。主人炷香薰珓，命以上旬之日，曰：「某將來月某日祗薦禫事於先考某官府君，尚饗。」即以珓擲于盤，以一俯一仰爲吉，不吉更命中旬之日，又不吉則不卜而用下旬之日。乃告祠堂，既卜日，主人乃入祠堂本龕前再拜，在位者皆再拜。主人焚香。祝出于主人之□，跪，告辭曰：「孝子某將以來月某日祗薦禫事於先考某官府君，卜既得吉，若不得吉則不用此句。敢告。」主人再拜，降，與在位者皆再拜。祝闔門，退。

前期一日沐浴，櫛爪剪。設位，設神位於靈座故處。陳器，皆用吉器。具饌。如大祥。厥明，行事，皆如大祥之儀。但主人以下詣祠堂，祝奉主櫝出，置于座，啓櫝，主人以下就位哭盡哀。三獻，不哭。祝文曰：「維某年歲月朔日，子孝子某敢昭告于顯考某官府君，禫制有期，追遠無及，謹以清酌庶羞祗薦禫事。尚饗。」至辭神，乃哭盡哀，送神主至祠堂，不哭。主人始飲酒食肉而復寢。始飲酒者，先飲醴酒，始食肉者，先食乾肉。徙月作樂。禫月陳樂，未用。禫當四時之祭月，則既禫，乃吉祭。吉祭後復純吉。

慎終疏節卷三

喪具圖目

○正尸之具

圍屏，一雙，用素屏，無則止，用不施金采者以代行帷，蔽尸牀前後。尸牀，一，有圖。席，一。枕，一，並用舊者。衾，一，大斂夾衾，既成則用之，未成則用舊者，夏則單被。水盤，二，有圖。卓子，一，用以設奠。罩巾，隨盤數，有圖。帷幔，今用横布幕張于堂前。

○治棺之具

棺，有圖。七星板，有圖。灰，燒糯米飯者爲佳，或燒糯米花，用穀糠灰亦可，或蠣灰炭末均和用之。厚紙，敷于灰上，而加板於其上。麻索，數條，以新麻爲之，巨細有等。嚴漆，俗云雪失也，覆布粘筋打灰必用之，佗漆皆不及。灰漆，和瓦末爲髹地。筋漆，俗云蠶屎。瀝青，真松脂，真桐油，紫沙糖，黄砥末，白蠣灰。銅鑊二，用有鉉嘴者。○淬松脂法：以鑊鎔化，投瀉水中，俟疑取出，椿末篩過。○煎法：松脂百兩，投桐油，冬三合，夏減半合，鑊中鎔化，次投紫糖一斤化之，乃以砥末蠣灰各三合稍稍投入，以匕攪動，不留手，此物最易引火，須慎備之。大抵塗長棺内外一遍。用松脂三四百兩，他物稱之，每百兩分爲五七煎，兩鑊迭用。麻布，以漆或瀝青覆棺外。鐵烙，二，用以烙平瀝青上。硃漆，以絞浄嚴漆調生麵銀硃爲之，用以塗箝棺隅合縫處，遍塗内外，勝於瓦灰麻布等，但未審驗也。油灰。艌船油灰鍊法見治葬具。塗棺捷法：用之塗裏面，外灌桐油，數返，亦謂堅於瀝青。

○沐浴之具

浴盤，一。湯桶，一。木匏，一。沐巾，一。浴巾二，其一爲乾巾，或别備浴衣。席，一。以上皆同新者。理髮之具，櫛疏細各一，木盂、須繩、剪刀、剃刀各一，婦人有須笄及粉黛之具。木枕。

○含具

錢，三，用新銀錢。盒，一，盛錢。米，四合，用極精者。磁碗，一，盛米。竹匙，一。布巾，一，白細布方尺。盥盆，一。帨巾。一，有架。

○襲具

襲牀，仍用正尸牀。席，三，其一施白緣鋪于牀上，餘以陳襲事。幅巾，一。幎目，一，有圖。握手二，有圖。袍、袴各一，隨官階具之。深衣，一。以下士庶通用。大帶，一。絛，一。履，二。襖子，或一或二，有緒之服也，或襖、袷各一，夏亦同冬。汗衫，一。小帶，一，束襖子。若用小官，則別具一帶屈膝勒之。褌，一。偪，二。襪，二。衾，一，仍用大斂衾。綿帽，數事。○以下婦人襲。白襖，一或二，或兼用襖、袷。綃衣，一，隨官備之。士庶以爲掩腰，綉纈彩繪隨分用之。練袴。一，有官者用之。貴官者緋袴。

○靈座之具有總圖

衣架，一。錦被，一，覆衣架，或用紋帕。高案，一，用小方面高於卓子四五寸者，安靈主於其上，或大卓，上以小案盛之。卓子，一，高二尺餘，大小隨奠盤多寡。卓幃，一，隨宜具之，可以蔽卓上，前及兩旁。鋪板，一，漆之，其大如卓面。香案，一，高不及卓子五六寸。香爐，一。香盒，一。燭臺，二。以上四事並用素樸者。

燈檠，二，或用方爐。○凡燭剪、燼壺、油鐙、香餅、盒匙、筯瓶等皆備。花瓶，二，插時花。靈主，以桑爲之制，如神主，但不判合。韜，以白綃爲之，題其上。櫝，素木爲之，厚板爲于臺前，設兩扇，可啓閉。銘旌，一，有圖。瓦盃，二，易古者甒以盛餘飯之粥，各以木圈承之。五品以上四，三品以上六。香，沉香、線香並用。燭。通用。

○奠具

卓子，仍前用。臺盤，多寡隨分，無官者用脚盤。托子，茶、酒各一。饌盤，一。菓盤，一。以上未虞之前，用素木制者。盞，茶、酒、醯、醬隨用。碗碟，並無定數。酒注，一。茶瓶，一。以上並用素器。○茶罌、茶匙、茶筅、茶巾等皆備。罩巾，盥盆，帨巾。以上並仍前用。

○斂具

斂牀，一，如襲牀。席，三，如襲席。絞，二，有圖。衾，小斂夾衾一。大斂夾、單各一，其單者謂之紟，又別設衾有綿者一。若合二斂爲一，則大斂止用有綿之衾一。右者，小斂緇衾赬裏，唐禮大斂黄衾素裏，今皆用縞素亦可，布帛隨力備之，但勿用棉布。凡衾皆五幅，長出首尺之外各二尺餘。但單衣用細白布，五幅正方。夷衾，其大可以覆柩，古者上緇下纁相半，今隨宜。木枕，一，見前條。充囊，多寡臨時料度，以細棉布或麻布爲之，巨細長短數般樣，無力者用紙袋。其實燈草爲佳，鋸末、穀皮之類次之。冠帽衣裳，男女各依其分所者，婦人有首飾。備用之具，刀、扇、巾、櫛、紙、筆、墨、硯等，平生隨身備用之具。婦人內具。針線、纊帨、香囊、芳澤等及理髮、妝容、薰香之具，皆以囊子、盒子盛之。

○服制之具

麻布，凡六等。極粗生者以爲斬衰服，次等粗生者以爲齊衰服，次等生者以爲期服，稍粗熟布爲大功服，稍細熟布爲小功，極細熟布爲緦麻。○按服及杖制各有本説，但今難用。此邦古者居喪服藤衣，相傳其布治藤織造，其制不可考矣。古畫中，每見有喪者著角帽子，其衰縞素如半臂而無襟衿，今亦不用也。禮家服色，墨也、黲也、素也；袍衣則幞頭卷纓，布衣則烏帽墨而不漆，以紫竹爲杖。黲者似祥禫之縗，後儒或以爲忌日之服。往年士庶比葬，著角帽，服素色袍袴，而今漸廢遠鄙之俗，尚著白布袾額，杖女竹下本。女竹即蘆竹也。考之於禮，漢以來，喪服初變，有斜巾、帕頭，舊文斜作邪，帕作貊，字皆通用。蓋角帽即斜巾也，袾額即帕頭也，余皆不可通用。士喪家，丈夫禮衣禮衿，婦人上服蓋頭等麻棉絹紬生熟素黲，隨宜制之，略殊粗細以爲服之輕重可也。杖則爲君父紫竹，爲母、妻女竹，皆下本，齊心，庶幾可以稱宜矣。

○治葬之具

灰隔，以柏板爲之，厚半寸以上。如椁而無蓋，底高大於棺各尺以上，則得棺外六面容沙灰各五寸餘。用沙灰更厚，則灰隔亦隨大之。石椁，或用全石或以數片合成，其厚隨宜。若底石併用數片，則以柏材或栗材鋪列底下，可以防偏陷其石，罅皆以油灰塞之。炭末，篩過用之。沙灰，真石灰八分，沙石屑二分，細篩拌匀，及築，以淡酒洒之。沙石屑，謂石工刻琢白沙石所出之細屑，篩過取之也，此物與灰相入，勝於細沙。○凡用沙灰之度，先以灰隔内廣深長三乘之所得爲通積，即是立方寸之積也。下同。次以棺外廣高長三乘之所得以減通積，其餘爲實積。以新升法六十四分八十三秒約之所得一爲升以登斗斛。但散灰爲杵築所縮，而量數常不及實積。大抵棺長七尺許，廣高一尺七八寸，而灰隔寬於棺外六面各五寸許，則用六斛沙灰乃充得之。油灰，石灰若干，用棺油囊或舊漁網細切爲筋，與灰拌匀，入石臼中，以桐油漸洒，愈煉愈佳。糯粥，純石灰以糯米粥調臼中擣鍊，濕燥如麥飯粒，乃入壙，堅甚勝於沙灰，糯粥以布絞濾取濃汁也，加沙石如上法，益佳。黄爛石末。俗云雜利也。築塋爲壙用之。此物難得，若得之細末與石灰三七匀合，粥調用之，與石灰相入，最爲牢固。凡石灰水爆細篩用之，若有小塊入土，必含水，無黄石則代用沙石屑亦佳。

○送葬之具

誌石，一，有圖。大轝，一。竹格，一。凳子，二，以上三事共圖。油單，遇雨則用覆轝車等。靈車，一，用轎子，其内裝靈座，反奠其香器。遺苞，一，有圖。輿馬，隨分。儀仗，刀鎗弓矢傘笠衣箱鎧櫃之類皆備。行炬，二或四，用提燈，有圖。或更用松明。帷幕，設靈帷及婦人之次。案卓。靈座及祠土地之具。

○窆柩之具

窆杠，用圓杠二，各長丈餘，窆法别有圖。木杵，十，各長五六尺。大索，新麻大索，用以下柩。

附

墳墓圖制

族葬圖説

喪具圖式

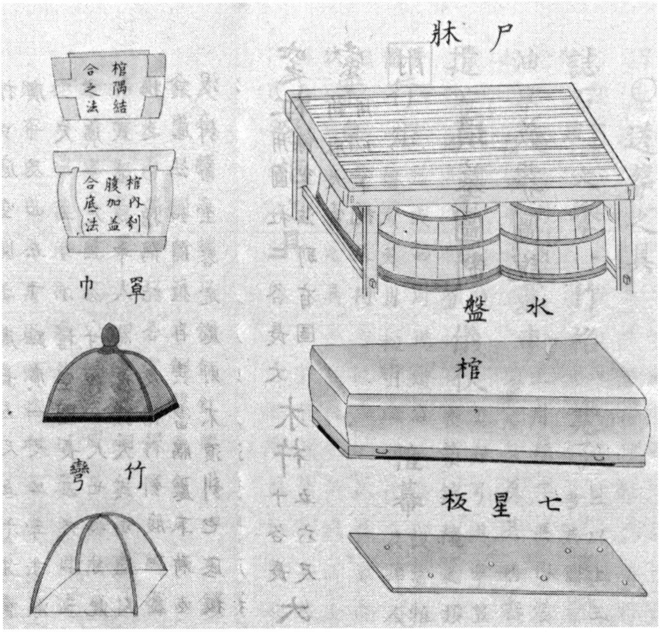

尸牀：長六尺三寸，廣二尺五寸，高一尺四寸，牀面不施板，以細木爲簀。○凡尺度不言古尺周尺者，皆用大尺。即木匠尺。

水盤：用矮桶圓□者，可併兩以容于牀脚之間。

罩巾：其制如亭屋，以曲木爲格。上有頂，下有框，以細紗糊之，其大可覆奠盤。若不能備，則交彎細竹二條，以線繫定四末，以細紗被之。

棺：制度本注已備，但此方難得。油杉當今所用材料；楠木椢木入土久不朽，然甚重，難舉動；其他真木、柏木爲佳，但真木虛浮者不及柏也。○鏁板以厚二三寸爲度，但四牆爲曲勢所削五分，故皆分外加厚五分。○大抵長棺口底空圍之度長五尺五六寸，首廣一尺四五寸，趾廣一尺二三寸，深一尺二三寸。小棺空圍長三尺二三寸，廣一尺三四寸，深一尺七八寸，此兩式並以中人爲度，或大或小隨人稱之。○棺隅結合及棺內刳腹加蓋合底，法如圖。但自其當隅處下漸漸淺刳，而至容足處則不須刳也。底板及旁牆兩端以銅釘釘綴，用四大鐵鐶繫以銅鈕，護以銅鍱，而釘底板兩側，近兩端處以二索貫鐶舉之。既納尸而加蓋蓋上，四邊以銅釘釘佳，以筋漆塞合縫處。○棺既成，而諸隅皆從內以筋漆打塞，外面以嚴漆周遍貼布，更內外用灰漆塗起如常法。品官朱紅，庶人黑漆。若力不能則以真漆抹擦數遍，更不能則臨時以瀝青塗抹其蓋底及四周，以瀝青如布更塗半寸以上，不要甚厚。不用布貼則地中伏陽，瀝青流脱。

七星板：其大比棺，內稍小，而厚五分，鑿七孔，象北斗，亦朱漆之，或黑漆。

幎目：古制用緇，頳裏，方尺二寸，著之以綿，四角有組繫，覆面而結于後。○今用練帛一幅，其長倍幅，中摺而夾縫之，實以新綿，四角綴小系交結于項上，又名面衣。

握手：古制用玄，纁裏，長尺二寸，廣五寸，自上端四寸之間削約，兩旁各寸充之以絮，下端兩旁有組繫。握手而設之所約在握中，以其餘覆手背，下端相合于脫後，先以一繫繞腕節中，次以一繫反繞鈎中指而相結。○今用練帛爲手衣，其制如袋子，長終幅，廣四寸，中屈縫之，屈處爲圓形，裏亦如之，充以綿，口邊著兩系，握手冒之，兩系相繞于腕後結之。

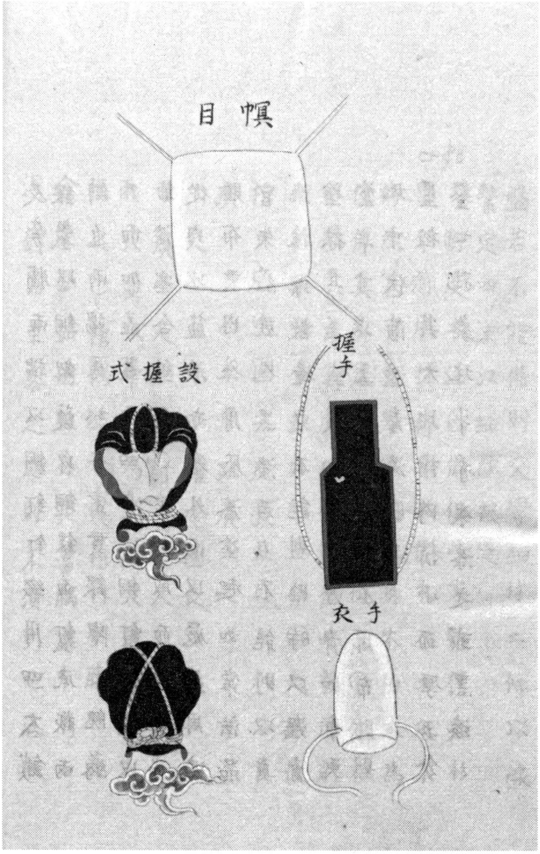

銘旌：以紅段或絳帛爲之，廣全幅。三品以上長九尺，四品五品長八尺，六品以下長六尺。但士庶宜用古尺，古尺當尺尺八寸弱。上下有軸，以掛于杠，王公金書，餘皆粉書。

○杠以竹爲之，如旌而稍長。三品以上爲龍首，以練若白布韜之。四品以下止韜杠而已，杠頭加頂子亦得。

○跗，品官朱漆之，士庶素木。

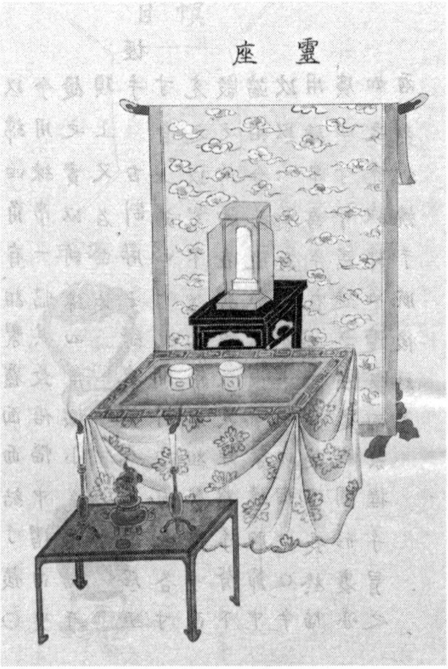

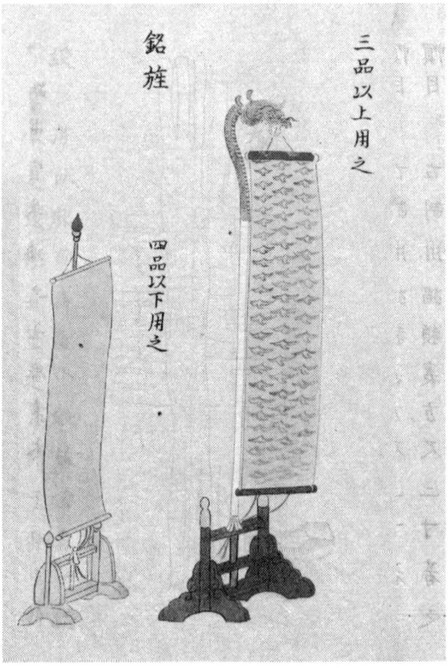

絞：用白麻布爲之。小斂絞，直者一幅，長取足以掩首至足面結于身中，折其兩端爲三。橫者三幅，長取足以周身相結，亦每幅各折其兩端爲三。〇大斂絞，直、橫皆如小斂而稍長。直者一幅，兩端各裁開三分之一爲三脚。橫者三幅，皆通身裁開爲六片，用其五而捨其一。〇按古者布幅二尺二寸，當今尺有七寸餘，併三幅可以比人長。今布皆狹，故不必拘幅數，宜併四五幅以足裹襲上矣。

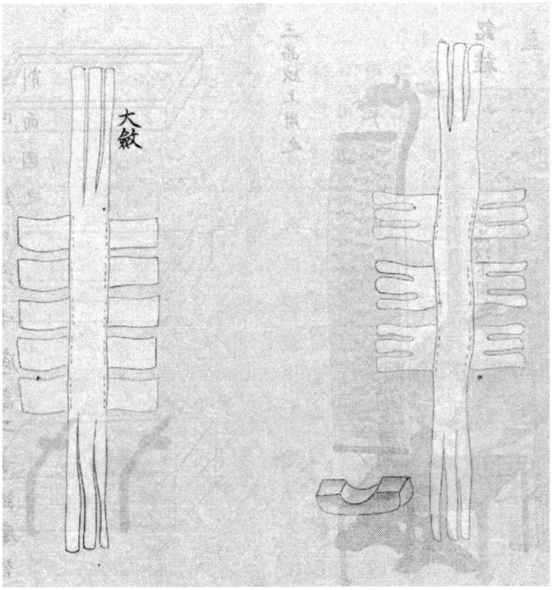

木枕：以桐爲之，方四寸，長可以容于棺内而稍不足，中間承首處曲鑿其半凹之缺口，六寸底，高二寸，諸廉皆削而园之。

誌石：用石二片爲蓋底。蓋石裏面四邊各寸餘之，内鑿而陷之，通深二寸。底石上面亦刻去四邊各寸餘，爲重臺形，上層可以容蓋陷中。及葬，以二石字面相合，以鐵束若銅線束之，合縫處油灰封塞。

大轝：用長杠二爲轅，各長丈餘，就中間作平牀，長可以載柩，廣二尺五寸以上。維柩處面板皆鑿孔，載柩畢，以索穿孔，維于牀桄，覆柩以夷衾。用役夫八人乃至十六人舉之。

竹格：以細木及竹造幄格立于轝牀上，周邊作小欄，高五六寸，以白細布爲帷幕，周四旁覆屋上。若欲華之，朱漆格木，以采帛覆之，四隅垂流蘇。

凳子：如常製。

提燭：四方六稜皆可，朱漆其骨，以碧紗張之，曲木爲提杖。

遣苞：編白茅爲之，素木爲案。

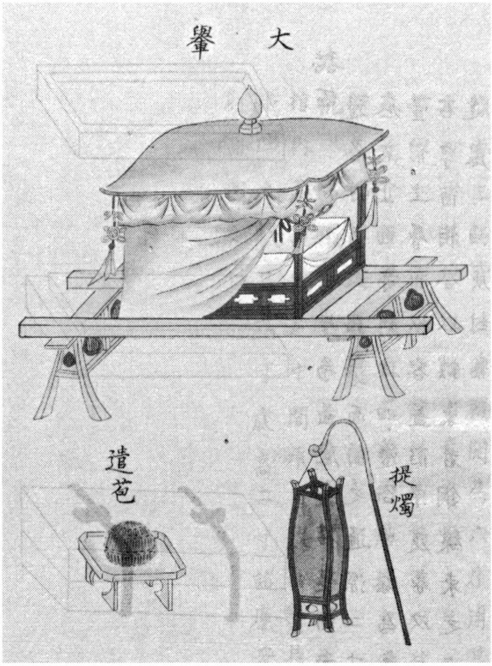

杠窆法：用圓杠二，其長皆亘壙口，中間下柩處，兩頭施横桄以結定之，杠端皆椿，維令不移動，權用木杵數竿横加杠上及椁口，乃舉柩置横杵上，用大索三條，各從柩上交繞底下，其餘皆從内繞杠，一繞而出。兩端各兩人執之，居前者跪，居後者立，凡十二人。柩重則繫四索，用十六人。衆人齊力引之，乃去横杵，徐徐縱下柩，至椁口杵上而止，乃脱去索，別摺細布兜柩底，以納椁中，更不抽出，截其餘棄之。

舁窆法：壙旁狹者宜用此法。用二長杠屬四索於柩，兩邊各二，加杵於壙口及椁上如前，乃致柩於壙口杵上，各取兩邊一索，兩端左右相結，以一杠懸之。衆人在兩頭齊手舁起，乃徹去杵，徐徐懸下閣杠于壙口而止。更取餘兩索四端相結，別以一杠舁起，解先索之結以後索下之，兩杠迭懸下至椁口而止。

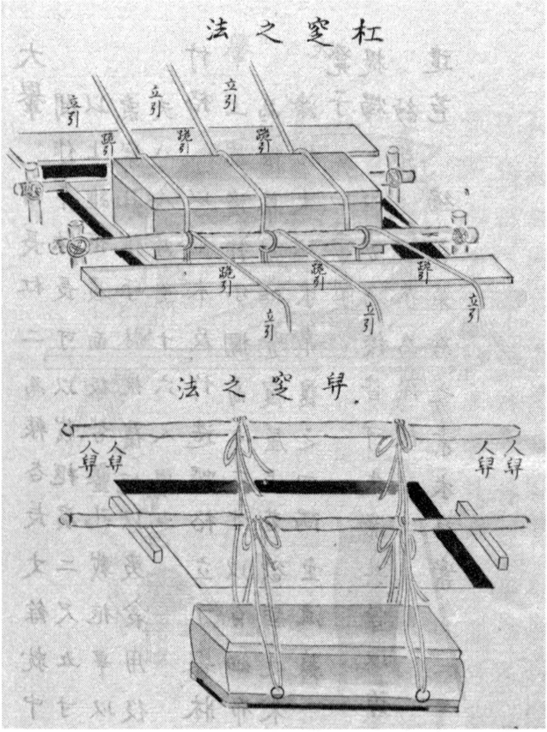

墳墓：唐禮墓田之制：一品方七十步，墳高丈六尺；二品方六十步，墳高丈四尺；三品方五十步，墳高丈二尺；四品方四十步，墳高丈一尺；五品方四十步，墳高九尺；六品以下方寸五步，墳高七尺；庶人其地七步，墳高四尺。皆以五尺爲步也。

石碑：高四尺闊尺以上，其厚居三之二，圭首而方趺，趺高尺許。○唐禮五品以上碑自五尺至九尺，皆得用螭首龜趺。七品以上如上文。

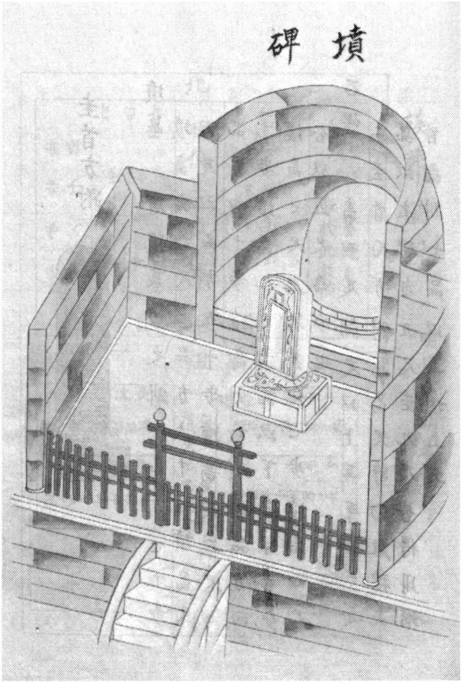

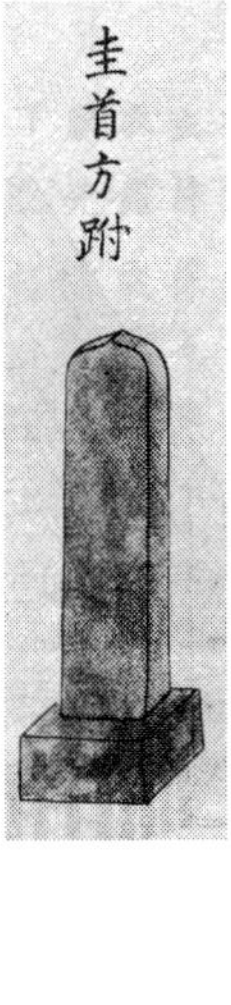

族葬圖說

明趙季明著

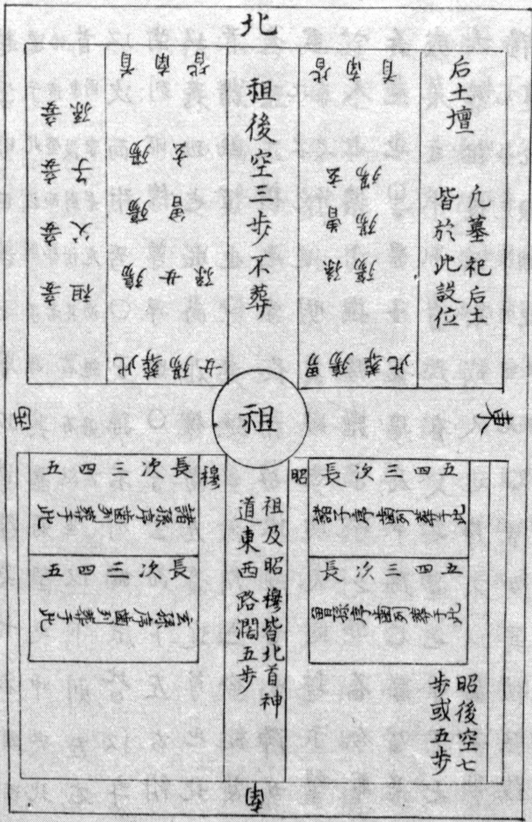
北
后土壇
凡墓祀后土皆於此設位
祖後空三步不葬
祖
東
西
南
昭
穆
長　次　三　四　五
祖及昭穆皆北首神道東西路濶五步
昭後空七步或五步

趙季明曰：墓之葬以造塋〔者〕爲始祖，謂〔從〕他國遷于此，没則子孫始遷塋而葬者。其墓居塋之中央，北首，妻没則祔其右，有繼室則妻居左而繼居右。以下則左右以次而祔焉。○子孫不別嫡庶，皆以年齒列昭穆，尊尊也。○曾玄而下，左右祔以其班也。昭尚右，穆尚左，貴近尊也。北首，諸幽冥也。○妻、繼室無所出，合祔其夫，崇正禮也。妾從祔，母以子貴也。降女君，比妻穴退葬尺許。明貴賤也。與夫同封，示繫一人也。其出與嫁，雖宗子之母不合葬，義絶也。○男子長殤，及中殤已娶，皆居成人之中，十有六有父之道也。中下之夭，葬祖後，示未成人也。序不以齒，不期〔陽〕〔殤〕。如弟先葬，不留兄之穴預期兄之夭。○男女異位，法陰陽也。男葬祖北之左，女葬祖北之右。○祖北不葬，避其正也。葬後者，皆南首，惡其趾之向尊也。○嫁女還家以殤穴處之，如在室也。○妾無子猶陪葬，以恩終也。如祖妾陪葬祖之西，稍北，南首。父之妾與諸姊妹相直在祖妾之北。子之妾與諸女相直在父妾之北。孫之妾與孫女相直在子妾之北。先葬者居東，後葬者居西，不以年齒爲序。○族葬者，所以尊祖。辨昭穆親還，屬宗法之遺意也。爲子孫而葬其親，苟非貧乏途遠不祔于祖，與祔而不以其倫，則視死者爲不物矣。其如焚尸沈骨委之烏鳶，孰不可忍也，尚何望其能事祖與宗人哉？嗚呼，去順效逆，葬不以禮，繩以春秋誅心之法，其亦難免矣夫。

慎終疏節卷四

居喪變制

○主後

父在，而子有妻及子孫喪，則父主之。尊者主賓客，親者主饋奠，凡喪皆然。但虞、卒哭，其夫若子主之，祔則必父主之。父没，則雖兄弟同居，亦各主其妻子之喪。祔則宗子主之。○夫祭妻亦當拜。○妾雖有子，君不主其喪，但祔于祖姑則亦主之。凡宗族死，無後，則其最親者主之。親同，則長者主之。外族雖親，不主也。無宗親則四鄰主之。凡喪有無後，無無主。凡爲喪主幼少或在境外，族人攝主其喪者爲喪主。三年者，期、大功之親主之，則至大祥爲喪主。期服者，大功之親主之，則至小祥。其餘各依本服月數而止。雖無服，亦爲之虞祔。主朋友之喪則虞祔而止。士之子爲大夫，則父不能主其喪，使嫡子主之。無嫡子則以庶子或族人之子代之。大夫不主士之喪，唯爲宗子，雖士主之。

○殤喪

三殤之喪略與成人同，唯不復魂，無含事，辨而葬，中下殤無椁。不立神主，既虞而除靈座。其虞祝辭云：維某年歲月朔日，子告子某。若兄弟隨屬稱之。將祔則造，且字曰某甫。日月易往，奄及反虞，悲念相續，心焉如燬。兄云「悲慟猥至，情何可處」。弟云「悲痛無已，至情如割」。「今以」，弟祭兄云「謹以」。清酌庶羞，薦虞事于子某，若弟若兄，魂其饗之。弟祭兄云「尚饗」。嫡殤者時享，皆祔食於祖，其祖祝辭末云「孫某祔食」，一獻而不拜。弟祭兄則拜之。庶子不祔食。庶子之嫡祔如嫡殤。凡無服之殤，四歲以上略與下殤同，又無靈筵。唯效奠而已。三歲以下斂以瓦棺，葬于園，又不奠。

○聞喪　奔喪

始聞親喪，哭，以哭答使者，盡哀。問故又哭。哭盡哀，止。乃易服，素服。遂行，日行百里，不以夜行。唯父母之喪，見星而行，見星而舍。道中哀至則哭，哭避城市喧雜之處。○若喪側無子孫，則在道朝夕設位而奠。望其州境，其縣境，其城，其家，皆哭。至于家，男婦哭，待于堂上。各其服。奔喪者入，升自西階。〇婦人入自側門。詣柩前憑哭，盡哀，少退。再拜，且哭且拜，擗踊無數。尊卑撫哭。拜吊尊長，受卑幼拜吊，并問所以病死之故，拜謝，視含斂尊長親友。再變服不食，如初喪儀。就位哭，如常儀。晝則與家人會哭，夜則寢于柩側。至于第三日，既朝奠，乃就喪次。四日成服，若至在小斂前，與家人俱成服。若小斂以後至者，自用日數。乃舉哀相吊，有吊者則拜之。若奔喪者非主人，則主人爲之拜。若未得行則訃至，舉哀，易服，不食。並如前儀。乃爲位而哭，是日堂中設靈位，具香火。男子坐于位東，婦人坐于位西，俱南上，皆藉以藁，哭不絶聲。不設奠，若無子孫在喪側，則設奠。四日成服，受吊。及歸，在道、至家，皆如上儀。若既葬，則先之墓哭拜。望其墓哭，至墓哭拜如至家儀。在家者待于墓，男子於墓東，婦人於墓西，俱北上。歸家詣靈前哭，拜後四日成服。並如上儀。若除喪而歸則素服之墓，在家者亦素服待于墓，至墓北面，哭盡哀，再拜，又哭盡哀，再拜遂反，吉服，歸家不哭。

齊衰以下聞喪，爲位而哭。尊長於正室，卑幼於別室。藉不以藁。若奔喪，則至家成服。釋去華盛之服，裝辦即行。既至，齊衰望鄉而哭，大功望門而哭，小功至門而哭，緦麻就位而哭。若不奔喪則四日成服，月滿除之。齊衰以下，三日中朝夕爲位會哭，四日之朝成服，但成服日不相吊。後每月朔爲位會哭。月數既滿，次月之朔會哭而除之。其間哀至，則便哭可也。〇凡輕喪，不得奔喪則遣致祭，若除而歸，則具素服詣墓哭拜，或具酒饌奠獻亦可。婦人非三年之喪不越境而奔喪，凡奔所知之喪則哭于家，而後之墓。未能往哭，則其情重者，遣使致奠襚之物，就外次，衣吊服，再拜哭送之。過期年，則不哭。

○改葬　修墓

將改葬，先擇地之可葬者，治棺，制服，應服斬衰者緦麻，餘皆素服。具斂牀、布絞、衾衣，如大斂儀。○「治棺」以下不易棺者，唯制服耳。治葬具。大轝、竹格、帷幙之類。擇日開塋域，祠土地，儀如常，祝文曰：「今爲其官姓名宅兆不利，將改葬於此。」餘如始葬。遂穿壙，作灰隔，皆如始葬之儀。前期一日，告于祠堂。具茶酒以告，如儀。告辭曰：「兹以某親體魄托非其他，恐有意外之患，驚動先靈，不勝憂懼，卜以是月某日改葬于某所，敢告。」或隨時叙改葬之故。執事者於舊墓所張白布幕，墓所近地隨便設之，開户向南，布席其下。爲男女位次。男子於墓東，西向。婦人於墓西，東向，俱北上。厥明，内外諸親皆至，各就便次，具服，爲位哭盡哀，乃祠土地。祝又曰：「兹有某官姓名卜宅兹地，懼有他患，將啓窆遷於他所，謹以清酌庶羞祗薦于神，神其佑之，尚饗。」遂告啓墓，主人以下序位舉哀，哀止，俯伏，興，再拜。主人盥洗，詣墓前，跪，焚香，俯伏，興，再拜，復位。祝噫嘻三聲，告曰：「某官某人葬于兹地，歲月滋久，體魄不寧，今將改葬。伏惟尊靈不震不驚。」衆舉哀，俯伏，興，再拜，哀止。告畢各就别所。俟開墳。役者開墳，訖，男女入，哭如初。役者舉柩出，置于幕下席上，南首。男女俱哭從。男東女西。祝以布巾拭柩，覆以衾，祝設奠於柩前。衆俯伏，興，再拜，主人盥洗，焚香，斟酒，俯伏，興，再拜，少頃徹奠。役者舁新棺致于墓所，南首。執事者設斂牀，於新棺之西。開柩舉尸置于斂牀，卒斂，入棺，如大斂之儀。「役者舁新棺」以下不易棺者，不用。乃設奠，如大斂奠，但主人、執事酹酒奠酒。告遷，告曰：「今日遷柩就轝，敢告。」遂遷柩就轝。設祖奠，告曰：「今以吉辰往即新宅，靈輀既駕，式遵祖道。」○若道近者不用祖奠，既斂遂告遷、就轝、設奠，告辭止云「靈輀載駕，往即新宅」。徹奠，發引，男女哭從，如始葬之儀。未至，執事者先設靈帷靈座爲男女位次。柩至，男女就位哭，乃窆。祠土地於墓左。並如常儀。既葬，就靈帷座前行虞祭，如初虞儀，但祝文曰：「新改幽宅，禮畢終虞，夙夜靡寧，啼號罔極，謹以清酌庶羞祇薦虞事，尚饗。」祭畢，徹靈座，主人以下出，就別所，釋緦麻，服素服而還。至家告于祠堂。同前儀。○告辭曰：「孝孫某今以某親某官體魄托非其地，於今月某日改葬于其所，事畢敢告。」凡祖先墳墓毀發，謂墳墓崩壞，或通盜發掘，棺椁露者。聞報即哭，乃制緦服往墓哭奠，修復事訖，又哭奠而止。告辭隨宜。若不見棺椁者，素服哭之，修復而止。

○返葬

或游或仕千里之外，子幼妻稺，因葬其地。今有力返葬故鄉，不忘本也。

凡出外死者，初終至哭奠，其儀節皆如常。將返葬，制葬具，大轝及雨具等，其餘至家始備。擇日告啓期。既擇定行期，預先告于死者之僚友及素相往來者。啓行前一日，因朝奠以遷柩告。主人以下具服就位哭。祝盥洗，焚香，斟酒，跪，告辭曰：「今擇以某日，遷柩就轝，將歸故鄉，敢告。」俯伏，興。主人以下哭再拜，禮畢。親賓致賻奠，如常儀。陳器。行至水次或十里長亭方斂之。厥明，因朝奠告載，告曰：「今日遷柩就轝，敢告。」遂遷柩就轝，如儀。發引，男女哭從，陸行至無人處乘輿馬，水行則至水次登舟。途次設奠。如遠葬在道儀。若登舟則設靈座，置銘旌，朝夕哭奠。未至家，前一日遣人報知在家者，郊外設帷，具奠以待。於去家十里便處設之。若子孫或以疾病不能奔喪於死所，則亦當扶病豫待於百里外，柩至，徒跣哭踊，如始聞喪儀，不得此在家之説也。至日，在家者各具服，至帷次哭迎，柩至，暫駐奠告，迎者望柩哭，柩至就位哭，以服爲序次。祝盥洗，焚香，斟酒，跪，告辭曰：「今靈輀遠歸將至家，親屬來迎，敢告。」俯伏，興，迎者哭再拜。乃與從者相吊，哭盡哀。遂奉柩歸家，主人以下哭從。男左女右，步從如儀。柩至家，若死者乃宗子或尊屬則由中門以入，安柩於中堂。若非宗子尊屬，各隨便門入，安于其所居。祝告至，儀並同前，但告云：「靈輀遠歸至家，敢告。」乃相吊，如成服之儀。受吊。如奔喪之儀。

○不及期葬

速葬者速虞，三月而後卒哭。父母之喪，期而葬者，則以葬之後月小祥，其大祥及禫依常儀；若再期而後葬者，則以葬之後月練，又後月爲大祥，祥而即吉，無復禫矣。若未再期葬者，則以二十五月練，二十六月祥，二十七月禫。凡久而不葬者皆變服，唯主喪者不除，其餘各終月數而除之。皆無受服。至葬乃反其服，虞則除之。若亡尸柩，則變如常儀。

○並有喪

父母之喪偕，其葬先輕而後重，輕謂母，重謂父。其奠先重而後輕。但自啓至葬，務于當葬者，而不奠于後葬者。仍舊奠。其葬服斬衰，反葬入奠，改舊奠。遂修葬事。其虞先重而後輕，虞祔練祥各以其服，卒事反重服。凡親同者喪皆放此。若父祖之喪偕，則葬及奠皆以祖爲先。前後有重喪，前喪既葬，方遭後喪，則後喪既殯，便得爲前喪虞祔；後喪既卒哭，便得爲前喪練祥；前喪卒哭後，受以後喪之服；練祥則各服其服，卒事反重服。欽按：重服兼父母説，前喪卒哭後受以後喪之服，謂不受以受服之輕，而以後喪重服受之。又言前喪二祥之祭各以其祥服行之，祭畢則反後喪之重服也。重喪未除而遭輕喪，則制其服哭之，月朔設位而哭，既畢，反重服，其除之也，亦服輕服。但待重喪既葬後除之，小功以下不必除。若除重喪而輕服未除，服輕服以終其餘日。父母之喪將練祥而遭輕喪，既殯而後行之。如同居則必待葬而後祭之。有殯聞輕喪，其同國者，雖緦必往。但先哭乃行，外親之緦不必往。既成服而還，月朔設位於別室，服其服哭之。在他國者，始聞喪時亦哭于別室，次日入奠，出又哭之。成服月朔皆如前儀。若先居輕喪後遭重喪者，以重包輕，餘並如前儀。

○因吉而凶

大夫之祭，鼎俎既陳，籩豆既設，而天子崩，后之喪，君薨，夫人之喪，君之大廟火，日食，三年之喪，齊衰，大功皆廢。異門齊衰以下則祭。士之所以異者，緦不祭。所祭於死者無服，則祭。將冠子，冠者至，揖讓而入，聞齊衰、大功之喪，同居則廢，異居則冠而不醴。如冠者未至則廢，小功以下則不廢，婚禮亦准之。娶妻者吉日而婿之父母喪，則女之家使人吊。既葬，婿之伯叔使人致命於女氏辭之，女氏受命而不敢嫁。婿既免喪，女之父母使人請之，婿不娶，然後嫁之。女之父母喪亦如之。親迎在塗而婿之父母死，則女素服縞總以趨喪，其成服如禮。婿除喪之後，束帶相見，不行初婚之禮。女在塗而女之父母死，則反。亦變服奔喪，其服期。婿有期、大功之喪則廢禮，男女皆變服，入就位哭，女有期、大功之服，亦入男家而哭。既卒哭，相見亦不反於初。女未廟見而死，則不遷於祖，不祔於皇姑，婿不杖、不菲、不次，歸葬于女氏之黨。娶婦有吉日而婦死，婿齊衰而往吊，既葬除之。夫死亦如之，妻服斬衰。

○因凶而吉

記曰：喪三年不祭。《王制》。傳曰：凡君薨卒哭而祔，祔而作主，特祀於寢，烝嘗禘於廟。《左氏》。先儒居喪，既卒哭，於四時正祭則不敢舉，而俗節薦享則以墨衰行之。朱子。○今案三年之喪，既卒哭，而朝夕哭及薦新、告朔之類，皆仍衰服行之於靈座，朔參、節祀、忌薦、福祭之類，皆制墨衰行之於祠堂。蓋己身及祖考降服大功以上卒哭之後，同居、異居大功逾月之後，小功、緦三日之外，皆得行之。但入祠堂，則雖輕喪亦用淺深之服，其四時合享必待己身及祖考降服大功以上服闋之後，同居大功卒哭之後，異門大功逾月之後，小功緦既殯之後，乃可舉之。餘詳祭禮。將冠遭喪者，因卒哭變除以喪服冠之。古者因成服而冠，雖三年之喪有得，若非因冠月則待卒哭而後冠之。當時月令冠用二月，故冠月遭喪者，成服之日因喪服而冠。今無月令，待卒哭因受服加冠可也。父母無期以上喪，大功既卒哭可以冠子嫁女，小功既卒哭可以娶婦。降在小功則不可行。○朱子《家禮》冠昏同例。

○居喪雜制

飲食容貌之節。居喪之禮，敬爲上，哀次之，瘠爲下，顔色稱其情，戚容稱其服。○喪食雖惡，必充飢，飢而廢事非禮也，飽而忘哀亦非禮也。視不明，聽不聰，行不正，不知哀，君子病之。○居喪有疾，則飲酒食肉。疾止，復初。不勝喪乃比於不慈不孝，下不足以傳後，上不足以奉先。○凡喪，小功以上非虞、祔、練、祥無沐浴，但頭有瘡則沐，身有瘍則浴。○五十不致毁，六十不毁，七十唯衰麻在身也，酒食肉處於内，八十齊喪之事弗及也。○既葬，君食之則食之，大夫、父之友食之則食之矣，不辟粱肉，若有酒醴則辭。○有服，人召之食，不往。大功以下既葬，適人，人食之，其黨也食之，非其黨弗食也。黨謂族人與親戚也。○三年之喪，如或遺之酒食，則受之，不得食，必三辭主人，衰絰而受之，明不苟於滋味也。如君命則不敢辭，受而薦之。貴君之禮。父母之喪不遺人，志不在施惠，人遺之，雖酒肉受也。從父昆弟以下既卒哭，遺人可也。言語應對之節。斬衰唯而不對。侑者爲之對。齊衰對而不言。不及他事。大功言而不議。不議論問對。小功緦麻議而不及樂。如字。三年之喪言（不）〔而〕不語，對而不問。○父母之喪，非喪事不言。既葬，與人立，君言王事不言國事，大夫士言公事不言家事。既練，君謀國政，大夫謀家事。○百官備，百物具，不言而事行者，扶而起。謂天子、諸侯也。言而后事行者，杖而〔起〕。謂大夫、士也。身自執事而后行者，面垢而已。謂庶民也。居處動作之節。三年之喪，廬堊室之中不與人坐，非時見乎母，則不入門。○婦人不居廬，不寢苫。父母喪，既練，而歸期九月者，既葬而歸。歸謂歸夫家也，期九月謂期降在大功者。○童子不緦、不杖、不廬。○父不次於子，兄不次於弟。謂不就其殯宫爲次而居。○有喪者專席而坐。專猶單也。○三年之喪既練，尚不群立、不旅行。爲其苟語忘哀也。○齊衰不以邊坐，大功不服勤。爲褻喪服也。○居喪之禮，升降不由阼階，出入不當門隧。常若親存隧道也。○疏喪之喪既葬，人請見之則見，不請見人，小功請見人可也，大功不以執摯。唯父母之喪，不辟涕泣而見人。至哀無飾。三年之喪，凡見人皆不去絰。父母之喪，賓客已吊而重來者，主人哭，而見其去也，又哭之。○三年之喪，雖功衰不吊。功衰謂已練之後服。期之喪，十一月而練，練則吊，既葬，大功吊哭，而退不聽事焉。聽猶待也，事謂襲斂執紼之屬。小功緦麻執事不與於禮。執事，擯相也，禮，饋奠也。説衰與奠非禮也，以擯相可也。○三年之喪，既祥而從政。期之喪，卒哭而從政。九月之喪，既葬而從政。小功緦之喪，既擯而從政。君既葬，王政入於國，既卒哭而服王事。大夫士既葬，公政入於家，既卒哭，弁絰帶，金革之事無辟也。○居喪未葬讀喪禮，既葬讀祭禮，喪復常讀樂章。大功廢業，或曰大功誦可也。業者身所習，誦者口所習。○居喪不言樂。父有服，宮中子不與於樂。母有服，聲聞焉，不舉樂。妻有服，不舉樂於其側。大功將至辟琴瑟，小功不絶樂。○父有服未除，則子不衣文彩。○養有疾者不喪服，養尊者必易服，養卑者否。

○吊臨

吊。知生者，吊，知死者傷，知生而不知死吊而不傷，知死而不知生傷而不吊。吊生者，傷死者皆有辭，辭畢，退皆哭。《曲禮》。○吊生不及悲哀，非禮也。《荀子》。○吊於人是日不樂，行吊之日不飲酒食肉焉。《檀弓》。○哭日不歌。《曲禮》。○臨喪不笑，入臨不翔。同上。○臨喪則必有哀色。同上。○羔裘玄冠不以吊。《論語》。○尊長於己踰等喪，待時不特吊。俟時，謂待朝夕哭，固而吊之。《少儀》。不吊。婦人非三年之喪，不踰封而吊。《雜記》。○五十無車者，不越疆而吊人。《檀弓》。○死而不吊者三：畏、厭、溺。同上。○公族之罪刑于隱者，弗吊。《文王世子》。

不受吊。其國有君喪，不敢受吊。《雜記》。○大夫之喪，庶子不受吊。《檀弓》。

助喪。貨財曰賻，輿馬曰賵，衣服曰襚，玩好曰贈，玉貝曰含，賻、賵所以佐主也，贈、襚所以送死也。《荀子》。知生者賻，知死者贈。《白虎通》。○送喪不由徑，送葬不辟塗潦。《曲禮》。○吊於葬者必執引，若從柩及壙皆執紼。《檀弓》。○吊非從主人也，四十者必執紼；鄉人，五十者從反哭，四十者待盈坎。《雜記》。

哀喪。凡民有喪，匍匐救之。《邶風》。○君遇柩於路，必使人吊之。《檀弓》。○臨喪不笑，望柩不歌；鄰有喪，舂不相；里有殯，不巷歌；適墓不歌，哭日不歌。《曲禮》。○適墓不登壟。同上。○子見齊衰者，雖狎，必變凶服者式之。《論語》。○子見齊衰者，雖少必作，遇之必趨。同上。

追遠疏節序

大禮有五，而祭爲重。蓋謂其爲事至嚴，其爲教至大也。夫天地之運萬物，之化逝者，去而不反，來者繼而更新，惟人能知報本還始，而不與物遷矣。何爲本始？血脉所由承也，德澤所由來也，所以還而報之之道，有祭祀而已矣。聖人通幽明之故，達感應之妙，知鬼神可以來格，乃創祭享之法，使人遂其報酬之情。然而其所以致來享者，豈惟牲酒儀文而足焉哉？神之來否，一繫奉祀者誠敬之盡與未盡，此所以其爲事至嚴也。人家能存孝享之誠，則又能推去以和九族，使其亦各知統于祖，屬于宗，而不可不相親。人君以此化邦家，則能萃合人心，使其亦皆知報本酬德，而共歸敦厚之俗，此所以其爲教至大也。夫祭祀之本固在誠敬，然誠敬之所由將，則又繫齋戒具修祼獻薦設之間，其亦不可不致慎於此矣。先王之禮，歷世因革，趙宋諸君子頗酌古今之宜，而修家禮之大略，然其儀制家家不同。獨朱文公禮喪祭爲最整備，至於明瓊山丘氏爲之儀節，遂爲天下通行之規也。本朝淳風崇尚神道，然古者祭法今混乎巫祝之禱禳，雜乎僧尼之薦拔，而正典不可復考。且人子享祖考，苟非身親，則追遠之至情何由伸焉？此豈可得已耶？於是竊以朱氏祭禮爲體格，而叙邦俗可以行者爲一卷，聊擬士夫家奉先之儀略，且下逮民庶之微，亦使知其韭麥之薦可以致歆享，名爲「追遠疏節」，其《通考》五卷。凡家廟神主之制，衣服器皿之度，以至品物之具，儀容之節，各考索本文，并輯諸家辯論，竄以愚説，而備修禮者參閲。好古濟美之君子，討正更張，以完規制，則安知不爲貴賤之適用？而今所以不敢遠議禮之疑，亦不待解而可知矣。

元禄庚午仲冬之月，平安仲欽序。

追遠疏節

祠堂通儀

君子將營宮室，先立祠堂於正寢之東，爲四龕以奉先世神主，祠堂及神龕、神主等制，詳具《通考》。旁親之無後者以其班祔。班謂孫必祔祖，孫婦祔祖姑，無服之殤不祭，下殤之祭終父母之身，中殤之祭終兄弟之身，長殤之祭終兄弟之子之身，成人而無後者，其祭終兄弟之孫之身。置祭田，具祭器，祭田説、祭器制，並見《通考》。凡祠堂所在之宅，宗子世守之，不得分析。

主人晨謁於大門之內，焚香再拜。主人謂宗子，主此堂之祭者。

主人每旦夙興，盥、櫛、具禮服。掌事者亦著禮服。啓大門，點燈，設拜席于階間香案前，蓄火于香爐，訖，擊版三聲。主人入詣香案前，脱履升席。掌事者擊鐘三聲，主人跪焚香，三上。俯伏，興，少退。拜興，拜興平身訖，退出。掌事者滅燈闔門。家衆隨謁亦無妨。○若主人疾病或觸穢濁，則不謁矣。

出入必告。

主人主婦將出外，其近者入大門瞻禮，而行歸亦如之，甚近者不必然。○若經宿以上，則如晨謁儀，或因晨謁而告。焚香再拜，告辭曰：「嗣孫某今日出往某所，謹告。」告訖。又再拜而出。歸則告云：「嗣孫某方今歸自某所，謹見。」餘如出儀。○若經旬以上，則開堂卷簾，設香案於堂中，入立于階間，再拜，上堂焚香告曰：「嗣孫某將遠出往某所，謹告。」告訖。再拜，降，復位，又再拜而出。歸則告，亦如上儀。凡升降，惟主人由東階，主婦及餘人雖尊長亦由西階。○親屬在家及異居者，近出則不必告，若遠出，則諸主人拜辭，如近出儀，告辭放上。○若主人遠出，歸期未可知，則以告事之儀，奉祖考妣及考妣之主而行，高曾伯叔兄弟及妻以下之主則留于家，使子弟攝祭。○凡出遊館定，則每晨望家炷香，再拜。若奉祖先之主，則朔望歲時忌日等祭，皆如在家儀。

朔望則參禮薦新。

朔前一日，灑掃陳設齋宿。主人命執事者清掃祠堂神厨，拂拭祭器；主婦命内執事滌濯盤、瓶、盞、碟等。○簾外設卓子，列托子如位數。○堂上正中設香案，置香爐、香盒各一，燭臺二于其上，設茅盤于案前，布拜席于其前。○堂外正前置祝坫，兩階間又設炷香架。○堂外東階上設一卓，置酒盞如位數，正位、祔位各以一盤共盛之，以巾覆之，并置酒瓶、提子、傾壺各一，酹酒盤盞一付。○堂外隨便設机卓閣饌盤如位數，又置茶盒、茶匙、茶筅共以一盤盛之，并置湯瓶、盞盤各一，茶盞如位數，正位、祔位各以一盤盛之，以巾覆之。○設盥盤、水注、帨巾各二，于東階之東，南向。有臺架者在西，爲主人親屬所盥，無者在東，爲執事者所盥。水注在盤簀上，巾皆在北。○燈籠、燈檠隨便備之。○此日，主人以下凡與祭者皆不茹葷，避凶穢，至暮澡浴更衣而寐。厥明，夙興，具酒饌茶菓。米食麵食一兩品，魚肉蔬菓品味隨宜，務求時新鮮潔者，前期具辦。兹日晨起，燧火烹飪，先以盞碟盛出冷饌及菓品，列盤上，加筯子刺枝，漉酒實于瓶。主人以下詣祠堂，執事者先開祠堂，具爐火，點燈燭，炷香線，門廊擊版承以鐘。主人以下具禮服，盥洗入立于中門下。主婦衆婦女入自掖門而鐘止。序立，男東女西，每位一行，男子西上，婦人東上，内外執事各在其後。○若婦人不與，則主人在中位，餘每位一行西上。降神。主人至盥所，北向洗漱，執洗者在右沃水進巾，訖，升堂，執事者二人亦洗手而升。主人詣香案前，跪焚香，三上香。○執事者一人開瓶實酒于提子而奉之，詣主人之右，一人執盤盞詣主人之左。凡取物者，俯伏取以興，奠則奠訖，俯伏而後興。主人跪，訖，右執事者跪進提子，左執事者跪進盤盞，主人右受提子，左取盤盞，斟酒于盞，反提子于右執事者，自捧盤盞。酹酒，主人右手執盞，盡酹第上，反盤盞于左執事者。兩執事皆起，置提子、盤盞于故處，退，復位。主人酹酒，訖。俯伏，興，少退。拜興，拜興平身，復位參神，主人以下凡在位者皆拜。鞠躬拜興，拜興平身，拜訖。主人斟酒，主人及兩執事者升。主人詣高祖神位前，右執事者奉提子、左執事者以盤奉各位盞，隨之。主人每位受提盞斟酒，反提子，奠酒于神位前托上，主人俯伏，興，先正位，後祔位，次命長子斟祔位之卑者。復位，進饌。當斟酒時，主婦〔衆〕婦女盛出熱饌列于盤，至此，男女奉進置于神位酒托前，子弟進于考位，婦女進于妣位。主人告辭，主人盥洗詣香案前，跪致辭。曰：「維某年號。幾年歲次某干支。幾月某干支。朔，嗣孫某名。敢昭告于某氏家廟，歷代神靈，兹青陽之運，青陽春也，夏爲朱明，秋爲白藏，冬爲玄英。孟月之吉。或仲或季，正旦别有儀。敬具酒菓，用伸拜賀，先烈在上，伏乞昭歆。謹告。」告訖。俯伏，興，少退。拜興，拜興平身，復位徹酒。子弟以盤徹各位酒盞傾于壺，留托子。主婦點茶，主婦及長婦、長女、兩執事、侍女盥洗升堂。婦女抄茶入各位之盞，主婦詣高祖神位前，左侍女以盤奉各位茶盞及盞盤，隨之；右侍女奉湯瓶，插茶筅于嘴，隨之。主婦取盞盤，托一盞，執筅，右侍女注湯于盞，主婦以筅均茶，訖，插筅奠茶于神位前托上，置盞盤。主婦俯伏，興，先正位，後祔位，命長婦、長女點祔他之卑者。○若主婦不與，則長子代之。復位辭神，衆拜。鞠躬拜興，拜興平身，徹饌，子弟婦女徹饌盤及茶盞。禮畢。執事者滅燈燭，收祭器，闔牖户。主婦帥衆婦女監徹及洗藏。主人以下序坐于正堂，遍啐餘酒，乃舉食餕餘饌，男女老幼以次獻酬盡之。

望日，則前夕陳設齋宿。並如朔旦，但不設茅盤酒器，特具茶器。若有新物則豫具辦，明旦調進。厥明，主人以下，夙興，具禮服盥洗。詣祠堂，序立。如朔儀。主人詣香案前，跪，焚香，俯伏，興，少退。拜興，拜興平身，點茶，主人行之，子弟助之。○有饌菓則以盞盛出，子弟奉進，奠于茶托前。復位參神，衆拜。鞠躬拜興，拜興平身，禮畢。凡望參，婦女不與亦可。

元旦俗節則獻時食。

元旦之祀，前歲除夕，陳設具修。見除夕條。厥明，夙興，主人以下詣祠堂，執事者先入，開堂卷簾。主人以下具盛服，盥洗入門，餘如朔儀。出主就位，主人出正位，子弟出祔位，各奉就位訖，脱韜，疊摺置于座旁。○凡盛服者將跪及執事，則搢笏，既訖，出笏。若大夫以上子弟出主，祝佐之。下皆放此。獻餅，子弟婦女奉鑑餅置于神位前，訖，皆降出。序立，如朔儀。參神，衆鞠躬再拜。降神，主人盥洗詣香案前，跪，焚香，酹酒，俯伏，興，再拜。斟酒，主人斟于正位，子弟分斟于祔位，男位用銚，女位用提，訖，皆復位。進饌，子弟婦女徹鑑餅、薦雜烹。讀祝文，主人盥洗，詣香案前，跪。祝亦洗漱，執祝版跪于主人左，東面，讀訖，置版于香爐西，東面，而退。再拜，主人俯伏，興，再拜，復位。○別有饌則進之。徹酒，點茶，並如朔儀。辭神，衆鞠躬再拜。焚祝文，祝取版出，置于堂前坫上，揭祝文焚之，主人轉身視焚。徹饌，子弟婦女徹饌茶。納主，如出儀。禮畢。祝文：「維齊頭。某年號。幾年歲次某干支。正月某干支。朔，孝孫子孫曾玄隨其所稱。某官某姓名。敢昭告于提頭。顯祖考、高曾祖考隨其所稱。某官府君士庶云大伯或仲叔季嚴君。顯祖妣某姓某人。凡品官，母妻二品以上稱夫人，三品稱淑人，四品稱恭人，五品稱宜人，六品稱安人，七品以下稱孺人，士庶宜稱室人。高曾祖考及妣每位皆提頭，其祖及考妣字四世皆相齊，只告正位不及祔位。時維正始，萬象更新，撫此履端之初，敢伸拜賀之忱，敬具香燭，以獻時食，提頭。尊靈在上，伏乞齊頭。昭歆，啓我後人。謹告。」

俗節時食：人日菜粥，上元豆粥，上巳艾糕，端午箬粽，七夕索麵，中元蓮飯，重陽栗飯。獻之並如朝儀。○告辭，如朔旦，但某朔下加越幾日某，干支。其上巳、端午、重陽則云：「時維上巳，重五、重九。逢茲芳節，或云佳節、勝節、令節。謹獻時食，用伸拜賀。」「先烈在上」以下同朔。人日、上元、七夕則云：「賀茲人日，上元、七夕。謹獻時食。」餘如上。○若士庶力不能悉舉，則上巳、端午、重陽各因其朔參獻節物，餘皆廢之。

除夕告歲暮，因爲元旦陳設設神位一如時祭，陳器如時祭而稍減省。具修。鑑餅，每位各一重，用赤白菱角花英餅及紅鎬鰱子打□，搗栗、昆布、榧實等物裝飾，共以盤盛之，雜烹，品味隨俗。尚別具殽饌一兩種。及暮，具茶，主人以下詣祠堂，焚香再拜，點茶，告辭曰：「維某年歲次某十有二月某干支。晦，嗣孫某名。敢昭告于某氏家廟，歷代神靈。氣序流易，届此歲除，歲月逾遠，孝思無窮，歲歲舉行酒饌常儀，年年保護福履綏之。謹告。」告訖。再拜，徹茶。○祠堂狹者，此夕卷簾移櫝設神卓，出主安于卓上，不脱韜。訖，獻鑑餅于各位前。衆再拜而退。

家有事則告，其儀並如參禮。而或讀祝，止告正位，不告祔位。親屬有事，亦主人告之。不讀祝，告辭云「某之弟或某之子某」云云，告訖，主人跪于香案東南，西面，當身進于堂前，再拜，主人復位，又共再拜辭神。

凡生子則滿月而見，主人生嫡子、嫡孫，則如朔參而讀祝。若餘子孫，則不具茶酒，止焚香，告辭而不讀祝。○儀節讀祝訖，主人跪于香案東南，西面，主婦抱子進于堂前，再拜復位，以子授婢，待主人復位，共再拜辭神。○諸孫及旁親子孫亦主婦抱見，其母在主婦後，共拜。祝文：初間如常法。「某之婦某氏，或某之子某婦某氏。幸以某月某日誕育長子或長孫。某，子名。兹浹三旬，敢以抱見，仰冀齊頭。昭鑒，俯垂齊頭。庇佑，俾之成人，永承齊頭。宗事。謹具酒菓，用伸虔告。謹告。」〇若告辭則云：「某之婦某氏，或某之子某婦某氏，或某親某之婦某氏。以某月某日生第幾子某，敢見。」

遣子入學祝文：「某之子某，粗習經書，俾肄業于芹宮，期不忝于提頭。先世。仰冀提頭。恩靈，明垂擁庇，德成才羡，克繼簪纓。」「謹具」後同。

拜官受禄祝文：「某以某年月日，蒙提頭。恩授某處某官，奉仰齊頭。先訓，獲霑禄位，餘慶所及，不勝感愴。」餘同上。〇或貶降則云「貶某官，荒墜先訓，惶恐無地」。

凡遷居、創業、禱疾病、謝病安等，祝文宜隨時選用，冠昏則各別有儀。凡修堂宅，動神主，則必告。神主移安、還安、奉遷他處等事，則用朔參之儀。若不動神主之事，則如望儀，祝文告辭臨時製述。

或有水火、盜賊，則先救祠堂，遷神主遺像遺書，次及祭器，然後及家財，易世則改題主而遞遷之。改題遞遷禮見喪儀。

深衣制度 以新擬制法注録，別作備考審之，今編入《通考》。

裁用白細布，灰治苧爲匾縷而織造者佳。度用指尺，中指中節爲寸。但中人之度自合古尺，即今木匠尺七寸八分弱爲古者一尺也。〇凡所注尺寸，皆據成衣而言，其兩邊縫殺皆在外。衣全二幅，中屈爲四葉，其長過脅下屬於裳，凡布幅以古布闊二尺爲度。衣用布二幅，各長四尺五寸，餘中摺下垂，前後共爲四葉。約以二尺一寸爲兩脅身長，餘爲前後低末，而前長後短，自脊中相去各一尺四寸而定兩脅，脅外裁去下邊屬袖，脅內斜修至前後低末處，裁開兩肩，各四寸，肩下一尺斜裁去布邊。小衽、方領共用一幅裁成，衽造兩尖，幅各長如衣身，下邊闊六寸，綴內外衣前，如常法，身下併衽共爲一尺七寸。〇領用一長幅，闊八寸，長繞頸後而交前，至兩脅衣末爲度，夾綴衣身前，內外合闊四寸。圓袖各一幅半，袖長通衣身共五尺爲度，並中摺爲前後兩葉，各長二尺，袂口徑一尺二寸，縫袂下成圓形。裳用六幅，交解爲十二片而聯續之，後六，前各三，兩旁亦交鈎連之，裳長隨人身，下邊及踝，上屬衣。下每幅各三，但後六片，各上四寸七分、下一尺；前在兩旁者各上七寸、下一尺四寸六分；其餘亦皆上七寸，而下一尺二寸七分。兩脅下分開處，以緣左右交鈎而不使開，所謂「續衽鈎邊」也。皆以黑繒爲緣，在領者闊四寸，餘皆三寸，夾緣衣裳周邊，但袂口緣在布外。束大帶，用白繒，廣四寸，夾縫之。其長圍腰而結於前，紐爲兩耳，垂其餘爲紳。紳長三尺，亦以黑繒飾紳邊。復以五采絛，廣三分，約其相結之處，亦垂其餘，與紳齊。戴緇冠，糊紙爲五梁冠，跨項上，長八寸，廣如武。武高寸許，其圍廣三寸，袤四寸，在冠內蒙以細紗，而黑漆之竅，武兩旁以受笄，笄用牙骨白者。裹幅巾，用黑繒六尺許爲之，制如暖帽，或用方篰巾亦稱。著白屨。今或用紅方履。

裹，恐「衷」與？·《左氏》：楚人衷甲。

堂上陳設之圖

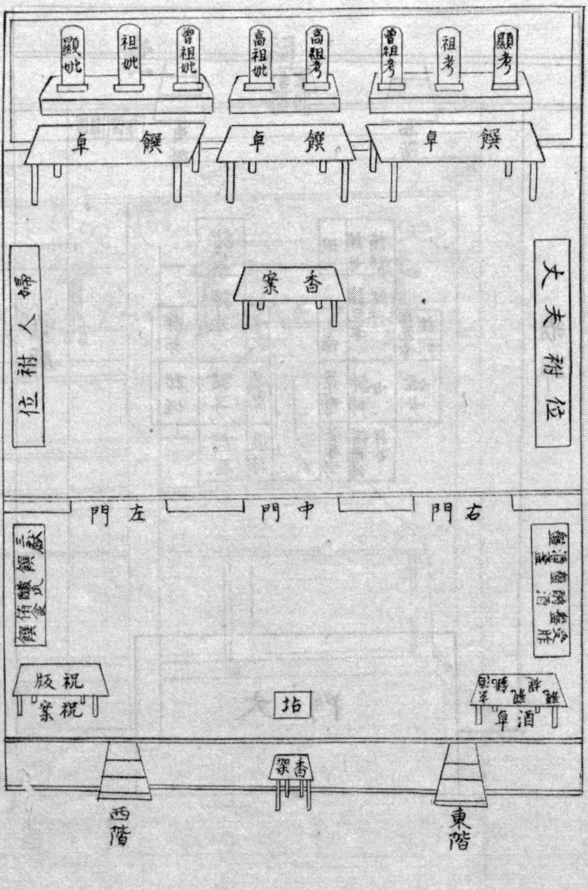
顯妣
祖妣
曾祖妣
高祖妣
高祖考
曾祖考
祖考
顯考
饌卓
饌卓
饌卓
香案
夫人祔位
丈夫祔位
左門
中門
右門
祝版
祝案
酒卓
香案
西階
東階

家衆序立之圖

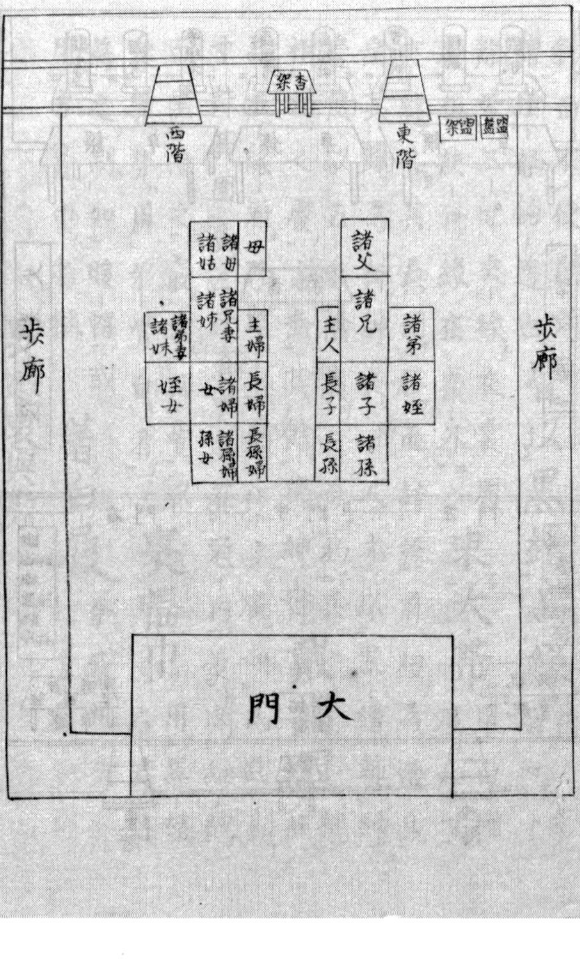
香案
西階
東階
盥架
盥盆
步廊
步廊
母
諸母
諸姑
諸父
諸兄妻
諸姊
主婦
諸弟妻
諸妹
主人
諸兄
諸弟
姪女
女
諸婦
長婦
長子
諸子
諸姪
孫女
諸孫婦
長孫婦
長孫
諸孫
大門

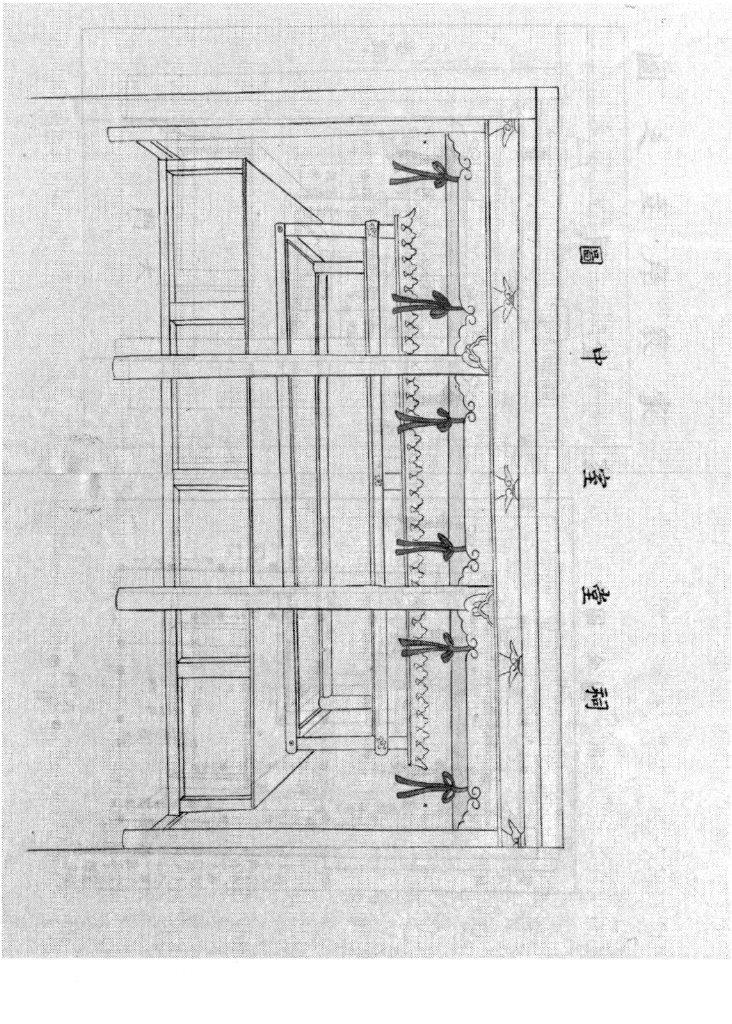
祠堂室中圖

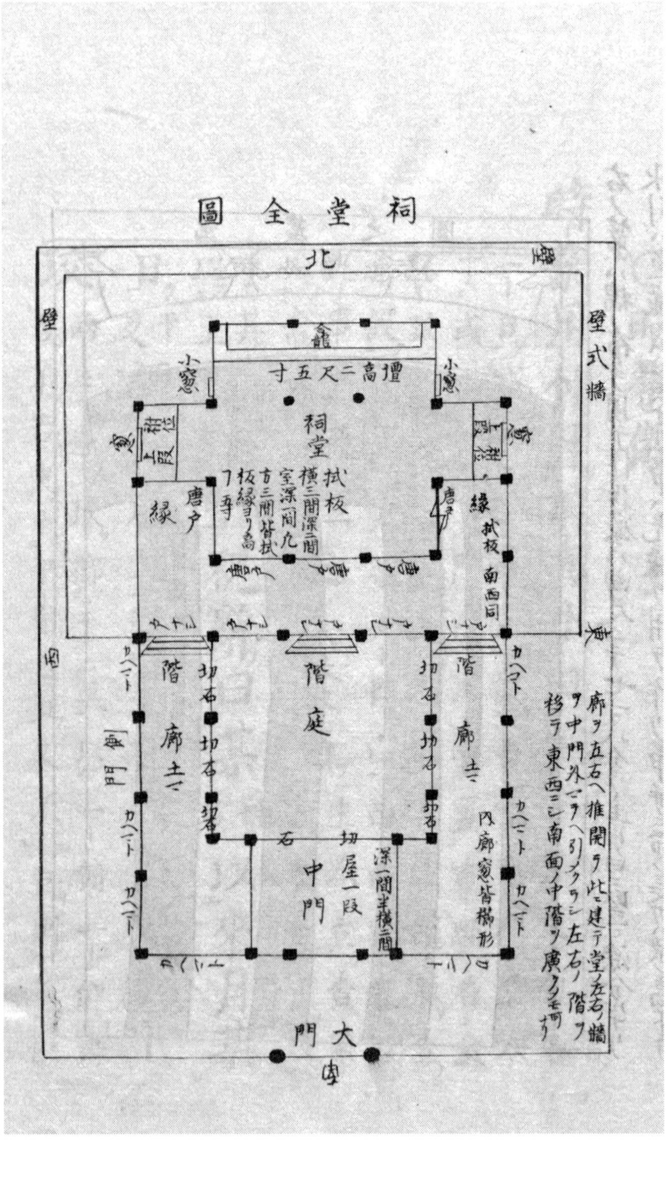
祠堂全圖
北
壁
壁式墻
龕
壇高二尺五寸
小窓
小窓
祠堂
拭板
横三間深二間
唐戸
縁
唐戸
縁
拭板
南西同
階
階
階
庭
廊
廊
中門
屋一段
深一間半横二間
大門

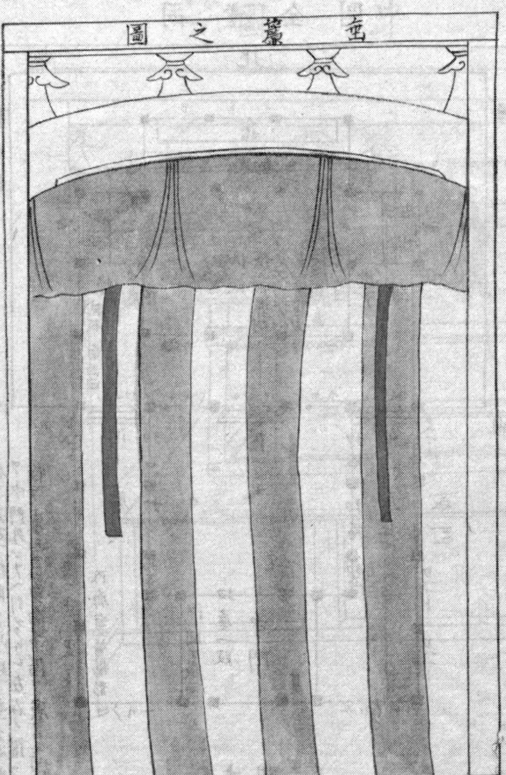

右ノ簾ハ綿布ヲ用テ作ル簾ハ曲尺ニテ七寸八分ツヽ青白ニ竪ニ染合ルナリ
水引ハ色緑或ハ黄ナリ帯ハ光緞ヲ用テ作リ帯并ニ帯ノ長サハ簾ノ高下ニテ
定ノカタシ幅ハ曲尺ニテ一寸ハカリ色ハ緋ナリ或ハ水引ハ畧ノナキモ可ナリ

○時祭儀

時祭用仲月。前旬卜日，孟月下旬之首，擇仲月三旬各一日，或丁或亥。陳設，是日設香案于祠堂大門内，西向。置香爐、香盒、环珓及盤，并設盥盤。序立，主人以下具禮服，立大門内，西向。家衆及執事者隨立，如常儀，北上。主人焚香，主人立香案前，焚香薰珓于其上，而命以上旬之日。祝辭曰：「某姓名。以來月某日，干支。諏此歲事，適其祖考，尚饗。」告訖。卜珓。兩手奉珓擲于盤，以一俯一仰爲吉。不吉更卜中旬之日，又不吉，則不復卜，而直用下旬之日。既得日，則告祭期。祝開祠堂，主人以下皆轉，北向，立如朔望之位。○若不卜日，而用分至則可，去以上儀節，只留序立。衆鞠躬再拜。主人詣香案前，跪，焚香，俯伏，興，再拜，跪。祝告辭，祝執辭跪于主人之左。曰：「孝孫某將以來月某日，祗薦歲事於祖考，既得日，敢告。」若用下旬日，或用分至，則不言「既得日」。主人俯伏，興，再拜，復位。衆鞠躬再拜，祝闔祠堂。執事者受訓，主人以下，東階下西向立。執事者西階西，東向立。祝立于主人之右，命之。命曰：「孝孫某官，將以來月某日，祗薦歲事于祖考。」有司具修，應曰：「諾。」執事者齊應，乃退。○大夫以上用前儀。若士庶人則用分至，祭前三日告期，乃致齋。若分至有障，則直於本月内擇日，而不用卜。若家貧不能四時祭，則止舉二時，或春秋，或冬夏。有故廢祭，則用後分至。

前七日散齋，主人以下與三獻者，自此日寐外室，不茹葷，不預宴樂，不觸穢惡。具修，祠堂壞則修復，祭器弊則補完，其未備者營□之。檢録合用之器，神卓每位一面，或考妣或兩三位共一卓，有被祔位，隨用饌卓，考妣或兩三位共一面，祔位及雜用者，隨備臺盤、脚盤、饌盤、菓盤等，並稱貴賤之宜，隨多寡之數設之。貴官家用柏杉素木新製者，其他通用漆器、素器。碗碟盃盞等，量位數品味備之，貴官家用磁器、土器，其他與漆器通用。托子如位數，茶酒兼用。玄酒尊一；酒瓶二，有蓋；銚子、提子各一，並金蝴蝶蓋。士庶家止用提子，無蓋有羃。酒盤二，傾壺二，受胙盤一，茶盤二，茶瓶二，茶盞如位數，茶托、茶盒、茶匙、茶筅各一，兩盤並同。香案一，有重被垂帶，并香爐、香盒各一。匙、筯一付，炷香架一，燭臺二，花瓶二，燈檠、燈籠多少隨備。第盤一付，祝版版彼并案坫一付，盥盤、帨架二付，一有臺，帷幕、屏風、拜席、坐團等隨宜設之。合備之物，饌具豐約，稱家有無。正饌、副饌，雖盛不過二羹五饌；從饌、引饌在外，酒醴各一品，菓七品或五品，茶一品，碾茶、泡茶隨用。凡魚肉米穀蔬菓所有珍新，盡力求致，并醋醬鹽椒等，具新潔者。香片、香線選用佳品，至於油燭、薪炭等，皆不用舊污者。擇定禮生贊祝執事者，禮生一人，總掌禮儀。通贊引贊各一人，擇子弟或親朋能者爲之，先期演習，要臨時無差失。祝一人讀祝文，致嘏辭。執事者多少隨用，或一人兼數事。

前三日致齋，主人及亞獻、終獻沐浴易衣，不聽樂，不吊喪，晝夜居齋處，不理外事。掛陳饌圖榜于神厨。

前一日清掃滌濯，主人帥僕令清掃祠堂内外，拂拭祭器、厨具。主婦帥婢御滌濯碗碟、鍋釜之類，務令蠲潔。**設位**，以龕上正中爲尊位，考東妣西，餘考位以次東，妣位以次西，皆南向祔位，以卓子列于東西壁下，男東女西，相向或在一邊，以屏子隔男女，皆北上。若堂上狹，則弟及妻以下主列于堂外。○若出主祭于正寢，位次亦同。○每位前各置托子一。**陳器**，堂上正中設香案，加被帶，置爐盒、燭臺。爐之左右置花瓶二，以插時花。設茅盤于香案前。○堂外東階上横設酒卓，卓上西置玄酒尊，次置酒瓶二，其北置銚、提。銚子在西，東柄，提子在東，南流，皆加蓋。酒卓東旁縱設一卓，置酒盤二，分盛正位、祔位，酒盞并置酹酒盤盞、飲福盤盞各一付，又置一盤盛土盃一，加筯以爲受胙盤。○堂外西階上横設祝案，置祝版，南向，加被。其西旁縱設一卓，列杉柏，素盤分盛三獻，引饌及醃瓜藉以杉柏葉。又置二盤，分盛正祔位，饌碟如位數。又置一盤，承侑食飯，盒旁置匙筯，承以耳盃，或以四層盒裝盛醃瓜及亞終獻饌侑食飯亦得。堂外隨便列桃卓，置膳盤及茶器，凡碗碟盞甌等量位數，饌品具之，皆以巾覆之。○堂外階間上置祝坫。○堂下階間設炷香架。○東階東設盥盤、帨巾各二付，如常參。○堂上掛瑠璃燈籠一，堂前掛紗燈三，并設燈檠，如常參，每門掛燈籠二。**具饌**，凡茶酒饌菓可預具者，此日皆造製，務令精潔。未祭之前，勿令人先嘗及爲猫犬蟲鼠煤塵所污。如天時炎熱，當半夜起具之。**凡陪祭者皆齋宿**。三獻之外，凡與祭者皆齋。

厥明，夙興，設蔬菓酒饌，主人以下鷄鳴而起，具禮服，燧火，取井華水爲玄酒及炊飯、泡茶、烹饌，漉酒實于瓶及銚、提。凡饌品宜冷者，先皆盛出；宜熱者，侍參神時盛之，皆列于盤上。**昧爽詣祠堂**，執事者開祠堂，點燈燭，卷簾，炷香，門廊擊鐘承以鼓。主人以下盛服入，立于中門，婦女入自掖門，鼓止。**主人升，焚香告辭**

曰：「嗣孫某今仲某之月，有事于高曾祖考妣，若不及祖則止曰顯考妣。以某親祔食，不及卑者。請出神主恭伸奠獻。」告訖。俯伏，興，再拜，又擊鼓。主婦及子弟一人升。啓櫝，薰手。出主就位。主人奉考主，主婦奉妣主，各就其位，脱韜疊摺置于座旁，每位俯伏，興。子弟出祔主就位，堂外設卓，出櫝置之。若大夫以上子弟出主，祝佐之。○若祭于正寢則告曰：「請奉神主出就正寢，恭伸奠獻。」告訖，俯伏，興，再拜。又擊鼓，啓櫝，出主，連座，韜置于箱中，考妣共箱。提燈前導，提爐次，執事者以次奉主進行，主人以下從之，至正寢，餘如上儀。祔主則子弟奉出，既訖，主人以下皆降，出。家衆及執事者皆入，兩贊至西階下，共鞠躬再拜，先升，就位。通贊立于東階上，西向，引贊在西階上，東向，鼓止。

通、引同唱 序立，主人以下就階下，位如朔參，立定。○自此逐節贊唱。若要從簡，則用一贊止唱參神、辭神及其拜數亦可。參神，句。鞠躬，句。拜，句。興，句。拜，句。興，句。平身。主人以下每句隨聲展拜，下放此。○若尊長老疾者，參神後休于他所。通唱 降神。引唱 盥洗，引主人至洗所，主人立盥架南，北向洗漱。執洗者在右，沃水進巾。○凡贊引每曲一逡巡，引到則轉身向行事者。詣香案前，引到。跪，跪訖。上香，三上香。酹酒，執事者一人取盤盞跪于主人之左，主人受之，一人取銚子跪于主人之右。主人左承盞盤，右承銚，斟酒于盞，還銚于右執事者，乃右執盞灌酒于茅上，以盤盞還左執事者。訖，二人俱起。俯伏，句。興，句。○少退。拜，句。興，句。拜，句。興，句。平身，句。復位。復原拜位。通唱 進膳。子弟、婦女奉膳盤列于諸神位前，先正膳，次副膳，次散饌。訖，主婦奉醎瓜，逐位引加，婦女加祔位卑卑者，訖，皆復位。

【通唱】初獻禮。主人升，執事者一人以盤奉正位之盞從主人之左，一人奉銚子從主人之右。【引唱】詣高祖考神位前，引到。獻酒，主人斟酒，執事者跪接奠于高祖考主前，俱如朔儀。俯伏，句。興，句。平身，次獻曾祖考，次獻祖考，次獻考；次獻高祖妣，次獻曾祖妣，次獻祖妣，次獻妣。唱贊儀節並如上儀，訖。盥洗，如前儀。詣讀祝位，主人至香案前。【通引同唱】主人以下皆跪，衆跪訖。【引唱】讀祝，祝洗漱，取版跪于主人之左，東向，讀之，訖，置版于香爐之西，東面，祝起，主人拜。俯伏，句。興，少退。拜，句。興，句。拜，句。興，句。平身，句。復位。衆起。【通唱】分獻，兄弟之長二人分獻祔位，男位用銚，女位用提。奉饌，兄弟之長遂奉初獻之饌，執事者以盤奉饌碟從之。長者每位以碟盛饌奠于神位前，次長者進于祔位。○每一獻訖，執事者以傾壺徹酒，置盞故處。

【通唱】亞獻禮。主婦行之，侍女執事，並如常儀。長婦女分獻，或兄弟之長亞獻，或主人再行。○每獻，執事者開瓶加酒于銚、提。【引唱】盥洗，儀如參神，若主人再行則不用此。句。詣高祖考神位前。自此至奉饌，贊唱儀節並如初獻，但不讀祝。主婦亞獻，則長婦分獻奉饌，次長婦助之。若兄弟之長行之，則次長者助之。【通唱】終獻禮。兄弟之長，或長子、長孫，或親賓行之。【引唱】盥洗，自此至奉饌並如亞獻，訖。【引唱】侑食，主人升，子弟先以盞盛醴，如位數，至此奉而從之。主人取醴奠于各位酒托間，兄弟之長侑祔位。主婦升，婦女奉飯盒及匙從之。主婦每位抄飯少許，引加元飯上，遂取各位之筯插于飯，婦女助及祔位。主人主婦共退，分立香案前。○若主婦不與，則兄弟之長爲之。鞠躬，句。拜，句。興，句。拜，句。興，句。平身，主人主婦同拜。退出。衆皆出于中門外。[通唱]闔門，祝滅燭、闔堂、上門，户無門則垂簾幕，或以圍屏遮隔堂上中門外。男東女西對立，主人主婦在前，卑幼皆在其後，肅静食頃，有尊長則休于他所。

[通唱]祝噫歆，祝升，當中門，北向，作歆聲者三。啓門。祝開門户。主人以下各復位，衆復原拜位，尊長休于他所者，亦入就位。飲福受胙，[引唱]詣飲福位，主人至香案前，升席，北向立。跪，主人跪，執事者取飲福盤盞置于主人前。祝詣高祖考前，舉酒托盞，奉至主人之右，向西，跪。受酒，主人以飲福盞受酒奉戴。祝置盞于酒卓上，還托故處。啐酒，略嘗少許。祝以受胙盤，抄諸正位之飯各少許，奉至主人之左，向東立。[通唱]致嘏辭：祝執辭曰。「祖考命工祝，承致多福無疆于汝孝孫，來汝孝孫，使汝受禄于天，宜稼于田，眉壽永年，勿替引之。」主人置酒于盤，而移右旁，乃拜。[引唱]俯伏，句。興，少退。拜，句。興，句。拜，句。興，句。平身，句。跪，句。受胙，主人受胙盤，奉戴置前，抄飯少許嘗之。卒飲。又舉酒，卒飲之，以盞盤、胙盤授左右。俯伏，句。興，少退。拜，句。興，句。拜，句。興，句。平身，句。復位。若欲從簡，止飲福而不受胙亦可。[通唱]徹膳，子弟婦女徹逐位酒饌，執事者接之，只留托子。〇主婦帥婦女具茶湯，盛菓品于盤，如位數。

[通唱]進菓，主婦及婦女奉菓盤奠于各位前。獻茶，主人、主婦點茶，奠于諸正位前托上。子弟、婦女分獻祔位，儀如常參。訖，主人退立于東階上，西向，祝立于西階上，東向，餘皆復位。告利成：祝曰。「利成。」在拜位者皆拜。鞠躬，句。拜，句。興，句。拜，句。興，句。平身。主人不拜。[引唱]復位。主人

及祝復位。

通引同唱辭神，衆拜。鞠躬，句。拜，句。興，句。拜，句。興，句。平身。引唱焚祝文，祝取版置于堂前坫上，揭祝文焚之，主人轉身視焚。徹茶菓，子弟婦女徹訖。納主，主人主婦盥洗，納正主，子弟婦女納祔主，大夫以上子弟與，祝納主。○若祭于正寢，則曰送主，其送歸祠堂如來儀，但擊鐘不擊鼓。引唱復位，衆皆復位。通引同唱禮畢。衆出，訖，執事者收祭器，垂簾，闔門户。

徹餕。

易服，主人以下釋盛服，着禮服。徹酒饌，主婦還，監徹酒饌、茶菓，並傳于燕器，再燖羹臛以備餕。藏祭器。主人主婦監臨，洗拭祭器，藏之。叙坐，主人以下叙坐于正寢或外齋，婦女亦别叙坐。餕胙，以盤盛福酒瓶盞及胙飯，主人以下以次奉戴，各嘗酒飯少許。分饋，分魚肉菓品饋于親黨之家。謝禮生，主人帥衆丈夫再拜，禮生答拜，若子弟爲之則否。飲宴，祭餘少則益以他酒饌，相與會飲獻酬而罷。勞執事者及婢僕。頒賜祭餘，其日皆盡。祝文：「維齊頭。某幾年歲次某二月某朔越幾日，某孝玄孫某敢昭告于提頭。顯高祖考某官府君、提頭。顯高祖妣某姓某人，以下至於顯考妣書法同正旦。氣序推遷，時維仲春，雨露既濡，時物萌動，永懷罔極，伏增遠感，謹具清酌庶羞祇薦歲事，以齊頭。某親某官某人祔食。仰冀提頭。恩靈，俯垂齊頭。歆鑒，齊頭。啓我后人，永綏多福，尚齊頭。饗。」若衆子代祭，則云「孝玄孫某使介子某執其常事」。

仲夏云：「氣序流易，時維仲夏，歲功方盛，萬物暢茂，追遠感時，不勝永慕，式陳清酌庶羞，祇薦歲事，以齊頭。某親某祔食。伏惟提頭。先烈，尚其齊頭。昭歆，齊頭。保佑後昆，永世無斁，提頭。靈德洋洋，尚析齊頭。鑒饗。」

仲秋云：「氣序推遷，時維仲秋，霜露既降，時物蕭條。「永懷」至「祔食」如仲春。仰冀提頭。祖考，俯垂齊頭。慈廕，齊頭。覆其后人，延於永世，尚齊頭。饗。」

仲冬云：「氣序流易，時維仲冬，歲功已就，萬物閉藏。「追遠」至「祔食」如仲夏。伏惟提頭。先靈，俯鑒愚衷，齊頭。啓佑丁寧，垂裕於後昆，提頭。神其不昧，齊頭。來格歆饗。」

凡祭主於盡愛敬之誠而已，貧則稱家之有無，疾則量筋力而行。財力可及者，自當如儀。

○始祖、先祖祭儀

冬至祭始祖，立春祭先祖。按《家禮》，始祖先祖二祭，其儀如時祭，而稍用古禮。然始祖必有其當祭之人，而後可以舉之，先祖當得遠屬親會者而後議之，故今並未爲之儀節。

○禰祭儀

季秋祭禰，凡爲父、長子者皆得祭，支子不得祭。前一月下旬卜日，如時祭之儀，惟告辭改孝孫爲孝子，改祖考妣爲考妣，若母在則止云考，而告于本龕前。若不卜，則擇日于成收之後祭之。前三日齋戒，前一日設位陳器，止於正寢合設兩卓、香案，以下並同時祭。具饌。止設二分，若母存止設一分。厥明，夙興，設蔬菓酒饌。如時祭之儀。質明盛服，詣祠堂，奉神主出就正寢。如時祭于正寢之儀，但告辭曰：「孝子某今以季秋成物之始，有事于顯考某官府君、顯妣某姓某人。」序立，參神，降神，進膳，初獻，讀祝，奉饌，亞獻，終獻，侑食，闔門，啓門，受胙，徹膳，進菓，獻茶，辭神，焚祝，徹茶菓，送主，禮畢，徹餕。並如時祭之儀。祝文：「維某年歲次月朔日，子孝子某敢昭告于顯考某官府君、顯妣某姓某人，今以季秋成物之始，感時追慕，昊天罔極，謹以清酌庶羞，祗薦歲事，尚饗。」

○忌祭儀

考妣忌日，前三日散齋，一日致齋。高曾祖考妣忌日，止前一日齋，凡忌日，若旬日有障，則用日辰。設位，止設一位于正寢或外齋正中，若有亡者居處則最可。陳器，具饌。酒一獻，饌品茶菓隨宜，俱如時祭，而稍略殺。厥明，夙興，設蔬菓酒饌。如時祭之儀。質明，主人以下變禮服。主人用淺淡衣服，婦人則去盛采花飾。若有力者，變服有等差，隨服之輕重分之，尊卑各稱其情可也。詣祠堂，奉神主，出就位。如時祭于正寢之儀，但告辭云：「今以某親某官府君遠諱之辰，敢請神主，出就正寢，恭伸追慕。」妣則云某姓某人。序立，參神，降神，並如常儀。進饍，主人奉進，主婦加醯瓜。獻酒，主人自斟酒，訖，俯伏，興，跪于香案前。讀祝，訖，俯伏，興，再拜。奉饌，主人奉進。侑食，主人加酒，主婦加飯，主人奉饌，主婦插筯。每節俯伏，興，訖，俱復位。闔門，啓門，不飲福受胙。徹饍，進菓獻茶，辭神，焚祝，徹茶菓，送主，禮畢。並如時祭之儀。此日斷酒肉，不聽樂，不預外事，夕寐於外寢。**祝文**考妣忌云：「維某年歲次月朔日，子孝子某敢昭告于顯考某官府君，妣云某姓某人。光陰易返，復臨諱日，追遠感時，昊天罔極，式陳清酌庶羞，用伸哀悃，伏惟尚饗。」○高曾祖考妣及妻忌云：「歲序流易，諱日復臨，追遠感時，不勝永慕，謹具清酌庶羞，用伸奠獻，伏惟尚饗。」旁親之忌，前夕齋宿。陳設具饌減殺。厥明，夙興，詣祠堂晨謁，如常儀，但變服稱宜。因告辭曰：「今以某親忌日，請出神主，用伸追薦。」若無主者，設紙榜而不告辭。出主就位，序立，參神，卑幼則主人主婦及尊長不拜，下皆同。降神，進饍，斟酒，告辭曰：「維某年歲次月朔日，子某屬某敢昭告于某親某官，並如神主外題。歲序流易，諱日復屆，不勝感愴，謹具酒饌，用伸奠獻，尚饗，謹告。」告訖，俯伏，興，再拜，若爲祝文，則不云「謹告」。卑幼則云：「某屬某若祭子孫、諸弟姪，則稱老父翁、老伯叔兄，而不自名。告于某親某官，隨神主所稱。歲序流易，忌日復屆，不勝感愴，爰陳酒饌，用伸追慕，魂其饗之。」不拜。奉饌，侑食，闔門，啓門，徹膳，進菓，點茶，辭神，徹茶菓，送主，禮畢。

旁親有主後者，忌日雖不與祭，而晨謁畢，乃移香案，遥望其家，焚香再拜，告辭，又再拜。卑幼則不必然也。

○墓祭儀

七月望前擇日，祭墓及后土氏。前一日齋戒，具饌，墓上每分如忌祭之品，更設魚肉米麵食各一大盤，以祭后土。厥明，灑掃，是日晨起，或前一二日，主人帥執事者詣墓前。鞠躬再拜，拜訖，環繞省視。除草，芟草棘、添土，訖。復位，鞠躬，再拜。除地，設后土位。除地于墓左，祭后土神。布席陳饌，用新潔席陳于墓前，設饌菓，如家祭之儀。序立，參神，降神，獻酒，讀祝，奉饌，侑食，獻茶，辭神，焚祝，徹饌，禮畢。俱如忌祭之儀。遂祭后土，布席陳饌，各用大盤，設盤盞匙筯，如墓祭之儀。序立，降神，參神，獻酒，讀祝，辭神，焚祝，徹饌，禮畢。並同墓祭。守墳者及墳鄰皆以祭物頒賜。祝文：「維某年歲次月朔日，子孝子或孫、曾孫、玄孫。某敢昭告于某親某官府君之墓，歲序流易，白露既降，瞻掃封塋，不勝感慕。謹具清酌庶羞，祗薦歲事，尚饗。○「維某年歲次月朔日，子某官姓名敢昭告于土地之神，某恭修歲事于某親某官府君之墓，惟時保佑，實賴神休，敢以酒饌，敬伸奠獻，尚饗。」

○土地祭儀

四仲時祭之後，及歲暮，擇日祀土地。前一日齋戒，厥明，夙興，布席陳饌，春於所居之東，夏南，秋西，冬北，設饌。序立，降神，參神，獻酒，讀祝，辭神，焚祝，徹饌，禮畢。並如前儀。祝文：「維某年歲次月朔日，子某官姓名敢昭告于土地之神，維此仲春，春夏秋冬隨時加仲，惟歲暮則云「歲律將更」。歲功之始，夏云「時物暢茂」，秋云「歲功將就」，冬云「歲功告畢」，歲暮云「幸茲安吉」。若時昭事，夏秋與冬、歲暮，改「昭」爲「報」。敢有弗虔。蘋藻雖微，庶將誠意，惟神鑒饗，永奠厥居，尚饗。」

○竈祭儀

孟夏之月祀竈。儀節與祀土地同，一說設饌于厨所。祝文：「維某年歲次月朔日，子某官姓名敢告于司竈之神。維此孟夏，時物長養，一門康吉，享玆火食，夜寐夙興，端賴神休，若時報事，罔敢弗虔。菲禮將誠，惟神顧歆，尚饗。」

○雜録

宗法。親親之本在宗法，宗法不立則奉祀無定主，若非其人而主祭，則神不饗決矣。宗子雖得立，然非叙屬族而共執事，則亦不足以奉祖先之靈。且因時享而設宴頒胙，以重同根之恩，亦可以使外人觀感而共歸厚矣。祠堂。凡奉祠堂之家，常須修理完固，洒掃潔静，加鎖閉，非參謁無擅開入及閑雜器物於内寘放。子孫入祠堂者，當正衣冠，即如祖考之在上，不得嬉笑、對語、疾走。若不時而入者，亦不可不盥洗、著禮服。○凡惡疾、廢疾者，不得主祭。若瘖聾跛傴之類，則可使子弟代執事，家衆有此疾者，皆不得與祭。祭田。既立祠堂，則當計財産之多寡而置祭田，以兼義田，説見《通考》。祭器。貴賤有等差，通用則無定制，但體格宜近古雅，而施工要令精潔。祭服。凡盛服禮服當從貴賤之分，但今士庶之公服不稱行禮，宜以深衣、緇冠、皂衫、被風之類代之。新薦。凡魚肉米穀蔬菓初出者，當因朔望及節祀而隨得薦之。其不可待者，則須臨時調進，若有君賜可以爲榮者，宜出主特薦之。凡新味未薦之前不可先食，若在他鄉則不必然，但過時而後方得食之。須注録歲間新物月曆，而逐時營求，若有田園，則當薦其早稼先熟者。齋戒。齋戒日子遠近隨祭大小，詳見《通考》。凡散齋，沐浴著禮服宿乾净房舍，飲酒不得亂，食肉不茹葷、求珍品褻味。凡弄調飪之事，皆在所避。又須不問疾、不吊喪、不聽樂、不理刑名、不與妻妾同處。凡凶穢之事皆不得預。○致齋須專一其心，十分謹慎，不思別事，才舉思便想着合祭那神模樣，如在虛空，如在頭頂，務使其心至誠。若忌日之齋，則宜酒肉並斷，其齋宿則前夕致齋潔耳。○婦人見月事者，臨時澡浴，而具修之事不避，亦可以在位參拜，而使子婦代饋奠，若污盛而不可凈則廢之。○凡齋戒及奉祭儀節，若老羸及有疾者，宜量力而行之。**具修**。先祭所具，共修治。凡洒掃祠堂及具脯肉、視割烹之事，主人帥衆丈夫爲之。凡滌濯祭器及擇米穀、視炊爨、具葅醢菓餌之類，主婦帥衆婦女爲之，務致謹嚴精潔，雖祭餘之物，勿令殘穢褻慢。○丘氏曰：今人家貧富不同，不能皆立祠堂、置祭田、備祭器。其牲醴粢盛等物，臨時措辦實難，况禮久廢，行者頗少，不人人備也，苟非先事備物，致用講明演習，則其臨時失誤也必多矣。須擬合用之器、合備之物、合用之人，先期置辦、賃借、挽請，庶不至失誤云。**禮生**。立知禮者一人爲禮生，凡儀制、度數皆稟之。○通贊一人，立于西階上，東向，其所贊唱通于始終。○引贊一人，引導行禮者就其處，贊唱或與通贊同唱。若欠人，則以一人兼行通、引。凡導行者，每一曲一逡巡，引到則轉身向行事者而旁立。○祝掌讀祝文，兼致嘏辭。**拜數**。凡跪坐拜揖，隨坐立二儀而稱其宜，《通考》詳之。○行禮之際，凡執物者皆俯伏取以立。奠則奠訖，俯伏而後興。**有故廢祭**。大夫、士之祭時至，當祭又既告廟而有公事，及病不能自祭，則大夫使子弟攝祭，士則廢之。凡不得及時而祭者，不敢美衣食，不敢預宴樂。○大夫、士之祭器皿既陳，而聞君及夫人之喪，及同居親戚之死，則廢之。若大夫則小功緦省禮行之，外喪則齊衰以下皆行也。士之外喪，於己緦麻，而於祖考無服，則亦得祭。**居喪舉祭**。今竊擬四時正祭，則己身及祖考降服大功以上服闋之後，同居大功卒哭之後，小功緦既葬逾月之後，異門之大功逾月之後，小功緦三日之外，皆得行之。朔望、節祀、忌薦、稱祭等，則己身及祖考降服大功以上卒哭之後，同居、異居大功逾月之後，小功緦三日之外，皆行之。其恩情深厚而執喪謹嚴者不拘于此。其儀節衣服之制，並見《通考》。〇晨謁及告出入，雖居重喪，既成服，則不可廢矣。

慎終疏節通考
追遠疏節通考

［日本］中村惕齋　撰
郎嘉晨
邢萬里　整理

《慎終疏節通考》《追遠疏節通考》解題

[日]吾妻重二 撰 董伊莎 譯

著者皆是中村惕齋（一六二九—一七〇二），名之欽，字敬甫，通稱七次、七左衛門、仲二郎，惕齋是其號。生于京都衣料商之家。無特定的師承關系，自學朱子學，以市井學者身份勤于講學，五十五歲時隱居伏見京町，其後專注于讀書和著述，留下衆多著作。

關于惕齋的學問特色，一言蔽之，就是試圖理解朱子學的全部。他特別承繼朱熹的博學特色，不僅在思想方面，禮樂方面也進行了精細的考察。具體情況在本《彙編》的《慎終疏節》《追遠疏節》解題中有叙述，可供參考。

關于朱熹的《家禮》，《惕齋先生行狀》中有云：

> 又讀《文公家禮》，乃深嘆吾邦禮廢之久，喪祭二典全管于佛氏，且謂爲人子者，雖嫌豫凶，而不可以不講喪禮也。

惕齋嘆惋喪禮與祭禮被佛教獨占，以《家禮》爲基礎深入調查了儒禮。他站在這種立場，以《家禮》爲基礎修建供奉祖先的祠堂并舉行祭祀，實施儒葬，又撰寫了《慎終疏節》四卷和《追遠疏節》一卷。

《慎終疏節》記述了葬儀的方法（喪禮），《追遠疏節》則記述了祖先祭祀的方法（祭禮），均是以《家禮》爲基本，遵循日本國情加以修訂的著述。值得注意的是，惕齋在撰寫這些書時，作爲基礎工作還編集了兩種資料集《慎終疏節通考》和《追遠疏節通考》。

關于此二書，惕齋在《慎終疏節》和《追遠疏節》的序文中已有説明。首先在《慎終疏節序》中有云：

今據朱子喪禮述爲四卷，舉士夫通行之略，名《慎終疏節》，并纂《通考》六卷，雜録古禮所由出及後世沿革、本朝古今民間遺禮與夫諸儒論辨之説，又竊以鄙意竄其闕，敢望好禮之君子校其輕重緩急而簡擇得稱宜，以使孝子識免其悔之方，則庶幾有少補世教云爾。

然後在《追遠疏節序》中有云：

竊以朱氏祭禮爲體格，而叙邦俗可以行者爲一卷，聊擬士夫家奉先之儀略，且下逮民庶之微，亦使知其韭麥之薦可以致歆享，名爲《追遠疏節》。其《通考》五卷，凡家廟神主之制，衣服器皿之度，以至品物之具，儀容之節，各考索本文，并輯諸家辨論，竄以愚説而備修禮者參閲。

由此可知，惕齋撰寫《慎終疏節》時收集了古禮的典據、後世的沿革、日本古今民間禮儀和諸儒相關議論，加上自己的意見彙編成《慎終疏節通考》六卷。撰寫《追遠疏節》時考察家廟和神主的樣式，還考察從衣服器物的制式到必要的道具、儀式的流程，同時收録諸家的議論，又加入自説彙編成《追遠疏節通考》五卷。如此通過大量引用資料和諸説以供人們考察參考的做法正是惕齋踏實風格的體現。

現存的《慎終疏節通考》和《追遠疏節通考》文本（岡山大學附屬圖書館所藏）没有序跋，成書經過等詳細情況不明。但根據右引的兩篇序文所説，《慎終疏節通考》和《追遠疏節通考》是在撰寫《慎終疏節》和《追遠疏節》過程中編集的，應該是在完成《慎終疏節》和《追遠疏節》二書的同時基本完稿。《慎終疏節》和《追遠疏節》的序文均有「元禄庚午仲冬之月」，即元禄三年（一六九〇）十一月，因此《通考》二著也應完成于該時期。

此《通考》二書的底本是岡山大學附屬圖書館池田家文庫藏的寫本，是極其罕見的文本。文獻上的情況是：

一、《慎終疏節通考》六卷三册，寫本。與《慎終疏節》合訂爲四册，《慎終疏節》一册後接有本書三册。書架號碼爲210・09・30－2～4。封面題籤有「慎終疏節通考 一二（三四）（五六終）」，内題有「慎終疏節通考」。

二、《追遠疏節通考》五卷二册，寫本。與《追遠疏節》合訂爲三册，《追遠疏節》一册後接有本書二册。書架號碼爲210・09・39－2～3。封面題籤有「追遠疏節通考　一二(三之五／終)」,内題有「追遠疏節通考」。其中所附的圖像有幾幅施以了精細的彩色。

此兩寫本筆迹一致,應爲連續書寫而成。均施有硃筆句讀,書名、人名等固有名詞上引有朱色竪綫,可説是寶貴的精寫本。

此《通考》二書似乎是在極爲周到的準備下進行撰述的,從《慎終疏節通考》與《慎終疏節》的結構相互完全對應的情況也可以看出這一點。兩書的對應情況可見二書細目。除此之外,《追遠疏節通考》的内容是把祭禮相關諸説以《宗法説》《祠堂説》《龕説》《神主説》等進行專項歸納、整理,構思十分精密。《追遠疏節通考》還參考朝鮮儒者的著作,如《影像説》引用了曺好益的《家禮考證》,《告出入説》則引用了李珥的《擊蒙要訣》,其涉及範圍之大,十分驚人。

關于《家禮》的著作在整個江户時代有很多。此《通考》二書乃基于惕齋的博學和實證精神著成,内容詳細精密,應該是日本《家禮》相關書籍中最講究考證的著作之一。因此,此二書對朱熹《家禮》的研究本身也有很高的價值。

慎終疏節通考目録

慎終疏節通考三

慎終疏節通考四

慎終疏節通考五

慎終疏節通考六

慎終疏節通考一

初喪考

初終

疾病，遷居正寢而齋。《士喪禮》：「死于適室。」注云：「適室，正寢之室也。疾者齋，故于正寢焉。」疏云：「言正寢者，對燕寢，與側室非正。」《既夕》記：「士處適寢，寢東首于北牖下。」注云：「將有疾，乃寢於適室。」疏云：「東首者，鄉生氣之所在。北牖下，亦取十一月一陽生於北，生氣之始也。」止此。「有疾，疾者齋。」注云：「正情性也。適寢者，不齋不居其室。」《喪大記》：「士之妻皆死于寢。」注云：「死者必於正處也。」疏云：「亦各死其正室也。夫妻俱然，故云皆也。」陳氏《禮書》云：「先儒謂自卿以下二寢，正寢居前，燕寢居後。其妻二寢亦如之。」《家禮儀節》云：「若病勢度不可起，則先設床于正寢中。子弟共扶病者，出居床上，東首。」《家禮補注》云：「遷居正寢者，惟家主爲然。餘人則各遷于其所居之室中。」欽按：人之生也直，故死必以正，然後得全而歸之。曾子易簀曰：「吾何求哉？得正而斃焉，斯而已矣。」子張將死曰：「君子曰終，小人曰死。吾今日其庶幾乎！」蓋死也者，終斯道之時，其可不慎乎哉！

去褻衣，加新衣。《喪大記》：「疾病，徹褻衣，加新衣。」《既夕》記同。注云：「所加者新朝服。」加朝服者，明其終於正也。」

徹樂，清肅內外。《既夕》記：「徹琴瑟。疾病，外內皆埽。」《續通解》云：「去樂，以病者齋，故去之。」應金華曰：「埽庭及堂，正(正)家之常道，今於此又皆埽者，肅外內以謹變，致潔敬以謹終也。」《大記大全》。《家禮》：「內外安靜以俟氣絶。」《儀節》云：「既遷，則戒內外安靜，毋得諠譁驚擾。仍令人坐其旁，視手足。」

養者皆齋，男女改服。《既夕》記：「養者皆齋。」注云：「憂也。」疏云：「案《曲禮》云『父母有疾，冠者不櫛，行不翔，笑不至矧，怒不至詈，不飲酒、食肉，疾止復常故』，男女養疾者皆齋戒，正情性也。」欽按：養者齋，蓋一則憂不安常也，一則慎親之終也，一則有所禱祠也。所謂齋者，只是外斷葷酒、辟邪穢，內致精潔、盡誠敬耳。○《既夕》記：「男女改服。」注云：「爲賓客來問病，亦朝服。庶人深衣。」欽按：遷居以下數節，疑皆病者、養者齋中事也。男女改服，亦不必爲人來問病矣。

分禱所祀。出《開元禮》。《既夕》記：「行禱于五祀。」注云：「盡孝子之情。五祀，博言之。士二祀：曰行，曰門。」欽按：祈禱一節，孝子之心所必至也。但親病既危急，則諸子不能離床，難備其禮，宜行之未前。凡禱于祖先之外，或祀于竈，祝文並見《祭禮》。或從邦俗，于其本地社及産地社。俗云烏父須奈。分遣子弟禱禳亦可。

遺言則書。出《開元禮》及《家禮》。《儀節》云：「問病者何言，有則書于紙，無則否。」

持體，屬纊。《既夕》記：「御者四人，坐持體。」注云：「御者，今時(待)〔侍〕從之人。」又《喪大記》注云：「體，手足也。四人持之，其不能自屈伸也。」止此。「屬纊以俟絶氣。」注云：「爲其氣微難節也。纊，新絮。」又《喪大記》注云：「新綿，易動摇，置口鼻之上以爲候。」止此。「男子不絶於婦人之手，婦人不絶於男子之手。」《喪大記》注云：「君子重終，爲其相褻。」本疏云：「疾時使御者持體，并死于其手。若婦人則内御者持體，還死於其手。」穀梁子曰：「寢疾居正寢，正也。男子不絶于婦人之手，以齊終也。」欽按：嘗見一女子將死，連言曰：「倒倒。」語云：倜結盧。蓋疾憊之極，非惟不能自屈伸轉側也，神魂將去，而身如無所倚，體如無所附，其危懼可想。故持體一節必不可闕矣。屬纊候氣，當量疾者之意。若夫男女之别，則一息猶存，疾者可自守其禮。至於不省事，則養者亦可以成其志。○又按：古禮，疾病，廢床在地，以庶生氣之反。見《喪大記》。此禮邦俗難行，故闕之。

既絶乃哭。《家禮》。《既夕》記：「乃卒，主人啼，兄弟哭。」注云：「哀有甚有否。」疏云：

「啼是哀之甚，發聲則氣竭而息之，聲不委曲，若往而不反，對齊衰以下直哭無啼，是其否也。」又《喪大記》疏云：「親始死，孝子哀痛嗚咽，不能哭，如嬰兒失母，故啼也。」《問喪》：「親始死，雞斯，徒跣，扱上衽，交手哭。」又云：「惻怛之心，痛疾之意，悲哀志懣氣盛，故袒而踊之，所以動體、安心、下氣也。婦人不宜袒，故發胸、擊心、爵踊。」欽依注疏考之：雞斯，當作「笄纚」，謂去冠，露笄纚也。徒跣、扱衽，以有妨於哭踊也。交手，謂交手拊心而爲哭也。爵踊，似爵之跳，其足不能離於地也。《喪大記》：「凡哭尸于室者，主人二手承衾而哭。」注云：「哀慕若欲攀援。」《檀弓》：「始死，充充如有窮。」疏云：「事盡理屈爲窮。親始死，孝子匍匐而哭之，心形充屈，如急行道極，無所復去，窮急之容也。」止此。「始死，皇皇焉如有求而弗得。」疏云：「皇皇，猶彷徨。」止此。「始死，三日不怠。」疏云：「水漿不入口之屬。」《家禮正衡》云：「至是，男女哭擗無數，蓋生死異而永訣，正於此也。」

復

復於正寢。《開元禮》。　《士喪禮》：「復者一人，復者，各依命數。記云：「復者朝服。」注云：「服未可以變。」以爵弁服，士助祭於君之服也。《開元禮》用死者之上服。《家禮》云：「嘗經衣者。」簪裳于衣，簪，連也。左何之，何，荷也。扱領于帶。升自前東榮，《開元禮》云：「復於正寢。」中屋北面，《大記》云：「履危。」危，棟上也。本注云：「北面招，求諸幽之義也。」招以衣，記云：「左執領，右執要，招而左。」疏云：「招魂所以求生，左陽，陽主生，故用左。」曰：『臯，某復！』三，注云：「臯，長聲也。某，死者之名也。」《家禮》云：「從生時之號。」疏云：「復聲必三者，禮成於三。」降衣于前。《大記》云：「卷衣投于前。」受以篋，注云：「受之於庭也。復者其一人招，則受衣亦一人也。」升自阼階，以衣尸。注云：「衣尸者，覆之，若得魂反之。」疏云：「《喪大記》又云『復衣不以衣尸，不以斂』，謂此復衣浴而去之，不用襲斂。復者，庶其生也，若以其衣襲斂，是用生施死，於義相反。」復者降自後西榮。」注云：「不由前降，不以虛反也。」注云：「降因徹西北扉，謂西北隅。扉，隱處。出《喪大記》。若云此室凶，不可居然也。」《喪大記》：「小臣復。」疏云：「小臣，君之近臣。」注云：「復用死者之祭服，以其求於神也。」《大記》又云：「唯哭先復。復而後行死事。」注云：「氣絶則哭，哭而後不蘇，可以爲死事。」○司馬温公曰：「今升屋而號，慮其驚衆，但就寢庭之南。男子稱名，婦人稱字，或官封，或依常時所稱。」高氏曰：「今淮南風俗，民有暴死，則使數人升其居屋及於路傍遍呼之，亦有蘇活者，豈復之餘意與？」以上《家禮附録》。欽按：復者，人始死，神魂離去，而體魄尚存，乃招魂來復，歸于魄也。説見《儀禮》本注。猶今人暴絶者，耳邊唤其名以醒覺之，實有此理，故聖人特設此一條之禮，豈惟爲虛文以副孝子之情哉？此禮之難行，只恐人發笑耳。然此間舊俗，人死第三日，屋外高處掛死者衣，北嚮而謂：「幽魂望之，認其故鄉。」謂之三日晒，訓密加卜失。蓋古者招魂之遺風也。故今存古禮，以原其初云。

正尸　施帷　設奠　易服　不食

《檀弓》：「復、楔齒、綴足、飯、設飾、帷堂並作。」注云：「設飾，謂遷尸又加新衣。」疏云：「自『復』以下，諸事並起以帷堂，故云『並作』。」

正尸。《既夕》記：「設床第，當牖。衽下莞上簟。設枕。遷尸。」按：第，簀也。牖，謂南牖。衽，卧席也。莞，蒲席。簟，竹席。《喪大記》：「始死，遷尸于床。幠用斂衾，此句經文。去死衣。」經注云：「幠，覆也。斂衾，大斂所并用之衾。」疏云：「小斂一衾，大斂二衾，今始死，小斂之衾當陳，故不用小斂衾，以其大斂未至，且用大斂一衾以覆尸。」本疏云：「去死衣，病時所加新衣及復衣也。去之，以俟沐浴。」《喪大記》：「既正尸。」注云：「正尸者，謂遷尸牖下，南首也。」賈氏曰：「未葬已前，不異於生，皆南首。」《士喪》「飯含」疏。《士喪禮》：「楔齒用角柶。」注云：「爲將含，恐其口閉急也。」止此。「綴足用燕几。」注云：「綴，猶拘也，爲將屨，恐其辟戾也。」記云：「楔貌如軛，上兩末。綴足用燕几，校在南，御者坐持之。」欽按：楔齒、綴足，朱子《家禮》並不言之，丘氏《儀節》獨言楔齒，而代柶以筯。然人死，其口或開或閉，氣將絶即噤者，不捩開則不能設楔。人子悲迷之際，豈能爲之？能使人爲之？况沐浴之形貌可惡乎？不若口齒之啓噤，一任死者，而可含者含之，不含含者，只包米錢而懷之，於死者爲得安矣。若夫足跗辟戾，則固不可納屨襪，且入棺有所妨，不可不備之。然不必用几脚扶持，只以巾帕併束雙足，以方重器物自足心拘住亦得。又人死有不瞑者，氣將絶，養者頻撫額上向下則封合矣。○《問喪》：「動尸舉棺，哭踊無數。」○**水盤**《士喪禮》：「士有冰，用夷槃可也。」注云：「謂夏月而君加賜冰也。」《喪大記》：「君設大盤，造冰焉。大夫設夷盤，造冰焉。士併瓦盤，無冰。設床襢第，有枕。」注云：「造，猶内也。襢第，袒簀也。謂無席，如浴時床也。禮，自仲春之後，尸既襲，既小斂，先内冰盤中，乃設床於其上，不施席而遷尸焉，秋涼而止。士不用冰，以瓦爲盤，併以盛水耳。漢禮大盤廣八尺，長丈，深三尺，亦中，夷盤小焉。《周禮》天子夷盤。《士喪禮》君賜冰，亦用夷盤。然則其制宜同之。」疏云：「既襲，謂大夫也。既小斂，謂士也。皆是死之明日。若天子、諸侯，亦在襲斂之前也。天子之夷盤，即此之大盤也。依尸而言，則曰夷盤。」杜氏《通典》云：「大唐之制，諸職事官三品以上，散官二品以上，暑月薨者給冰。」朝鮮《五禮儀》國王喪禮有冰盤及棧床、棧防，其制最爲備矣。朱子《家禮》並不言之，豈亦拘官制，而士庶不得用冰乎？然寒尸之備，夏月喪家之切務。本朝古今，亦三位以上之喪給冰。今士庶家不可不設水盤矣，其制具于《圖考》。

施帷。《士喪禮》：「帷堂。」注云：「事小訖也。」疏云：「以其未襲斂。必帷之者，鬼神尚幽闇故也。」一説《檀弓》：「曾子曰：『尸未設飾，故帷堂，小斂而徹。』」注云：「爲人褻之。」《儀節》云：「帷堂，堂上設帳幕也。」

設奠。《士喪禮》：「奠脯醢、醴、酒，升自阼階，奠于尸東。」注云：「鬼神無象，設奠以憑依之。」嚴陵方氏《小斂奠説》曰：「萬物生於東而死於北，小斂之奠於東方，則孝子未忍死其親之意也。」《既夕記》：「即床而奠，當腢。用吉器，若醴，若酒，無巾柶。」注云：「腢，肩頭也。用吉器，器未變也。」《檀弓》：「曾子曰：『始死之奠，其餘閣也與？』」注云：「不容改新閣庋藏食物。」疏云：「閣，架、橙之屬。人老及病，飲食不離寢，故近置室閣上。若死，仍用閣之餘奠者，不容改新也。」按《家禮》：「設奠：執事者置脯醢。祝斟酒。」劉氏璋曰：「奠，謂斟酒奉至卓上而不酹。主人虞祭，然後親奠。」《附録》。問：「孝子於尸柩之前，在喪禮都不拜，如何？」朱子曰：「想只是父母在生時，子弟欲拜，亦須俟父母起而衣服。今恐未忍以神事之，故亦不拜。」《語類》。欽按：古禮，復者降，楔齒，綴足，乃設奠。《開元禮》因之，而六品下含畢而後奠。《家禮》直至於卒襲、徙尸之後，乃設奠。然孝子之於親，不忍斯須無所養，且有憑神之道。故初終正尸之後，乃以亡者常用之器，病間之餘，奠諸尸傍，最爲得情矣。《家禮或問》云：「筯必插飯，蓋古禮也。死者不能自插，孝子爲之哭插可也。」孝子當作奠者。

易服。《家禮》。《問喪》:「親始死,雞斯,徒跣,扱上衽,交手哭。」見前。《檀弓》:「始死,羔裘玄冠者,易之而已。」疏云:「養疾者朝服,羔裘玄冠,即朝服也。始死則易去朝服,着深衣,故云『易之而已』。」欽按:《問喪》「扱上衽」,衽謂裳前,唯深衣有裳衽,故注家知所易之服爲深衣也。《開元禮》:「男子易白布衣,被髮,徒跣。婦人青縑衣,被髮,不徒跣。齊縗以下,丈夫素冠,婦人去首飾,内外皆素服。」欽按:被髮之變,温公《書儀》、文公《家禮》雖並從之,而《問喪》「雞斯」只是去冠露笄纚耳,所謂「被髮」者,古禮並無有,故丘氏《儀節》欲改之。衣服之製,邦俗亦不同。今士庶人初喪,諸子束髮,不成髻,婦女結髮,去笄纚,並素服,徒跣,内外皆服淺淡,去華飾,但男子加禮服以拜吊客,庶幾稱其宜乎。

不食。《間傳》:「斬衰三日不食,齊衰二日不食,大功三不食,小功、緦麻再不食。士與斂焉,壹不食。」《喪大記》:「期之喪,三不食;五月、三月之喪,壹不食、再不食可也。」疏云:「『期之喪,三不食』,謂義服也。其正服則二日不食也。壹不食,謂緦麻,再不食,謂小功,并言之也。容殤降之緦麻再不食,亦見《間傳》。義服小功壹不食,故以『壹不食、再不食』結之。」杜氏《通典》云:「三年之喪五不食者,是常日二食。自始死至三日,既成服可食,是三日五不食。」止此。《家禮》云:「諸子,三日不食。期九月之喪,三不食;五月、三月之喪,再不食。」〇《問喪》:「親始死,惻怛之心,疾痛之意,傷腎、乾肝、焦肺,水漿不入口,三日不舉火,故鄰里爲之糜粥以飲食之。夫悲哀在中，故形變於外也。痛疾於心，故口不甘味，身不安美也。」疏云：「靡厚而粥薄，薄者以飲之，厚者以食之。」《家禮》云：「親戚鄰里爲靡粥以食之。尊長强之，少食可也。」

立喪主　設有司

主人主婦。　孔氏曰：「主人，亡者之子。主婦，亡者之妻。」《檀弓下》疏。《家禮》云：「凡主人謂長子，無則長孫承重。主婦謂亡者之妻，無則主喪者之妻。」欽按：凡喪主，有亡者所豫立則從之，無則宗親會議立之。《喪大記》：「子幼，則以衰抱，人爲之拜。」疏云：「若有子，雖幼小，則以衰抱之爲主，而人代之拜賓也。」〇《奔喪》：「凡喪：父在，父爲主。」注云：「與賓客爲禮，宜使尊者。」疏云：「言子有妻、子喪，則其父爲主。」又云：「命士以上，父子異宮，則庶子各主其私喪。」太子、適婦，雖諸侯主之，見《服問》。陳氏《集説》云：「此言父在而子有妻、子之喪，則父主之，乃統於尊也。」《附録》云：「若子、孫有喪，而祖、父主之，子、孫執喪，祖、父拜賓。」《儀節》云：「親者主饋奠，尊者主賓客，凡喪皆然也。」止此。「父没，兄弟同居，各主其喪。」注云：「各爲其妻、子之喪爲主也。」《集説》云：「同宮猶然，則異宮從可知也。」止此。「親同，長者主之。」疏云：「若同父母喪者，則推長子爲主。若昆弟喪，亦推長者爲主也。」止此。「不同，親者主之。」注云：「從父昆弟之喪。」《雜記》：「士之子爲大夫，則其父母弗能主也，使其子主之，無子則爲之置後。」注云：「大夫之子，得用大夫之禮，而士不得也。置，猶立也。」○《服問》：「君之所主：夫人妻，太子，適婦。」注云：「言『妻』，見大夫以下亦爲此三人爲喪主也。」○攝主喪祭，見《喪禮變制》。

主賓。《家禮》云：「喪主。」本注云：「其與賓客爲禮，則同居之親且尊者主之。」《儀節》云：「主賓用同居之尊且親者一人爲之。如無同居者，擇族屬之親賢者。又無族屬，則用親戚。又無親戚，則用執友亦可。專主與賓客爲禮。」

護喪。《家禮》云：「護喪：以子弟知禮能幹者爲之。凡喪事，皆稟之。」

相禮。《周禮·肆師》：「凡卿大夫之喪，相其禮。」《雜記》：「杜橋之母之喪，宮中無相，以爲沽也。」疏云：「孝子喪親，悲迷不復自知，禮節皆須人相導。而杜橋家母死，宮中不立相導，故時人謂其於〔禮爲〕麤略。」朱子論喪禮曰：「古者有相禮者，所以導孝子爲之。若欲孝子一一盡古禮，必躬必親，則必無哀之情矣。」《語類》。《儀節》云：「宜議親友或鄉鄰中之素習禮者一人爲相禮，凡喪事皆聽之處分，而以護喪助焉。」

司書、**司貨**。《家禮》云：「司書、司貨：以子弟或以吏僕爲之。」《考證》云：「謂有官者也。」

《正衡》云：「置三曆：其一書吊客姓名，其一書凡喪禮常用之物及財貨出入，其一書親賓賻襚祭奠之數。」〇《儀節》云：「凡喪事合當用之物，相禮者俱命司貨豫爲之備；及所用之人，亦當與護喪議，豫求其人，庶臨時得用，不致缺乏。」〇又云：「贊者、祝、侍者以上，皆用親戚及常役使者。」欽按：贊掌唱贊儀節，祝掌奉靈座、執饋奠、告祝辭、讀祝文，侍者給近事。又備内御者以供内喪，執事者供賤役。經有夏祝、商祝、外内御者，侍者即外御也。

治棺

治棺。《家禮》云：「護喪命匠擇木爲棺。」《喪大記》：「士棺六寸。」注云：「庶人之棺四寸。」疏云：「案《檀弓》孔子爲中都宰，制『四寸之棺，五寸之椁』，是『庶人之棺四寸』。」《檀弓》：「縣子曰：『喪不可不深長思也，買棺外内易。』」疏云：「買棺之時當令精好，斲削外内，使之平易。」止此。「子思曰：『喪三日而殯，凡附於身者，必誠必信，勿之有悔焉耳矣。』」方氏曰：「必誠，謂死者無所欺。必信，謂於生者無所疑。」《集説》。劉氏璋曰：「凡送死之道，唯棺與椁爲親身之物，孝子所宜盡之。禮，喪之日，擇木爲棺。恐倉卒未得其木，灰漆亦未能堅完，或值暑月，又難久留。古者國君即位而爲椑，歲一漆之，今人亦有生時自爲壽器者，此乃猶行其道，非豫凶事也。」《家語》：桓魋自爲石槨，孔子譏之曰：「禮，凶事不豫。」《左氏》亦曰：「豫凶事，非禮也。」《儀節》云：「《王制》『六十歲制』，謂棺也。本疏已然。人到六十，則死期將近矣，故必豫爲制之，恐其一旦不測，倉卒之變，猝難措置。縱能成之，亦多苟且取具，木既非良，漆亦不固，或遇暑月，遂至穢惡外聞。孝子事親，烏可以豫凶事爲辭，而不先事爲備哉？」《正衡》云：「人子雖嫌不以久生期其親，然親壽既高，亦當密蓄其木，量時而制，弗使其知以傷其心可也。」〇棺制詳《喪具考》。

報訃　拜賓

赴君。《士喪禮》：「乃赴于君。主人西階東，南面，命赴者，拜送。」記：「赴曰：『君之臣某死。』赴母、妻、長子，則曰：『君之臣某之某死。』」注云：「赴，走告也。今文作『訃』。」本疏云：「案《檀弓》云：『父兄命赴者。』鄭注云：『謂大夫以上也。士，主人親命之。』」《開元禮》云：「遣使赴於闕。六品以下無。使者進立於西階，東面南上，主人詣使者前，北面曰：『臣某之父某官臣某薨。序例云：「三品已上稱薨，五品已上稱卒，六品已下達於庶人稱死也。」謹遣某官臣姓某奏聞。』訖，再拜。使者出，主人哭入，復位。」欽按：本朝古令云：「凡五位以上身喪，並奏聞。」

赴親戚、僚友。同官爲僚，同志爲友。《家禮》：「訃告于親戚、僚友，護喪、司書爲之發書。若無則主人自訃親戚，不訃僚友。自餘書問悉停。以書來吊者，須卒哭後答之。」《儀節》云：「孝子初喪其親，悲迷不暇自書，有司代爲書，而稱哀子名可也。」欽按：書式見《儀節》。其封皮，《正衡》云「用青紙條貼，以粉寫上」。

拜賓。《士喪禮》：「有賓，則拜之。」注云：「賓，僚友群士也。」疏云：「此謂因命赴者，有賓則拜之。若不因命赴者，則不出，是以下云『唯君命出』，鄭云『始喪之日哀戚甚，在室，故不出』是也。『群士』即『僚友』也。此僚友先知疾重，未赴即來。」《儀節》云：「考《書儀》及《厚終禮》：未成服，主人不出，護喪代拜之。」高氏又曰：「親始喪，雖不敢出見賓，然有所尊者，則不可不出。今本注有『吊主人，相向盡哀。主人以哭對，無辭』之文，則是主人出見賓矣。」欽按：凡喪中拜人，杖期以上稽顙而後拜，餘則拜而後稽顙，説見《雜禮》。○《家禮或問》云：「《家禮》有『主人未成服，吊者宜服深衣』之類，又聞訃之初，未忍遽以此真死相待耳。」

沐浴　含　襲

掘坎爲堡。漢鄭氏曰：「禮，死，浴於適室。」《檀弓》注。《士喪禮》：「甸人掘坎于階間，少西。爲垼于西牆下，東鄉。」注云：「甸人，有司主田野者。垼，塊竈。西牆，中庭之西。」《既夕》記：「掘穴南順，廣尺，輪二尺，深三尺，南其壤。垼用塊。」注云：「南順，統於堂。輪，從也。」疏云：「以塊爲壤名，爲垼用之，以煮沐浴者潘水。」《開元禮》從《儀禮》。《家禮》獨言「執事者掘坎于屏處潔地」，而不言爲垼。

陳襲事。《士喪禮》：「陳襲事于房中，西領，南上，不綪。」欽按：其序明衣裳在南，而鬠笄、布巾、掩、瑱、幎目、握手、决、極、冒、爵弁服、皮弁服、褖衣、緇帶、韎韐、竹笏、屨以次北。注云：「襲事，謂衣服也。綪讀爲縍，屈也。」疏云：「小斂、大斂先陳先用，後陳後用，次第而陳，此襲事以其初死，先成先陳，後成後陳，喪事遽，備之而已，故不依次也。所陳之法，房中之東，西領南上，以衣裳少，從南至北則盡，不須縍屈。知户東陳之者，取之便故也。」《喪大記》：「凡陳衣者實之篋，取衣者亦以篋，升降自西階。」注云：「取，猶受也。」止此。「凡陳衣者不詘。」注云：「謂舒而不卷也。」欽按：冠禮陳服于房中西牖下，東領北上，據注疏考之，喪禮與嘉事異也。《開元禮》云：「執服者陳襲衣於席。」《家禮》云：「執事者陳襲衣。」注云：「以卓子陳于堂前東壁下。」其服列《喪具考》。○《喪大記》：「含一床，襲一床，遷尸于堂又一床，皆有枕席，君、大夫、士一也。」

沐浴、飯含之具。《士喪禮》：「新盆、槃、瓶、廢敦、重鬲皆濯，造于西階下。」器具並注《喪具考》。注云：「造，至也，猶饌也。以造言之，喪事遽。」疏云：「其不言『饌』，造是造次，故以造言之。」止此。「貝三，實于笲。稻米一豆，實于筐。浴巾一，浴巾二，皆用綌，於笲。櫛，於簞。浴衣，於篋。皆饌于西序下，南上。」器具並注《喪具考》。「南上」者，貝在南而其餘以次北也。注云：「東西牆謂之序，中以南謂之堂。」《家禮》云：「沐浴飲食之具，以卓子陳于堂前西壁下，南上。」

遷奠。注疏。《士喪》含襲條注云：「將襲辟奠，既則反之。」疏云：「始死設于尸東，以方襲事，必當辟之，襲訖反之於尸東，以其不可空無所依故也。案下記云『小斂，辟奠不出室』，則此辟奠亦不出室，仍不言處。大斂時辟小斂奠于序西南，則此宜室西南隅。此奠襲後，因名襲奠。」欽按：沐浴、襲、含相因而作，辟奠當在沐浴之先，故補于此。

沐浴。《士喪禮》：「管人汲，不說繘，屈之。」注云：「管人，有司主館舍者。不說繘，將以就濯米。屈，縈也。」疏云：「士既無臣，所行事者是府史，故知管人是有司也。《聘禮》記云『管人爲客三日具沐，五日具浴』，此爲死者，故亦使之汲水也。」止此。「祝淅米于堂，南面，用盆。」淅，汰也。記云：「夏祝淅米，差盛之。」止此。○差，擇之。「管人盡階不升堂，受潘，煮于垼，用重鬲。」《喪大記》云：「管人受沐，乃煮之。甸人取所徹廟之西北厞薪，用爨之。」止此。「祝盛米于敦，奠于貝北。」注云：「復於筐處也。」止此。「外御受沐入。」注云：「外御，小臣侍從者。沐，管人所煮潘也。」止此。「主人皆出，户外，北面。」注云：「象平生沐浴倮裎，子孫不在旁。」止此。「乃沐櫛，（拒）〔挋〕用巾。」注云：「（拒）〔挋〕，晞也，清也。」止此。「浴用巾，（拒）〔挋〕用浴衣。」《喪大記》云：「小臣四人抗衾，蔽上，重形也。士用御者，見記。御者二人浴。浴水用盆，沃水用枓。御者沐。沐用瓦盤。」疏云：「沐與浴俱用枓，俱有盤，浴云『用枓』，沐云『用盤』，是文相變也。『用瓦盤』者，盤貯沐汁，就中沐也。」《士喪禮》：「渜濯棄于坎。」注云：「沐浴餘潘水、巾櫛、浴衣亦并棄之。」疏云：「潘水既經温煮，名之爲渜已。將沐浴，謂之爲濯。知巾櫛、浴衣亦棄之者，以其已經尸用，恐人褻之。」止此。「蚤揃如他日。」注云：「蚤讀爲爪。斷爪、揃鬚也，人君則小臣爲之。浴，小臣爪足。沐，小臣爪手。剪須見《喪大記》。他日，平生時。」止此。「鬠用組，乃笄。設明衣裳。」記：「其母之喪，則内御者浴，欽按：沐櫛亦同。鬠無笄。」注云：「内御，女御也。無笄，猶丈夫之不冠也。」止此。「設明衣，婦人則設中帶。」若今襌襂。疏云：「雖名中帶，亦號明衣，取其圭潔也。」《開元禮》「沐浴」條云：「婦人權障以帷。」《家禮》云：「侍者以湯入。主人以下皆出帷外，北面。侍者沐髮櫛之，晞以巾，撮爲髻。抗衾而浴，拭以巾。剪爪，其沐浴餘水并巾櫛，棄于坎而埋之。」欽按：禮，沐浴在死日，當必經十時辰之後，俟心頭冷方浴勿嫌。死在夜半前者，浴入明日，蓋人尸多浴後强辟者，恐妨于襲。有寒尸之備者，晚浴爲可。又按：婦人爲鬟髻，則用笄亦得。〇《白虎通義》云：「人死必沐浴於中霤何？示潔净反本也。」《檀弓》：

「中霤，室中也。「掘中霤而浴，殷道也。學者行之。」注云：「學於孔子者行之，倣殷禮。」疏云：「中霤，室中也。死而掘室中之地作坎。一則言此室於死者無用，二則以床架坎上，尸於床上浴，令浴汁入坎也。」欽按：此間舊俗，或有浴尸餘水就棄其棧下者，似出于此禮，而今只從周禮爲是。

布襲衣。《士喪禮》：「主人入，即位。」注云：「已設明衣，可以入也。」止此。「商祝襲祭服，褖衣次。」注云：「襲布衣床上。祭服、爵弁服，皆從君助祭之服。襲衣於床，床次含床之東，衽如初也」疏云：「喪事所以即遠，故知襲床次含床之東。」《家禮》云：「侍者別設襲床於幃外，施薦、席、褥、枕。先置大帶、深衣、袍襖、汗衫、袴襪、勒帛、裹肚之類於其上，遂舉以入，置浴床之西，遷尸於其上，悉去病時衣及（後）〔復〕衣，易以新衣，但未著幅巾、深衣、履也。」欽按：古禮，沐浴訖，乃爪剪、鬠笄，而設明衣，而布襲衣，乃飯含，而設掩、瑱、幎目，納屨，乃遷尸於襲床，而卒襲，乃設韐、帶，搢笏，而設冒，幠衾，明日小斂訖，奉尸俠于堂中床上。《家禮》用浴、襲二床，浴床即衾床也。沐浴訖，布襲衣于床而置浴床之西，遂遷尸於床而着内服，未襲上服、納屨，乃徙尸床于堂，設奠、爲位而哭，乃飯含而卒襲。蓋古禮設襲床于含床之東者，室户在東，而將出于堂爲即遠也。今擬沐浴訖，着褌，布席于床西以安尸，覆以衾，而剪爪、束髮，乃布襲衣于床上，而遷尸於衣上，先着汗衫，而飯含，遂卒襲，而反始死之奠，徙尸在小斂後。竊謂此儀簡便而近古矣。

飯含。《士喪禮》：「主人出，南面，左袒，扱諸面之右，盥于盆上，洗貝，執以入。宰洗柶，建于米，執以從。」注云：「俱入户西鄉也。」疏云：「面，前也。」止此。「商祝執巾從入，當牖，北面，徹枕，設巾，徹楔，受貝，奠于尸西。」疏云：「設巾者，爲飯時恐有遺落米在面上，故覆之也。」止此。「主人由足西，床上坐，東面。祝又受米，奠于貝北。宰從于床西，在右。」注云：「在主人之(左)〔右〕，當佐飯事。」止此。「主人左扱米，實于右，三，實一貝，左、中亦如之。又實米，唯盈。」記云：「實貝，柱右顛、左顛。」疏云：「『右顛、左顛』，謂牙兩畔最長者，象生時齒堅也。」止此。「主人襲，反位。」注云：「襲，復衣也。位在尸東。」記：「夏祝徹餘飯。」《家禮》云：「主人哭盡哀，左袒，自前扱於腰之右，盥手，執箱以入。侍者一人，插匙于米盌，執以從，置于尸西。徹枕，以瞑巾入，覆面。主人就尸東，由足而西，床上坐，東面舉巾，以匙抄米，實于尸口之右，并實一錢。又於左於中亦如之。主人襲所袒衣，復位。」欽按：覆面之巾，《家禮》用幎巾，宜也。須臾別用巾塞喉頸之間，以備落米。若不可含，則以方布一片包米及錢，置于尸之襟懷。《檀弓》：「飯用米、貝，弗忍虚也。謂不忍其口之空虛。不以食道，用美焉爾。」注云：「尊之也。食道褻，米、貝美。」疏云：「飲食，人所造作，細碎不潔，故爲褻也。米、貝天性自然爲美。」方氏曰：「不忍虚，則無致死之不忍；不以食道，則無致生之不智。」《大全》。欽按：飯用左手，注疏不言其義，蓋只是變常耳。此邦《源氏和名集》有琀，又嘗聞山陽邊鄙，有以錢實死者口中，然則舊俗有含明矣。今佛氏亦以小囊盛米錢，掛死者頸以爲冥資，渠猶知此事不可闕，竊借用之，而士大夫或不知其爲先王之禮矣。

卒襲。《士喪禮》：「商祝掩瑱，設幎目，乃屨，綦結于跗，連絇。」注云：「絇，屨絇，如刀衣鼻，在屨頭上，以餘組連之，止足坼也。」疏云：「穿連兩屨之絇，使兩足不相離也。」止此。「乃襲，三稱。」注云：「遷尸於襲上而衣之。」止此。「明衣不在算。設韐、帶，搢笏。」注云：「韐、帶，韎韐、緇帶。搢，插也，插於帶之右旁。」止此。「設決麗于掔，自飯持之。設握，乃連掔。」注云：「麗，施也。掔，手後節中也。飯，大擘指本也。」《家禮》云：「加幅巾、充耳，設瞑目，納履。乃襲深衣，結大帶，設握手，乃覆以衾。」欽按：「襲三稱」鄭注云「凡衣，死者左衽，不紐」，恐是時俗之失，而非禮意。《喪大記》所云，只是言二斂衣衾右掩左耳，乃與結絞不紐一類也。凡襲事無不正，豈獨左衣衽哉？《開元禮》及諸儒家禮亦並不言襲左衽。世俗或死者襲衣、生者喪服皆左其衽，蓋爲古注所誤也，其不經甚，决不可從矣。又按：禮云「質長與手齊」，則似垂下其手者。今擬交手腕于心上，男尚左，女尚右，以存恭敬之容。至斂因之，亦須以兩手衣繫之餘并結于兩拇指本，使兩手不相離也。

覆以衾。《士喪禮》：「設冒，櫜之，幠用衾。」注云：「始死斂衾。」○欽按：喪家室内狹，不可設斂席爲哭位者，可從《家禮》，卒襲之後，可即徙尸床置前堂中間，而設靈於其前。

反奠。《士喪》襲含條，見前。疏云：「此奠襲後因名襲奠，故下鄭注云將小斂，則『辟襲奠』。」

築坎。《士喪禮》：「巾、柶、鬊、蚤埋于坎」，注云：「坎至此築之也。」疏云：「上文直云『渜濯棄于坎』，必至此乃築之者，以其斂事遽，無暇即埋，又慮更有須埋者，故至此覆尸訖乃埋之。」《既夕》記：「甸人築（坎）〔坅〕坎。」注云：「築，實土其中，堅之。穿坎之名，一曰坅。」《喪大記》：「君、大夫鬊爪實于綠中，士埋之。」注云：「綠當爲『角』，聲之誤也。角中，謂棺中四隅也。將實爪髮棺中，必爲小囊盛之。」疏云：「士賤，亦有物盛髮爪而埋之。」《家禮考證》云：「所剪爪不隨巾櫛而埋者，爲將與平生所積者實于棺也。愛惜遺體，不忍棄埋。」欽按：《開元禮》沐浴條云：「鬊髮爪盛以小囊，大斂内於棺。」而下不注官品之異，是似以此爲上下通禮，故《家禮》從之。然《大記》之言，蓋主言平時鬊爪，而其所埋處未明爲棄渜濯之坎。《士喪》之言，亦未言併平時鬊爪埋之。今士庶之喪，浴時之髮爪，可隨巾櫛埋之，有平時所積髮爪、脱齒等，必併不埋此坎而入于棺中亦可。

涅厠。《既夕》記：「隸人涅厠。」注云：「隸人，罪人也，今之徒役作者也。涅，塞也，爲人復往褻之，又亦鬼神不用。」

靈座　靈主　銘旌　粥奠

靈座。　欽按：《士喪禮》既襲，設重於中庭，而縣鬲。既小斂，則徹襲奠而設盛奠，因奠于尸東。至於大斂，奠于殯宮之室。自後朝夕於下室，謂燕寢也。設燕養饋羞，朔月又設殷奠于殯宮。《開元禮》因之，但既殯，設靈座於下室，無下室者，設靈座於殯東。《家禮》本《書儀》以魂帛代重，故既襲，徙尸于堂，即設靈座于尸前，一斂朝夕之奠皆于此設之。既大斂，別設靈床于柩東，《開元禮》所謂靈座是也。《家禮》「置靈座」本注云：「設椸於尸南，覆以帕。《儀節》云：或錦被。置椅卓其前，結白被爲魂帛，置椅上。設香爐合、盞注、酒果於卓子上。侍者朝夕設櫛頮奉養之具，皆如平生。」楊氏復曰：「高氏曰：『古人遺衣裳必置於靈座，既而藏於廟中。』恐當從此說，以遺衣裳置於靈座，而加魂帛於其上可也。」《附録》。《補注》云：「椅上置衣服，上置魂帛。」欽按：高氏所謂靈座，蓋《開元禮》下室之靈座也，《家禮》別設靈座以存此禮。楊氏以爲尸前之靈座，而《補注》《儀節》皆從之，恐誤。若小斂後徙尸者，其設靈座亦同。○《家禮或問》云：「或問：妻及子之死，謂非主人者妻、子。其靈位宜何居？曰：有私室，則妻設正位，而子偏設以向東。」

靈主。　司馬温公曰：「古者鑿木爲重以主其神，今令式亦有之。然士民之家，未嘗識也。故用束帛依神，謂之魂帛，亦古禮之遺意也。」本注。欽按：「束帛依神」者，漢鄭氏《五經異義》論大夫祭禮無主之説也。又《士虞》記注謂既祔而後，主各反其廟，無主則以幣告之，是據《曾子問》以幣帛爲主命而言之。《考證》云：「張子曰：『重，主道也，《檀弓》文。謂人所嗜者飲食，故死以飲食依之。既葬然後爲主，未葬之時，棺柩尚存，未可爲主，故以重爲主。今人之喪，既爲魂帛，又設重，則是兩主道也。』」又云：「按注疏，則大夫、士無木主，以幣帛依神。程子曰：『有廟則即當有主。』張子亦曰：『士、大夫得有重，應當有主。』夫大夫、士既得有重，重，主道也，又得有廟，廟無虚主，故兩先生疑之，而有此説。」欽按：隋唐以前之喪皆爲重，魂帛昉于宋時，而或重與魂帛並設之，故張子非之也。木主則古大夫以上無之，唐《開元禮》亦四品以下不許作主。至於宋司馬公、張子依晉安昌公荀氏之制作位版，自程子制上下通用之主式，後人皆遵用之。朱子《家禮》初喪從温公《書儀》設魂帛，將葬從程子主式作神主，本注云：「按：古者虞主用桑，將練而後易之以栗。今於此便作栗主，以從簡便。」止此。蓋神魂既遊散，不可一日無所依，然未葬之前，尸柩尚存焉，不忍即以神事之，故只作重以依之。今邦俗不得不報葬，報葬則當報虞，且重木、魂帛，恐其駭俗，況魂帛夕入安靈床，朝出就靈座，固爲近兒戲。故竊擬初喪便作桑木牌子以爲靈座之主，稱爲靈主，其制不判合題識，以別吉士，未全神之也。《公羊傳》：

「虞主用桑。」何氏注云：「用桑者，取其名桑、喪音同。與其麤觕，所以副孝子之心。《禮士虞》記曰：『桑主不文，吉主即栗主。皆刻而謚之。』蓋爲禘祫時別昭穆也。」止此。桑主，《穀梁傳》亦名喪主，餘詳《祭禮考》。

銘旌。《士喪禮》：「爲銘，各以其物。雜帛爲物。亡則以緇，長半幅，赬末，長終幅，廣三寸。書銘于末，曰：『某氏某之柩。』」注云：「銘，明旌也。《檀弓》，文義見下。亡，無也，無旌，不命之士也。半幅一尺，終幅二尺。在棺爲柩。」餘詳《喪具考》。「竹杠長三尺，置于宇，西階上。」疏云：「此始造銘，且置於宇下西階上，待爲重訖，以此銘置於重。」止此。「祝取銘，置于重。」疏云：「以銘未用，待殯訖乃置於肂，今且置於重。必且置于重者，重與主皆是録神之物故也。」欽按：《家禮》銘旌始倚于靈座之右，蓋取其置西階上之義。至於大斂入棺後，立于柩東，則屬于殯矣。○《檀弓》：「銘，明旌也。以死者爲不可別已，故以其旗識之。愛之，斯録之矣；敬之，斯盡其道焉耳。」疏云：「『銘，明旌也』者，謂神明，死者之旌也。」《集説》云：「愛之而録其名，敬之而盡其道，曰愛曰敬，非虛文也。」方氏曰：「夫愛之則不忍亡，故爲旌以録死者之名；敬之則不敢遺送終之禮，故所以爲盡也。」

粥奠。《士喪禮》：「夏祝鬻餘飯，用二鬲于西牆下。」注云：「粥餘飯以飯尸，餘米爲鬻也。」疏云：「西牆下有竃，即上文『甸人爲垼』是也。」止此。「幂用疏布，久之，繫用靲，縣于重。」

注云：「久讀爲炙，謂以蓋塞鬲口也。軨，竹簹也。」欽按：鬲，瓦鼎也。今既以靈主代重，宜粥餘飯，以土盃二盛之，陳于靈座，襲奠尚在尸傍，不須奠他物矣。〇《家禮》「設靈座」下云：「執友親厚之人，至是入哭可也。」注云：「臨尸哭盡哀。出拜靈座，上香再拜，遂吊主人，相向哭盡哀。主人亦哭對，無辭。」

爲位哭　設燭

哭位。《士喪禮》「帷堂」後云：「主人入，坐于床東。衆主人在其後，西面。婦人俠床，東面。親者在室。謂大功以上。衆婦人户外北面。衆兄弟堂下北面。小功以下。」詳具《家禮》「主人以下，爲位而哭」條下。〇《家禮》云：「三年之喪，夜則寢於尸旁，藉藁枕塊。羸病者，藉以草薦可也。期以下，寢於側邊。男女異室，外親歸家可也。」欽按：未殯之前，主人男女哭，晝夜哭無時，雖至困睡而不就枕席，因使人代守尸、繼香燭可也。

設燭。《既夕》記：「既襲，宵爲燎于中庭。」欽按：燭在地爲燎，見《周禮·閽人》疏。爲哭者爲明也。見《既夕》注。《喪大記》：「士，堂上一燭，下一燭。」注云：「燭，所以照饌也。滅燎而設燭。」疏云：「有喪則於中庭終夜設燎，至曉滅燎，而日光未明，故須燭以照祭饌也。」又云：

「始死未殯，哭不絕聲。」「代哭」條疏。

小斂　代哭

陳小斂衣衾。《士喪禮》：「厥明，陳衣于房，南領，西上，綪。」記云：「厥明，滅燎，陳衣。」注云：「記節。」止此。「絞橫三，縮一，廣終幅，析其末。制法注《喪具考》。緇衾，赬（衷）〔裏〕，無紞。被識。祭服次，散衣次，褖衣以下。凡十九稱。君、大夫、士同。陳衣繼之，庶襚。不必盡用。」注云：「取稱而已，不務多。」疏云：「襲時言『庶襚繼陳』，則全不用。小斂用衣多，主人自盡不足，故容用之也。『取稱而已，不務多』者，衣服雖多，不得過十九耳。」《家禮》：「厥明，執事者陳小斂衣衾。」注云：「以卓子陳于堂東〔北〕壁下。據死者所有之衣，隨宜用之。若多，則不必盡用也。」方氏曰：「斂，以收斂其尸爲義。以衣衾之數有多少，故有大小之名也。」《大全》。〇《士喪禮》：「床笫、夷衾，饌于西坫之南。」疏云：「此夷衾，小斂以往用之覆尸柩。」

具奠。《士喪禮》：「饌于東堂下，脯、醢、醴、酒冪，奠用功布，大功之布。實于簞，在饌東。」注云：「凡在東西堂下者，南齊坫。」疏云：「堂隅有坫，以土爲之，或謂堂隅爲坫。」記云：「設棜于〔東〕堂下，南順，齊于坫，饌于其上。兩甒：醴、酒。」注云：「棜，今之轝也。」止此。「設盆盥于饌東，有巾。」注云：「爲奠設盥也。」止此。「西方盥，如東方。」注云：「爲舉者設盥也。饌于西堂下。」《家禮》小斂「設奠」注云：「設卓子于階阼東南，置奠饌及盞注于其上，巾之。設盥盆、帨巾各二于饌東。其東有臺者，祝所盥也；其西無臺者，執事者所盥也。别以卓子設潔滌盆、新拭巾於其東，所以洗盞拭盞也。此一節至遣並同。」器具注《喪具考》。

布絞、衾、衣。《士喪禮》：「士盥，二人以並，東面，立于西階下。」注云：「立，俟舉尸也。」止此。「布席于户内，下莞，上簟。」注云：「有司布斂席也。」止此。《喪大記》云：「士以葦席。」注云：「簟，細葦席也。」「商祝布絞、衾、散衣、祭服。祭服不倒，美者在中。」注云：「斂者趨方，或傎倒衣裳，祭服尊，不倒之也。美，善也，善衣後布於斂，則在中也。既後布祭服，而又言善者在中，明每服非一稱也。」疏云：「斂衣半在尸下，半在尸上，今於先布者在下，則後布者在中可知也。」《家禮》云：「設小斂床，施薦席褥于西階之上，鋪絞、衾、衣。舉之升自西階，置于尸南。先布絞之横者三於下，以備周身相結。乃布縱者一於上，以備掩首及足也。衣或顛或倒，但取正方，唯上衣不倒。」欽按：古禮二斂皆用席，《開元禮》從之，《家禮》用床，有力者備之亦可。其布席當在襲床之東，以存户内之意。若合二斂爲一，則視散衣之多少，分之爲二，在祭服之上下，但要其下稍厚於上矣。

遷襲奠。《既夕》記：「小斂辟奠，不出室。」注云：「未忍神遠之也。辟襲奠以辟斂，既斂則設於序西南，畢事而去。」疏云：「若將大斂，則辟小斂奠於序西南。奉尸夷于堂乃去，而設小斂奠于尸東。」又祖奠條注云：「宿奠必設者，爲神馮(衣)〔依〕之久也。」欽按：序西南，在庭上言之，見大斂條。《家禮》「遷襲奠」注云：「執事者遷奠置靈座西南，俟設新奠乃去之。後凡奠皆放此。」

遂小斂。《士喪禮》：「士舉遷尸，反位。」注云：「遷尸於服上。」止此。《喪大記》：「小斂、大斂，祭服不倒。皆左衽，結絞不紐。」注云：「反生時也。」疏云：「衽，衣襟也。生鄉右，左手解抽帶便也。死則襟鄉左，示不復解也。生時帶並爲屈紐，使易抽解，若死則無復解義，故絞束畢結之，不爲紐也。」《家禮》云：「侍者盥手舉尸，男女共扶助之，遷于小斂床上。先去枕而舒絹疊衣，以藉其首。仍卷兩端，以補兩肩空處。又卷衣，夾其(西)〔兩〕脛，取其正方。然後以餘衣掩尸，左衽不紐。裹之以衾，而未結以絞，未掩其面。蓋孝子猶俟其復生，欲時見其面故也。斂畢，則覆以衾。」欽按：舒絹疊衣，謂先展布絹摺疊衣其上以代枕，仍卷起衣絹兩端，以塞肩上也。今用桐木凹枕最佳，凡空缺處，視其形勢，以木屑充囊補塞，亦勝於衣塞。掩衾先足，而首，而左，而右。從《家禮》大斂法。《考記》云：「不先右者，蓋左衽故也。」結絞，先縱後橫。據《儀節》《考記》大斂吴氏説。其覆衾，當從古禮，在奉尸徙于堂之後。《儀節》云：「按《儀禮》有『卒斂，徹帷』之文，無有未結絞、未掩面猶俟其生之説，《家禮》此説蓋本温公《書儀》也。今擬若當天氣暄熱之時，死者氣已絶，肉已冷，決無可生之理，宜依《儀禮》卒斂爲是。」欽按：若因襲斂而入棺者，掩外衾而蓋棺，必當俟三日之後。○温公曰：「凡動尸舉棺，哭擗無算，然殯殮之際，亦當輟哭臨視，務令安固，不可但哭而已。」王文禄《葬度》云：「斂能因尸，不特禦行路動摇而已。昔聞魏莊渠遷葬，啓棺見親骸宛然，斂之力也。」○《檀弓》：「大夫弔，當事而至，則辭焉。」注云：「辭，猶告也。擯者以主人有事告也。主人無事，則爲大夫出。」○《喪大記》：「士與其執事則斂，斂焉則爲之壹不食。凡斂者六人。」疏云：「與執事者，謂平生曾與亡者共執事。若不經共執事則褻惡之，故不使斂也。凡者，貴賤同也。兩邊各三人，故用六人。」

憑尸哭擗。《士喪禮》：「卒斂，徹帷。」注云：「尸已飾。」止此。「主人西面馮，踊無算。主婦東面馮，亦如之。」注云：「馮，服膺之。」《喪大記》：「凡馮尸者，父母先，妻子後。」疏云：「父母尊，故馮尸在先；妻子卑，故馮尸在後。」止此。「君於臣撫之，父母於子執之，子於父母馮之，婦於舅姑奉之，舅姑於婦撫之，妻於夫拘之，夫於妻、於昆弟執之。」注云：「此恩之深淺尊卑之儀也。馮之類，當心。」疏云：「君尊，但以手撫案尸心，身不服膺也。『執之』者，執當心上衣也。『奉之』者，捧當心上衣也。『拘之』者，微引心上衣也。」止此。「馮尸不當君所。凡憑尸，興必踊。」疏云：「馮尸竟則起，但馮必哀殞，起必踊泄之也。」

袒、括髮、免、髽。《士喪禮》：「主人髻髮，袒。衆主人免于房。婦人髽于室。」記：「既馮尸，主人袒，髻髮，絞帶，衆主人布帶。」《檀弓》：「袒、括髮，變也。愠，哀之變也。去飾，去美也。袒、括髮，去飾之甚也。有所袒，有所襲，哀之節也。」疏云：「袒衣、括髮，形貌之變也。悲哀、愠恚，哀情之變也。去其尋常吉時之服飾，是其華美也。去飾雖多端，惟袒而括髮，又去飾之中最甚者也。」欽按：今世士庶家衣冠之制不備，故姑闕此禮，《喪具考》略論之。

設床徙尸。《士喪禮》：「設床第于兩楹之間。衽如初，有枕。下莞上簟。士舉。男女奉尸，侇于堂。幠用夷衾。男女如室位，踊無算。」注云：「侇之言尸也。夷衾，覆尸柩之衾也。堂謂楹間床第上也。」夷衾制見《具考》。

褰帷，謝賓。《士喪禮》：「主人出于足，降自西階。衆主人東即位。阼階下，西面北上。婦人阼階上，西面。主人拜賓，鄉賓位拜之也。大夫特拜，士旅之。即位，踊，東方位。襲絰于序東，謂鄉堂東，東當序牆之東。復位。」阼階下西南位。《喪大記》：「徹帷，男女奉尸夷于堂，降拜。士拜卿大夫於位，士旁三拜。」旁，猶面也。每一面并唯三拜也。《雜記》：「小斂、大斂、啓，皆辯拜。」疏云：「禮，凡當大斂、小斂及啓攢之時，唯有君來，則止事而出拜之。若佗賓客至，則不止事，事竟乃即堂下之位悉徧拜，故云皆徧拜也。」欽按：本經卒斂，徹帷，而馮尸，而侇于堂。《喪大記》徹帷，而奉尸夷于堂，蓋徹帷在馮尸後。《儀節》徹幃在徙尸床後、謝賓前，《家禮》無謝賓之文，《儀節》補之云：「蓋以禮廢之後，能知斂者少，賓友來助斂者，不可不謝之也。」今徹帷之時從

《儀節》。又按《雜記》：「朝夕哭，不帷。」注云：「緣孝子心欲見殯肂也。既出則施其扂，鬼神尚幽暗也。」疏云：「按《士喪禮》：『君使人吊，徹帷。』鄭云：『徹帷扂之，事畢則下之。』扂是褰舉之名。初哭則褰舉，事畢則施下之。」止此。然則凡曰「徹帷」者，只是褰之耳，不是便徹去，故今改「徹」爲「褰」，自後宜隨時褰施矣。

爲位而哭。欽按：本經奉尸俠于堂，而男女如室位，踊無算，乃降堂拜賓。今擬卒斂則既馮尸哭，徙尸則當急拜賓，故移之在此。

設奠。欽按《士喪禮》，「夏祝及執事盥，升自阼階」，設醴、酒、脯、醢之奠于尸東，「祝受巾，巾之」，注云：「巾之爲塵也。」劉氏璋曰：「巾者，以辟蠅塵也。」《家禮》云：「祝帥執事者盥手舉饌，升自阼階，至靈座前。祝焚香，洗盞斟酒奠之。卑幼者再拜。侍者巾之。」《考證》云：「按：禮，奠，祝與執事爲之，無拜奠之文，《家禮》恐或因俗。丘氏謂卑幼皆拜，而孝子不拜，然衆子亦當不拜。」

代哭。《士喪禮》：「賓出，主人拜送于門外。乃代哭，不以官。」注云：「代，更也。孝子始有親喪，悲哀憔悴，禮防其以死傷生，使之更哭，不絕聲而已。人君以官尊卑，士賤，以親疏爲之。」

至夕又奠。《既夕》記小斂條云：「角觶四，木柶二，素勺二。」注云：「爲夕進醴、酒，兼饌之也。勺二，醴、酒各一也。」疏云：「醴一觶，又用一柶，酒一觶，計醴、酒但用二觶一柶矣。而觶有四，柶有二者，朝夕酒、醴及器別設，不同器，朝夕二奠，各饌其器也。」止此。「觶俟時而酌。」注云：「時，朝夕也。《檀弓》曰：『朝奠日出，夕奠逮日。』」疏云：「必朝奠待日出，夕奠須日未没者，欲得父母之神隨陽而來故也。」《通解》云：「大斂條通用。」又云：「以上文陳小斂奠，本經、記、注、疏考之，觶四，柶、勺各二，爲朝夕各進醴、酒而設，則大小斂奠之夕又進醴、酒一節，經文不具，學禮者所當考也。」

宵設燭。《士喪禮》小斂條：「宵爲燎于中庭。」疏云：「或解庭燎，與手執爲燭別。」止此。《周禮·司炬氏》：「凡邦之大事，共墳燭庭燎。」注云：「墳，大也。樹於門外曰大燭，於門内曰庭燎。」餘見襲條。

大斂　入棺　靈床　喪次

厥明。《士喪禮》：「厥明，滅燎。陳衣于房。」《問喪》：「或問：『死三日而后斂者，何也？』曰：『孝子親死，悲哀志懣，故匍匐而哭，匍匐，猶顛蹶。若將復生然，安可得奪而斂之也？故曰三日而后斂者，以俟其生也。三月而不生，亦不生矣，孝子之心，亦益衰矣，家室之計，衣服之具，亦可以成矣，親戚之遠者，亦可以至矣。是故聖人爲之斷決，以三日爲禮制也。』」方氏曰：「始死而未忍斂者，孝子之心，存乎仁也；三日而必斂之者，聖人之禮，制以義也。」《大全》。司馬温公曰：「禮曰：『三日而斂者，俟其復生也。故以三日爲之禮也。』今貧者喪具或未辦，或漆棺未乾，雖過三日，亦無傷也。世俗以陰陽拘忌擇日而斂。盛暑之際，至有汁出蟲流，豈不悖哉！」《家禮》。程子曰：「有死而復蘇者，故禮三日而斂。然趙簡子七日猶蘇，雖蛆食其舌鼻猶不害，唯伏地甚者，遂致腹腫背冷。故未三日而斂，皆有殺之之理。」《語類》。欽按：人固有死數日而甦者，然不可以律天下後世，故聖人不得不以三日斷之，所以過者無傷，而不及者爲忍也。如久疾老死者，則不可望再起，急病暴死、疫死、痘死、産死之類，必不可不俟三日。世俗無殯殮之法，忌死尸經日留家，或恐穢將發人惡之，故雖有可俟之死，亦不顧之。心頭未冷，便送入僧舍，緇徒以得尸爲利，雖有甦者，亦陰殺之。或投火塲而歸之後，有感焚熱而起者，亦爲火手所擊倒。又往歲海西人嘗葬一小兒，後因遷移開其柩，所衣衫領近口處毁爛。蓋此兒甦于地中，爲其拘縛坐座，不得動手足，尚能以齒咬破衣領，力盡而竟死也。予所識親視而語之。噫！終天幽寃，弗忍言矣。如此之類多在人耳目，故不以爲怪也。然孝子於其親，猶不類謹於此，則安知其間無犯大逆之刑者乎？此亦可以見寒尸之備不可闕矣。

陳大斂衣衾。《士喪禮》：「陳衣于房，南領，西上，綪。絞、紟、衾二。君襚、祭服、散衣、庶襚，凡三十稱。紟不在算，不必盡用。」注云：「紟，單被也。衾二者，始死斂衾，今又復制也。小斂衣數，自天子達，大斂則異矣。」大夫五十，諸侯百，天子百二十。疏云：「紟以其不成稱，故不數内。」《喪大記》：「大斂：布絞之縮者三，横者五，布紟二衾。君、大夫、士一也。」《家禮》云：「執事者陳大斂衣衾。」注云：「以卓子陳于堂中東壁下。衣無常數，衾用有綿者。」《儀節》云：「竊意《家禮》本《書儀》，蓋合兩斂以爲一，小斂雖布絞而未結，至將入棺乃結之，似是以入棺即爲大斂也。温公非不知古人大小斂之制，蓋欲從簡以便無力者耳。然君子不以天下儉其親，有力者自當如禮。大斂絞數用縱一横五，而斂之於床，斂訖，舉以入棺，别以衣塞其空處，而以衾之有綿者裹之，斯得禮意矣。若夫無力者不得已，如《家禮》只一小斂亦可。」欽按：衾不必二，從《儀節》只以一大衾裹之亦得。詳《喪具考》。

具奠。《士喪禮》：「東方之饌：兩瓦甒。」餘闕。注云：「亦在東堂下也。」止此。「奠席在饌北。」注云：「大斂奠而有席，彌神之。」止此。「斂席在其東。」《家禮》云：「設奠具如小斂之儀。」欽按：《士喪禮》小斂止一鼎，大斂具三鼎，今大斂之奠當稍盛於小斂奠。

遷靈座及舊奠。《家禮》云：「執事者先遷靈座及小斂奠於旁側。」《士喪禮》：「徹饌，先取醴、酒，北面。相待俱降。其餘取先設者，出于足，降自西階。設于序西南，當西榮，如設于堂。」注云：「爲求神於庭，孝子不忍使其親須臾無所馮依也。堂，謂尸東也。凡奠設于序西南者，畢事而去之。」止此。「乃適饌。」注云：「東之新饌。」止此。「帷堂。」注云：「徹事畢。」欽按：此亦謂施下帷也。

棺入，置衾。《士喪禮》：「掘肂，見衽。」注云：「肂，埋棺之坎也，掘之於西階上。衽，小要也。」疏云：「此殯時雖不言南首，南首可知。」止此。「棺入，主人不哭。升棺用軸，蓋在下。」注云：「軸，輁軸也。輁狀如床軸，其輪輓而行。」疏云：「以棺入肂中。」文出「奉尸斂于棺」下。《檀弓》：「殯于西階。」《家禮》：「役者舉棺以入，置于床西，堂中少西。承以兩凳。若卑幼則於別室。役者出，侍者先置衾于棺中，垂其裔於四外。」衾，所謂有綿者。

下帷，設席，布絞、紟、衾、衣。《既夕》記：「大斂于阼。」注云：「未忍便離主人位也。」主人奉尸斂于棺，則西階上賓之。《士喪禮》：「帷堂。注見上。婦人尸西，東面。主人及親者升自西階，出于足，西面袒。」注云：「袒，大斂變也。」止此。「士盥，位如初。並立西階下，如小斂時。布席如初。」注云：「亦下莞下簟，鋪於阼階上，於楹間爲少南。」《喪大記》云：「士以葦席。」止此。「商祝布絞、紟、衾、衣，美者在外，君襚不倒。」注云：「至此乃用君襚，主人先自盡。」吴氏曰：「斂衾直鋪，布紟横鋪。」《大全》。

乃大斂。「士舉遷尸，復位。」疏云：「謂從户外夷床上遷尸於斂上。」「主人踊無算。卒斂，徹帷。主人馮如初，主婦亦如之。」《開元禮》大斂條云：「丈夫加冠，婦人加花釵，覆以衾。」

欽按：加者，置于斂上也。衾，謂夷衾。《家禮》云：「侍者與子孫婦女俱盥洗，掩首，結絞。」《儀節》云：「設大斂床，床上施薦、褥、衾、絞如小斂，畢，舉而置之床之右，並列。盥洗，掩首，結小斂絞，舉尸安於大斂床，徹小斂床，掩衾，結絞。」小斂絞至此結之也。

奉尸入棺，男女馮哭，乃蓋棺。馮哭文見前。

《士喪禮》：「主人奉尸斂于棺，踊如初，乃蓋。」注云：「棺在肂中斂尸焉，所謂殯也。《檀弓》曰：『殯於客位。』」疏云：「以尸入棺名斂，亦名殯也。」止此。「主人降，拜大夫之後至者，北面視肂。」注云：「北面於西階東。」疏云：「殯訖不忍即阼階，因拜大夫，即於西階東，北面視肂而哭也。」止此。「衆主人復位，婦人東復位。設熬，旁一筐，乃塗，踊無算。」注云：「以木覆棺上而塗之，爲火備。」上經：「熬黍稷各(一)〔二〕筐，有(無)〔魚〕腊。」注云：「熬，所以惑蚍蜉，令不至棺旁也。」疏云：「《喪大記》：『士二種四筐，加魚腊焉。』若然，則此士二筐，首足各一筐，其餘設於左右可知也。」止此。又《喪大記》：「士殯見衽，塗上。帷之。」注云：「士不欑，天子殯，題奏叢木，象椁之形。掘地下棺，見小要耳。帷之，鬼神尚幽暗也。」《集説》云：「棺在肂中，不没其蓋縫用衽處，其衽以上，亦用木覆而塗之。」司馬温公曰：「周人殯于西階之上。今堂室異制或狹小，故但於堂中少西而已。」《家禮》云：「共舉尸納于棺中。實生時所落齒髮及所剪爪于棺角，又揣其宜缺處，卷衣塞之，務令充實，不可摇動。謹勿以金玉珍玩置棺中，啓盜賊心。收衾，先掩足，次掩首，次掩左，次掩右，令棺中平滿。主人、主婦憑哭盡哀。婦人退入幕中，乃名匠加蓋下釘。徹床，覆柩以衣。」本注。又曰：「棺椁中都不着世俗所用者一物。」《語類》。欽按：此是《家禮》以有綿之衾爲大斂之設也。鬌爪實于棺角，説見沐浴下。其塞空缺須以衣物及充囊，凡金玉珍玩固不可入也。然大夫冠巾、交具、刀扇之類，婦人首飾、妝奩、箴線之類，卒時不曾離身，孝子豈忍一旦去之？但計非人所可欲者，置之可也。其棺蓋合縫處，須以筋漆堅封之。《家禮》不製夷衾，故覆以衣，有夷衾則因用之，説見前注。大夫以上有棺衣，又須別用帷或圍殯南北。《檀弓》：「君於士有賜帟。」注云：「帟，幕之小者，所以承塵，賜之則張於殯上。」欽按：《開元禮》品官殯，通設帟。〇司馬温公曰：「今世俗多殯于僧舍，無人守視，往往以年月未利，踰數十年不葬，或爲盜賊所發，或爲僧所棄。不孝之罪，孰大於此？」《家禮》云：「按古者大斂而殯，既大斂則累墼塗之。或漆棺未乾，又南方土多螻蟻，不可塗殯，故從其便。」《語類》云：「古者棺不釘，不用漆粘。而今灰漆如此堅密，猶有蟻子入去，何况不使釘漆。此不可行也。」又云：「先生殯長子，就寒泉庵西向殯。掘地深二尺，闊三四尺，内以火磚鋪砌，用石灰重重遍塗之，棺木及外用土磚夾砌。將下棺，以食五味奠亡人，次子以下皆哭拜。諸客拜奠，次子代亡人答拜。蓋兄死子幼，禮然也。」欽按：是朱子晚年殯長子之法。今或葬地未定，或未能及葬，而有可以殯處者，立倣此爲之。〇《既夕》記：「死三日殯，三月而葬。」《檀弓》：「子游曰：『飯於牖下，小斂於户内，大斂於阼，殯於客位，祖於庭，葬於墓，所以即遠也。故喪事有進而無退。』」《集説》云：「自牖下而户内，而阼，而客位，而庭，而墓，皆一節遠於一節，此謂有進而往，無退而還也。」《坊記》：「賓禮每進以讓，喪禮每加以遠。浴於中霤，飯於牖下，小斂於户内，大斂於阼，祖於庭，葬於墓，所以示遠也。」《荀子》：「喪禮之凡：變而飾，動而遠，久而平。故死之爲道也，不飾則惡，惡則不哀：邇則玩，玩則厭，厭則忘，忘則不敬。」

遷銘旌。《士喪禮》：「卒塗，祝取銘置于肂，主人復位，踊襲。」注云：「爲銘設柎，樹之肂東。」疏云：「始死則作銘，置于重。今殯訖，取置于肂上，銘所以表柩故也。云『肂東』者，以不使當肂，於東可也。」欽按：《家禮》亦至此「祝取銘旌，設跗于柩東」。始靈座在堂中而傍其右，今柩在少西而立其東，則所遷蓋不相遠。但既大斂後，銘旌統于殯而不屬靈座也。

反靈座。《家禮》云：「復設靈座於故處。留掃人兩個守之。」《正衡》云：「卒殯，則設靈座于柩前。」欽按：堂狹者，從之亦可。殯後男子皆就中門外喪次，故留婦人於殯旁而日夜令守之也。

襃帷，謝賓。經文並見上。

設靈床。《既夕》記：「燕養、饋、羞、湯沐之饌如他日。」注云：「燕養，平常所用供養也。饋，朝夕食也。羞，四時之珍異。湯沐，所以洗去汙垢。《内則》曰三日具沐，五日具浴，孝子不忍一日廢其事親之禮，於下室日設，如生存也。進徹之時，如其頃。」疏云：「若一食之頃也。」止此。「朔月，若薦新，則不饋于下室。」注云：「以其殷奠有黍稷也。下室，如今之内堂。」疏云：「下室既爲燕寢，故鄭舉漢法『内堂』況之。」《開元禮》云：「既殯，設靈座於下室西間，東向，施床、几案、屏障、服飾，以時上膳及湯汁，皆如平生。」注云：「無下室者，則設靈座於殯東，朝夕進常食之具於靈前，如平生也。大斂之奠，亦六品以下設靈座前席上。」《家禮》云：「設靈床于柩東。床、帳、薦、席、屏、枕、衣、衾之屬，皆如平生時。」欽按：《家禮》「靈床」，是《開元禮》所謂「靈座」也，設之於下室，或於殯東。蓋古禮大斂以後，蚤莫設奠於殯宮之室，此是禮食，所以憑神也；又以時進饋羞于下室，此是燕養，所以象生時供奉之禮也。古人篤孝至情，可以想矣。《開元禮》並因之，《家禮》一從簡者，自二斂之奠皆於堂前靈座，至此雖設靈床，亦不奉饌羞，而殯後朝夕之奠、食時上食並於靈座，如《開元禮》六品以下者。今擬靈床不必柩東，用平時寢室或堂畔小房，隨宜設之。若貧家無别室者，堂邊以屏圍障，或置一椸一卓於靈座旁，而設衣服文具數事亦得。

乃設奠。《士喪禮》：「乃奠。燭升自阼階。祝執巾，席從，設于奥，東面。」注云：「執燭者先升堂照室。自是不復奠於户。」奠儀今並闕之。「賓出，婦人踊，主人拜送于門外。入，及兄弟北面哭殯。兄弟出，主人拜送于門外。」注云：「小功以下，至此可以歸，異門大功亦存焉。」疏云：「按《喪服》記云『小功以下爲兄弟』，則此兄弟可以兼男女也。大功容不同門不同財，以異門疏，至此亦可以歸，故云『亦存焉』。既殯雖歸，至朝夕朔奠之日，近者亦入哭階也。若至葬時，皆就柩所。」止此。「衆主人出門，哭止，皆西面于東方。闔門。」《家禮》云：「設奠如小斂之儀。」《開元禮》云：「既殯，大功以下異門者歸於家。」○《雜記》：「小功、緦之喪，既殯而從政。」

就喪次。　《士喪禮》：「主人揖，就次。」注云：「次，謂斬衰倚廬、齊衰堊室也，大功有帷帳，小功、緦麻有床笫可也。」《既夕》記：「居倚廬。」注云：「倚木爲廬，在中門外東方，北户。」疏云：「中門内殯宫之哭位在阼階下，西南鄉殯，明廬在中門外，亦東方鄉殯。倚東壁爲廬，一頭至地，明北户鄉陰。至既虞之後，柱楣乃西鄉開户。」止此。「寢苫枕塊。」注云：「苫，編藁。塊，堛也。」疏云：「『在中門外』者，哀親之在外。『寢苫』者，哀親之在草。『枕塊』者，哀親之在土。」合《喪服》疏。「不説絰帶。」注云：「哀戚不在於安。」疏云：「『不説絰帶』者，冠衰自然不説，以其絰帶在冠衰之上，故舉『絰帶』而言也。」止此。「哭晝夜無時。」注云：「哀至則哭，非必朝夕。」止此。「非喪事不言。」注云：「不忘所以爲親。」疏云：「《喪服四制》云：『不言而事行者，扶而起；言而後行者，杖而起。』天子、諸侯有臣，不言而喪事得行者，喪事亦不言；大夫、士是臣，降於君，言而事行，故於喪非喪事不言也。《孝經》云『言不文』，亦據大夫、士也。」《喪大記》：「父母之喪，倚廬不塗。」疏云：「以草夾障，不在泥塗之也。」《間傳》：「齊衰之喪，居堊室。」欽按：謂期服者。鄭云：「中門之外，屋下壘墼爲之，不塗既，所謂堊室也。」兩下爲屋，對廬偏加東壁言之。○《喪服傳》注。「芐翦不納。」疏云：「蒲苹爲席，剪頭爲之，不編納其頭而藏於内也。」「大功之喪有席，小功、緦麻，床可也。」杜氏《通典》云：「齊衰杖周、不杖周：居堊室，寢有席薦，不納，斷木爲枕，不脱絰帶，朝夕即位哭。大功：張帷爲次於内門外屋下，哀至而哭。」《雜記》：「父不次於子，兄不次於弟。」注云：「謂不就其殯宫爲次而居。」止此。「童子不廬。」《喪大記》：「婦不廬，不寢苫。」童子、婦人不能病。《雜記》：「三年之喪，廬、堊室之中，不與人坐焉。在堊室之中，非時見乎母也，不入門。」《喪大記》：「齊衰期者、大功布衰九月者，皆三月不御内。」《開元禮》云：「將成服，掌事者先爲廬於殯堂東廊下，六品以下於牖下。近南，北户，設苫凷於廬内。諸子各一廬。齊衰廬南累墼爲堊室，俱北户，剪蒲爲席，不緣。父兄不次殯所，各在其正寢之東爲廬次、堊室。祖爲適孫居堊室，有床。皆南面，西出户。父於庶子略自若居寢。大功於堊室之南，張帷，席以蒲。小功、緦麻於大功之南，設床，席以蒲。婦人次於西房若殯後，施下床，殯堂無房者，次殯後若别室。」温公《書儀》云：「父母之喪，中門外擇樸陋之室爲丈夫喪次。斬衰，寢苫枕塊，不脱絰帶，不與人坐焉。婦人次中門内别室，撤去帷帳、衾褥華麗之物。男子無故不入中門，婦人不得輒至男子喪次。」欽按：《家禮》喪次之説，概依《書儀》，兼取古禮，文皆出上。本國大喪，今尚爲倚廬於宫中。國史載孝子節婦廬墓者甚多。今京北貢布祢山民，父母死則出外，倚豈爲廬而居。世俗澆薄，古道不可復興，則從《家禮》可也。

至夕又奠。説見上。

止代哭者。《士喪》「朝夕哭」條注云：「既殯之後，朝夕及哀至乃哭，不代哭也。」

君視斂　欽按：古禮有君於士視斂賜斂。《士喪大記》。本朝古令：五位以上，遣使吊殯斂之事；三位以上，使治部監護喪事，土部示禮制。凡官人從征行及使人所在身喪，皆給殯斂調度，國郡官司隨便監護。

成服　哭吊　食粥

成服。《士喪禮》：「三日成服，杖。」《開元禮》云：「就次著衰服，無服者仍素服，相者引主人以下俱杖。」《家禮》云：「厥明。」注云：「大斂之明日，死之第四日也。」止此。「五服之人，各服其服。」楊氏曰：「三日大斂，可以成服矣，必四日而後成服，何也？大斂雖畢，人子不忍死其親，故不忍遽成服，必四日而後成服也。」《曲禮》：「生與來日，死與往日。」注云：「與，猶數也。生數來日，謂成服杖也，以死明日數也。死數往日，謂殯斂以死日數也。此士禮貶於大夫者，大夫以上皆以來日數。」《喪大記》：「士之喪，二日而殯，三日之朝，主人杖。」注云：「士之禮，死與往日，生與來日，此『二日』，於死者亦得三日也。」《開元禮》：「三日成服。」注云：「皆除去死日數。六品以下則并死日爲三日。」止此。是卑官者，雖生亦數往日也。○服制略論于《喪具考》。服紀經傳及諸儒之説，别纂述《尊親服義》。

哭吊。《士喪》朝哭儀見下。《開元禮》云：「升，立哭於殯東，西向南上。齊衰以下就位。婦人升詣殯西位，若殯逼西壁，婦人皆位於殯北，南面東上。尊行者坐。内外皆哭，盡哀。諸子孫就祖父及諸父前跪哭，皆撫哭盡哀，就祖母及諸母前哭亦如之。女子子就祖母及諸母前哭，遂就祖父、諸父前哭，如男子之儀，惟諸父不撫之耳。主婦以下就伯叔母哭亦如之。訖，各復位。如遭親喪，孝子荒迷，三日而食，服又成矣，以尊卑内外聚哀哭。欽按：朝哭訖，乃設朝奠，在此間矣。諸尊者降出還次。主人以下降立於阼階下，外姻在南少退，俱西面，北上，哭盡哀，各還次。闔户。小功以下各還歸其家。自成服之後，諸尊者及婦人於諸親男女之喪，有事則哭於殯所，無事有時須哭者，或在正寢，則於北壁下舒席南面坐哭。」

食粥。《間傳》：「父母之喪，既殯食粥。」《喪服四制》：「父母之喪，三日而食粥。」《孝經》：「三日而食，教人無以死傷生，毁不滅性，此聖人之政也。」《既夕》記：「歠粥，朝一溢米，夕一溢米，不食菜菓。」注云：「不在於飽與滋味。粥，糜也。二十兩曰溢，爲米一升二十四分升之一。實在木曰果，在地曰蓏。」《開元禮》云：「父母喪，食粥，朝米四合，暮米四合。不能食粥，以米爲飯。婦人皆以米爲飯。」欽：古斗一升，當國量一合二勺小，唐四合，大約今一合五勺餘。《喪大記》：「朝一溢米，莫一溢米，食之無算。」《集説》云：「『食之無算』者，謂居喪不能須食，隨意欲食則食，但朝暮不過此二溢之米也。」止此。「不能食粥，羹之以菜可也。」注云：「謂性不能者，可食飯、菜羹。」止此。「大夫之喪，妻妾疏食水飲。士亦如之。」疏云：「婦人質弱，恐食粥傷性，故言『疏食水飲』也。」《喪服傳》疏云：「疏食，用麤疏米爲飯而食之，古者名飲爲食。」欽按：水飲，謂不飲酒醴醬酪等也。《喪大記》：「期之喪，疏食水飲，不食菜菓；九月之喪，食飲猶期之喪也。」《間傳》：「既殯，齊衰之喪，疏食水飲，不食菜菓；大功之喪，不食醯醬；小功、緦麻，不飲醴酒。」《喪大記》：「五月、三月之喪，比葬，食肉飲酒，不與人樂之。」杜氏《通典》云：「大功素食，有醯鹽；小功食有醯醬菜茄；葬而食乾肉，飲醴酒。緦麻飲酒食肉，不至變色。」《開元禮》云：「諸齊衰，三月既葬，食肉。」欽按：素食者，謂平生時食，不必粗飲也，見《喪服》疏。小功、緦麻飲酒食肉之節，經紀無明文，姑從《家禮》，與期、大功既葬後同。朱子又嘗論《喪大記》「叔母、世母、故主、宗子，食肉飲酒」曰：「在喪次，則自當如本服之制，歸私家則自如，其或可也。」《文集》。服重而情輕者已然，則原輕服者可知矣。

殯後出入儀《士喪禮》：「三日，成服，杖，拜君命及衆賓，不拜棺中之賜。」注云：「禮，尊者加惠，明日必往拜謝之。棺中之賜，不施己也。」止此。記：「主人乘惡車。」注云：「拜君命、拜衆賓及有故行所乘也。《雜記》曰『端衰、喪車，皆無等』，然則此惡車，王喪之木車也。」止此。「蒲蔽。」

「白狗幦。」注云：「幦，覆笭也，笭即式也。以狗皮爲之，取其臑也。白於喪飾宜。」止此。「蒲蔽。」注云：「蔽，藩。」止此。「御以蒲菆。」注云：「不在於馳驅。蒲菆，牡蒲莖也。」止此。「犬服。」注云：「笭間兵服，以犬皮爲之，取堅也，亦白。」止此。「木錧。」注云：「取少聲。」疏云：「車轄常用金，喪用木，是取少聲也。」止此。「約綏，約轡。」注云：「約，繩。」止此。「木鑣。」注云：「取少聲。」止此。「馬不齊髦。」注云：「齊，剪也。主人之惡車，如王之木車，則齊衰以下，其乘齊衰。素車，大功。繅車，小功。駹車，緦麻。漆車與？」王之喪車五乘，見周巾車。「主婦之車亦如之，疏布裕。」注云：「裕者，車裳幃。」止此。「貳車白狗攝服。」注云：「貳，副也。攝，猶緣也，狗皮緣服，差飾。」止此。「其他皆如乘車。」注云：「如所乘惡車。」《晉志》云：「魏氏故事，國有大喪，群臣凶服，以帛爲綬囊，以布爲劍衣。」《開元禮》云：「李子出無異適，唯向殯又向墳墓而(且)〔已〕。遠則乘車，近則使人代執杖。」《書儀》云：「父母之喪，不當出。若爲喪事及有故，不得已而出，則乘樸馬，布裹鞍轡。」《家禮》云：「乘樸馬、布鞍、素轎、布簾。」補注云：「樸馬、布鞍，謂男子。素轎、布簾，謂婦人。」欽按：《左氏哀公傳》：「素車樸馬。」疏云：「《曲禮》：『大夫去國，乘髦馬。』鄭云：『髦馬，不鬄落也。』則此樸馬亦謂不鬄落。」止此。據此見樸馬即是髦馬，謂不剪髦也。素轎，蓋謂無飾肩輿。凡輿馬皆素樸而白飾，兵服亦用白皮，今並可遵用矣。

朝夕哭奠　殷奠　薦新

朝夕哭奠。《士喪禮》：「朝夕哭，不辟子卯。」注云：「既殯之後，朝夕及哀至乃哭，不代哭也。子卯，桀紂亡日，凶事不辟，吉事闕焉。」疏云：「殯後阼階下朝夕哭，廬中思想則哭。」止此。「婦人即位于堂，南上，哭。丈夫即位于門外，西(南)〔面〕，北上。外兄弟在其南，南上。賓繼之，北上。欽按：此賓，謂同朝哭而吊者。餘闕。主人即位。辟門。」注云：「外兄弟，異姓有服者也。辟，開也。」疏云：「《喪大記》曰『祥而外無哭者』，則此外位皆有哭。今直云婦人哭，則丈夫亦哭矣，但文不備也。」止此。「婦人拊心，不哭。」注云：「方有事，止歡囂。」止此。「主人拜賓，旁三，右還，入門，哭，婦人踊。主人堂下直東序，西面。兄弟皆即位，如外位。餘闕。此後燭入、徹大斂奠一節亦闕。乃奠。醴、酒、脯醢升，丈夫踊。入，如初設。」注云：「入，入於室也。如初設者，豆先，次籩，次酒，次醴也。」止此。「錯者出，立于户西，西上。滅燭，出。祝闔户，先降自西階，婦人踊。」注云：「哭止乃奠，奠則禮畢矣。」止此。「衆主人出，婦人踊。出門，哭止，皆復位。闔門。主人卒拜送賓，揖衆主人，乃就次。」《雜記》：「朝夕哭，不帷。」注云：「緣孝子心欲見殯也。既出則施其扆，鬼神尚幽闇也。」《檀弓》：「朝奠日出，夕奠逮日。」注云：「陰陽之交，庶幾遇之。」《集説》云：「逮日，日之未落也。」《開元禮》云：「每日先具朝奠於東階下。內外夙興，各衰服，男子就東階下位，若升哭於殯東也，其位如始成服之式。婦人升詣殯西位，內外皆哭。凡朝夕哭皆開帷。質明，掌事者升自阼階，入，徹奠出，置於序西南，如殯東之儀。又以朝奠入，至阼階，豆去蓋，籩甒去巾冪，升阼階，入設於室如初。執饌者出，降自西階。日出後少頃，內外皆止哭，各還次。朝夕之間，主人及諸子、妻、女子子哭於其次。至夕，內外俱就位哭，徹朝奠，進夕奠如初儀。日入後，內外俱止哭，各還次。哭者出，闔門。自是以後，至於啓殯，每朝夕如上儀。」《家禮》云：「每日晨起，主人以下皆服其服，入就位。尊長坐哭，卑者立哭。侍者設盥櫛之具于靈床側，奉魂帛出就靈座，然後朝奠。執事者設蔬菓、脯醢，祝盥手焚香斟酒。主人以下再拜，哭盡哀。食時上食，如朝奠儀。夕奠，亦如朝奠儀。畢，主人以下奉魂帛入就靈床，哭盡哀。哭無時，朝夕之間，哀至則哭於喪次。」劉氏璋曰：「凡奠用脯醢者，蓋古人家常有之，如無，別具饌數品亦可。朝奠將至，然後徹夕奠；夕尊將至，然後徹朝奠，各用罩子。若暑月恐臭敗，則設饌如食，頃去之，止留茶酒、果屬，仍罩之。」欽按：古禮，始死以來至大斂，奠只用酒醴、脯醢、牲體，而無黍稷。殯後朝夕之奠，亦只酒醴、脯醢耳。其下室之饋及朔月殷奠，乃有黍稷。《開元禮》從之。《家禮》只奠靈座而不奠靈床，故朝夕之間，又食時上食，以象平常也。然每日三奠，只蔬果、脯醢，而朔奠用魚、肉、麪、米食、飯、羹，《儀節》則三奠有飯、羹，而朔奠則更加盛。蓋卒哭以前，不忍異時奉養，故朝夕只奠常食。其間菓肴、麪餅，隨有累進，不限以時節，庶幾得情。○漢鄭氏曰：「齊斬之服不執事。」《士虞禮》注。唐孔氏曰：「按《士喪禮》，主人不親奠，以主人悲號思慕，不暇執事故也。」《曾子問》疏。若無代執事者，則主人之外，皆可與饋奠之事。説見《曾子問》。古禮始終至虞，未嘗拜尸柩，《開元禮》尚然，《家禮》至朝夕奠，始主人以下再拜，蓋服既成故也。今人執喪，不若古人哭踊毀戚，則從《家禮》爲可。凡喪中拱拜，上右，説見《檀弓》疏云：「喪尚右，右，陰也；吉尚左，左，陽也。」古禮初喪拜賓，只有拜稽顙，至虞享神，始再拜稽首。《檀弓》云：「拜稽顙，哀戚之至隱也。稽顙，隱之甚也。」注云：「稽顙者，觸地無容。」《周禮疏》云：「稽顙還是頓首，但觸地無容，則謂之稽顙。」《大祝》。依本疏考之，此雖曰「拜稽顙」，亦是以先稽顙而後拜者言也。今未三月之前，拜靈座宜從稽顙，凡尊長於卑幼則不拜也。朱子曰：「夫祭妻亦當拜。」《語類》。唯妻則可拜，子弟以下，雖神不拜可知矣。《家禮或問》云：「妻死，其夫當拜跪否？曰：拜可也，跪則不宜，蓋夫者婦之天也。」○近世華俗，儒家靈筵陳設香火燭花，出《家禮或問》。蓋四時新花，人所愛好。今靈座置兩瓶，插時花亦可。

盛奠。《士喪禮》：「朔月奠，用特豚、魚、腊，陳三鼎如初。」注云：「朔月，月朔日也。如初者，謂大斂時。」止此。「無籩，有黍稷。」注云：「於是始有黍稷。死者之於朔月、月半，猶平常之朝夕，大祥之後，則四時祭焉。」餘闕。「月半不殷奠。」注云：「殷，盛也。士月半不後如朔盛奠，下尊者。」疏云：「以下大夫以上有月半奠故也。」《既夕》記：「朔月，若薦新，則不饋于下室。」注云：「以其殷奠有黍稷也。」《家禮》：「朔日，則於朝奠設饌。饌用魚、肉、麪、米食、羹、飯各一器，禮如朝奠。」〇《喪大記》：「大夫、士，父母之喪，既練而歸，朔月忌日，則歸哭于宗室。」注云：「歸，謂歸其宮也。忌日，死日也。宗室，宗子之家，謂殯宮也。禮，命士以上，父子異宮。」欽按：練後止朝夕哭，而朔月忌日，猶兄弟會哭于宗室。但所謂「忌日」者，古人謂親亡日辰，猶忌子卯，後世用周年月日，而近俗又最重月忌，新喪期月遇兹日，孝子哀感所必至也，不能不會哭。又高氏曰：「若遇朔望節序，則具盛饌。」《附録》。《家禮或問》云：「父母死後，而遇其生日，謂之慼忌。」止此。凡父母生前有事之日，則孝子不能忘，親戚會哭，稍盛其奠。俗節各薦其節物。

薦新。《既夕》記：「有薦新，如朔奠。」注云：「重新物爲之殷奠。」疏云：「若有新物及五穀始熟薦於亡者，則其禮牲物如朔之奠也。」欽按：古人薦韭以卵，麥以魚，黍以豚，稻以雁之類，故喪中薦新亦如朔奠。今俗不然，則不必泥古，但麥稻新熟，則須因朔望薦之，其餘新味，朝夕之間隨得供之可也。故亦《家禮》止云：「有新物薦之：如上食儀。」〇又按：古禮至此始有「朔月，童子執帚掃室」之文，然尚聚塵未用箕，蓋喪中洒掃致潔，非禮也。若夫喪次，則不掃可知矣。

七七百日　眉山劉氏曰：「傳注謂天子九虞，以九日爲節；諸侯七虞，以七日爲節；大夫五，士三。由是言之，既葬虞，虞而卒哭，降殺有等。自春秋末世，大夫僭用諸侯七虞之禮矣，後代循習，莫究其義，而世俗遂以親亡以後，每七日必供佛飯僧，以爲是日當於地府見某王者。吁！古人七虞之設，乃如是哉？《儀範》。欽按：浮屠氏喪葬之節，往往附托吾儒之禮，所謂中陰齋七所由出或然，然其實葬後以柔日累虞，每隔一日，雖七虞，亦十二日了之。《考證》云：「百日之齋，亦因《開元禮》百日卒哭之義也。」止此。此事華俗所習用亦已尚，故《明會典》王公士夫皆有七七百日之祭，今時勢不能免，則宜寄薦于僧舍，而令與吾禮不相關矣。○胡泳問：「治喪不用浮屠。或親意欲用之，不知當何如處？」朱子曰：「且以委曲開釋爲先。如不可回，則又不可咈親意也。」《文集》。又問：「親死遺囑教用僧道，則如何？」曰：「便是難處。」或曰：「也可以不用？」曰：「人子之心有所不忍。這事，須子細商量。」《語類》。郭叔雲問：「今有人焉，其父尊信浮屠，若子若孫皆不忍改，將何時而已？恐人子之遭此，勿用浮屠可也。至於家舍所敬形像，必須三年而後改。不知如何？」曰：「如此亦善。」《文集》。

奠餘　問：「喪禮不飲酒，不食肉。若朝夕奠，及親朋來奠之饌，則如之何？」朱子曰：「與無服之親可也。」《家禮》。又曰：「喪葬之時，只當以素食待客。祭饌葷食，只可分與僕役。」同上。

吊尊賻

吊。《開元禮》吊儀云：「賓至，親故吊同。掌次者引之次，賓着素服。相者入告。內外哀服。相者引主人以下立哭於阼階下，婦人升哭於殯西。相者引賓入立於庭，北面西上。爲首者一人進，當主人東面立，云『如何不淑』。主人哭，再拜稽顙。爲首者復北面位。吊者俱哭十餘聲。相者引出。少頃，相者引主人以下各還次。」欽按：此儀依《士喪》成服朝哭賓主位次制之。經文出上。○凡言「拜稽顙」者，有先後之別。《檀弓》：孔子曰：「拜而後稽顙，頽乎其順也。」注云：「此殷之喪拜也。頽，順也。先拜賓，順於事也。」止此。「稽顙而后拜，頎乎其至也。」注云：「此周之喪拜也。頎，至也。先觸地無容，哀之至。」疏云：「周則杖期以上，皆先稽顙而拜，不杖期以下，乃作殷之喪拜。」餘詳《雜制》。《喪服小記》：「大夫吊之，雖緦必稽顙。」注云：「尊大夫，不敢以輕待之。」朱子曰：「『拜而后稽顙』，先以兩手伏地如常，然後引首向前扣地也。『稽顙而后拜』者，開兩手，而先以首扣地，却交手如常也。」《語類》。《家禮》有（凡）〔吊〕、奠、賻儀，丘氏依本注爲《儀節》，備矣。

尊者吊儀《士喪禮》：「君使人吊。徹帷。主人迎于寢門外，見賓不哭，先入門右，北面。」

注云：「使人，士也，禮，使人必以其爵。使者至，使人入將命，乃出迎之。寢門，内門也。徹帷扆之，事畢則下之。」止此。「吊者入，升自西階，東面。主人進中庭。吊者致命。」注云：「主人不升，賤也。致命曰：『君聞子之喪，使某，如何不淑。』」文出《雜記》。「主人哭，拜稽顙，成踊。」注云：「成踊三者三。」止此。「賓出，主人拜送于外門外。唯君命出，升降自西階。」注云：「未忍在主人位也。」《既夕》記：「尸在室，有君命，衆主人不出。」注云：「不二主。」欽按：以上並初喪禮。《開元禮》云：「若刺史哭其所部，主人設席於柩東，西向。刺史素服將到，相者引主人去杖立於門内之左，北面。刺史入，升自東階，即座，西向坐哭。主人升就位哭。刺史哭盡哀，將起，主人降復階下位。刺史降出，主人拜送於大門外，杖哭而入。欽按：右依君視大斂及使人吊之儀制。若刺史遣使吊，使者至，掌次者引就次。内外俱衰服。主人以下就階下位，婦人入就堂上位，内外俱哭。使者素服執書，相者引入門而左，立於階間東面。使者致辭，主人拜稽顙，相者引主人進詣使者前，西面受書，退復位，左右受書。主人拜送於位，相者引使者出。使者若自入哭，如上吊儀。客出少頃，内外止哭，各就位。」○《左傳》：「吊生不及哀，非禮也。」欽按：「不及哀」，謂卒哭以後。說見注疏。《曲禮》：「知生者吊，知死者傷。知生而不知死，吊而不傷；知死而不知生，傷而不吊。」注云：「人恩各施於所知也。吊、傷，皆謂致命辭也。」欽按：不知死者，則只吊慰主人而不拜靈座可也；知死者，請入哭奠，主人雖未識而不可不出謝，吊者亦當隨宜致辭。

《曲禮》：「臨喪則必有哀色。」又云：「臨喪不笑，入臨不翔。」注云：「哀傷之，無容。」《論語》：「羔裘玄冠不以吊。」《少儀》：「尊長於己踰等，喪俟事，不犆吊。」注云：「不敢故慎動也。事，朝夕哭。」《檀弓》：「有殯，聞遠兄弟之喪，雖緦必往；非兄弟，雖鄰不往。」止此。「有殯，聞遠兄弟之喪，哭于側室。同國則往哭之。」注云：「喪無外事。」《雜記》：「三年之喪，雖功衰，不吊。」注云：「功衰，已練之服也。」止此。「期之喪，十一月而練，練則吊。既葬，大功，吊，哭而退，不聽事焉。」注云：「聽，猶待也。事，謂襲斂、執紼之屬。」止此。「小功、緦，執事，不與於禮。」注云：「禮，饋奠也。」止此。「婦人非三年之喪，不踰封而吊。」注云：「踰封，越竟也。」《集説》云：「三年之喪，父母之喪也。女嫁者爲父母期，此以本親言也。」《檀弓》：「五十無車者，不越疆而吊人。」《集説》云：「始衰之年，不可以筋力爲禮也。」「大夫之喪，庶子不受吊。」注云：「不以賤者爲有爵者主。」疏云：「士之庶子得受吊也。」《雜記》：「其國有君喪，而臣又有親喪，則不敢受他國賓來吊也。以義斷恩，哀痛主於君，不私於親也。」止此。「凡喪服未畢，有吊者，則爲位而哭，拜踊。」注云：「客始來，主人不可以殺禮待之。」疏云：「言『凡』者，五服悉然。」

奠、賻。《公羊傳》：「車馬曰賵，貨財曰賻，衣被曰襚，玩好曰贈。」《穀梁傳》：「歸死曰賵，歸生曰賻。」又記注緦謂之贈。《士喪禮》：「賓賵者將命。」注云：「賓，卿大夫、士也。」止此。

「擯者出請，入告，出告須。」注云：「不迎。告曰『孤某須』。」文出《雜記》。「馬入設。賓奉幣。欽按：君幣用玄纁，餘則無常。擯者先入，賓從，致命如初。」注云：「初，公使者。」上經云：「賓奉幣，由馬西當前輅，北面致命。」注云：「輅，轅縛，所以屬引。」止此。「主人拜于位，不踊。」注云：「柩車東位也。既啓之後，與在室同。」疏云：「俱是不爲賓出。至于有君命，亦出迎也。」止此。「賓奠幣如初。」上經云：「賓奠幣于棧左服，出。」注云：「棧，謂柩車。左服，象人授其右也。服，車箱。」止此。「舉幣、受馬如初。」上經云：「宰由主人之北舉幣以東。士受馬以出。」注云：「柩東，主人位，以東藏之。士，謂胥徒之長也。」止此。「擯者出請。」注云：「賓出在外請之，爲其後有事。」止此。「若奠。」注云：「賓致可以奠也。」疏云：「所致之物，或可堪爲奠於祭祀者也。」止此。「入告，出，以賓入。將命如初。士受羊，如受馬。又請。若賻，入告。主人出門左，西面。賓東面將命。」注云：「主人出者，賻施於主人。」止此。「主人拜。賓坐委之。宰由主人之北，東面舉之，反位。」注云：「坐委之，明主人哀戚，志不在受人物。反位，反主人之後位。」止此。「若無器，則梧受之。」注云：「謂對相授，不委地。」疏云：「梧即逆也，對面相逢受也。」止此。「又請，賓告事畢，拜送，入。贈者將命。贈，送。擯者出請，納賓如初。」注云：「如其『入告，出告須』。」止此。「賓奠幣如初。」注云：「亦於棧左服。」止此。「若就哭，則坐奠于陳。」注云：「就，猶善也。贈無常，唯玩好所有。陳，明器之陳。」疏云：「『玩好』者，謂生時玩好之具。」止此。

「凡將禮，必請而後拜送。」注云：「雖知事畢，猶請，君子不必人意。」止此。「兄弟賵奠可也。」注云：「兄弟，有服親者，可且賵且奠，許其厚也。賵奠於死生兩施。」疏云：「《喪服傳》云『凡小功以下爲兄弟』，大功以上有同財之義，無致賵奠之法。」止此。「所知，賵而不奠。」注云：「所知，通問相知也，降於兄弟。奠施於死者爲多，故不奠。」疏云：「賵與奠皆生死兩施，其奠雖兩施，奠爲死者而行，故知施於死者爲多。」止此。「知死者贈，知生者賻。」注云：「各主於所知。」《既夕》記：「凡贈幣無常。」注云：「賓之贈。在所有。」欽按：古禮親賓助喪，初死唯有含襚而已，至於將葬既祖，乃賵奠、賻贈並行。後世襚、賵無聞，所謂奠者，古禮只致牲口耳，然漢以來吊死者往往以酒食爲奠。《開元禮》成服之後列記吊哭賻儀，《家禮》合載吊、奠、賻禮，今録左。

○《開元禮》云：「親故遣使致賻。六品以下無。使者立於大門外之西，東面。從者以篚奉玄纁束帛立於使者西南，俱東面。凡賻通以貨財，使者隨執其物，不限以玄纁。相者入告。主人立哭。相者進主人前，東面受命，出，詣使者前，西面曰：『敢請事。』使之從者以篚進詣使者前，西向以授使者，退復位。使者曰：『某封若某官無官封者即稱某子。使某賻。』相者入告，出曰：『孤某須矣。』相者引使者入，立於內門外之西，東面。主人止哭。使者少進，東面曰：『某封若某官使某賻。』主人哭，再拜。使者少進，坐委之，興，復位。掌事者進，坐舉之，興以東。相者引使者出，主人拜送。若使者致物不以器，掌事者訝受之，不委地。」其餘賻物，從者執之，立於使者東南，北面西上。掌事者受之以束，藏之。《家禮》云：「凡吊，皆素服。《儀節》云：「各隨其人所常服之衣，而用縞素者。」奠用香、茶、酒菓，有狀。或用食物即別爲文。賻用錢帛，有狀，惟親友分厚者有之。具刺通名，賓主皆有官，則具門狀，否則名紙題其陰面。先使人通之，與禮物俱入。入哭，奠訖，乃吊而退。」本注云：「既通名，喪家炷火燃燭、布席，皆哭以俟。護喪出迎賓，賓入至廳事，進揖曰：『竊聞某人傾（皆）〔背〕，不勝驚懼。敢請入酹，并伸慰禮。』以下奠酹。護喪引賓入，至靈座前，哭盡哀，再拜焚香，跪酹茶酒，俯伏興。護喪止哭者。祝跪，讀祭文、奠賻狀於賓之右，畢興。賓主皆哭盡哀。賓再拜，主人哭出，西向，稽顙再拜。賓亦哭，東向答拜。以下吊哭。進曰：『不意凶變，某親某官，奄忽傾背，伏惟哀慕，何以堪處。』主人對曰：『某罪逆深重，禍延某親，伏蒙奠酹，并賜臨慰，不勝哀感。』又再拜，賓答拜，又相向哭盡哀。賓先止，以下賓慰。賓慰主人曰：『脩短有數，痛毒奈何，願抑孝思，俯從禮制。』乃揖而出。主人哭而入。護喪送至廳事，茶湯而退。主人以下止哭。若亡者官尊即云『薨逝』，稍尊即云『捐館』。生者官尊則云『奄棄榮養』，存亡俱無官即云『色養』。若尊長拜賓，禮亦同此，惟其辭各如啓狀之式。」楊氏復曰：「按程子、張子與朱先生後來之説：奠，謂安置也，奠酒則安置於神座前，既獻則徹去。奠而有酹者，初酌酒，則傾少酒于茅，代神祭也。今人直以奠爲酹而盡傾之於地，非也。高氏之説亦然，與此條所謂入酹、跪酹似相牴牾，蓋《家禮》乃初年本，當以後來已定之説爲正。」《附録》。欽按：丘氏《儀節》及祭文、奠賻狀式，本書備。謝狀式，見《喪禮書疏》。朝廷賜祭式，見《家禮正衡》。欽按：《通典》：「唐制，諸職事官薨卒，文武一品，賻物二百段，粟二百石。」以下本朝古令：品官薨卒，亦賻絶布及鐵，多少有差。○司馬温公曰：「凡吊人者，必易去華盛之服，有哀戚之容。若賓與亡者爲執友，則入酹。婦人非親戚與其子爲執友嘗升堂拜母者，則不入酹。凡吊及送喪者，問其所乏，分導營辦。貧者爲之執綍負土之類，毋擾及其飲食財貨可也。」《附録》。

慎終疏節通考二

送葬考

擇葬地　告啓期　開塋域　祠土地　穿壙　作灰隔　刻誌　造畢　具葬儀

三月而葬。《士虞》記：「死三日而殯，三月而葬。」《王制》：「大夫、士、庶人三日而殯，三月而葬。」注云：「此皆據《士喪禮》首尾三月也。」《荀子》：「殯，久不過七十日，速不損五十日。」注云：「是何也？曰：遠者可以至矣，百求可以得矣，百事可以成矣，其忠至矣，其節大矣，其文備矣。」注云：「忠，誠也。節，人子之節也。文，器用儀制也。」止此。「然後月朝卜日，月夕卜宅，然後葬也。」注云：「月朝，月初也。月夕，月末也。卜宅，此大夫之禮也。士則筮宅。《士喪禮》先筮宅，後卜日，此云『月朝卜日，月夕卜宅』，未詳也。」《家禮補注》云：「既殯之後，即謀葬事。」

擇葬地。《士喪禮》：「筮宅，家人營之。」注云：「宅，葬居也。家人，有司掌墓地兆域者。營，猶度也。」《既夕》記：「筮宅，家人物土。」注云：「物，猶相也，相其地可葬者，乃營之。」《孝經》：「卜其宅兆而安厝之。」注云：「兆，營域也。」《喪服小記》：「袝葬者不筮宅。」注云：「宅，葬地也。前人葬既筮之。」《補注》云：「其有祖塋，則袝葬其次。若窄狹及有所妨礙，則別擇可也。」〇司馬温公曰：「孝子之心，慮患深遠，恐淺則爲人所抇，深則濕潤速朽，故必求土厚水深之地而葬之，所以不可不擇也。」程子曰：「卜其宅兆，卜其地之美惡也。非陰陽家所謂禍福者也。地之美者則其神靈安，其子孫盛。若培壅其根而枝葉茂，理固然矣。地之惡者反是。然則曷謂地之美者？土色之充潤，草木之茂盛，乃其驗也。父祖子孫同氣，彼安則此安，彼危則此危，亦其理也。而拘忌者惑以擇地之方位，决日之吉凶，不亦泥乎？甚者不以奉先爲計，而專以利後爲慮，尤非孝子安厝之用心也。惟五患者，不得不謹。須使他日不爲道路，不爲城郭，不爲溝池，不爲貴勢所奪，不爲耕犂所及也。」一本云：「所謂五患者，溝渠，道路，避村落，遠井窑。」本注。朱子嘗論風水之説曰：「伊川先生力破俗説，然亦自言須是風順地厚之處乃可。然則亦須稍有形勢、拱揖環抱無空闕處乃可用也，但不用某山某水之説耳。」《文集》。《居家儀禮》云：「卜其兆宅而安厝之，惟風不露、水不滷、蟻不親，定矣。宋儒之言曰：『有水以界之，無風以散之，此風水之説也。』《葬度》云：『古云五官不侵，高山忌石巉巖，平原忌水衝射，土脉膏潤，草木暢榮，來龍迢遥，結穴端正，水環沙護，即吉地也。』」吴氏曰：「乘地中之生氣，以養死者之留骨，俾常温煖而不速朽腐，死者之體魄安，則子孫之受其氣以生者不致凋瘁，乃理之自然，而非有心(顗)〔覬〕其效之必然也。」《儀節》。欽按：葬地濕鹵而不堅潤，則灰椁雖厚，亦化爲土，可不慎焉乎！〇朱子曰：「按：古者，葬地、葬日，皆决於卜筮。今人不曉古法，且從俗擇之可也。」本注。

擇日，告啓期。《周禮・小宗伯》疏：「士之禮，葬用柔日。」欽按：《春秋》書葬皆柔日，唯葬宋文公以庚辰，蓋有故也，然則王公以下俱用柔日也。所以用柔日者，意以欲其安静，故取諸陰，與虞同義。《曲禮》：「凡卜筮日，旬之外曰遠某日，旬之内曰近某日。喪事先遠日，吉事先近日。」注云：「喪事，葬與練、祥也。吉事，祭祀、冠娶之屬也。」疏云：「喪與練、祥是奪哀之義也，非孝子之所欲，但制不獲已，故卜先從遠日而起，示不宜急，微伸孝心也。」欽按：《士喪禮》凡筮宅卜日畢，「殯前北面哭，不踊」，卜日吉則告吊賓，「使人告于衆賓」。注云：「衆賓，僚友不來者也。」及將葬，「既夕哭，請啓期，告于賓」。注云：「既，已也，謂先葬二日已夕哭之時。有司於是乃請啓肂之期於主人，以告賓。」疏云：「明旦夙興，開殯即遷于祖，一日又厥明即葬。」《書儀》：「于筮得吉之後，主人至殯前哭，遂使人告于親戚、僚友應會葬者。」欽按：今云「告啓期」者，擇日得吉，乃旬日以前豫告葬期於親姻、僚友耳。

開營域。《士喪禮》：「筮宅，家人營之。注見前。掘四隅，外其壤；掘中，南其壤。」注云：「爲葬時北首故也。」疏云：「爲葬時北首，故壤在足處。」案《檀弓》云：「葬於北方，北首，三代之達禮也，之幽之故也。」疏云：「葬於國北及北首者，鬼神尚幽暗，往詣幽冥故也。殯時仍南首者，孝子猶若其生，不忍以神待之。」止此。「既朝哭，主人皆往，兆南，北面，免絰。」注云：「兆，域也，新營之處。免絰者，求吉，不敢純凶。」餘闕。《家禮》云：「擇日，開塋域。」本注云：「主人既朝哭，帥執事者於所得地掘穴，四隅外其壤，掘中，南其壤，各立一（橝）〔標〕，當南門立兩標。」欽按：「穴」字當從《儀節》作「兆」。○唐禮墓域之制，見《喪具考》。

族葬《周禮》：「大司徒以本俗六安萬民：二曰族墳墓。」注云：「族，猶類也。同宗者，生相近，死相迫。」「家人掌公墓之地，辨其兆域而爲之圖，先王之葬居中，以昭穆爲左右。」王氏曰：「昭穆之序，非徒施於宗廟而已，葬亦有焉，此上下尊卑之分所以嚴而不可亂。」張子曰：「安穴之次，設如尊穴南向北首，陪葬者前爲兩列，亦須北首，各於其穴安。」《補注》。欽按：趙季明有《族葬圖説》，見《喪具考》。

合葬《檀弓》：「季武子曰：『合葬，非古也，自周公以來，未之有改也。』」又云：「舜葬於蒼梧之野，蓋三妃未之從也。季武子曰：『周公蓋祔。』」注云：「古者不合葬，合葬自周公以來。」又：「孔子曰：『衛人之祔也離之。魯人之祔也合之，善夫！』」注疏云：「祔，謂合葬也。」

離之，謂以一物隔二棺之間於椁中，猶生時男女須隔居處也。魯人則合並兩棺置椁中，無別物隔之。『穀則異室，死則同穴』，故善魯之祔也。」丘氏《儀節》云：「按《朱子語録》：陳淳問合葬夫婦之位。曰：『其初葬亡室時，只存東畔一位，亦不考禮如何。』又問：『地道以右爲尊，恐男當居右否？』曰：『祭而以西爲上，則葬時亦當如此，方是。』愚按：世俗循習已久，凡葬皆男左女右，一家忽然如此行之，數世之後，安知子孫不誤以考爲妣乎？且今制祭祀，悉行左昭右穆之序，故合葬亦當從朱子葬劉夫人之例也。」

祠土地。　欽按：《周禮·小宗伯》「成葬而祭墓爲位」，《檀弓》「有司以几筵舍奠於墓左」，皆謂既窆而祀土神。獨《周禮·冢人》「大喪既有日，請度甫竁，遂爲之尸」，鄭玄亦據《小宗伯》文爲成葬而祭之。先鄭司農曰：「既有日，既有葬日也。始竁時，祭以告后土，冢人爲之尸。」《開元禮》祭后土在掩壙後，《書儀》從之，曰：「莅卜，或命筮者，擇遠親或賓客爲之，及祝執事者，皆吉冠素服。」注云：「非純吉，亦非純凶。素服者，但徹去華采金珠之飾而已。」《家禮》則開塋域及窆與常時墓祭俱祀后土，蓋兼先後兩鄭之説也。其開塋之儀，取《士喪》「筮宅，掘四隅」及中壤，「指中封而筮」。其祭后土者吉服，取《雜記》筮宅「古者朝服」、《士喪》「卜日，宗人吉服」。祭服。其祝文，取《士喪》命筮之辭：「命曰：『哀子某，爲其父某甫筮宅，度茲幽宅兆基，無有後艱。』」注云：「某甫，某字也。基，始也。言爲其父筮葬居，今謀此以爲幽冥，居兆域之始，得無後將有艱難乎？艱難，謂非常崩壞也。」《雜記》：「祝稱卜葬虞，子孫曰『哀』，夫曰『乃』，弟曰『某』，卜葬其兄，弟曰『伯子某』。」疏云：「『葬虞』者，虞用葬日，故并言『葬虞』也。『子孫曰哀』者，若子卜葬父，則祝辭稱云『哀子某卜葬其父某甫』；若孫卜葬祖，則祝辭稱云『哀孫某卜葬其祖某甫』。若夫卜葬妻，則祝辭云『乃某卜葬其妻某氏』。乃者，言之助也。妻卑，故假助句以明夫之尊也。某弟爲兄，則祝辭云『某卜葬兄伯子某』；若兄爲弟，則云『某卜葬某弟某』。兄弟稱名，則子孫與夫皆稱名。」其《儀節》，丘氏依《家禮》本注裁之，備矣。有（祝）〔注〕曰：「后土之稱，對皇天也，士庶之家有似乎僭。考之《文公大全集》有《祀土地祭文》，今擬改『后土氏』爲『土地之神』。」○《家禮》云：「主人若歸，則靈座前哭，再拜。後放此。」

穿壙。　《家禮》云：「司馬温公曰：『今人葬有二法。有穿地直下爲壙，而懸棺以窆者。有鑿隧道，旁穿土室而竄柩於其中者。按：古者唯天子得爲隧道，其他皆直下爲壙而懸棺以窆。今當以此爲法。其穿地，宜狹而深。狹則不崩損，深則盜難近也。」本注。朱子又曰：「人家墓壙棺椁，切不可太大，當使壙僅能容椁，椁能入棺，乃善。去年此間陳家墳墓遭發掘者，皆緣壙中太闊，其不能發者，皆是壙中狹小無着脚手處，此不可不知也。此間墳墓山脚低卸，故盜易入。《光武紀》云，爲墳但取其稍高，四邊能走水足矣。古人墳高大，壙中容得人行，也没意思。」李守約云：「墳墓所以遭發掘者，皆以葬淺之故。若深一二丈，自無此患。」曰：「不然，深葬有水。嘗見興化、漳、泉間墳墓甚高。問之，曰，棺只浮在土上，深者僅有一半入地，半在地上，所以不得不高其封。後來見福州人舉移舊墓，稍深者無不有水。嘗見興化、漳、泉淺葬者，蓋防水爾。北方地土深厚，深葬不妨。豈可同也？」《附録》。《葬度》云：「葬者，藏也，深葬爲安，不宜及泉耳。」又云：「卷篷墎頂，隧道進棺，此古殯法。墓門客水易入，墎頂久必坍毁矣，戒之。」欽按：嘗見穿井者，若甃外稍寬，則雖築塞緊實，後或修浚，其所穿過，無不壞崩，近旁有坎井，雖隔咫尺，所未嘗穿，則不動也。故穿壙最要穿狹，須先量柩外灰隔所容而穿入也，但壙口兩畔比壙底各闊一尺許，直下至於灰隔上，乃穿正壙，作上下兩層灰隔口外兩畔下梯，使人立以助出土，至於窆柩，亦置人以備偏墜。大抵雖地厚水遠，而深不可過一丈餘。

作灰隔。《檀弓》：「三月而葬，凡附於棺者，必誠必信，勿之有悔焉耳矣。」程子曰：「古人之葬，欲比化者無使土親膚。今奇玩之物，尚保藏固密以防損污，况親之遺骨當何如哉。世俗淺識，惟欲不見而已。又有求速化之説者。是豈知必誠必信之義？且非欲求其不化也，未化之間，保藏當如是爾。」本注。朱子作灰隔之法，丘氏《儀節》具載其説。又《語類》云：「禮，壙中用生體之屬，久之必潰爛，却引蟲蟻，非所以爲亡者慮久遠也。古人壙中置物甚多。以(其)〔某〕觀之，禮文之意大備，則防患之意反不足。要之只當防慮久遠，毋使土親膚而已，其他禮文皆可略也。」欽按：古者以木椁，用棺，棺椁之間，容壺甒之類。宋文厚葬而用蜃灰，桓魋侈靡而作石椁，傳記並譏之。今世不用木椁，而結磚合石爲椁，内外以沙灰墳墓，恐聖人復起，不能易也。餘詳《喪具考》。

不作火葬 司馬温公曰：「世人有游宦没於遠鄉，子孫火焚其柩，收燼歸葬者。夫孝子愛親之肌體，故斂而藏之。殘毁他人之尸，在律猶嚴，况子孫乃悖謬如此。其始蓋出於羌胡之俗，浸染中華，行之既久，習以爲常，見者恬然曾莫之怪，豈不哀哉！」《家禮》本注。容齋洪氏曰：「自釋氏火燒之説起，於是死而焚尸者，所在皆然。固有炎暑之際，畏其穢泄，斂不終日，肉未及寒而就爇者矣。魯夏父弗忌獻逆祀之議，展禽曰：『必有殃，雖壽而没，不爲無殃。』既其葬也，焚煙徹于上，謂已葬而火焚其棺椁也。吴伐楚，其師居麇，楚司馬子期將焚之，令尹子西曰：『父兄親暴骨焉，不能收，又焚之，不可。』謂前年楚人與吴戰，死麇中，不可并焚也。衛人掘褚師定子之墓，焚之於平莊之上。燕騎劫圍齊即墨，掘人冢墓，燒死人，齊人望見涕泗，怒自十倍。王莽作焚如之刑，燒陳良等。則是古人以焚尸爲大僇也。列子曰：『楚之南有炎人之國，其親戚死，朽其肉而棄之，然後埋其骨。秦之西有儀渠之國，其親戚死，聚柴積而焚之，燻則烟上，謂之登遐，然後成爲孝子。此上以爲政，下以爲俗，而未足以爲異也。』蓋是時其夙未行於中國，故列子以儀渠爲異，至與朽肉者同言之。」《隨筆》。雷同之議曰：「設不幸道遠而貧，未能奉而歸，買地而葬之，廬而守之，俟其久也，負骨而歸，不亦可乎？」《事文類聚》。胡泳問：「設如母卒，父在，父循俗制喪服，用僧道火化，則如何？」朱子曰：「公如何？」曰：「只得不從。」曰：「其他都是皮毛外事，若決如此做，從之也無妨，若火化則不可。」《語類》欽按：本邦火葬昉於元興寺僧道昭，時文武帝四年也。某來亦尚，然人心之良不可終泯，故雖淫異教之深，而稍有孝慈之心者弗忍爲之。又其主速化之説者，雖得入土，亦破柩瘞之，以爲螻蟻之窠穴。或薄棺淺葬，爲狼犬所獲、鳥鳶所飡，與火化相去者幾希矣。古之孝者負柩歸鄉，荷土營墓，雖困窮流離之際，豈敢以親之遺骸投之鳥獸哉？況其力能辨火葬者，何以爲辭？噫！不孝之罪，無所容誅矣。

刻誌石。《事物紀原》云：「炙轂子曰：齊王儉云石誌不出禮經，起宋元嘉中顔延之爲王球作墓誌，以其〔無〕銘誄，故以紀行，自爾遂相祖習。然魏侍中繆襲改葬父母，制墓下埋文，將以陵谷遷變，欲使人有聞知，但記姓名、歷官、祖父、姻媾而已，有德業則爲銘文。又馮鑑《續事始》云：按《西京雜記》，前漢杜子春臨終作文，命刻石埋於墓前。《莊子》：衛靈公葬沙丘，掘得石椁，銘曰『不馮其子』。靈公奪而埋之。唐開元時，人有耕地得比干墓誌，刻其文以銅盤曰：『右林左泉，後崗前道，萬世之寧，茲焉是保。』漢滕公夏侯嬰得定葬石銘曰：『佳城鬱鬱，三千年見白日，吁嗟滕公居此室。』則墓之有誌，其來遠矣。」止此。司馬溫公曰：「大抵碑表叙學行、履歷、勛業，誌銘述名系、爵里、生卒。」《儀節》。欽按：《家禮》刻誌法，載丘氏《儀節》。本注又云：「蓋慮異時陵谷變遷，或誤爲人所動，而此石先見，則人有知其姓名者，庶能爲揜之也。」

止此。今擬誌制見《喪具考》。又按：古人墓誌概埋壙前，然要人先見誌而不犯壙，則宜置之壙上，而誌中亦曰柩在誌下。

明器 欽按：《既夕禮》：明器者，藏器之總稱也。其目：苞二。裹遣牲肉。稷、麥。各斗二升，皆湛之湯。甕三，醯、醢、屑。姜桂之屑。甒二，醴、酒。以上食品。用器，弓、矢、耒耜、兩敦、兩杅、槃、匜。皆常用之器也。及燕樂器。大夫以上有祭器。其役器，甲、胄、干、笮。矢箙也。皆臨役之器。燕器，杖、笠、翣。燕居安體之器。《通典》：「唐《元陵儀注》：『明器，三品以上九十事，五品以上七十事，九品以上四十事。偶人，其高各一尺。』開元二十九年勑：『三品以上明器，先是九十事，減至七十事，七十事減至四十事，四十事減至二十事。庶人先無文，限十五事。皆以素瓦爲之，不得用木、金、銀、銅、錫。其衣，不得用羅繡畫。』」《家禮》云：「明器：刻木爲車馬、僕從、侍女，各執奉養之物，象平生而小。」**下帳** 欽按：《開元禮》葬器有下帳，《書儀》從之，《家禮》云：「下帳：謂床帳、裀席、椅卓之類，亦象平生而已。」《考證》云：「帳，猶供帳之帳。凡鋪陳器物，總謂供帳。故此床、席、倚卓之類，以一帳字包之。下字，上下之下。」止此。蓋下帳所具，古者燕器之類，亦屬明器矣。高氏曰：「晉成帝詔：重壤之下，豈宜重飾，惟潔掃而已。張説曰：『墓中不置鉼瓨，以其近于水也；不置羽毛，以其近于尸也；不置黄金，以其久而爲怪也；不置丹朱、雄黄、礜石，以其近烈而燥，使土枯而不滋也。』古人納明器于墓，此物久而致蟲必矣。

如必欲用之，則莫若于壙旁別爲坎以瘞之也。」《儀節》。《家禮》「明器、下帳、苞、筲、甖」總注：「司馬温公曰：『自明器以下，俟實土及半，乃於其旁穿便房以貯之。』按：此雖古人不忍死其親之意，然實非有用之物。且脯肉腐敗生蟲聚蟻，尤爲非便，雖不用可也。」本注。又《語類》云：「喪事不用冥器、糧瓶之類，無益有損。棺椁中都不着世俗可用者一物。」《文集》：「陳安卿問：『明器亦君子不死其親之意。』曰：『熹家不曾用。』」丘氏曰：「竊謂宜小其制，每種各置少許，五穀每種存數十粒，脯醢存一二塊，庶幾存古，似亦無害。」《儀節》。凡從葬食品、器用，雖出古禮，而其於死者必無益有損，則不用固爲可。但遣苞所以盛奠牲也，奠以遣名，則不可無所遣送，宜包脯肉少許，及半掩壙乃埋之，其制見《喪具考》。

大轝竹格。　欽按：大轝竹格是柳車之遺制，詳見《喪具考》。

靈車儀仗。　欽按：靈車即魂車之義，衣服儀器之類，出魂車所載。今人葬儀，柩轝、靈車、銘旌、香火之外，輿馬、兵仗、衣箱、傘衣等，當隨生時位分所得之行裝，又須具從葬者。輿馬、儀仗，詳見《喪具考》。○凡送葬儀器，見古禮者：前驅，出《周禮》鄉、遂、縣士之職，所以辟行人也。方相，即夏官方相氏，魌頭，漢時逐疫所用。所以先柩車，除凶邪，敺壙中罔兩也。夾道而蹕，出鄉士之職。持旌，出巾車之職，謂執銘旌在柩車之前也。御柩執纛亦名羽葆幢，諸侯之禮也。及第、大夫所用，制亦如麾。功布，士所用，今有圖。出《士喪》及鄉師之職、《喪大記》，所以指麾挽柩之役，正其行列進退也。挾柩執鐸，君左右各八，大夫各四。出《雜記》，所以號令於衆也。《開元禮》云：「鐸，所以節挽者也。」蓋將祖，輴動，執鐸者節之，執鼓者導之，在路鳴鐸，節挽者而和其挽也。執引，左車曰紼，行道曰引，紼、綍同。出《既夕》及《雜記》、《大記》，所以引柩車也。唐元陵制：「天子六紼，各長三十丈，圍七寸。執紼挽士，虎賁千人。」執披，披，柩車行時，所以披持棺者。出《士喪》及司士之職，柩車兩旁使人持之，所以備傾覆也。持翣，以木爲匡，廣三尺，高二尺四寸，方，兩角高，衣以白布，柄長五尺。有畫翣、黼翣、黻翣。出《禮器》、《大記》及御僕、女御之職，在路夾柩車兩旁，入壙則樹之四旁。執蓋從車，出巾車之職，所以備雨也。其魂車、遣車、明器、輤車，別考之。後世挽歌，送葬歌曲也，起於齊公孫夏之《虞殯》、左傳哀公十一年。漢初田横之《薤露》。本傳。皷吹，從行騎樂也，《開元禮》導靈車用之。○《開元禮》行器序云：「靈車動，從者如常，皷吹振作而行。六品以下無皷吹。去靈車後，次方相車，六品以下魌頭車也。宋制，無官者禁用。次誌石車，次大棺車，欽按：大棺，外棺也。次輴車，誌石與大棺若先設者，不入陳布之次。四品以下無輴車。欽按：輴，古禮大夫以上祖庭入壙所用之平車，如士輁軸而有四周。次明器輿，次下帳輿，次米輿，五穀米實。次酒脯醢輿，次苞牲輿，欽按：是爲遣車。次食輿，食盤椀具自足。方相以下駕士馭，士舁明器，下帳等，人皆介幘深衣。六品以下魌頭，無駕士。次銘旌，次纛，次鐸，鐸分左右。次輀車。」庶人無引披、鐸、翣。又有行帷，所以障婦人也。宋名行幕。《家禮》云：「陳器，方相在前。次明器、下帳、苞、筲、甖，以床舁之。次銘旌，去跗執之。次靈車，以奉魂帛、香火。次大轝，轝旁有翣，使人執之。」丘氏《儀節》圖又有香案、食案。〇本朝喪儀古令：凡親王一品，方相、轜車各一具，《義解》云：方相者，蒙熊皮，黄金四目，朱衣玄裳，執戈揚盾，所以導轜車旨也。轜車，葬車也。鼓一百面，大角五十口，小角一百口，幡四百竿，金鉦、鐃、鼓各二面，鉦者，似鈴，柄中上下通也。鐃者，如鈴，無舌有柄，執鳴之而止擊鼓也。楯七枚；謂所以自扞葬者也。二品以下有差。欽按：國令大抵遵唐制。鼓、甬、鉦、鐃皆皷吹所用，「甬」字與「筒」通，似管類，疑是角字誤也，《唐樂志》鼓吹有大甬、小角，蓋謂長鳴，中鳴歟？今葬俗所吹銅角，大爲喇叭，小爲嗩吶。幡竿之多無所考，意只是行儀耳。用楯亦不見唐禮，蓋古者鄉士夾道而蹕之意。又《源氏和名集》葬具所引喪禮圖者，意亦唐制也，有香輿、俗云香農個失。欽按：宋制有香輿。蠟燭輿、俗云火輿。白布帷，以障婦人。今案，俗用步障是。此類蓋此邦舊俗亦用之，今皆闕不論。唯食輿，《喪具考》別出之。〇唐大曆七年詔：「喪葬之家送葬祭盤，只得於喪家及塋所置祭，不得於街衢張設。」又長慶三年令：「百姓喪葬祭奠，不得以金銀、錦繡爲飾及陳設音樂。」《宋志》。《開元禮》云：「庶人送葬祭盤，不許作假花果及樓閣，數不得過一牙盤。」《宋志》云：「士庶人喪，開寶三年十月詔開封府，禁喪葬之家不得用道、釋威儀及裝束異色人物。」〇《中庸》：「父爲大夫，子爲士，葬以大夫，祭以士；父爲士，子爲大夫，葬以士，祭以大夫。」注云：「謂葬之從死者之爵，祭之用生者之禄也。」

啓殯　朝祖　代哭　奠賻　陳器　祖奠

啓殯。《既夕禮》：「夙興，設盥于祖廟門外。陳鼎，皆如殯。」注云：「祖，主父也。下士祖、禰共廟。」疏云：「『夙興』者，謂夕哭請期訖，明旦早起。」餘闕。「商祝免袒，執功布入，升自西階，盡階，不升堂，聲三，啓三。」注云：「聲三，三有聲，存神也。啓三，三言啓，告神也。」餘闕。「拂柩用功布，幠用夷衾。」《開元禮》因之，其告辭曰：「謹以吉辰啓殯。」《家禮》云：「發引前一日，因朝奠以遷柩告。」本注云：「古有啓殯之奠，今既不塗殯，則其禮無所施。又不可全無節文，故爲此禮也。」欽按：遷柩者，謂將遷柩朝祖也，但玆日因朝奠，徹柩外帷屏，拂拭柩，覆以夷衾，以存啓殯之名，庶爲可。其儀，丘氏《儀節》備矣。告辭當改「遷柩」爲「啓殯」。又按：古禮啓殯變服，男子括髮，婦人髽，正如小斂。《開元禮》：「主人及諸子皆去冠絰，以衰巾帕頭。」今並闕之。《喪服小記》：「爲兄弟，既除喪，已及其葬也，反服其服。」欽按：此謂過時而葬者。

○《開元禮》啓之日有告贈謚、六品以下無。親賓致奠之禮，可考。

朝祖。《既夕禮》：「遷于祖，用軸。」注云：「遷，徙也。徙於祖，朝祖廟也，蓋象平生時出，必辭奠者。軸，輁軸也。軸狀如轉轔，列兩頭爲軹。輁狀如長床，穿桯前後，著金而關軸焉。

大夫、諸侯以上有四周，謂之輴，天子畫之以龍。」止此。「重先，奠從，燭從，柩從，燭從，主人從。」注云：「丈夫由右，婦人由左，以服之親疏爲先後，各從其昭穆，男賓在前，女賓在後。」疏云：「柩之前後皆有燭者，以其柩車爲隔，恐闇，故各有燭以照道。若至廟，燭在前者升照正柩，在後者在階下照升柩。」止此。「升自西階。」注云：「柩也猶用子道，不由(作)〔阼〕也。」止此。「奠俟于下，東面，北上。」注云：「俟正柩也。」止此。「主人從升。婦人升，東面。衆人東即位。正柩于兩楹間，用俠床。」注云：「是時柩北首。」疏云：「既言朝祖，不可以足鄉之。」止此。「主人柩東，西面。置重如初。」注云：「如殯宮時也。」「席升，設于柩西。奠設如初，巾之。」注云：「席設于柩之西，直柩之西，當西階也。從奠設如初，東面也。謂殯宮朝夕奠設于室中者。不統於柩，神不西面也；謂不近柩設奠。不設柩東，東非神位也。」據神位在奧而言。○止此。「主人踊無算，降，拜賓，即位，踊，襲。」將啓而袒，至此襲也。欽按：《開元禮》遷柩，四品以下不用車，而曰舉柩，《家禮》「奉柩朝于祖」，今從之。其儀，本注備矣。此禮象平素人子出必告，其正柩當從《家禮》用席不用床，以存敬意爲是。又其設奠，蓋孝子不忍少無依之意。《家禮》奠及棹卓從魂帛而入，蓋魂帛安椅上，而奠設于卓也。竊謂是皆存亡者之心，所不敢安。今以牌子代魂帛，宜奉牌子安于柩北席上，北向，而不設奠，少頃禮畢，恐爲稱情。○丘氏曰：「今人家多狹隘，難於遷轉。今擬奉魂帛以代柩，雖非古禮，蓋但主於必行，猶愈於不行者爾。若其屋宇寬大者，自宜如禮。」止此。

乃依《家禮》本注爲其《儀節》云。○《檀弓》：「喪之朝也，順死者之孝心也。其哀離其室也，故至於祖、考之廟而後行。」《集説》云：「子之事親出必告，反必面，今將葬而奉柩而朝祖，(因)〔固〕爲順死者之孝心，然求之死者之心，亦必自哀其違離寢處之居，而永棄泉壤之下，亦欲至祖考之廟而訣别也。」

就轝。《既夕》記：「既正柩，遂、匠納車于階間。」注云：「遂、匠，遂人、匠人也。遂人主引徒役，匠人主載柩窆，職相左右也。車，載柩車，《周禮》謂之『蜃車』。其車之轝狀如床，中央有轅，前後出，設前後輅，下注云：輅，轅縛，所以屬引。轝上有四周，下則前後有軸，以輇爲輪。許叔重説『有輻曰輪，無輻曰輇』。」疏引《周禮·遂師》注云：「蜃車，柩路，四輪迫地而行，有似於蜃，因取名焉。」止此。「薦乘車。道車。稾車。」注見《喪具》。經：「薦車，直東榮，北輈。」注云：「象生時將陳駕也，今時謂之魂車。」止此。經：「有司請祖期。」注云：「亦因在外位請之，當以告賓。朝廟事畢而出，主人送賓之時。將行而飲酒曰祖，祖，始也。」止此。「曰：『日側。』」注云：「側，昳也，謂將過中之時。」止此。「主人入，袒，乃載，踊無算。卒束，襲。」注云：「袒，爲載變也，舉柩却下而載之。束，束棺於柩車。」疏云：「却，猶却也，鄉柩左堂北首，今却下以足鄉前，下堂載於車，故謂之却也。」止此。「降奠當前束。」注云：「下遷祖之奠也。當前束，猶當尸腢也。」記：「將載，祝及執事舉奠，户西，南面，東上。卒束前而降奠，席于柩西。」注云：「將於柩西當前東設之。」止此。經：「商祝飾柩。餘闕。設披，屬引。注並見上。陳明器於乘車之西。」注云：「明器，藏器也。」疏云：「自『苞、筲』以下總曰『藏器』，以其俱入壙也。」餘闕。「徹奠，徹遷祖奠。巾、席俟于西方，主人要節而踊。」注云：「巾、席俟於西方，祖奠將用焉。要節者，來象升，丈夫踊；去象降，婦人踊。」止此。「祖。」注云：「爲將祖變。」止此。「商祝御柩。」注云：「亦執功布居前，爲還柩車爲飾。」止此。「乃祖。」注云：「還柩鄉外，爲行始。」欽按：下經「還重左旋」注云「重與車馬還相反」，則知還車右旋。止此。「踊，襲，少南，當前束。」注云：「主人也。柩還則當前束南。」止此。「婦人降，即位于階間。」注云：「爲柩將去有時也。」疏云：「即明旦遣而行之，是時也。」○欽按《開元禮》「將葬陳車位」云：「啓日之夕，納柩車於大門之内，當門南向。進靈車於柩車之右。內外所乘之車陳於大門之外。」次「陳器用」云：「啓之夕，發引前五刻，陳布吉凶儀仗。」從燕車爲吉，靈車爲凶。次「進引」謂：前二刻，徹啓奠。闕朝祖一節，故至此徹啓奠。執紼、持翣、執鐸、執纛者皆入陳布。前一刻，「進靈車於內門外，南向。祝以腰輿迎於靈座，出就靈車。內喪則婦人執腰輿。祝於輿左，西向跪，昭告曰：『孤子某母云哀子。謹用告辰，奉歸先寢，若新卜宅，云「奉遷幽宅」。四品以下先兆、幽宅。靈車就引，神道紆回，惟以荒蓼，無任鯁絕。』興，少頃，腰輿出，降自西階，羽儀六品以下云威儀。從者如平生」。次「引輀」四品以下舉柩。謂：殯宮引輀，出降階間。次「輀在庭位」謂：輀至庭，庭內先施席以居柩。主人以下男女爲位於輀東西，主哭。

次「祖奠」，次「輀出升車」，謂柩載轜車。乃設遣奠、裝遣車而發引。蓋古禮祖於廟庭，朝祖既畢，却下柩載蜃車，因設飾，乃還車爲祖，因設奠。《開元禮》不朝祖，只啓夕引輀出庭爲祖，其設奠後就轜車，殆及明旦。《家禮》既朝祖禮畢，遂遷于廳事，丘氏《儀節》備矣。其曰「(視)〔祝〕奉魂帛，導柩左旋」者，蓋從古禮還車右旋，或便其降自西階也。是出廟而旋柩，不用却下之禮，乃以遷廳爲祖也。丘氏曰：「今人家未必有廳又有堂，其停柩之處即是廳事，略移動可也。若有兩處者，自合依禮遷之。」欽按：「略移勤」者，謂稍鄉外，以合就遠之義。《家禮》既遷聽之後，乃代哭，親賓致奠賻，陳器，日晡時設祖奠，厥明遷柩就轝於中庭，乃設遣奠，並丘氏依本注爲《儀節》。今堂宇異制，廣狹不同，就轝設奠之先後，或在庭，或在廳，皆可從其便，但就轝設飾要在啓夕。

代(器)〔哭〕。古禮在賵賻注，今從《家禮》序。《既夕禮》：「乃代哭如初。」注云：「棺柩有時將去，不忍絶聲也。初，謂既小斂時。」欽按：本朝古令：葬前發哀，太政太臣五日，一品、二品三日，三品一日。

奠賻。欽按古禮：「公賵玄纁束，馬兩。」親賓亦有賵奠賻贈，贈幣無常。注云：「賵，所以助主人送葬也。賻主施於主人。」疏云：「贈是玩好，施於死者。」其儀今皆闕，《開元禮》依古制致賵之儀，《家禮》只云「親賓致奠賻，如初喪儀」，丘氏爲之《儀節》。

陳器。　欽按：古禮「陳器」云者，只是謂陳明器、藏器而已。《開元禮》《家禮》皆以總陳列送葬儀仗爲陳器。《開元》儀見上。《家禮》如《儀節》。丘氏曰：「今世送葬象生時，所乘鞍馬牽之柩前，及將所衣衣服陳列從葬，似亦無害。」《儀節》。今擬士庶葬儀，各從位分、量財力以稱其宜，大抵以香輿、食輿、銘旌、靈車、行炬、大轝爲次，其餘前後行裝如常儀，而備警衛，又當具從葬人輿馬，皆以籍録其行序，且各注其所執、所從之人名。

祖奠。　《既夕禮》：「祖，還車，不還器。」注云：「祖有行漸，車亦宜鄉外也。器之陳自已南上。」欽按：據記疏，此車包指乘車、道車、牽車。止此。「祝取銘置于茵。」注云：「重不藏，故於此移銘，加於茵上。」茵，壙中棺下布藉也。○止此。「二人還重，左旋。」注云：「重與車馬還相反，由便也。」皆鄉門出。「布席，乃奠如初。主人要節而踊。」注云：「車已祖，可以爲之奠也，是之謂祖奠。」止此。記：「還車不易位。」注云：「爲鄉外耳，未行。」止此。「祝饌祖奠于主人之南，當前輅，北上，巾之。」注云：「既祖，祝乃饌。」《開元禮》云：「庭位既定，祝帥執奠者設祖奠於輀車，如大斂之儀。祝酌奠訖，進饌南，北面跪曰：『永還之禮，靈辰不留，謹奉柩車，式遵祖道，尚饗。』少頃，徹之。」《家禮》從之，丘氏爲《儀節》。

設燎。　《既夕禮》：「宵爲燎于門内之右。」注云：「爲哭者爲明。」疏云：「燎，天燭。必於『門内之右』門東者，奠於柩車西，鬼神尚幽闇，不須明；柩車東有主人，階間有婦人，故於門右照之，爲明而哭也。」又《周禮》：「（閽）〔闇〕人掌喪紀之事，設門燎，蹕宮門、廟門。」疏云：「朝廟及出葬之時，宮中及廟門皆設門燎，蹕止行人也。燭在地曰燎，謂若天子百，公五十，侯、伯、子、男皆三十，所作之狀，蓋百根葦皆以布纏之，以蜜塗其上，若今臘燭矣。」欽按：庭燎所以明哭者，門燎所以止行人。今俗亦葬前終夕不寐而哭，宜列張燈火。意者此間古人亦將葬設燎，以布纏葦造大燭，後世浮屠氏火葬竊取之，稱爲大炬，未燃，列之葬儀，或葬場燃之，棹謝賓處。

遣奠

遣奠。欽按：遣，送也。《既夕禮》：「厥明，陳鼎五于門外，如初。」注云：「鼎五，羊、豕、魚、腊、鮮獸各一鼎也。喪事略，無膚而加鮮獸，士用兔。士禮特牲三鼎。盛葬奠加一等，用少牢也。如初，如大斂奠時。」疏云：「此論葬日之明，陳大遣奠於廟門外之事。」止此。「陳器。」注云：「明器也，夜斂藏之。」疏云：「由朝祖至夜斂藏之，至此厥明更陳之也。」止此。「滅燎。設燭，俠輅，北面。」注云：「照徹與葬奠也。」止此。「賓入者，拜之。」注云：「明自啓至此，主人無出禮。」止此。「徹者入，丈夫踊。設于西北，婦人踊。」注云：「設於柩車西北，亦猶序西南。」止此。「徹者東。」注云：「適葬奠之饌。」止此。「鼎入。乃奠。餘闕。奠者出，主人要節而踊。甸人抗重，出自道，道左倚之。薦馬，馬出自道，車各從其馬，駕于門外，西面而俟，南上。徹者入，踊如初。徹巾，苞牲，取下體。」注云：「取下體者，脛骨象行，士苞三个。」疏云：「士有(二)〔一〕苞，而云『苞三个』，謂一苞之中有三个牲體。」止此。「不以魚。」注云：「非正牲也。」《檀弓》：「國君七个，遣車七乘；大夫五个，遣車五乘。」《雜記》：「遣車視牢具。」注云：「言遣車多少各如所包遣奠牲體之數也。遣奠，天子大牢，包九個；諸侯亦大牢，包七個；大夫亦大牢，包五個；士少牢，包三個。大夫以上，乃有遣車。」止此。《既夕禮》：「行器。」注云：「目葬行明器，在道之次。」止此。「茵、苞、器序從，車從。乘車、道車、稾車。徹者出，踊如初。」注云：「於是廟中當行者，(准)〔唯〕柩車。」欽按：遣奠亦謂之送道之奠，見《周禮·小祝》注。《通典》云：「晉賀循曰：『祖奠竟，厥明又大奠者，加於常一等，士以少牢，大夫太牢，盛葬禮也，是謂遣奠。』宋崔凱云：『柩將至墓。柩將還南向，少牢之奠於車西，名曰用薦，遣奠尚饗。大夫以上太牢。其祝辭曰：哀子某敢用潔牲剛鬣用薦。此遣奠者也。』」《開元禮》云：「既升柩，祝與執饌者設遣奠於柩車，如祖奠。祝酌，奠於饌前，少頃，徹之。既遣奠，掌事者以蒲葦苞牲體下節，七苞，四品、五品三苞，六品以下二苞。以繩束之，盛以盤，載於車列旌前。」《家禮》云：「奠畢，執事者徹脯納苞中，置舁床上，遂徹奠。」餘如丘氏《儀節》，其告辭出高氏禮。《附録》楊說。○《雜記》：「或問於曾子曰：『夫既遣而包其餘，猶既食而裹其餘與？君子既食則裹其餘乎？』」注云：「言傷廉也。」止此。「曾子曰：『吾子不見大饗乎？夫大饗，既饗，卷三牲之俎歸于賓館。父母而賓客之，所以爲哀也。子不見大饗乎？』」注云：「言父母，家之主，今賓客之，是孝子哀親之去也。」〇《家禮》云：「祝奉魂帛升車，焚香。」丘氏依本注爲《儀節》。〇《正衡》起棺昭告辭云：「尊靈前注血而言曰：痛惟某親，奄棄某人。兹捧靈柩，特伸安厝(其)〔某〕處之原。丹旐既舉，昭告惟寅。輀車載道，勿驚勿怖。謹告。」

發引

翣行。《既夕禮》：「商祝執功布以御柩，執披。」注云：「居柩車之前，若道低仰傾虧，則以布爲抑揚左右之節，使引者、執披者知之。士執披八人。」疏云：「道有低則抑下其布，使知下坂；道有仰則揚舉其布，使知上坂。東徹下則下其布向東，西轍下則下其布向西，東邊執披者持之。」止此。「主人祖，乃行，踊無算。」注云：「祖爲行變也。乃行，謂柩車行也。凡從柩者先後左右，如遷于祖之序。」止此。「出宫，踊，襲。」注云：「哀次。」疏云：「大門外有賓客次舍之處，父母生時接賓之所，故主人至此感而哀，此次是以有踊，踊訖，即襲，襲訖而行也。故《檀弓》云『哀次亦如之』。」○《開元禮》云：「主人及諸子俱絰杖縗服，徒跣哭從，諸(大)〔丈〕夫婦人各依服精麤以次哭從。出門，外内尊行者皆乘車馬，哭不絶聲。出郭，若親賓還者，權停柩車，内外尊行者皆下焉，依服之麤細爲序，立哭如式。相車引親賓以次就柩車左，向柩立哭盡哀，卑者再拜而退，婦人亦如之。親賓既還，内外乘車馬。若墓遠及病不堪步者，雖無親賓還，主人及諸子亦乘堊車，去塋三百步皆下。」《家禮》云：「柩行。主人以下男女哭步從。如朝祖之(義)〔敘〕。尊長次之，無服之親又次之，客又次之。親賓設幄於郭外道旁，駐柩而奠。塗中過哀則哭。」丘氏依本注爲《(義)〔儀〕節》。欽按：《宋志》遵唐制，禁百姓喪葬攔街設祭，蓋非古禮也。《既夕》記：「唯君命止柩于堩，君使宰夫贈玄纁束。其餘則否。」注云：「不敢留(禮)〔神〕也。」唐禮，婦人以行帷障之，《家禮》從葬亦用之，《儀節》有圖。此邦古禮雖有行帷，而今不能用，宜乘肩輿，倍從者，着蓋頭。○《檀弓》：「孔子在衛，有送葬者，而夫子觀之，曰：『善哉爲喪乎！足以爲法矣，小子識之。』子貢曰：『夫子何善爾也？』曰：『其往也如慕，其反也如疑。』」注云：「慕，謂小兒隨父母啼呼。疑者，哀親之在彼。」疏云：「言慕如小兒啼呼者，謂父母在前，嬰兒在後，恐及不及之，在後啼呼而隨之。疑者，謂凡人意有所疑，在彷徨不進。《問喪》云：『其反也如疑。』鄭注云：『疑者，不知神之來否。』與此相兼乃足。」止此。「子貢曰：『豈若速反而虞乎？』子曰：『小子識之！我未之能行也。』」注云：「哀戚，本也。祭祀，末也。」

〇《王制》：「庶人葬不爲雨止。」疏云：「案《異義》：『《公羊》説，雨不克葬，宣公八年。謂天子、諸侯也。卿大夫臣賤，不能以雨止。』《廢疾》云：『雖庶人葬，爲雨止。』《公羊》説『卿大夫臣賤，不能以雨止』，此等之説，則在廟未發之時，庶人及卿大夫亦得爲雨止。若其已發在路，及葬，則不爲雨止。其人君在廟及在道，及葬，皆爲雨止。」〇《曾子問》：「夫柩不蚤出，不莫宿。」注云：「侵晨夜，則近姦寇。」《荀子》曰：「刑餘罪人之喪，不得晝行，以昏殣。」埋也。欽按：從葬者多而驚衛之，早發亦無妨，當忌夜葬，似罪人。〇《曲禮》：「送喪不由徑。」《雜記》：「士喪有與天子同者三：其終夜燎，及乘人，專道而行。」疏云：「終夜燎，謂柩遷之夜須光明，故竟夜燎也。乘人，謂人引車，不用馬也。專道而行，謂喪在路，不辟人也。三事爲重，故云與天子同也。」欽按：今俗葬行，雖貴權亦辟之，晨夜排門閭而過，人亦不之尤，未必知禮，而專道之制自出於人情矣。田家之民送喪，賃婦人善哭者從行，所爲雖鄙，而代哭之禮尚存乎野矣，今則亦亡。〇《顔氏家訓》云：「喪出之日，門前然火，户外烈灰，祓(除)送家鬼，章斷注連：凡如此比，不近有情，乃儒雅之罪人，彈議所當加也。」欽按：《和名集》送葬門(火)〔亦〕引此事，則其傳習亦尚矣。葬反則家人迎門外，以鹽灰祓除凶穢。噫！祝生之情勝，而哀死之意(哀)〔衰〕，當禁而斷之。

行次宿止《開元禮》云：「靈車到帷門外，迴，南向。進腰輿於靈車後。威儀從者如常。少頃，輿入，詣靈座前，少頃降出。遂進常食於靈座，若食頃，徹之。每至停宿之所，於室設靈座，進食如初。柩車到，入凶帷，停於西廂，南轅。祝設几席於柩車東。初至宿處，内外皆就柩車所。主人及諸子以下於柩車之東，西面南上；妻妾、女子子、婦人於柩車之西，東面南上；祖父以下柩車東北，南面西上；異族有服者於柩車東（面）〔南〕，西面北上；祖母以下於柩車西北，南向東上；異姓婦人又於柩車西南，東向北上；國官於帷外柩之東，北面西上；僚佐於柩之西，北面東上。俱立哭。自國官以下，六品無。凡停宿，進酒脯之奠於柩東，如朔奠之儀。既設奠，内外各還次，迭哭不絶聲。及夕，内外就柩車所哭，進夕奠如朔奠之儀。訖，迭哭如常。厥明，又就位哭，進朝奠亦如之。若食頃，徹之。吉凶儀仗依式發引，内外哭從如初儀。」《家禮》云：「若墓遠，則每舍設靈座於柩前，朝夕哭奠。食時上食。夜則主人兄弟皆宿柩旁，親戚共守衛之。」

及墓　下棺　祠土地　成墳　立碑

墓所先設墓蓋、靈帷、親賓次、婦人帷。《周禮・遂師》：「大喪，使師其屬以幄帟先。」注云：「使以幄帟先者，大宰也。」以幄帟先，所以爲葬窆之（問）〔間〕先張神坐也。」疏云：「柩至壙，脱載除飾，柩則在地。未葬窆之間，須有神坐之所，故知大幕之下，宜有幄之小帳，小帳之內，而有帟之承塵，以爲神座也。」欽按：《開元禮》柩車宿止、到墓，亦皆有凶帷。今宜以白布幕周壙外四面，若別設幄，則爲僭矣。○《開元禮》：「前一日之夕，掌事者先於墓門內道西，張帷幕，設靈座如初。」《家禮》從之。如《儀節》所云，又當具香燭。○親賓次、婦人帷，《家禮》如《儀節》。欽按：親賓次，古禮未考；其障婦人，《開元禮》每用行帷。○《開元禮》云：「乘車者卑行見墳而下，尊行及塋而下，序哭。靈車至帷門外，迴車南向，祝以腰輿詣靈車後，少頃，入詣靈座前，少頃，以輿降出，遂設酒脯之奠如初。柩車至壙前，迴南向。進輴車四品以下布席。於柩車之後，張帷，下柩於輴。丈夫柩東，婦人柩西，以次進，憑哭盡哀，各退復位。內外卑者再拜辭訣。相者引主人以下哭於羨道東，西面北上。妻及女子子以下婦人皆障以行帷，哭於羨道西，東面北上。」欽按：《家禮》大概從《開元禮》，如《儀節》文。《補注》云：「祝奉靈車、魂帛，就靈幄內，遂設奠也。」止此。本注陳設酒果脯醢於柩前靈座上，蓋亦非謂兩所兼設也。其奠宜隨力具盛饌，不必泥酒脯。又《開元禮》食盤設於下帳前，今不用下帳，而奠于靈座，庶乎得情。又按《補注》云：「襲、斂哭位皆南上者，尸南首也；及墓哭位皆北上者，尸北首也。」男女哭位及拜賓之節，古禮文見下條。

下棺。《既夕禮》：「至于壙，陳器于道東西，北上。茵先入。」注云：「當藉柩也。」止此。「屬引。」注云：「於是說載，除飾，更屬引於緘耳。」疏云：「棺束爲緘。」止此。「主人袒，衆主人西面，北上，婦人東面，皆不哭。」注云：「俠羨道爲位。」疏云：「羨道謂入壙道。」止此。《喪大記》：「士葬用國車，二綍，無碑。」注云：「輇，字或作『團』，是以又誤爲『國』。輇車，柩車也。」疏云：「士『二綍無碑』者，手懸下之。」止此。「君，命毋譁，以鼓封；大夫，命毋哭；士，哭者相止也。」疏云：「士又卑，不得施教命，直以哭者相止也。」《王制》：「庶人縣封，葬不爲雨止。」注云：「懸窆者，至卑，不得引紼下棺。雖雨猶葬，以其禮儀少。」疏云：「士雖無碑，猶有二紼。今庶人無紼，唯以繩縣棺。」○《既夕禮》：「乃窆，主人哭，踊無算。」注云：「窆，下棺也。今文『窆』爲『封』。」止此。「襲，贈用制幣玄纁束，拜稽顙，踊如初。」注云：「丈八(人)〔尺〕曰制，二制合之束，十制五合。」詳見《喪具考》。○止此。「卒，袒，拜賓。主婦亦拜賓。即位，拾踊三，襲。」注云：「主婦拜賓，拜女賓也。即位，反位也。」止此。「賓出，則拜送。」餘闕。「實土三，主人拜鄉人。」注云：「謝其勤勞。」疏云：「按《雜記》云『鄉人，五十者從反哭，四十者待盈坎』，注云『非鄉人則少長皆反』。勤勞者，謂在道助執紼，在壙助下棺，又實土也。」○《開元禮》云：「施席於壙户内之西。四品以下遂下柩於壙空。執紼者屬紼於輴，六品以下無執紼者。遂下柩於壙内席上，北首，覆以夷衾。餘闕。施銘旌、誌石於壙門之内，置設訖，掩户，設關籥，遂復土三。主人以下稽顙哭，盡哀，俱就靈所哭。」《家禮》「乃窆」以下如《儀節》。本注云：「大凡下柩，最須詳審用力，不可誤有傾墜動摇。主人兄弟宜輟哭，親臨視之。」又云：「金玉寶玩並不得入壙，以爲亡者之累。」欽按：下棺有杠窆法，朝鮮《五禮儀》有圖，大夫、士、庶人通用。若壙旁狹，則宜用舁窆法。二法俱爲圖，列《喪具考》。又按《既夕禮》：「加見。」注云：「見，棺飾也。」疏云：「柩入壙，還以帷、荒加於柩。」今宜從《開元禮》以夷衾爲柩衣。其和灰、築灰法，亦見《喪具考》。

祠土地。《檀弓》：「既封，主人贈。而有司以几筵舍奠於墓左。」疏云：「孝子先反脩虞，故有司以几筵及祭饌置於墓左，禮地神也。」止此。餘詳見上。《開元禮》云：「先於墓左餘地爲祭所。柩車到，祝吉服鋪后土氏神席北方，南向。餘闕。祝文曰：『維年月朔日，子某官姓名，敢昭告于后土氏之神：(其)〔某〕官封謚，窆兹幽宅，神其保佑，俾無後難。謹以犧齊粢盛庶品，明薦于后土之神，尚饗。』」《家禮》如《儀節》，但祝文「兆宅」作「幽宅」。

奉靈車還。《既夕》記：「柩至于壙，斂服載之。」注云：「柩車至壙，祝説載除飾，乃斂乘車、道車、槀車之服載之，不空之以歸。送形而往，迎精而反，亦禮之宜。」疏云：「柩車既空，乃斂乘車皮弁服、道車朝服、槀車蓑笠三者之服，載之於柩車，示『不空之以歸』者也。」《開元禮》云：「既下柩於壙，搥一鼓爲一嚴，無鼓者量時陳布也。掩墓户。搥二鼓爲(耳)〔再〕嚴，內外就靈所。搥三鼓爲三嚴，徹酒脯之奠，進靈車於帷外，陳布儀衛六品以下唯陳布儀。如來儀。又進腰輿，入詣靈車後，少頃，輿退，靈車發行，內外從哭如初儀。出墓門，尊行者乘車馬，去墓百步許，卑者乘馬以哭從。」《家禮》云：「祝奉神主升(馬)〔車〕，《補注》云：「即靈車也。」魂帛在其後。執事者徹靈座，遂行。主人以下哭從，如來儀。尊卑乘馬節，如來禮。但留子弟一人監視實土以至成墳。」

墳。《周禮・冢人》：「以爵之等爲丘封之度其樹數。」注云：「王公曰丘，諸臣曰封。」疏云：「爵尊者丘高而樹多，卑者封下而樹少。」《王制》：「庶人不封不樹。」注云：「封，謂聚土爲墳。不封之，不樹之，無飾也。士以上乃皆封樹。」疏云：「其樹，案《白虎通》云：『天子松，諸侯柏，大夫栗，士槐云。』」《家語》：「孔子爲中都宰，制爲養生送死之節，因丘陵爲墳，不封不樹。」《檀弓》：「孔子既得合葬於防，曰：『吾聞之，古也墓而不墳。』」注云：「墓，謂兆域，今之封塋也。土之高者曰墳。」止此。「『今丘也，東西南北之人，不可以弗識也。』於是封之，崇四尺。」注云：「東西南北，言居無常也。聚土曰封。封之，周禮也。崇，高也。高四尺，蓋周之士制。」疏云：「《周禮》公、侯、伯之大夫再命，與天子中士同。云『周之士』，謂天子之士也。」《喪服四制》：「墳墓不培。」疏云：「培，益也，一成丘陵之後，不培益其上。」《檀弓》：「防墓崩，孔子泫然流涕曰：『吾聞之，古不修墓。』」《集説》云：「古人所以不修者，敬謹之至，無事於修也。」朱子曰：「《光武紀》云，爲墳但取其稍高，四邊能走水足矣。古人墳極高大，壙中容得人行，也没意思。」《語類》。墳制詳《喪具考》。

碑。《事物紀原》云：「碑，蓋因喪禮豐碑之制也。陸龜蒙《叢目書》曰：碑，悲也。古者懸而窆用木，書之以表其功德，（用）〔因〕留之不忍去，碑之名由是而得。自秦、漢以降，生有功德政事者亦碑之，而又易之以石，失其稱矣。」止此。司馬温公曰：「古人有大勛德，勒名鍾鼎，藏之宗廟。其葬則有豐碑，以下棺耳。秦漢以來，始命文士褒贊功德，刻之於石，亦謂之碑。降及南朝，後有銘誌埋之墓中。使其人果大賢也，則名聞昭顯，衆所稱頌，流播千古，不可掩蔽，豈待碑銘，始爲人知？若其不賢也，雖以巧言麗辭，强加采飾，功侔名望，德比仲尼，徒取譏笑，其誰肯信？碑猶立於墓道，人得見之；誌乃藏於壙中，自非開發，莫之睹也。隋文帝子秦王俊薨，府僚請立碑，帝曰：『欲求名，一卷書史足矣，何用碑爲？徒與人作鎮石耳。』此實語也。今不能免，依其誌文，但可直叙鄉里、世家、官秩始終而已。季札墓前有石，世稱孔子所篆，云：『嗚呼！有吴延陵君子之墓。』豈在多言？然后人知其賢也。今但刻姓名於墓前，人自知之耳。」《附録》。《家禮》云：「墳高四尺。立小石碑於其前，亦高四尺。」本注云：「今按：孔子防墓之封，崇四尺，故取以爲法。用司馬公説，别立小碑。」又云：「婦人則俟夫葬乃立。」欽按：若速葬，碑誌未成，則壙上未築實，待刻成後，埋誌成墳而立碑。

反哭

反哭。《既夕禮》：「乃反哭，入，升自西階，東面。衆主人堂下，東面，北上。」注云：「西階，東面，反諸其所作也。反哭者，於其祖廟，不於阼階，西面，西方神位。」疏云：「《特牲》《少牢》皆席于奥，殯亦在西階，是西方神位，主人非行事，直哭而已，故就神位。」止此。「婦人入，丈夫踊，升自阼階。」注云：「辟主人也。」止此。「主婦入于室，踊，出，即位，及丈夫(於)〔拾〕踊三。」注云：「入于室，反諸其所養也。出，即位，堂下西面也。」止此。「賓吊者升自西階，曰：『如之何！』主人拜稽顙。」注云：「賓吊者，衆賓之長也。」止此。「賓降，出，主人送于門外，拜稽顙。遂適殯宮，皆如啓位，拾踊三。」注云：「啓位，婦人入升堂，丈夫即中庭之位。」止此。「兄弟出，主人拜送。」注云：「兄弟，小功以下也。異門大功，亦可以歸。」疏云：「此兄弟等始死之時，皆來臨喪，殯訖，各歸其家，朝夕哭則就殯所，至葬開殯而來喪所，至此反哭，亦各歸其家，至虞卒哭祭，還來預焉。大功以上有同財之義，爲異門則恩輕，故可歸也。」止此。「衆主人出門，哭止。闔門。主人揖衆主人，乃就次。」注云：「次，倚廬也。」止此。「猶朝夕哭，不奠。」疏云：「至殯宮，猶朝夕哭，如前。《檀弓》云『是日也，以虞易奠』，故不奠也。」止此。記：「卒窆而歸，不驅。」疏云：「孝子不見其親，疑精魂在彼不歸。」○《開元禮》云：「靈車到第，內外皆下車馬。靈車入，至西階前，迴南向，祝以腰輿詣靈車後，少頃，升，入詣靈座前。主人以下從升，立於靈座東，西面南上。少頃，腰輿降出。內外俱升。諸祖父以下哭於帷東，北壁下，南面西上；妻及女子子以下婦人哭於靈西，東面南上；諸祖母以下哭於帷西，北壁下，南面東上；外姻哭於南廂：丈夫於帷東，北面西上；婦人於帷西，北面東上。有親賓吊哭者，升堂，西向靈哭如常。其吊於庭者，稱『痛當奈何』，餘如常儀。哭盡一哀，相者引主人以下降，各還次。沐浴以俟虞。」○《家禮》「反哭」，丘氏依本注作《儀節》，備矣。楊氏復曰：「古者反哭于廟，先生《家禮》反哭于廳事，婦人先入哭于堂，又與古異者。後世廟制不立，祠堂狹隘，所謂廳事者，乃祭祀之地，主婦饋食亦在此堂也。」○《問喪》：「哀以送之，送形而往，迎精而返也。其往也，望望然，汲汲然，如有追而弗及也。其反哭也，皇皇然，若求而弗得也。故其往送也如慕，其反也如疑。」注云：「望望，瞻望之貌。慕者，以其親之在前。疑者，不知神之來否。」疏云：「汲汲然者，促急之情也。皇皇然者，意彷徨也。」止此。「求而無所得之也，入門而弗見也，上堂又弗見也，入室又弗見也，亡矣，喪矣，不可復見已矣。故哭泣擗踊，盡哀而止矣。」《集説》云：「盡哀而止者，他無所寓其情也。」止此。《檀弓》：「反哭升堂，反諸其所作也。」注云：「親所行禮之處。」止此。「主婦入于室，反其所養也。」注云：「親所饋食之處。」止此。「反哭之吊也，哀之至也。反而亡焉，失之矣，於是爲甚。」注云：「哀痛甚。」

變除。《喪大記》：「期之喪，謂不杖期。三日既葬，食肉飲酒。期，終喪不食肉，不飲酒。父在爲母、爲妻，是皆杖期。九月之喪，食飲猶期之喪也。食肉飲酒，不與人樂之。」注云：「食肉飲酒，亦謂既葬。」止此。「叔母、世母、並不杖期。故主、宗子，並齊衰三月。食肉飲酒。」注云：「義服恩輕也。」止此。或以此問曰：「不知自始死未葬之前，可以通行何如？服既不輕，而飲食居處獨不爲之制節，可乎？」朱子曰：「禮既無文，不可强説。竊意在喪次，則當如本服之制，歸私家則自如，其或可也。」《文集》。《喪大記》：「期居廬，終喪不御於内者，父在爲母、爲妻。齊衰期者，謂不杖期。大功布衰九月者，皆三月不御於内。婦人期九月者，既葬而歸。」注云：「歸，謂歸夫家也。」《雜記》：「九月之喪，既葬而從政。」《通典》云：「周制，小功五月者，既葬，除麻受葛，衰裳如故，寢居内。緦麻三月者，既葬，受以朝服素冠，踰月復吉。詳見《祔後變除》。《喪服小記》：「緦、小功，虞、卒哭則免。」晉賀循《喪服要記》云：「凡降服，既降，心喪如常月。」劉智《釋疑》曰：「凡屈不得服者，皆有心喪之禮。小功以下不税服，乃無心喪耳。」《通典》。

廬墓 胡泳問：「某(作)〔昨〕者營葬之時，結屋數椽于先壠之西。既葬後，與諸弟常居其間，庶得朝夕展省，且免在家人事混雜。敬子以爲主喪者既葬當居處，蓋神已歸家，則家爲重。若念不能忘，却令弟輩宿墓時一展省可也。以質之舜弼，云：盧墓一節，不合聖賢之制，切不須爲之。某既聞此二説，不欲更遂初志，日即則在家間中門外別室，更常令一二弟居宿墳庵，某時一展省，未知可否？」日即，即字未詳。朱子曰：「墳土未乾，時一展省，何害於事？但不須立廬墓之名耳。」《文集》。

愼終疏節通考三

虞禮考

虞祭

名義。 漢鄭氏曰：「虞，安也。士既葬父母，迎精而〔反〕，日中而祭之於殯宮以安之。」《士虞目録》。又曰：「虞，安也。骨肉歸於土，精無所不之，孝子爲其彷徨，三祭以安之。」《家禮》本注。《檀弓》：「葬日虞，弗忍一日離也。」注云：「弗忍其無所歸。」止此。「是日也，以虞易奠。」注云：「虞，喪祭也。」朱子曰：「未葬時，奠而不祭，但酌酒陳饌，再拜。虞始用祭禮。」《附録》。《士虞》記：「日中而行事。」注云：「朝葬，日中而虞，君子舉事必用辰正也。再虞、三虞皆質明。」疏云：「『辰正』者，謂朝夕日中也，以朝有葬事，故至日中而行虞事也。云『再虞、三虞皆質明』者，以朝無葬事，故皆質明而行虞事也。」止此。一説：《公羊傳》何氏注云：「禮，平明而葬，日中而反虞，以陽求陰。」《士虞》記：「始虞用柔日。」注云：「葬之日，日中虞，欲安之。

柔日陰，取其靜。」〇《家禮》云：「葬之日，日中而虞。或墓遠則但不出是日可也。若出家經宿以上，則初虞於所館行之。」丘氏曰：「按所館行禮，恐寓他人宅舍，未必皆寬敞；及哭泣于他宅，俗人所忌。若經宿以上，須先用蓬葦構一屋，度寬可行禮，似爲簡便。」〇《檀弓》云：「既反哭，主人與有司視虞牲。」《王制》：「自天子達於庶人，喪從死者，祭從生者。」注云：「從死者，謂衣衾棺槨。」

虞主《公羊傳》云：「主者曷用？虞主用桑，練主用栗。」《穀梁傳》云：「立主，喪主於虞，吉主於練。」詳見《祭禮考》。《左傳》云：「凡君薨，卒哭而祔，祔而作主，特祀於寢。」《檀弓》：「重，主道也。」注云：「始死未作主，以重主其神也。重既虞而埋之，乃後作主。」止此。「殷主綴重焉。」注云：「殷人作主，而聯其重，縣諸廟也。」止此。「周主重徹焉。」注云：「周人作主，徹重埋之。」疏云：「此據天子諸侯有主者言之，卿大夫以下無主。案天子九虞，九虞之後，乃始埋重。重與祔相近，故《公羊》云『虞主用桑』，謂虞祭之末也。《左傳》云『祔而作主』，謂用主之初，俱是喪主。其義不異，故《異義》：『《公羊》說虞而作主，《左氏》說天子九虞，十六日祔而作主，謂喪主。許慎謹案：《左氏》說與《禮》同。』鄭氏不駁，則是從《左氏》之義，非是虞祭之日即作主也。故此注云埋重之後，乃作主也。其卒哭之祭，已用主也。必知然者，以卒哭日成事，以吉祭易喪祭，故知與虞異也。」欽案：《開元禮》：「虞祭：先造虞主。四品以下無。初虞訖，埋重。」蓋《左氏》與《公》、《穀》二家説本不同。朱子非《左傳》。見《答葉味道書》。《公羊》謂之虞主，則虞所主也；謂之練主，則練所主也。《穀梁》立主之説，愈分曉。《雜記》云：「重，既虞而埋之。」《檀弓》云：「作主，徹重焉。」則作主在埋重之先亦明矣。故從《開元禮》將虞先造虞主，將小祥先造栗主爲是。若從《左氏》，則是祔之主也。孔疏又斟酌兩説，以爲卒哭之主，恐皆非也。孔《左傳》疏又云：「《公羊傳》曰：『虞主用桑，練主用栗。』《左傳》唯言：『祔而作主。』主一而已，非虞、練再作，《公羊》之言，不可通於此。」止此。然則《左傳》所謂主，是藏主而非喪主，其説自相牟盾，俱不可從矣。但古者重木、後世魂帛並不宜于今，故皆不用之。初喪即作桑牌，至於小祥作藏主云。

·**主人**。《喪服小記》：「婦之喪，虞、卒哭，其夫若子主之，祔則舅主之。」注云：「婦，謂凡適婦、庶婦也。虞、卒哭祭，非舅事也。祔於祖廟，尊者宜主焉。」

沐浴。《喪服四制》：「父母之喪，三月而沐。」《雜記》：「凡喪，小功以上，非虞、祔、練、祥無沐浴。」注云：「言不有飾事，則不沐浴。」《士虞》記：「虞，沐浴，不櫛。」注云：「沐浴者，將祭，自潔清。不櫛，未在於飾也。唯三年之喪不櫛，期以下櫛可也。」《家(記)〔語〕》：「孔子曰：『祭之沐浴，爲齋潔也，非爲飾也。』」○《喪服小記》：「緦、小功，虞、卒哭則免。」疏云：「遭緦、小功之喪，棺柩在時，則當着免。棺柩雖藏已久，至虞、卒哭之時，亦着免也。」

具修。《檀弓》云：「既反哭，主人與有司視虞牲。」《王制》：「自天子達於庶人，喪從死者，祭從生者。」注云：「從死者，謂衣衾棺椁。從生者，謂奠祭之牲器。」欽按：古禮，虞始立尸，設几筵，素几葦筵。鬼神之也。其饌具三鼎，有黍、稷、醴酒，茅苴藉祭，詳見《既夕禮》。《開元禮》不立尸，奉虞主祭之，云：「牢饌如殷奠，器用烏漆。具饌於堂東。靈車將至，堂事者先施靈座於寢堂室內户〔西〕，東向；於靈東又南北設帷，東出户。若室內窄，則設靈座於堂。腰輿將入，祝奉虞主(人)〔入〕置於靈座，東面，設素几於右。」自腰輿以下，四品以下無。○餘闕。《家禮》陳設，如丘氏《儀節》。

儀節。　欽案：古禮，宗人告有司具。主人以下入門哭，如朝夕哭。即位于堂哭，如反哭位。主人倚杖西序入室。《小記》：虞杖不入於室。佐食設饌。主人再拜稽首。祝饗神以陰厭，命佐食祭饌。祝祝。卒，主人拜如初，出，復位。乃祝迎尸。尸入門，升階，入户，主人、主婦要節哭踊。乃拜妥尸。妥，安坐也。乃饗尸。祝祝。主人拜如初。立入(醋)〔酢〕尸。尸(醋)〔酢〕主人。主人獻祝及佐食。主婦亞獻，賓長三獻，皆如初儀。祝出户，西面告利成。主人以下皆哭。尸謖降，謂起也。哭踊如初。祝入陽厭。贊(門)〔闔〕牖户。主人出門，哭止，皆復位。宗人告事畢。○若無尸，則禮及薦饌皆如初。既饗，祭于苴，祝祝，卒，主人哭，出復位。祝闔牖户，降，復位于門西，男女拾踊三。如食間。祝升，止哭，聲三，啓户。聲者，噫歆也，警覺神也。若《曲禮》云：

「將上堂，聲必揚。」主人入，祝從，啓牖鄉。鄉牖一名。主人哭，出復位。卒徹，祝、佐食降，復位。注云：「不復設西北隅者，重閉牖户，褻也。」有陰厭，無陽厭。《開元禮》：「主人以醴行一獻之禮，祝讀祝文，闔户少頃，開户，徹饌，匱主。」《家禮》，丘氏衍本注爲《儀節》，備矣。案：哀斬之服不執事，至於虞祭尸入之後，主人、主婦始執事，故《家禮》虞儀，主人降神斟酒，主婦亦與焉。朱子曰：「温公以虞祭讀祝於主人之右，卒哭讀祝於主人之左，蓋得禮意。」《考證》云：「吉禮尚左，凶禮尚右，陰陽之義也。」見《朱子大全》序類傳序。欽按：丘氏《儀節》虞祭始用通引二贊贊唱，宜從之。丘氏曰：「若路遠于所館行禮，恐不能備，可略去闔門、啓門、噫歆、告利成四節。」

祝辭。《雜記》：「祭，稱孝子、孝孫。喪，稱哀子、哀孫。」疏云：「祭，吉祭，謂自卒哭以後之祭也。吉則由孝子心，故祝辭云孝。或子或孫，隨其人也。『喪，稱哀子、哀孫』者，謂自虞以前祭也。喪則痛慕未申，故稱哀也。」《士虞》記：「始虞曰：哀子某，哀顯相，夙興夜處不寧。」注云：「曰，辭也，祝祝之辭也。喪祭稱哀顯相，助祭者也。顯，明也。相，助也。《詩》云：『於穆清廟，肅雍顯相。』不寧，悲思不安。」止此。「敢用絜牲剛鬣。」注云：「敢，昧冒之辭。豕曰剛鬣。」止此。「香合。」注云：「黍也。《曲禮》云『黍曰香合』，是人君法。大夫士於黍稷之號，合言普淖。蓋記者誤耳。辭次黍，又不得在薦上。」止此。「嘉薦、普淖。」注云：「嘉薦，菹醢也。普淖，黍稷也。普，大也。淖，和也。德能大和，乃有黍稷，故以爲號云。」止此。「明齊溲酒。」注云：

「明齊，新水也。言以新水溲釀此酒也。《郊特牲》曰：『明水洗齊，貴新也。』」止此。「哀薦祫事。」注云：「始虞謂之祫事者，主欲其祫先祖也，以與先祖合爲安。」止此。「適爾皇祖某甫。」注云：「爾，女也。女，死者，告之以適皇祖，所以安之也。皇，君也。某甫，皇祖字也。若言尼甫。」止此。「饗！」注云：「勸强尸之辭也。」又記：「饗辭曰：哀子某，圭爲而哀薦之。饗！」注云：「圭，潔也。《詩》曰：『吉圭爲饎。』凡吉祭饗尸，曰孝。」○《開元禮》虞祭祝文曰：「維年月朔日子，哀子某，孫稱哀孫，此爲母及祖母所稱也。父、祖則孤子、孤孫。敢昭告于考某官封謚：妣則云妣夫人某氏。孫爲喪主，則稱祖。日月遄速，奄及反虞，叩地號天，五情糜潰。謹以潔牲柔毛、剛鬣、明粢、薌合、薌萁、嘉蔬、嘉薦、醴齊，四品以下，謹以潔牲剛鬣、嘉薦、普淖、明齊、溲酒，餘同。哀薦祫事于（孝）〔考〕（其）〔某〕官封謚，尚饗！」欽案：凡士庶祭享，祝文酒饌之號，宜依《明會典》稱清酌、庶羞。

埋重《雜記》：「重，既虞而埋之。」注云：「就所倚處埋之。」廟門外之東也。《開元禮》：「掌事者埋重於門外道左。」《家禮》埋魂帛，如《儀節》。

罷朝夕奠。《檀弓》：「葬日虞。是日也，以虞易奠。」詳見上。本注云：「朝夕哭，哀至哭如初。」

再虞、三虞。《士虞》記：「再虞，皆如初，曰『哀薦虞事』。」注云：「丁日葬，則巳日再虞，其祝辭異者一言耳。」止此。「三虞、卒哭，他用剛日，亦如初，曰『哀薦成事』。」注云：「當祔於祖廟，爲神安於此。此却解初虞、再虞稱祫、稱虞之意。後虞改用剛日。剛日，陽也。陽取其動也。時祔於祖。士則庚日三虞，壬日卒哭。其祝辭異者亦一言耳。」餘詳見下。○《家禮》云：「再虞：若墓遠，而途中遇柔日，於所館行之。三虞：亦途中遇剛日，且闕之，須至家乃可行此祭。」○《公羊傳》：「天子九虞，諸侯七虞，大夫五虞，士三虞。」《雜記》：「士三虞，大夫五，諸侯七。」注云：「尊卑恩之差也。天子至士，葬即反虞。」《檀弓》疏云：「士之三虞用四日，則大夫五虞當八日，諸侯七虞當十二日，天子九虞當十六日，最後一虞與卒哭同例用剛日。」欽按：唐制天子之虞數不見《開元禮》，品官及庶人通止三虞，如士禮矣。**覆墓**《正衡》云：「按三日覆墓，古未之聞，但楚俗行之久矣，亦有思慕之情在焉，無害於理，從之可也。」

速葬速虞《喪服小記》：「報葬者報虞，三月而后卒哭。」注云：「報，讀爲『赴疾』之赴。謂不及期而葬也。既葬即虞。虞，安神也。卒哭之祭，待哀殺也。」疏云：「赴，猶急也，急葬謂貧者或因事故死而即葬，不得待三月也。」《士虞》記：「三虞、卒哭，他用剛日，亦如初，曰『哀薦成事』。」注云：「他，謂不及時而葬者。《喪服小記》曰：『報葬者報虞，三月而後卒哭。』然則虞卒哭之間有祭事者，亦用剛日，其祭無名，謂之他者，假設言之。」疏云：「『不及時而葬者』，謂有故及家貧不及三月，因三日殯日，即葬於國北。」《檀弓》：「卒哭曰『成事』。是日也，吉祭易喪祭。

卒哭吉祭。明日，祔于祖父。祭祖告廟。其變而之吉祭也。必於是日也接，不忍一日未有所歸也。」注云：「未，無也。日有所用接之，《虞禮》所謂『他用剛日』也。」疏云：「不得正禮，故謂之『變』，以其變常禮也。所以有變者，或時有迫促，或事有忌諱，未及喪期，死而即葬者，即《喪服小記篇》云：『赴葬者赴虞，三月而后卒哭。』彼據士禮而言，速葬速虞之後，卒哭之前，其日尚賒，不可無祭，謂之爲變。其既虞之後，變禮而之吉祭也。之，往也。既虞，往至吉祭。其禮如何？既虞比至於祔以來，必於是日接，謂於是三虞卒哭之間，剛日而連接其祭，謂恒用剛日。所以接之者，孝子不忍使親每一日之間無所歸依。『《虞禮》所謂他用剛日』者，此經所云『變』者，《虞禮》謂之『他』也。其依時葬及虞者，後去卒哭雖遠，其間不復祭。欽案：此謂雖三月而葬及虞，而其卒哭，未即得用三虞後間一日之剛日者也。《喪服小記》云『赴葬者』據士，故云『三月而卒哭』。此經亦據士，故云『比至於祔，必於是日也接』。若大夫以上，赴葬、赴虞之後爲接祭，至常葬之月，終虞之祭日乃止。」欽案：今世時俗送喪不能待三月，皆因殯殮即赴葬，故赴虞之禮不可不講。然親喪三月之間，朝夕之饋，孝子之情，必不忍一日闕之，況於初終乎？程子則以《國語》日祭，爲三年不徹几筵之禮。詳見祔條。未三月乎，但尸柩既藏矣，孝子悲親之神魂無所憑，故三虞而安之，豈可以遲緩哉？故雖赴葬，亦必赴虞。然雖三虞而猶闕夕奠，雖接祭亦間一日，則孝子之心必有所歉。且赴虞之儀，今無所考。夫赴葬者，不忍即神而祭之；既虞者，不可復奠而同未葬。今竊擬既葬之後，朝夕所饋，以日薦爲稱，其三虞，因朝薦行之。主人、主婦浴而未沐，主人焚香酹酒，行一獻之禮，主婦獻茶菓，其餘祝及輕服者執之。祝讀祝文，闔門、啓門而禮畢，未用唱贊。其常食則如朝夕奠而少頃徹之，若人贈酒食饌菓，則隨時又薦之，牙盤則數日一新之。以是至於卒哭之日，庶幾稱其情矣。

卒哭

名義。漢鄭氏曰：「卒哭，三虞之後祭名。朝夕之間，哀至則哭，至此祭止也，朝夕哭而已。」《檀弓》：「卒哭曰『成事』。以吉祭易喪祭。」注云：「祭以吉爲成。」唐孔氏曰：「葬前奠而不祭，至虞乃爲喪祭，卒哭乃爲吉祭也。自初死至於卒哭，晝夜哭無時。謂之卒哭者，卒此無時之哭耳。」《左傳正義》。賈氏曰：「卒哭爲吉祭者，喪中自相對。若據二十八月後吉祭而言，禫已前總爲喪祭也。」《士虞》記疏。《士虞》記：「三虞，卒哭。他用剛日。」注云：「士則庚日三虞，壬日卒哭。」義見上條。記又云：「將且而祔，則薦。」注云：「薦，謂卒哭之祭。」疏云：「記人見卒哭之祭爲祔而設。」《雜記》：「士三月而葬，是月也卒哭。大夫三月而葬，五月而卒哭。諸侯五月而葬，七月而卒哭。」注云：「尊卑恩之差也。」疏云：「大夫以上，葬與卒哭異月者，以其位尊，念親哀情，於時長遠。士職卑位下，禮數未申，故三月而葬，葬罷即卒哭。」又《檀弓》疏引此文而曰：「約此天子七月而葬，九月而卒哭。」《士虞》記：「死三日而殯，三月而葬，遂卒哭。」注云：「謂士也。《雜記》曰：『大夫三月而葬，五月而卒哭。諸侯五月而葬，七月而卒哭。』此記更從死起。」疏云：「士云三日殯，三月葬，皆通死日死月數。大夫以上，殯葬皆除死日死月數。是以士之卒哭得葬之三月内。大夫三月葬，除死月，通死月則四月。大夫有五虞，卒哭在五月，諸侯已上，以義可知矣。」○《開元禮》云：「卒哭，今之百日也。」朱子曰：「卒哭之禮，近世以百日爲期，蓋自《開元》失之。今從周制，葬後三虞而後卒哭，得之矣。」《文集》。欽案：《開元禮》品官之制，三虞之後，又間日卒哭，自如古禮，蓋有兩記矣。○又案：今速葬速虞者，以死後全兩月爲常葬之期，其後又四日爲終虞之日，葬後終虞若在庚日，則用四日之後，壬日卒哭，庶乎得禮意矣。

具修。　《雜記》：「上大夫之虞也，少牢；卒哭成事，祔，皆太牢。下大夫之虞也，（犆）〔犆〕牲；卒哭成事，祔，皆少牢。」疏云：「上大夫平常吉祭，其禮少牢。虞依平常禮，故用少牢也。『卒哭成事，祔，皆大牢』者，此二祭皆大，並加一等，故皆大牢也。下大夫吉祭，用少牢。今虞祭降一等，用犆牲。『卒哭成事，祔，皆少牢』者，依平常吉祭也。」○《開元禮》並如虞祭。《家禮》陳設亦同虞祭，唯更設玄酒瓶一於酒瓶之西。

儀節。欽案：古禮只言三虞、卒哭亦如初。《開元禮》亦如虞祭，而稍備其儀。《家禮》與虞祭異者，主人、主婦進饌，祝讀祝文於主人之左，及西階上東面告利成耳。丘氏爲《儀節》，更加參神一節。

祝辭。《士虞》記：「卒辭曰：『哀子某，來日某，隮祔爾于爾皇祖某甫。尚饗！』」注云：「卒辭，卒哭之祝辭。隮，升也。尚，庶幾也。不稱饌，明主爲告祔也。」欽案：來日某，某字指干支。○止此。「女子，曰：『皇祖妣某氏。』」疏云：「此女子謂女未嫁而死，或出而歸，或未廟見而死，歸葬祔于祖母也。」止此。「婦，曰：『孫婦于皇祖姑某氏。』」注云：「不言爾，曰孫婦，婦差疏也。」疏云：「上女子亦不云爾者，文承孫下，云爾可知。」止此。「其他辭，一也。」注云：「來日某隮祔尚饗。」止此。「饗辭曰：『哀子某，主爲而哀薦之。饗！』」義見上條。通辭云。案：卒哭之祭，是以吉祭易喪祭，則合稱孝子、孝孫，今尚稱哀者，豈孝子不忍忘其哀，至祔而神之，乃稱孝歟？○《開元禮》祝文曰：「維年月朔日子，哀子某，敢昭告于考某官封謚，妣云某夫人氏。日月不居，奄及卒哭，追慕永往，攀援無逮。謹以潔牲。」以下並同三虞。四品以下有柔毛，六品以下無，餘如虞祭四品以下。《高氏禮》祝文曰：「日月不居，奄及卒哭，叩地號天，五情糜潰。謹以清酌、庶羞，哀薦成事。尚饗！」《附録》。《家禮》祝文如《（義）〔儀〕節》。

餞尸　欽案：《士虞》記卒哭之祭，既三獻，未徹，有餞尸之禮。注云：「尸且將始祔于皇祖，是以餞送之。」止此。今闕，止無時之哭，説見上下。

卒哭變除。《喪服》斬衰傳：「既虞，翦柱楣，寢有席，疏食，水飲，朝一哭、夕一哭而已。」注云：「楣謂之梁，柱楣所謂梁闇也。疏猶麤也。」疏云：「既虞，謂三虞之後，乃改舊廬，西鄉開户，剪去户傍兩廂屏之餘草。柱楣者，前梁謂之楣，楣下兩頭竪柱，施梁乃夾户傍之屏也。云『寢有席』者，謂蒲席加於苫上也。云『疏食，水飲』者，未虞以前，朝一溢米，夕一溢米而爲粥。今既虞之後，用麤疏米爲飯而食之，明不止朝一溢夕一溢而已，當以足(未)〔爲〕度。云飲水者，未虞以前，渴亦飲水，而在虞後，與疏食同。言水飲者，恐虞後飲漿酪之等，故云飲水而已也。云『朝一哭夕一哭而已』者，此當《士虞禮》卒哭之後。彼云卒哭者，謂卒去廬中無時之哭，唯有朝夕於階下有時之哭而已。」《間傳》：「父母之喪，既虞、卒哭，疏食水飲，不食菜菓，柱楣翦屏，芐剪不納。」注云：「芐，今之蒲苹也。」疏云：「『芐剪不納』者，蒲苹爲席，剪頭爲之，不編納其頭而藏於内也。一説葛洪云：柱楣剪屏。屏者，廬前屏也，其廬所爲之屏也，而更作外鄣以爲之。作廬：先横一木長橛着地，因立細木於上，以曲就東牖，以草被之。既葬，則剪去此草之拍地。以短柱柱起此横梁之着地，謂之柱楣。楣一名梁。既舉此梁，乃得於廬外作鄣，但下用泥之。諸侯始作廬者，便有屏而未泥之，既葬乃泥之。既柱起梁，又立小鄣以辟風，凶事轉輕。」欽案：《家禮》卒哭條云：「寢席枕木。」木枕未考所出。《通典》載周五服之制云：「疏衰寢有席薦，不納；斷木爲枕。」止此。蓋大抵斬衰既葬之後，與齊衰初喪之制同，故取之歟？○《開元禮》云：「齊縗三年，其虞、卒哭、祥、禫變除之節，與斬縗同。」《喪大記》：「大夫、士諸父、兄弟之喪，既卒哭而歸，朔月、忌日則歸于宗室。」注見練條。○楊氏復曰：「按：古者既虞，卒哭有受服，練祥、禫皆有受服。蓋服以表哀，哀漸衰則服漸輕。然受服數更，近於文繁。今世俗無受服。自始死至大祥，其哀無變，非古也。《書儀》《家禮》從俗而不泥古，所以從簡。」

祔

名義。《説文》：「祔，後死者合食於先祖。从示付聲。」止此。通作附。鄭氏曰：「附者，〔附〕於先死者。」《雜記》注。《檀弓》：「卒哭明日，祔于祖父。」注云：「祭告於其祖之廟。」《士虞》記：「明日以其班祔。」「卒哭之明日也。班，次也。《喪服小記》曰：『祔必以其昭穆，亡則中一以上。』」疏云：「中猶間也，一以上，祖又祖。孫祔祖爲正，若無祖，則祔于高祖，以其祔必以昭穆，孫與祖昭穆同，故間。一以上，取昭穆相當者。」止此。《雜記》：「從其昭穆。雖王父在，亦然。」疏云：「孫死之後，應合祔於王父。王父見在，無可祔，亦如是祔於高祖也。」○《雜記》：「婦附於其夫之所附之妣，配也。無妃，則亦從其昭穆之妃。」注云：「夫所附之妃，於婦則祖姑。」疏云:「無祖姑,則從其昭穆之妃,謂亦間以上,祔於高祖之妃。高祖無妃,則亦祔於高祖之祖妃。若其祖有昆弟之妃,班爵同者,則亦祔之。」止此。《喪服小記》:「婦祔於祖姑,祖姑有三人,則祔於親者。」注云:「謂舅之〔母〕死,而又有繼母二人也。親者,謂所生。」疏云:「婦祔祖姑,則祔於舅之所生者也。」止此。《曾子問》曰:「女未廟見而死,則如之何?孔子曰:不遷於祖,不祔於皇姑。」疏云:「反葬於女氏之黨。」止此。《雜記》:「妾附於妾祖姑,無妾祖姑,則亦從其昭穆之妾。」《小記》:「妾祔於妾祖姑,亡則中一以上而祔,祔必以其昭穆。」又云:「妾無祖姑者,易牲而祔於女君可也。」注云:「女君,適祖姑也。易牲而祔,則凡妾下女君一等。」疏云:「若無妾祖姑,當祔於高祖妾祖姑。無高祖妾祖姑,則當易妾之牲,用女君之牲,祔於女君可也。」○《小記》:「諸侯不得祔天子。天子、諸侯、大夫可以祔於士。」注云:「人莫敢卑其祖也。」《雜記》:「公子附於公子。」注云:「不敢戚君。」《小記》:「士、大夫不得祔於諸侯,祔於祖諸父之爲士、大夫者。其妻祔諸祖姑。」注云:「士、大夫,謂公子、公孫爲士、大夫者。不得祔於諸侯,卑別也。」疏云:「諸祖,祖之兄弟也。諸祖姑,是夫之諸祖父兄弟爲士、大夫者之妻也。」止此。《雜記》:「大夫附於士,士不附於大夫,附於大夫之昆弟,無昆弟則從其昭穆。」注云:「大夫之昆弟,謂爲士者也。」《小記》:「士祔於大夫,則易牲。」注云:「不敢以卑牲祭尊也,大夫少牢也。」疏云:「謂祖爲大夫,孫爲士。孫死祔祖,則用大夫牲,不敢用士牲。士牲卑,不敢祭於尊者之前也。」又云：「士易牲，祔於大夫，而大夫不得易牲祔於諸侯者，諸侯之貴絶宗，故大夫士不得輕親也。」○《檀弓》：「殷練而祔，周卒哭而祔，孔子善殷。」注云：「期而神之，人情。」程子曰：「喪須三年而祔之。」《高氏喪禮》云：「案：禮，既虞，卒哭明日祔于祖父，此周制也。若商人，則以既練之明日祔。故孔子曰：『周已戚，吾從殷。』蓋期而神之，人之情也。若卒哭而遽祔于廟，亦太早矣。然唐《開元禮》則既禫而祔。夫孝子哀奉几筵，至大祥而既徹之矣，豈可復俟禫祭，乃始祔乎？唐禮，祥祭與禫祭隔兩月。此又失之於緩。故今於大祥徹靈座之後，則明祔于廟，緣孝子之心，不忍一日未有所歸也。」朱子曰：「衆言淆亂，則折諸聖，孔子之言萬世不可易矣，尚復何説？況期而神之之意，揆之人情，亦爲允愜。但其節文次第，今不可考。而周禮則有《儀禮》之書，自始死以祥禫，其節文度數詳焉。故温公《書儀》雖記孔子之言，而卒從《儀禮》之制。蓋其意謹於闕疑，以爲既不得其(弟)〔節〕文之詳，則雖孔子之言亦有所不敢從者矣。程子之説意亦甚善，然鄭氏説『凡祔，已反于寢，練而後遷廟』，《左氏春秋傳》亦有『特(祝)〔祀〕于主』之文，則是古人之祔固非遂徹几筵，程子於此，恐其考之有所未詳也。《開元禮》之説，則高氏既非之矣。然其自説大祥徹靈座之後，明日乃祔于廟，以爲不忍一日未見所歸，殊不知既徹之後，未祔之前，尚有一夕，其無所歸也久矣。凡此皆有未安，恐不若且從《儀禮》、温公之説，次序(第)〔節〕文亦自曲有精意，如《檀弓》諸説可見。」又曰：「祔，孔子雖有善殷之語，然《論語》《中庸》皆有從周之説，則無其位而不敢作禮樂，計亦未敢遽然舍周而從殷也。」以上《文集》。又曰：「『殷既練而祔，周卒哭而祔，孔子善殷。』今三虞、卒哭皆因周禮次第，則此不得獨從殷禮。」《家禮》本注。○朱子曰：「古人所以祔于祖者，以廟。所以設祔祭豫告，使死者知其將來安於此位；亦令其祖知是爲上，則將來移上去，其孫來居此位。今不異廟，只共一堂排作一列，以西爲上，則將來祧其高祖了，只趲得一位，死者當移在禰處。如此則只當祔禰，今祔於祖，全無義理。但古人本是祔於祖，今又難改他底，若卒改他底，將來後世或有重立廟制，則又着改也。」《語類》。又《答陸子壽書》曰：「來諭謂古者每代異廟，故有祔于祖父祖姑之禮。今同一室，則不當專祔於一人。此則爲合於人情矣。然伊川先生嘗譏關中學禮者有役文之弊，而吕與叔以守經信古，學者庶幾無過而已，義起之事，正在盛德者行之。然則此等苟無大害於義理，不若且依舊説，亦夫子存羊愛禮之意也。」欽竊謂祔不主告交遷之廟，只是主告附新死者於先死者，必從昭穆之班，將以安其所也。故古禮無可祔之祖，則中一以上而祔。後世有與繼祖之宗異居者，宗子爲告祖之禮。今雖無昭穆之制，而存祔祭一節，則當祔于祖，似無可疑者。《正衡》立祔禰儀節，不可取也。○《開元禮》祔廟條云：「若祔母，云妣某氏。如父在，不可遞遷祖妣、先妣，宜於廟東北，當別立一室，藏其主，待考同祔。」高氏從之曰：「若父在而祔妣，則不可遞遷祖妣，宜別立室以藏其主，待考同祔。」胡氏泳曰：「高氏別室藏主之説，恐未然。

先生内子之喪主，只祔在祖妣之旁，此當爲據。」揚氏復曰：「父在祔妣，則父爲主，乃是夫祔妻於祖妣。三年喪畢，未遷，尚祔於祖妣，《補注》云：「有祭，即而祭之。」待父他日三年喪畢，遞遷祖考妣，始考妣同遷也。高氏父在不可遞遷祖妣之説亦是，但别室藏主則非也。」《附録》。○《經傳通解續》云：「案張子曰：『祔葬祔祭極至理而論，只合祔一人。夫婦之道，當其初婚未嘗約再配。是夫只合一娶，婦只是合一嫁。今婦人夫死而不可再嫁，如天地之大義，夫豈得而再娶。然以重者計之，養親承家，祭祀繼續不可無也，故有再娶之理。然其葬其祔雖爲同穴同筵几，然譬之人情，一室中豈容二妻。以義斷之，須祔以首娶，繼室别爲一所可也。』或問朱先生曰：『頃看《程氏祭儀》，謂凡配止用正妻一人也，若再娶者無子，或祔祭别位亦可也。若奉祀者是再妻之子，乃許用所生配。而正妻無子，遂不得配享可乎？』先生云：『程先生此説恐誤。《唐會要》中有論凡是嫡母無先後皆當並祔合祔，與古者諸侯之禮不同。』又曰：『夫婦之義如乾大坤至，自有差等，故方其生存，夫得有妻有妾，而妻之所天不容有二，況於死而配祔，又非生存之比。橫渠之説，似亦推之有太過也，只當從唐人所議爲允。況又有前妻無子，後妻有子之礙，其勢將有所抓隉而不安者。唯葬則今人夫婦未必合葬，繼室别營兆域宜亦可矣。』」今案：《喪服小記》云：『婦祔於祖姑，祖有三人，則祔於親者。』祖姑有三人，皆祔於廟，則其中必有再娶者，則再娶之妻自可祔廟。程子、張子特考之不詳耳，朱先生所辨正合禮經也。」

主人。《家禮》祔條云：「繼祖宗子之喪，其世嫡當爲後者主喪，乃用此禮。若喪主非宗子，則皆以亡者繼祖之宗主此祔祭。祔注云：『祔于祖廟，宜使尊者主之。』」又云：「若喪主非宗子而與繼祖之宗異居者，宗子爲告于祖而設虛位以祭，祭訖除之。」《正衡》云：「若非宗子，就家設位以祭，祭訖除之。」欽案：家指宗子之家位，是亡者之位。除者，丘氏《儀節》所云「爲牌位而祭，畢則焚之」，謂紙榜也。○《喪服小記》：「婦之喪，祔則舅主之。」注云：「祔於祖廟，尊者宜主焉。」（疏云婦之所祔者則舅主之，注云祔於祖廟尊者宜主焉）疏云：「婦之所祔者，則舅之母也。」《雜記》：「主妾之喪，則自祔，至於練、祥，皆使其子主之。」注云：「祔自爲之者，以其祭於祖廟。」疏云：「妾既（畢）（卑）賤，得主之者，崔氏云：『謂女君死，攝女君也。』若不攝女君之妾，則不得爲主，則別爲壇，不在祖廟中，而子自主之也。」

神位。《雜記》：「男子附於王父則配，女子附於王母則不配。」注云：「配，謂并祭。王母不配，則不祭王父也。有事尊者，可以及卑，有事於卑者，不敢援尊。女子，謂未嫁者。嫁未三月而死，猶歸葬於女氏之黨。」晉賀循曰：「卒哭祭之明日，以其班祔於祖廟，各以昭穆之次。今無廟，其儀於客堂設亡者祖坐，東向；又爲亡者坐於北，少退。」宋崔凱説同，是並出《通典》。《開元禮》祔廟條云：「掌事者設曾祖之座於正寢室內之奧，東向。又設考之祔座於曾祖室內東壁下，西向，右几。婦則祔於曾祖姑，亦如之。言曾祖及曾祖姑，皆據孝子之言，於亡者祖及祖姑也。祔於曾祖，則曾祖姑配，有事於尊，可以及卑者。六品以下，設考之祔座於曾祖座東北，南向，右几。」欽按：祔妣於祖妣，而祖考不配，出於祔女子於王母之禮，《高氏禮》《家禮》並從之。其正祔座向，經不見，《家禮》依開元六品以下左右之例，而祖座南向，亡者西向。蓋今世堂室之制不備，故不用室奧東向之儀。而祖座居南面之尊，祔者將就左龕，故側坐祖之左耳。

沐浴、櫛、爪剪，改服。《士虞》記：「沐浴、櫛、搔剪。」注云：「踊自飾也。搔當作爪。剪或作鬋。」疏云：「虞沐浴不櫛，沐浴少飾，今祔時櫛，是彌自飾也。」《喪服小記》：「祔，杖不升於堂。」注云：「哀益衰，敬彌多也。」欽案：《士虞》記：卒哭既餞後，丈夫説絰帶，婦人説首絰。注云：「既卒哭，當變麻，受之以葛也。夕日，則服葛者爲祔期。」又《喪服》注云：「凡天子、諸侯、卿大夫既虞，士卒哭，而受服。」疏云：「凡喪服，所以表哀，哀有盛時、殺時，服乃隨哀以降殺。故初服麁，至葬後，練後，大祥後，漸細加飾，是以冠爲受，斬衰裳三升冠六升，既葬後，以其冠爲受，衰裳六升冠七升，小祥又以其冠爲受，衰裳七升冠八升。自餘齊衰以下，受服之時，差降可知。」《書儀》《家禮》卒哭不變服，從簡省也。然朱子又曰：「卒哭之後，可略倣《左傳》杜預之説，以墨衰常祀于家廟。」今擬卒哭之後，不能免出外接人者，預制墨服以祔祭，爾後祠堂小祀及出外接人，並用之。

具修儀節。《雜記》：「上大夫祔，大牢。下大夫祔，少（宰）〔牢〕。」餘詳見上。《家禮》

云：「陳器具饌：如卒哭，皆陳之於祠堂。堂狹，即於廳事，隨便。」丘氏依本注爲《儀節》，備矣。

祝辭。《士虞》記祔辭曰：「孝子某，孝顯相，夙興夜處，小心畏忌，不惰其身，不寧。」注云：「稱孝者，吉祭。」止此。「用尹祭。」注云：「尹祭，脯也。大夫、士祭無云脯者。今不言牲號而云尹祭，亦記者誤矣。」止此。「嘉薦、普淖、普薦、溲酒。」注云：「普薦，鉶羹。不稱牲，記其異者。」止此。「適爾皇祖某甫，以隮祔爾孫某甫。尚饗！」注云：「欲其祔合，兩告之。」疏云：「欲使死者祔於皇祖，又使皇祖與死者合食，故須兩告之。是以告死者曰『適爾皇祖某甫』，謂皇祖曰『隮祔爾孫某甫』，二者俱饗，是其兩告也。」〇晉賀循曰：「主人進酌祖座，祝曰：『曾孫某，敢用潔牲嘉薦于曾祖某君，以隮祔某君之孫。』又酌亡者座，祝曰：『哀子某，夙興夜處不寧，敢用潔牲嘉薦，祔事于皇祖某君，適明祖某君。尚饗！』」《通典》。欽案：祔祭祝辭，古禮一祝而兩告祖與亡者，賀氏之禮分告，而《家禮》從之，（見）〔是〕也。但其自稱，當稱孝曾孫及孝子，《家禮》並稱孝子，《儀節》並稱孝孫，恐皆不然。《家禮》分告曾祖，而尚稱適，可疑，蓋適是告亡者之辭，宜從賀氏不稱適爲可。賀氏告亡者之辭，明祖亦是皇祖，孝子自稱曾祖爲皇祖，而據亡者則稱皇明耳。然只是當依《家禮》曰：「薦祔事于先考，適于曾祖考。」其祔妣及卑幼。又宗子爲喪主告者，當各隨其屬而改其稱。

奉主各還故處。《左傳》：「凡君薨，卒哭而祔，祔而作主，特祀于主。」注云：「特用喪禮，祭祀於寢，不同之於宗廟。」作主說與諸家異，說見上。《士虞》記：「明日，以其班祔。」注云：「凡祔已，復于寢。如既祫，主反其廟。」疏云：「以主祔祭訖，主反于寢，如祫祭訖，主反廟相似。」胡氏泳曰：「《開元禮》《政和禮》皆曰禫而祔。伊川先生、横渠先生、《喪紀》皆曰喪三年而祔。温公《書儀》雖卒哭而祔，然祔祭畢，只反祖考神主於影堂，仍置亡者神主於靈座。」此從《儀禮》注。○胡氏此說出《朱文公集》問目中。欽案：諸儒之禮如此，而當時尚有祔而徹几筵之説。朱子《答陸子壽書》：「先王制禮，本緣人情。吉凶之際，其變有漸，故始死全用事生之禮。既卒哭祔廟，然後神之。然猶未忍盡變，故主復于寢而以事生之禮事之。至三年而遷于廟，然後全以神事之也。此其禮文見於經傳者不一，雖未有言其意者，然以情度之，知其必出於此無疑矣。來諭考證雖詳，其大概以爲既吉則不可復凶，既神事之則不可復以事生之禮接爾。竊恐如此非惟未嘗深考古人吉凶變革之漸，而亦未暇反求於孝子慈孫深愛至痛之情也。據禮，小斂有席，至虞而後有几筵也，但卒哭而後不復饋食於下室耳。古今異宜，禮文之變，亦有未可深考者。然《周禮》自虞至祔曾不旬日，不應方設而遽徹之如此其速也。」止此。子壽後服此論。蓋古者初終作重，虞而作桑主，練而作栗主，亦吉凶變更之漸也。喪主猶麁物而不文，故可以神而祭之，亦可以生而事之。今擬初喪作桑牌而不判合題識，以爲靈座之主，未全神之也。故虞祔吉祭之後，雖不潔澡，而朝夕可啓櫝哭拜乎？存嗜尚之褻味，亦可以特薦之，二祥之間雖哀至，只哭于喪次。故練而立吉主，則純以神事之，非時不得輒啓櫝設薦，至於太祥，然後遷廟，乃可以得禮節之宜、人情之穩矣。

致祭錢《少儀》：「爲人祭曰『致福』，爲己祭而致膳於君子曰『膳』，祔、練曰『告』。」注云：「此皆致祭祀之餘於君子。攝主言『致福』，申其辭也。自祭言『膳』，謙也。祔、練言『告』，不敢以爲福膳也。」疏云：「但云『告』，言以祭胙告君子，使知已祔祥而已，故顏回之喪，饋孔子祥肉是也。」

徹靈床。　欽案：徹靈床不見《家禮》。《檀弓》云：「卒哭而諱，生事畢而鬼事始已。」注云：「謂不復饋食於下室，而鬼神祭之。」止此。謂之不饋于下室，則正寢尚有殷奠特祀，而下室則無事，故至是乃徹乎時燕養之具可也。

祔後祭薦。　欽案：《曾子問》：「老聃曰：『天子崩，國君薨，則祝取群廟之主而藏諸廟，禮也。卒哭成事，而后主（客）〔各〕反其廟。』」注云：「藏諸主於祖廟，象凶事者聚也。」疏云：「以卒哭主（客）〔各〕反其廟者，爲明日祔時，須以新死者祔祭於祖，故祖主先反廟也。」止此。凡有喪之家廟，神亦有戚生者之理，故初終至祔，將葬朝祖之外，閉家廟不祭，亦無所歉。但今人執喪既不能如古禮，則不得三年不祭，須從先儒説，卒哭之後，以墨服入祠堂行小祀，所謂朔望節序忌之類是也。詳《祭禮考》。又案：胡氏泳曰：「《儀禮》『朔月奠』下鄭注：『大祥之後，則四時祭焉。』如此，則朔奠於祭後亦似不慶。」祭，謂卒哭祔祭。 晉賀循曰：「自祔之後，惟朔月、月半殷奠而已，其饌如來時儀，即日徹之。」《通典》。 今擬既祔之後，主人、主婦晨昏盥洗，詣靈座，家衆從之，點燭、啓櫝、炷香，哭再拜，畢，閉櫝。 朔望節序之參，具饌祠堂，而留一分。 薦祠堂畢，乃及靈座，隨俗月諱設饌亦無害，其他有酒饌茶菓可薦者，當因朝夕哭拜進之，少頃徹之。 但四時新味，則可俟薦祠堂時。 凡入祠堂則用吉拜，尚左。 靈座則尚仍凶拜。尚右。 丘氏《儀節》有新喪遭中元、歲除、生日謂之慼忌。等禮及祝文，可擇而采之。 ○李繼善問曰：「《檀弓》既祔之後，唯朝夕哭拜、朔奠。 而張先生以爲三年之中不徹几筵，故有日祭，温公亦謂朝夕當饋食，則是朝夕之饋當終喪行之不變，與禮經不合，不知如何？」朱子曰：「此等處，今世見行之禮，不害其厚，而又無嫌於僭上，且當從之。」欽案：既祔未練之間，有力者或從之亦可。 若練而易吉主，則日饋之禮，恐其爲褻瀆矣。

附徹帷《雜記》：「無柩者不帷。」疏云：「神主祔還在室，則在堂無事，故不復用帷也。」欽案：若靈座仍在堂，則未得去帷矣。

祔後變除。 《通典》云：「周制，小功五月者，既葬，除麻受葛絰，繐裳如故，寢居內。 至除，受以朝服素冠。 踰月後吉。 大功九月者，既葬，受以十升布爲繐裳，冠十一升，變麻絰服葛絰，絞之。 九月除，朝服素冠，吉屨無絇。 踰月復吉。」《開元禮》云：「周服謂不杖期。 以下變除，依其月算，各以其日之晨，備縗服，升就位，哭盡哀，降詣别室，釋縗服，著諸服，又就位哭盡哀，出就别室終日。異門者至外，各還其家。」《雜記》：「期之喪，卒哭而從政。」《喪大記》：「期，終喪不食肉，不飲酒。父在，爲母爲妻。」又云：「期，居廬，終喪不御内者。父在，爲母爲妻。」疏云：「此釋禫節。」《雜記》：「期之喪，十一月而練，十三月而祥，十五月而禫。」疏云：「此禫杖期，主謂父在爲母，亦備二祥節也。」《開元禮》云：「父在爲母、爲妻當二祥及禫，月之期雖異，其儀節則同。」斬齊三年變除見上條。《雜記》又云：「練則吊。」注云：「父在爲母功衰，可以吊人者，以父在，故輕於出也。然則凡齊衰十一月，皆可以出矣。」疏云：「此文承『十一月練』之下，故知是父在爲母也。」

小祥

名義。《士虞》記：「期而小祥。」注云：「小祥，祭名。祥，吉也。」《喪服四制》：「期而練。」又云：「十三月而練冠。」《正衡》云：「此日以練布爲冠，又謂之練祭。」《喪服小記》：「期而祭，禮也。期而除喪，道也。祭不爲除喪也。」注云：「此謂練祭也。禮，正月存親，親亡至今而期，期則宜祭。期，天道一變，哀惻之情益衰，衰則宜除，不相爲也。」疏云：「孝子之喪親，應歲時之氣，歲序改易，隨時傷感，故一期而練祭，是孝子存親之心，故云『禮也』，言於禮當然。親終一期，天道改變，哀情益衰，而除說其喪，天道當然，故云『道也』。兩事雖同一時，不相爲也，故云『祭不爲除喪也』。此除喪，謂男子除首絰，女子除要帶。」《問傳》。欽案：「正月存親」，出《公羊傳》曰：「正月以存君也。」注云：「正月，歲終而復始，臣子喜其君父與歲終而復始，執贄存之。」襄二十九。又云：「禮，練祭取法存君。」《白虎通》云：「三年之喪不以閏數何？以其言期也。期者，復其時也。大功已下月數，故以閏月除。」《開元禮》云：「禮，凡三年及周喪，不數閏。禫則數閏。以閏月云者，祥及忌日皆以閏所附之月爲正。」《家禮》小祥條云：「古者卜日而祭，今止用初忌以從簡易。大祥放此。」欽案：二祥不卜日，亦用旬日，不用日辰，自晉以來皆然，說見《通典》。喪事先遠日，若當祥之月有閏，則先卜後月之忌，卜不得吉，則直用本月之忌。

作神主。《穀梁傳》：「立吉主於練。」《公羊傳》：「練主用栗。」《開元禮》云：「小祥祭，主人命有司先制栗主并趺匱等，如喪主之禮。」四品以下無。欽案：初喪用桑牌者，當至此造栗主。備櫝韜藉之制及題識、主式，詳見《祭禮考》。其題主儀，見《家禮》葬條。

具修。《喪服小記》：「練，筮日、筮尸、視濯。」注云：「濯，謂溉祭器也。」疏云：「祭器須潔，而視其洗濯也。」《開元禮》云：「主人及諸子俱沐浴，櫛，爪剪。牢饌及器如卒哭之禮。」《家禮》云：「主人帥衆丈夫灑掃滌濯，主婦帥衆婦女滌釜鼎，具祭饌。佗皆如卒哭之禮。」

設次，陳練服。《家禮》。《開元禮》小祥祭條云：「前一日設地席，陳練冠於次。其日各就次。主人及諸子除首絰，着練冠，妻妾、女子子除要絰。(用)〔周〕服者皆除之，丈夫素服，婦人素服吉屨。」宋崔凱曰：「小祥，祥，吉也，故衰裳無負版及心前衰、辟領，去首絰。」《通典》。《家禮》云：「男子以練服，去首絰、負版、辟領衰，婦人截長裙，不令曳地。」並出《書儀》。丘氏依禮擬制練服，説見《喪具考》。○《家禮》云：「應服期者，改吉服。」又云：「若已除服者來預祭，亦釋去(葬)〔華〕盛之服。」

儀節。欽案：《開元禮》云：「視於靈座之西，東設喪主座，東向。」蓋此時靈座亦東向，則其西是舊靈之後也。今靈座南向，當置桑牌於新主之後，其儀節大抵如卒哭。《家禮》，丘氏依本注爲《儀節》，備矣。小祥既立吉主，故自是後宜用吉拜。

祝辭。《士虞》記：「曰：『薦此常事。』」注云：「祝辭之異者。言常者，期而祭，禮也。」疏云：「謂小祥辭與虞祔之辭有異。異者，以虞祔之祭非常，一期天氣變易，孝子思之而祭，是其常事，故祝辭異也。」《開元禮》祝文云：「歲事警迫，奄及小祥，攀慕永遠，重增屠裂。」《明會典》警作驚，屠作荼。餘同卒哭。當與《家禮》祝文合選。但其改主者，須「薦此常事」下曰：「吉主新成，喪主將藏，伏惟尊靈，舍舊從新，是憑是依。尚饗！」

埋牌子。《公羊傳》：「練主用栗。」注云：「埋虞主於西階之閒，易栗主也。」《開元禮》

云：「其喪主，祝奉出，埋之於廟門外之左。」欽按：廟門之左是埋重之處。若不便，則宜依家禮埋魂帛，埋之於屏處潔地。若又無地，則埋于墓側可也。説見大祥條。

止朝夕哭。《喪服》斬衰傳：「既練，哭無時。」《通典》云：「哭無時者，不復朝夕哭也，或數日哀至而哭。戴德云：『哭時隨其哀殺，五日十日可哭矣。』」本疏云：「哭有三無時：始死未殯以前，哭不絶聲，一無時；既殯已後，卒哭祭已前，阼階之下爲朝夕哭，在廬中思憶則哭，二無時；既練之後，無朝夕哭，唯有廬中或十日，或五日，思憶則哭，三無時也。卒哭之後，未練之前，唯有朝夕哭，是一有時也。」○《喪大記》：「大夫、士父母之喪，既練而歸，朔月、忌日則歸哭于宗室。」注云：「歸，謂其宮也。忌日，死日也。宗室，宗子之家，謂殯宮也。禮，命士以上，父子異宮。」疏云：「朔月，朔望也。」餘詳初喪殷奠條。《家禮》本條云：「惟朔望未除服者會哭。其遭喪以來，親戚之未嘗相見者相見，雖已除服，猶哭盡哀，然後叙拜。」○欽案：練後朔望會哭之外，主人、主婦朝夕詣靈前，不啓櫝，炷香再拜，不哭，以象生時省定。其餘並同祠堂儀。月諱仍前設饌亦可。

練後變除。《喪服》斬衰傳：「既練，舍外寢，始食菜果，飯素食，哭無時。」注云：「舍外寢，於中門之外，屋下壘墼爲之。不塗塈，所謂堊室也。素猶故也，謂復平生時食也。」疏云：「兩下爲屋，謂之屋下。對偏加東壁，非兩下謂之廬也。不塗塈者，謂剪屏而已，不泥塗塈飾也。

『平生時食』，食亦據米飯而言。以其古者名飯爲食也。」《喪大記》：「練而食菜果。食菜以醯醬。」《間傳》疏云：「至大祥之節食醯醬，則小祥食菜果之時但用鹽酪也。若不能食者，食菜果之時得用醯醬也。」《間傳》：「期而小祥，居堊室，寢有席。」《喪大記》：「既練，居堊室，不與人居。」《曾子問》：「三年之喪，練不群立，不旅行。」注云：「爲其苟語忘哀也。」《雜記》：「三年之喪，雖功衰不吊。」謂外人也。《開元禮》云：「小祥祭：前一日之夕，毀廬爲堊室，設蒲席。周喪堊室者除之。」〇《家禮》小祥條云：「應服期者，改吉服，然猶盡其月不服金珠、錦繡、紅紫。唯爲妻者，猶服禫，盡十五月而除。」或問：「妻喪踰期主祭。」朱子曰：「此未有考。但司馬氏大小祥祭，已除服者皆與祭，則主祭者雖已除服，亦何害於主祭乎？但不可純用吉服，須如吊服及忌日之服可也。」又或問：「子爲母大祥及禫，夫已無服，其祭當如何？」曰：「今禮，几筵必三年而除，則小祥、大祥之祭皆夫主之。但小祥之後，夫即除服，大祥之祭，夫亦恐須素服，如吊服可也，但改其祝辭，不必言爲子而祭也。」《文集》。欽案：前説主祭，泛説祭祀，爲妻祥禫亦在其中。蓋當時之制，子爲母，雖父在亦三年，故有此二論。若依古禮，則夫爲妻，子父在爲母，皆十一月既小祥，十三月正是大祥，至於十五月乃禫。今夫爲妻，亦祥後猶禫服而居，如吊服，及忌日服而祭，十五月乃除之。其子如古制，則亦與父同除，而二十五月之祥，二十七月之禫，則只心喪而已矣。〇《喪服》：「斬衰：（年）妻爲夫。妾爲君。女子子在室爲父，布總，箭笄，髽，衰，三年。」注云：「總，束髮。謂之總者，既束其本，又總其末。箭笄，篠也。髽，露紒也，猶男子之括髮。言衰不言裳，婦人不殊裳衰。」疏云：「此經三者既與男子有殊，並終三年乃始除之。」止此。《喪大記》：「婦人喪父母，既練而歸。」注云：「歸，謂歸夫家也。」《喪大記》：「女子子適人者爲其父母，卒哭，折笄首以笄，布總。」傳曰：「折笄首者，折吉笄之首也。吉笄者，象牙也。」注云：「卒哭而喪之大事畢，可以歸於夫家而着吉笄。折其首，爲其大飾也。」疏云：「《喪大記》女子子『既練而歸』，與此注違者，彼小祥，歸是其正法，此歸者，容有故許之歸，故云『可以』，權許之耳。」○《檀弓》：「練而慨然。」疏云：「練轉緩，但嘆慨日月若馳之速也。」《喪大記》：「既練，君謀國政，大夫、士謀家事。」注云：「練後漸輕，故得自謀己國家事也。」

練遷廟説《左傳》：「祔而作主，特祀於寢，烝嘗禘於廟。」杜注云：「新主既特祀於寢，則宗廟四時嘗祀自如舊也。三年禮畢，乃皆同於吉服。」注云「特祀于主」，謂在寢。「烝嘗禘於廟」者，三年喪畢，遭烝嘗則行祭皆於廟，則三年以前未得遷于廟而禘祭，此賈、服之義，不與鄭同。《穀梁傳》：「立主，喪主於虞，吉主於練。作主壞廟有時日，於練焉壞廟。壞廟之道，易檐可也，改塗可也。」疏云：「作主在十三月，壞廟在三年喪終，而傳連言之者，此主終入廟，入廟即易檐，以事相繼，故連言之，非謂作主壞廟同時也。或以爲練而作主之時，則易檐改塗，故此傳云於練壞廟，於傳文雖順，舊説不然，故不從之，直記異聞耳。」《士虞》記鄭注云：「凡祔已，復于寢，練而後遷廟。」疏云：「唯祔祭與練祭，祭在廟，祭訖，主反於寢。其大祥與禫祭其主，自然在寢祭之。」欽案：《左傳》本義恐只如杜氏説，而賈、服則稍異，但並與《王制》「三年不祭」之説不同耳，疏文蓋據晉儒之説回護之。《穀梁》本義恐亦如鄭氏説，而孔疏蓋據賈、服之説回護之。後來張子一説全與鄭同，而《儀禮通解》亦依孔疏合釋之，恐非也。朱子《答陸子壽書》曰：「遷廟一節，鄭氏用《穀梁》練而壞廟之説，杜氏用賈逵、服虔説，則以三年爲斷。其間同異得失雖未有考，然《穀梁》但言壞舊廟，不言遷新主，則安知非於練而遷舊主，於三年而納新主邪？至於《禮》疏所解鄭氏説，但據《周禮》『廟用卣』一句，亦非明驗。故區區之意竊疑杜氏之説爲合於人情也。」

大祥

名義既見小祥。《士虞》記：「又期而大祥。」注云：「又，復也。」疏云：「此謂二十五日大祥祭，故云復期也。」《喪服四制》：「父母之喪，三年而祥。」三年間，三年之喪，二十五月而畢。《家禮》云：「自喪至此，不計閏凡二十五月，亦止用第二忌日祭。」欽案：遇閏之儀見小祥。

具修。《開元禮》云：「前一日之夕，主人及諸子俱沐浴、櫛、爪剪。牢饌及器如小祥之禮。」《家禮》從之。

設次，陳禫服。《雜記》：「祥，主人之除也。於夕爲期，朝服。祥因其故服。」疏云：「『於夕爲期』者，謂於祥祭，豫告明日祭期也。『祥因其故服』者，謂明旦祥祭時，主人因着其前夕故朝服也。」欽按：古者祥禫各服變，《家禮》大祥便用禫服以從簡約，故前夕陳設，俟明旦乃服之。服制詳《喪具考》。○夫爲妻主祭，服制見上條。

告遷于祠堂，改題遷主。欽按：古禮遷廟説見上條。《開元禮》祔廟在禫後，其儀先以酒脯告遷于廟主，而以次遞遷，告靈座曰：「以今吉辰，奉遷神主于廟。」乃移廟祔于祖，其祝文曰：「某罪積不滅，歲及免喪，先王制禮，練主入祔，宗廟上遷，昭穆繼序，是用適于皇考封謚，以遷王考封謚。」《家禮》本條注云：「以果酒告如朔日之儀。若無親盡之祖，則祝版云云，告畢，改題神主如加贈之儀。遞遷而西，虚東一龕以俟新主。」丘氏别爲告遷《儀節》，備矣。祝文曰：「孝孫某，敢昭告于某官府君、某氏某封云：祝文止書官封稱呼，而不書高曾祖考妣者，蓋爲是時高祖親盡，曾祖之考妣神主未改題故也。兹以先考某官府君，大祥已届，禮當遷主入廟。某官府君、某氏某封親盡，神主當祧。某官府君、某氏某封神主，改題爲高祖云云。世次遞遷，不勝感愴，謹以酒果，用伸虔告。尚饗！」○父在祔母説見祔條。丘氏曰：「案《禮喪小記》，父母並喪，則先葬母，而不虞祔，以父葬畢而後祔。今擬若父先死，則用此告遷儀節。若父在母先死，則是父爲喪主，惟祔于祖母之櫝，不必告遷也。待父死之後，然後用此儀節告遷，而于祝文『大祥已届』之下，添入『及先妣某氏先亡，祔于祖妣，于禮當遷主入廟之上』。若父先亡已入祠堂而後母死，只告先考一位，其祝文曰：『兹以先妣某封某氏，大詳已届，禮當祔于先考並享，不勝愴。』餘並同。」

儀節。　欽按：《開元禮》儀如小祥。《家禮》亦云：「厥明，行事，皆如小祥之儀。」丘氏別爲《儀節》。

祝辭。　《士虞》記：「曰：『薦此祥事。』」注云：「祥事，亦是常事也。」《家禮》從之云：「惟祝版改『小祥』曰『大祥』，『常事』曰『祥事』。」《開元禮》祝文云：「日月逾邁，奄及大祥，攀慕永遠，無任荒路。」餘同小祥。又《正衡》大祥除靈座祝文云：「痛惟其親，九原（杏）〔杳〕隔，徒居衰絰之喪，莫報劬勞之德。歲律兩更，靈筵告徹，告請神主，祀于祠堂。陳薄祭以告聞，乞尊靈而歆格，啓我后人，益綿世澤。尚饗！」〇《補注》云：「上告祖考，當遷他廟也。此告靈座，告新主當入此廟也。」

奉神主入于祠堂。　《家禮》云：「主人以下，哭從如祔之叙。至堂前哭，止。」《補注》云：「居東一龕以爲禰廟。」丘氏別爲《儀節》。

徹靈座。　《開元禮》云：「二十五月大祥，除靈座。」欽按：三品以上未除，以至祔廟；四品以下禫祔，唯以几筵，設神座。

棄杖。《間傳》注：「大祥除衰杖。」《喪大記》：「棄杖者，斷而棄之於隱者。」注云：「杖以喪至尊，爲人得而褻之也。」《家禮》云：「斷杖，棄之屏處。」

埋遷主。《家禮》云：「奉遷主埋于墓側。」《語類》云：「祔新主而遷舊主，亦合〔吉〕〔告〕祭舊主，古書無所載，兼不説遷於何所。天子則有始祖之廟，而藏之夾室，大夫亦自有始祖廟。今皆無此，更無頓處。古人埋桑主於兩階間，見上條。蓋古者階間人不甚行，今則混雜，亦難埋於此，看來只得埋於墓所。」○丘氏爲埋遷主儀節及祝文而曰：「按：楊氏《附注》引朱子他日與學者書，既祥徹几筵，其主且當祔于祖父之廟，俟三年喪畢，合祭而後遷，蓋有取于横渠祫祭後奉祧主于夾室之説也。而楊氏亦云：『自告祭前一夕，以薦告遷主畢，乃題神主。厥明合祭畢，奉神主埋于墓所，奉遷新主，各歸于廟。』夫所謂合祭者，即横渠所謂祫祭也。《家禮》時祭之外，未嘗合祭，若即是時祭，又不知設新主位于何所。今不敢從，且依《家禮》爲此儀節，庶幾不失云。」○《家禮》云：「若其親盡之祖而其別子也，則祝版云云，告畢而遷于墓所不埋。其支子也而族人有親未盡者，則祝版云云，告畢遷于最長之房，使主其祭。若親皆已盡，則祝版云云，告畢，埋于兩階之間，其餘改題遞遷如前。」

祥後變除。《檀弓》：「祥而廓然。」疏云：「至大祥而寥廓，情意不樂而已。」《喪大記》：

「既祥，黝堊。」注云：「黝堊，室之飾也。地謂之黝，牆謂之堊。」疏云：「黝，黑也，平治其地令黑也。堊，白也，新塗堊於牆壁，令白，稍飾故也。」止此。「祥而外無哭者。」疏云：「外，中門之外，即堊室之中也。祥之日鼓素琴，故中門之外不哭也。」杜元凱曰：「外無哭者，謂哀至，入即位哭也。」《通典》。《間傳》：「又期而大祥，居復寢。」欽按：據《喪大記》注疏，此寢指殯宮之寢，與《大記》「吉祭而復寢」謂平常之寢者不同。又崔凱曰：「祥居外寢，平常所聽外寢事也。」《通典》。蓋皆異聞耳，恐當以《大記》「黝堊」爲正，然後儒多依《間傳》。《開元禮》大祥條云：「主人以下各還外寢，妻妾、女子子以下還於寢。」○《雜記》：「祥，主人之除也。於夕爲期，朝服。祥因其故服。」義見上。《喪服小記》：「除成喪者，其祭也朝冠縞冠。」注云：「成，成人也。」《玉藻》：「縞冠素紕，既祥之冠也。」《詩》注：縞，薄繒不染，故色白。素，《説文》：「白緻繒也。」《間傳》：「又期大祥，素縞麻衣。」注云：「麻衣十五升，布深衣也。謂之『麻』者，純用布，無采飾也。」疏云：「首服素冠，以縞紕之。欽按：此是皇氏之説，又無所出。祥祭之冠，只是縞冠，不素紕，詳《小記》疏。身着朝服而爲大祥之祭，祭訖之後，哀情未除，更反服微凶之服，首着縞冠，以素紕之。身着十五升麻深衣，未有采緣，故云『大祥素縞麻衣』也。」○《間傳》：「大祥，有醯醬。」《喪大記》：「練而食菜果，祥而食肉。食菜以醯醬，始食肉者先食乾肉。」疏：「皇氏云：『此據病而不能食者。』」欽按：《家禮》元本大祥條末云：「始飲酒食肉而復寢。」丘氏《儀節》據《間傳》文，移于禫條末，今當從之。○《喪服四制》：「祥之日鼓素琴，告民有終也，以節制者也。」注云：「鼓素琴，始存樂也。三年不爲樂，樂必崩。」疏云：「『以節制者也』，以情實未已，仍以禮節爲限，制抑其情也。」《檀弓》：「孔子既祥，五日彈琴而不成聲，十日而成笙歌。」注云：「踰月且異旬也。祥亦凶事，用遠日，五日彈琴，十日笙歌，除由外也。琴以手，笙歌以氣。」《曲禮》：「喪復常，讀樂章。」疏云：「謂大祥除服之後也。樂章，謂樂書之篇章，謂詩也。」○《雜記》：「三年之喪，祥而從政。」注云：「此謂庶人也。從政，從爲政者教令，謂給繇役。」疏云：「若大夫、士三年之喪，期不從政，是正禮也。卒哭，金革之事無辟，是權禮也。」並出《大記》。

禫

名義。《士虞》記：「中月而禫。」《間傳》文同。注云：「中猶間也。禫，祭名也。與大祥間一月。自喪至此，凡二十七月，禫之言澹，澹然平安意也。」疏云：「二十七月禫。徙月樂，二十八月復平常，正作樂也。禫月得無所不佩，又於禫月將鄉吉祭，又得樂縣，故云平安意也。但至後月，乃是即吉之正也。」○《檀弓》疏云：「其祥禫之月，先儒不同，王肅以二十五月大祥，其月爲禫，二十六月作樂。所以然者，以下云『祥而縞，是月禫，徙月樂』，又與上文魯人朝祥而莫歌，孔子云：『踰月則其善。』已上皆《檀弓》文。是皆祥之後月作樂也。又《間傳》云：『三年之喪，二十五月而畢。』又《士虞禮》『十月而禫』，是祥月之中也，與《尚書》『文王中身享國』謂身之中間同。」止此。又王學之徒難曰：「若二十五大祥，二十七月而禫，二十八月作樂，則二十五月、二十六月、二十七月三月之中不得作樂者，何得《禮記》云『祥之月鼓素琴』，『孔子既祥，五日彈琴，十日笙歌』？又《喪大記》云『禫而內無哭者，樂作矣故也』。『孟獻子禫，縣而不樂』。此皆禫月有樂之義，豈合二十八月然始樂乎？」《通典》。○《檀弓》疏云：「鄭必以爲二十七月禫者，以《雜記》云父在，爲母、爲妻十三月大祥，十五月禫。爲母、爲妻尚祥、禫異月，豈容三年之喪乃祥、禫同月。若以中月而禫，爲月之中間，應云月中而禫，何以言中月乎？案《喪服小記》云『妾祔於妾祖姑，亡則中一次上而祔』，又《學記》云『中年考校』，皆以中爲間，謂間隔一年，故以中月爲間隔一月也。下云『祥而縞』，謂大祥者縞冠，『是月禫』，謂是此禫月而禫。二者各自爲義，事不相干。故《論語》云：『子於是日哭，則不歌。』文無所繼，亦云『是日』。案《曲禮》『喪事先遠日』，則大祥當在下旬，禫祭又在祥後，何得云『中月而禫』？又禫後何以容吉祭？故云二十七月也。戴德《喪服變除禮》『二十五月大祥，二十七月而禫』，故鄭依而用焉。」止此。又案鄭學之徒，不云二十五月六月七月之中無存省之樂也，但非是禫後復吉所作正樂耳。正樂者，八音並奏，使工爲之者也。故鄭注《喪服四制》「祥之日鼓素琴」云「爾以存樂也」。君子三年不爲樂，樂必崩；三年不爲禮，禮必壞。故祥日而存之，非有心取適而作樂。三年之喪，君子居之，若駟之過隙，故雖以存省之時，猶不能成樂。是以孔子既祥，五日彈而不成聲。《禮記》所云「二十五月而畢」者，諭喪之大事畢也，謂除衰絰與堊室耳。餘哀未盡，故服素縞麻衣，着未吉之服。伯叔無禫，十三月而除；爲母、妻有禫，則十五月而畢；爲君無禫，二十五月而畢；爲父、長子有禫，二十七月而畢。明所云「喪以周斷」者，禫不在周中也。《禮記》二十五月畢者，禫不在祥月，此特爲重喪加之以禫，非論其正祥除之義也。三年之喪二十五月而畢者，論其正；二十七月而禫者，明其加。《通典》。○難曰：「鄭學之徒，嫌祥禫同月，卜用遠日，無中月之義者，祥禫之祭雖用遠日，若卜遠日不吉，則卜近日，若卜近得吉，便有中月之義也。《禮記》作樂之文，或在禫月，或在異月者，正以祥禫之祭，或在月中，或在月末故也。喪事先遠日，不吉則卜月初。禫在月中，則得作樂，此《喪大記》『禫而内無哭者，樂作矣故』，『孟獻子縣而不樂』之類皆是也。祥之日鼓琴者，特是存樂之義，非禫後之樂也。」同上。○《通典》祥禫議曰：「夫人倫之道，以德爲本，至德以孝爲先。上古喪期無數，其仁人則終身滅性。其衆庶有朝喪莫廢者，則禽獸之不若。後中代聖人，緣中人之情，爲作制節，使過者俯而就之，不及者跂而及之，至重者斬縗以周斷。後代君子居喪，以周若駟之過隙，而加崇以再周焉。《禮記》云『再周之喪，二十五月而畢』。至於祥禫之節，焚爇之餘，其文不備。先儒所議，互有長短，遂使歷代習禮之家，飜爲聚訟，各執所見，四海不同，此皆不本禮情而求其理故也。夫喪本重以周斷，後代崇加以再周，豈非君子欲重其情而彰孝道者也，何乃惜一月之禫而不加之，以膠柱於二十五月者哉！或云『孝子有終身之憂，何須過聖人之制』者。二十七月之制，行尚矣，遵鄭者乃過禮而重情，遵王者則輕情而反制，斯乃孰爲孝乎？且練祥禫之制者，本於哀情，不可頓去而漸殺也。故《間傳》云『再周而大祥，素縞麻衣，中月而禫，禫而纖，無所不佩』。中猶間也，謂大祥祭後間一月而禫也。據文勢足知除服後一月服大祥服，後一月服禫服。今約經傳，求其適中，可二十五月終而大祥，受以祥服，素縞麻衣。二十六月終而禫，受以禫服。二十七月終而吉，吉而除。徙月樂，無所不佩。夫如此求其情而合乎禮矣。」○問：「中月而禫。」朱子曰：「『中月而禫』，猶曰中一以上而祔。《漢書》亦云『間不一歲』，即鄭注《虞禮》爲是，故杜佑亦從此説，但《檀弓》云『是月禫』及『踰月異旬』之説（不）爲不同耳。今既定以二十七月爲期，即此等不須瑣細，如此尋討，枉費心力。但於其間日致其哀足矣。」《文集》。又曰：「二十五月，祥後便禫，看來當如王肅之説，於『是月禫，徙月樂』之説爲順。而今從鄭氏之説，雖是禮宜從厚，然未爲當。」《附録》。○宋武帝永和九年，黄門侍郎王淮之議：「鄭玄喪制二十七月而終，學者云得禮。案：晉初用王肅議，祥禫共月，遂以爲制，江左以來唯晉朝施用，搢紳之士猶多遵鄭義。宜使朝野一體。」詔可。黄氏曰：「王淮之議，乃後世通行之制也。」《通解》。○《開元禮》云：「凡三年及周喪不數閏，禫則數之。」《家禮》云：

「大祥之後，中月而禫：間一月也。自喪至此，不計閏凡二十七月。」欽按：不計閏，謂祥前之閏也。禫則數閏者，若祥月有閏，卜後月不吉而本月(詳)〔祥〕，則以閏之後月禫；若禫月有閏，則直用本月也。

杖期有禫有不禫《喪服小記》：「爲父、母、妻、長子禫。」疏云：「目所爲禫者，此一人而已。欽案：一當作四。然慈母亦宜禫也。而下『有庶子在父之室，爲其母不禫』，則在父室，爲慈母亦不禫也，故不言之。妻爲夫亦禫也，但《記》文不具。」止此。「庶子在父之室，則爲其母不禫。」注云：「妾子父在厭也。」止此。「宗子，母在爲妻禫。」注云：「宗子之妻，尊也。」疏云：「宗子爲百世不遷之宗。賀瑒云：『父在，適子爲妻不杖。』不杖則不禫。若父没母存，則爲妻得杖(不)〔又〕得禫。凡適子皆然。嫌畏宗子尊厭其妻，故特云『宗子母在爲妻禫』。賀循云：『婦人尊微，不奪正服，並厭其餘哀。』如此論，則母皆厭，其適子庶子不爲妻杖也。欽按：杖當作禫。故宗子妻尊，母所不厭，故特明得禫也。」

卜日。《士虞》記疏云：「禫言澹然乎安，得行四時之祭，則可從吉事先近日，用上旬爲之。」《家禮》云：「前一月下旬，卜日。」本注云：「下旬之首，擇來月三旬各一日，或丁或亥。」餘丘氏依注爲《儀節》。所云來月某日者，本注云：「命以上旬之日也。」其告祠堂之辭，注云：「若不得吉，則不用『卜既吉』一句。」欽按：《士虞》記云：「中月而禫。是月也，吉祭。」止此。若禫在四仲之月，則其卜日須容禫後吉祭之日，説見吉祭下。

具修儀節。《間傳》疏云：「禫祭之時，玄冠朝服。」《通典》云：「禫，玄衣黃裳而祭。」《開元禮》禫祭條云：「前一日，堂事者先備内外禫服，各陳於别所。主人及諸子俱沐浴、櫛、爪剪，仍宿於外寢。牢饌及器如大祥之禮。」《家禮》云：「前期一日，沐浴，設位，陳器具饌。厥明，行事，皆如大祥之儀。」丘氏别爲《儀節》，備矣。

祝辭。《開元禮》禫祭祝文曰：「維年月朔日子，孤子某，敢昭告于考某官封謚：禫制有期，追遠無及，謹以潔牲柔毛云云，祗薦禫事于考某官封謚。尚饗！」《儀節》依之。○《正衡》祝文曰：「孤子某，謹以清酌、庶饈，祗薦禫事于顯考某官府君神主曰：切念嚴君，奄棄塵世，罔極難酧，哀慕不已。衰服三年，恪遵禮制，痛今日以免喪，備菲儀而告祭。風木之懷，莫言盡意，伏乞鑒歆，永垂福庇。尚饗！」

禫後變除。《間傳》：「禫而床。」《喪大記》：「禫而從御。」注云：「從御，御婦人也。」○《間傳》：「禫而纖，無所不佩。」注云：「黑經白緯曰『纖』。舊説：『纖冠者，采纓也。』無所不佩，紛帨之屬如平常也。纖，或作『綅』。」疏云：「禫祭訖，而首着纖冠，身着素端黃裳，以至吉祭。『無所不佩』者，吉祭之時，身尋常吉服，平常所服之物無不佩。」○《間傳》：「禫而飲醴酒。始飲酒者先飲醴酒，始食肉者先食乾肉。」疏云：「醴酒味薄，乾肉又澀，所以先食之者，以喪服除，孝子不忍發初御醇厚之味，故飲醴酒、食乾肉也。」○《喪大記》：「禫而（肉）〔内〕無哭者，樂作矣故也。」注云：「禫踰月而可作樂，樂作無哭者。」疏云：「内，中門内也。禫已縣八音於庭，故門内不復哭也。」《檀弓》：「是月禫，徙月樂。」注云：「言禫明月可以用樂。」疏云：「《鄭志》曰：『既禫，徙月而樂作，禮之正也；孔子五月彈素琴，自省樂，哀未忘耳。』」止此。「孟獻子禫，縣而不樂，比御而不入。」注云：「可以御婦人矣，尚不復寢。」止此。「夫子曰：『獻子加於人一等矣。』」注云：「加猶踰也。」疏云：「依禮，禫祭暫縣省樂而不恒作也。至二十八月，乃始作樂。又依禮，祥後吉祭，乃始復寢。當時人禫祭之後，則恒作樂，未至吉祭而復寢。今孟獻子既禫，暫縣省樂而不恒作，可以御婦人而不入寢，雖於禮是當，而特異餘人，故夫子善之云：『獻子加於人一等矣。』」

吉祭。《士虞》記：「是月也，吉祭，猶未配。」注云：「是月，是禫月也。當四時之祭月則祭，猶未以某妃配（其）〔某〕氏，哀未忘也。」疏云：「謂是禫月禫，禫祭仍在寢，此月當四時吉祭之月，則于廟行四時之祭，而猶未得以某妃配，哀未忘，若喪中然也。案此禫言澹然平安，得行四時之祭，則可從吉事先近日，用上旬爲之。若然，二十七月上旬行禫祭於寢，當祭月即從四時祭於廟，亦用上旬爲之。」《喪大記》：「禫而從御，吉祭而復寢。」注云：「復寢，不復宿殯宫也。」疏云：「謂禫祭之後，同月之内值吉祭之節，行吉祭訖而復寢。若不當四時吉祭，則踰月吉祭，乃復寢。案《間傳》：『既祥，復寢。』與此吉祭復寢不同者，彼謂不復宿中門外，復於殯宮之寢。此吉祭後不復宿殯宮，復於平常之寢。文雖同，義別也。」《間傳》疏云：「吉祭之時，身尋常吉服。」《通典》云：「二十七月禫，寢有床，猶別內，始飲醴酒。踰月復吉，三年之禮成矣。」

慎終疏節通考四

喪具考

饗纂《喪具圖目》，其名物制度既備矣；此唯考古今之制，論新擬之意耳。

治棺之具

棺制。《檀弓》：「君即位而爲椑，歲壹漆之，藏焉。」注云：「椑，謂杝棺親尸者。椑，堅着之言也。天子椑内又有水兕革棺。歲一漆之，若未成然。藏，謂虚之不令。」疏云：「『君』，諸侯也。言諸侯，則王可知也。椑，杝棺也。漆之堅强，甓甓然也。『藏焉』者，棺中不欲空虚，如急有待也。虚之不令，令，善也。言若虚空，便爲不善，故藏物於其中。一本爲『虚之不合』者，謂不以蓋合覆其上，既不合覆，不欲令人見，故藏焉。」按：朝鮮《五禮儀》：「椑，藏物於中。」注云：「物，即赤小豆。」《喪大記》：「君大棺八寸，屬六寸，椑四寸。此君，謂侯伯子男也。上大夫大棺八寸，屬六寸。下大夫棺六寸，屬四寸。士棺六寸。」注云：「《檀弓》曰：『天子之棺四重，謂親尸棺外有四周。水、兕革棺被之，其厚三寸；水革、兕革各厚三寸而合被之。二皮能濕。杝棺一，所謂椑也。杝即椵木也，亦能濕。梓棺二。』屬棺次椑，大棺次屬，並用梓。以是差之，上公革棺不被，三重也。去水革棺。諸侯無革棺，再重也。大夫無椑，一重也。士無屬，不重也。庶人之棺四寸。」疏云：「案《檀弓》『孔子爲中都宰，制四寸之棺，五寸之椁』，《家語》亦同。是庶人之棺四寸。」止此。「君裏棺用朱緑，用雜金鐕。大夫裏棺用玄緑，用牛骨鐕。士不緑。」疏云：「裏棺，謂繒貼棺裏也。『用雜金鐕』者，鐕，釘也。用金鐕，又用象牙釘，雜之。『大夫裏棺用玄緑』者，四面玄，四角緑。『士不緑』者，悉用玄也。亦同大夫用牛骨鐕。」止此。《五禮儀》以紅緑綾貼椑内。又《大記》：「君蓋用漆，三衽三束。大夫蓋用漆，二衽二束。士蓋不用漆，二衽二束。」注云：「用漆者，塗合牝牡之中也。衽，小要也。」疏云：「束，謂棺兩邊各三衽，每當衽上輒以牛皮束之也。」孟子曰：「古者棺椁無度，中古棺七寸，椁稱之。自天子達庶人。非直爲觀美也，然後盡於人心。不得，不可以爲悦；無財，不可以爲悦。得之爲有財，古之人皆用之，吾何爲獨不然？且比化者，無使土親膚，於人心獨無恔乎？吾聞之也：君子不以天下儉其親。」輔氏曰：「古者棺椁無度，想只是過于厚，觀《易》喪葬取之《大過》可見。」趙注云：「中古，謂周公制禮以來。」欽按：孟子曰：「養生者不足以當大事，惟送死可以當大事。」凡父母之喪，孝子最當盡心者，在葬地、灰椁、漆棺，而又棺制爲至急至重，不可不竭力致思，故今分條詳論之。

擇材 欽按：古者棺木用杝櫝梓桐，今不可考。《家禮》云：「油杉爲上，柏次之，土杉爲下。」張一棟《居家儀禮》云：「棺木用楠之高者，猶差勝於用杉之低者。」王文禄《葬度》云：「油杉旋螺、丁子香花紫實，上也，但假者多耳。」《五禮儀》：「國王椑用松黄腸板。」止此。蓋取材當各隨方土之宜，不可拘舊説，要以能濕之木爲佳耳。此間亦有油杉，甚難得。楠槎久者，或化爲石。楠，訓句須。今多用爲海舶，但板厚則甚重難舉動。或云楠能水而不能土，未得實驗也。次之者，俗所稱槙木，槙，訓馬幾。亦柏類也。柏，訓非。《爾雅》：「樅，松葉柏身。」《字説》云：「松葉柏身，則葉與身皆直從。」《韵會》。今槙木葉似松，身似柏而直從，恐是樅木也。木心稍黄，松黄腸木或亦是也。此木有香臭兩種，香者爲真，臭者性甚芬。凡松杉之類，傷濕則内腐，獨槙木外爛，所以爲美也。出土佐日向二州者，細理堅實，勝他産。若無佳品，則當擇柏之良者。陸氏曰：「柏性堅緻，有脂。」程子論柏木之堅曰：「聞有人代東漢時墓，柏棺尚在。」又有因城圮得柏木，皆堅潤如新。故求堅莫如柏，欲完莫如漆。」《考證》。凡棺材並要求老木，切忌用嫩材，須先分⿰金解畢，取其無節眼、脂窟、蛀孔、鈎痕、飛腐、裂脉之類者，以紙糊封兩頭，乾燥周歲之後，方可出用。又按：本朝神書，素盞鳴尊定衆木所當用，時以麻紀爲墓葬以卧之具，訓穩幾都須太別尼、麽知夫雪夢農素奈泛。則知此木宜棺椁也，某來向矣。

【⿰金解板】司馬温公曰：「棺欲厚，然太厚則重而難以致遠。」《家禮》。欽按：古禮士棺六寸，孔子中都之制通用四寸，孟子所謂七寸者，蓋異聞耳。周尺有二等，若以古尺言，則似太過厚；古尺當今七寸八分。意者皆以武王尺言，與《周禮》尺度同耳。然則周六寸當今木匠曲尺三寸七分半弱，四寸當今二寸五分强。又丘氏《大畢圖説》曰：「按治棺下注云：『棺制僅取容身，勿爲高大。』由是推之，大約不過二尺以外而已。」止此。是以外度而言也。棺内頭室不降一尺五六寸，則可知板厚在二三寸間。明曲尺比今尺强五分許。故今雖無定制，亦士庶之棺不可過厚三寸。然墨氏桐棺三寸，薄之至也，古人葬刑餘亦用之。説出《荀子》。古三寸當今一寸九分弱，故不及二寸，則亦爲過薄矣。是皆以削成者言，初鑼須更加二三分。凡大小之制見《圖目》。

制樣《家禮》云：「其制方直，頭大足小，僅取容身，勿高大及爲高檐高足。」欽按：棺形不正則偏重，造灰椁亦不便。《五禮儀》梓圖，正方直長，唯蓋上微隆起耳。今擬棺形正直，而別制鯰尾板兩片，可以挾足旁。按鯰，俗鮎字，訓奈馬萃。頭大足小猶可，今或更令頭高足低，爲甚不正矣。又案：近世華人棺圖如三絃匡木，四腹微滿，蓋裏面亦隨外刳曲。凡斂形雖赴方而猶易圓，故棺腹稍宏則穩納斂，但四版通刳，四隅難固結。今擬結合處正方，而刳四檣如匙掌，則愈得與斂形相稱也。

結合欽按：華工結棺隅，如天平臺匡，每枘從一邊釘着，然結合碎折，則施工難精密。莫如作匣常法，各分三段，爲凹凸字樣以相結，從兩邊互釘，極爲堅牢。又按：古者棺蓋合縫處用衽，俗云知幾里。王文禄得三合錠筍法，用以綴底，蓋曰免鐵銹壞板、釘擊震尸。然今用銅釘，則無繡敗之患。朱子曰：「古者棺不釘，不用漆粘。而今灰漆如此堅密，猶有蟣子入去，何況不使釘漆！此皆不可行。」《語類》。其釘椓震尸，亦止一時耳，豈爲是捨永年鞏固之計哉？《家禮》殯殮，蓋棺亦下釘，況底板預釘着乎？若用黃銅釘，更勝於生銅，但四大鐶要强，故用鐵，其根鈕則亦用銅，仍鐶根四邊貼銅鍱以護定之。凡銅鐵有錯痕，則好粘漆。

髹漆 欽按：用漆，嚴漆最佳，俗呼爲雪失也。産于武藏、常陸等州。刻嫩漆木，漚水採之，其色蒼黑，試之以物，掀揭則垂尾反屈向上，其不反上者力劣。或鬻者雜以水，須審揀之。黃漆，刻漆樹採之，所在有之，不及東漆甚遠。凡漆棺艌筋貼布打灰，不可不用嚴漆，灰上黑髹，要外厚於内，力難供者繼以黃漆，亦猶勝於油漆、瀝青之類。油漆，以密陀僧桐油煉成。瀝青，松脂爲主，方出《圖目》。若急遽要頓成者，有速漆法。又尚難及，則用瀝青。程子以來多説松脂之利，然《彭氏訓蒙》云：「灌以松脂，宜於北方，江南用之，適爲蟻房。」《附録》。又今見有瀝青爲地中伏陽所溶，灰椁有罅隙，則流出于外者。《家禮》棺内椁中雖並曰着瀝青，而後來葬其長子，則全不用之，蓋爲是也。但棺外四周以瀝青貼布，則庶幾免流脱之患。今不得已，則宜從之，勿要厚塗。或曰：瀝青雜油物，故流脱。乃以板作長短六盤，如櫃蓋樣，溶純松脂滿盤中，用以周柩六面。近歲有合葬者，就先埻隅罅探之，脂亦融如飴餹，但幸地堅，得不流耳。○番藥有稱密夷刺者，舊人屍也。其方俗棺殮之法，以棉布纏首身四肢，擣粉董陸紫鉚諸香木脂實于棺中，以藏屍於其中。瘞後百餘年而啓出，則屍與香脂融化而成此物。以其功多益，故徵求歲繁，往者紅毛人齎全棺來，致于崎港治所，其棺布漆儼然，蓋邊黄銅釘亦不敗。時儒醫南部某在衙中親見而語于余，可觀漆棺銅釘入地耐久矣。○《明會典》云：「品官喪儀，棺朱漆，庶民用黑漆、金漆，不得用硃紅。」

七星板。《左氏・昭公傳》：「唯是楄柎，所以藉幹也。」注云：「楄柎，棺中笭床也。」欽按：後世七星板蓋出此。《顏氏家訓》云：「吾當松棺二寸，衣帽已外，一不得自隨，床上唯施七星板。」《唐元陵儀注》云：「加七星板於梓宫内。」《通典》。《五禮儀》云：「七星板，厚五分漆之。」《家禮考證》云：「丘氏曰：『用板一片，其長廣棺中可容者，鑿爲七孔。』蓋七星者，象北斗也。」止此。《三才圖（繪）〔會〕》所圖，亦如北斗。《葬度》云：「梓木板寸餘厚，與棺底一様。」止此。今擬七星板用柏板，厚五分而漆之，或用桐木素板，並可。

糯米灰。欽按：《開元禮》云：「灰炭、枕席之類，皆先設於棺内。」止此。不知用何灰。《家禮》云：「以煉熟秫米灰鋪其底厚四寸許，加七星板。」丘氏秫作糯，名義同。《五禮儀》云：「槨内以煉熟秫米灰鋪其底厚四寸許，加七星板，鋪紅綾褥及席于板上。」《葬度》云：「鋪棺底，今用竈間柴灰，柴灰帶火性且鹹濕，甚不可也。或用燈心草，或用山黄紙，《家禮》用糯穀殼燒灰，今云班糠，但一時不易得也。予思之，石灰炭細末及寺觀中燒過紙灰三和之，厚鋪棺底，再覆白紙紅絹，梓木版寸餘厚，與棺底一樣壓之，方入褥席與尸。」止此。糯米灰煉法未審，恐只言擣熟耳。米飯燒灰能燥濕，然則燒糯飯爲可，或燒糯米花俗云法絕。用之，此亦爲難供。當用糯糠灰，無則粳糠亦可，石灰炭末未知可否。

正尸之具

帷幄。《開元禮》喪制設床遷尸條云：「施幄，六品以下不施帷。」又云：「初氣絕，室內隨事設帷。」《家禮》、丘氏《儀節》遷尸之具有幃。注云：「聯白布爲之，以障尸。」止此。今擬用素屏一雙蔽尸床前後，從簡便可也。

幃幕。《士喪禮》設始死之奠而帷堂。《家禮》將沐浴而設（諱）〔幃〕。《補注》云：「幃，聯白布爲之，今幃（慕）〔幕〕是也。」止此。凡蔽堂前障內外，白布幔、橫布幕從宜用之。

床席枕衾。《既夕》記：「設床笫，當牖。衽，下莞，上簟。設枕。遷尸。」《喪大記》：「始死，遷尸于床。幠用斂衾。」注見《喪儀》。《開元禮》云：「斂衾，大斂所用之衾。黃素，素裏也。」丘氏《儀節》云：「床簀枕衾皆用舊者，無則買之或造。」欽按：此邦之俗不床卧，然始死不可無寒尸之備，故須急造尸床。床面用木簀，《喪具》有圖。是爲襲床。今俗云寢不用衾，故大斂衾未成，則先製小斂布單衾以覆尸。餘並用舊者可也。

水盤。古禮，士寒尸併瓦盤盛水，若君賜冰，則用夷盤。說見《喪儀》。今擬用水盤二。《圖目》具之。

奠具。古者始死之奠，生時食閣所餘，用吉器奠之。說見《喪儀》。今宜用平常食器。

沐浴之具

沐浴、爪剪、櫛鬠之具。《士喪禮》：「甸人掘坎于階間，少西。爲垼于西牆下，東鄉。」注云：「垼，塊竈。」止此。「新盆〔瓶〕、槃、廢敦、重鬲，皆濯，造于西階下。」注云：「新此瓦器五種者，重死事。盆以盛水，槃承湅濯，瓶以汲水也。廢敦，敦無足者，所以盛米也。盛舍米也。重鬲，鬲將縣於重者也。濯，滌溉也。造，至也，猶饌也。」欽按：《喪大記》：「沐用瓦盤。」疏云：「盤貯沐汁，就中沐也。然則別有沐盤。」止此。「鬠笄用桑，長四寸，纋中。」注云：「桑之爲言喪也。用爲笄，取其名也。長四寸，不冠故也。謂短也。纋，笄之中央以安髮。謂兩頭潤、中央狹也。稻米一豆，實於筐。豆四升。沐巾一，浴巾二，皆用綌，於笲。」注云：「浴巾二者，上體、下體異。」大夫上絺下綌，見《玉藻》。○止此。「櫛，於簞。浴衣，於篋。（俗）〔浴〕衣，已浴所衣之衣，以布爲之。皆饌于西序下，南上。祝淅米于堂，南面，用盆。淅，汰也。管人受潘，煮于垼，用重鬲。（祭）〔蚤〕揃如他日。鬠用組，乃笄。」用組束髮。《喪大記》：「浴水用盆，沃水用枓。」疏云：「枓，酌水器，方，有柄。今用木匏，不方。」又云：「沐與浴俱有枓，俱有盤。」欽案：稻米一豆，先淅而取潘以沐，其米用于含，而餘煮粥縣于重。盆先用淅米，次盛沐浴水。重鬲、瓦鼎也，先用煮湯，次粥，餘飯縣于重。今擬浴盤湯桶及匏皆用新木器，以土釜煮湯於垼，無則常用之釜可也。餘見《圖目》。

含具

飯米含錢。《周禮·舍人》：「喪紀，共飯米。」賈氏曰：「飯，與沐米同。」《士喪禮》疏。《喪大記》：「君沐粱，大夫沐稷，士沐稷。」注云：「《士喪禮》浴稻，此云『士沐粱』，蓋天子之士也。以差率而上之，天子浴黍與？」《周禮·典瑞》：「大喪，共飯玉、含玉。」注云：「飯玉，碎玉以雜米也。含玉，柱左右䫙及在口中者。《雜記》曰『含者執璧將命』，則是璧形而小耳。」疏云：「天子雖用玉，其形無文，故取諸侯法以況之。」《士喪》記：「貝三，實于笲。」注云：「貝，水物。古者以爲貨。」疏云：「大夫以上飯時兼用珠玉也。何休云：『天子以珠，諸侯以玉，大夫以璧，士以貝。』」《公羊》文五年注。春秋之制也。」止此。「祝盛米于敦，奠于貝北。主人洗貝，執以入。

宰洗柶，建于米，執以從。商祝執巾從入，徹枕，設巾。」注云：「設巾覆面，爲飯之遺落米也。」上經云：「布巾，環幅，不鑿。」注云：「環幅，廣袤等也。不鑿者，士之子親含，反其巾而已。大夫以上，賓爲之含，當口鑿之，嫌有惡。」《唐元陵儀注》：「納粱飯，次啥玉。其三品以上用粱及璧，四品、五品用稷與碧，六品以下用粱與貝。」《開元禮》從之。《家禮》飯含用錢三。《附注》云：「今俗以珠銀之屑置其口中，其餘意與？」《儀節》云：「有金珠亦可。」《通典》云：「魏黄初四年制曰：『飯啥無以珠玉，無施珠襦玉（神）〔柙〕。昔者季孫以璵璠斂，孔丘譬之暴骸中厚。』」事見《左傳》。欽案：古者以貝爲貨，故後世以錢易之。然通行銅錢，人皆知其不絜，須求新鑄者，既是微物，用銀錢新潔者亦恐無害，細珠玉屑猶之可，勿用黄金。其器，《家禮》以碗易敦，箱易笲，匙易柶，今宜用竹木素器。

襲具

衽席。《既夕》記：「設床笫，當牖。衽，下莞（下）〔上〕簟。設枕。」注云：「衽，卧席。」

欽按：古禮，床上卧席皆如之。莞，蒲席也。簟，竹席也。今擬用藺席自緣者，其陳衣之席隨宜。

幅巾。《士喪禮》：「掩，練帛廣終幅，長五尺，析其末。」注云：「掩，裹首也。析其末，爲將結於頤下，又還結於項中。」疏云：「掩者，今人幞頭。但死者以後二脚於頤下結之，與生人爲異也。」《開元禮》帛巾方尺八寸。《家禮》用幅巾。劉氏璋曰：「古者人死不冠，但以帛裹其首，謂之掩。蓋以襲斂主於保庇肌體，貴於軟柔緊實，冠則磊嵬難安。况今幞頭以鐵爲脚，長三四尺，帽用漆紗爲之，上有虚檐，置於棺中，何由妥帖？莫若襲以常服，上加幅巾，深衣大帶及履，既合於古，又便於事。幅巾所以當掩也，其制如今之暖帽。深衣帶履自有制度，若無深衣帶履，止用衫勒帛鞋亦可。其幞頭、腰帶、靴笏，俟葬時立於棺上可也。」《附録》。欽按：幅巾制見《祭禮考》。婦人裹首，宜用綿帽數事。

充耳。《士喪禮》：「瑱，用白纊。」注云：「瑱，充耳。」疏云：「生時人君用玉，臣用象。又《著》詩云『充耳以黄』之等，注云『所以懸瑱』，則生時以黄以素，以玉象等爲之，示不聽讒。今死者直用纊塞耳而已，異於生也。」《既夕》記：「瑱塞耳。」疏云：「不云『塞耳』，恐同生人懸于耳旁，故記人言之也。」《開元禮》云：「充耳用白纊。」《家禮》云：「充耳二，用白纊如棗核大，所以塞耳者也。」欽按：瑱者，冕飾也。中華士大夫以上生時服冕，當以纊塞耳以象瑱。此邦士人無冕，恐不用充耳爲當矣。

幎目。《士喪禮》：「幎目，用緇，方尺二寸，䞓裏，著，組繫。」注云：「幎目，用覆面者也。

幎，讀若《詩》云『葛藟縈』之縈。經，赤也。著，充之以絮也。」疏云：「四角有繫於後結之，故有組繫也。」欽按：《音義》云：「幎，依注音縈，於營反，又武遍反。」《韵會》從莫賢切。《儀節》云：「音覓。」則是與冪同，非覆面者，恐不是。《開元禮》云：「面衣用玄，方尺，纁裏，組繫。」《家禮》云：「幎目，方尺二寸，所以覆面者也。」《儀節》云：「幎目巾用熟絹，方尺二寸，夾縫之内充以綿。」欽按：《家禮》幎目不言色，《儀節》亦止云熟絹，蓋用縞素也。今宜用練綃，取其潔白。

握手。《士喪禮》：「握手，用玄，纁裏，長尺二寸，廣五寸，牢中旁寸，著，組繫。」注云：「牢讀爲樓，樓謂削約握之中央以安手也。」疏云：「名此衣爲握，以在其手，故言握手，不謂以手握之。」欽按：製握、設握，經文注義並憂難解，今竊約其大意：握用玄帛，長尺二寸，廣五寸，一頭四寸，兩旁各裁去一寸，留中央三寸，纁裏亦如此，而合縫充綿。設之，使死者握手而卷所約四寸置之於握中，其餘八寸向外掩手皆至腕節。在右手者，下角着一繫其大指，食指着決，決有横帶，先繞手，乃以握繫繞腕節，以其餘自上向内鈎所握中指上節，反至腕節與決帶之餘相結。在左手者，下兩角各着一繫，以一繞腕節，以一鈎中指如上而相結也。又按：《唐元陵儀注》云：「着握手及手衣。」《開元禮》六品以下只着手衣，蓋五品以上加手衣於握上也。《家禮》只云：「握手，用帛長尺二寸，廣五寸，所以裹手者也。」《儀節》亦云：「握手帛用熟絹二幅。」又云：「兩端各有帶繫。」未知朱子之制如此否？今不用握手而用手衣，恐爲是。然手衣之制亦不可考，竊擬以練帛爲之，制樣見《圖目》，須以新綿一團置握中，乃以手衣襲之，則謂之握手亦得。

襲衣。《士喪》記：「爵弁服，純衣。」注云：「謂生時爵弁所衣之服也。純衣者，纁裳。古者以冠名服，死者不冠。」止此。「皮弁服。」注云：「其服，白布衣素裳也。」下注云：「爵弁服，皆從君助祭之服。」止此。「褖衣。」注云：「黑衣裳，赤緣謂之褖。褖之言緣也，所以表袍者也。」《喪大記》曰：「衣必有裳，袍必有表，不禪，謂之一稱。」疏云：「《士冠禮》陳三服：玄端、皮弁、爵弁。故知此褖衣則方端者也。《冠禮》注云：『玄端即朝服之衣。』玄端有三等裳，此喪禮質略，同玄裳而已。但此玄端連衣裳，與婦人褖衣同，故變名褖衣也。連衣裳者，以其用之以表袍，袍連衣裳故也。」《喪大記》：「凡陳衣，絺、綌、紵不入。」注云：「絺、綌、紵者，當暑之褻衣也。襲尸重形，冬夏用袍。」止此。「袍必有表。」疏云：「死則冬夏並用袍，上並加表。」止此。「緇帶。」注云：「黑繒之帶。」疏云：「按《玉藻》云士『練帶緇辟』，是黑繒之帶據裨者而言也。但生時着服不重各設帶，此襲時三服共一帶爲異也。」止此。又《雜記》公襲條：「朱緑帶。」注云：「朱緑帶者，襲衣帶也，飾之雜以朱緑，異於生也。此帶亦以素爲之。」疏云：「此帶既非革帶，又非大帶，衹是衣之小帶。」止此。今内衣小帶宜據此制之。「韎韐。」注云：「一命緼韍。」《玉藻》。疏云：「《士冠禮》爵弁服，韎韐。」止此。「竹笏。」注云：「笏，士以竹本象。」《玉藻》。「夏葛屨，冬白屨，皆繶緇約純，組綦繫于踵。」注云：「冬皮屨變言白者，明夏時用葛亦白也。此皮弁之屨。」止此。「明衣裳，用布。」經繫上文。注云：「所以親身，爲圭潔也。」止此。「乃襲，三稱。」疏云：「案《雜記》公襲。注云：『士襲三稱，子羔大夫。襲五稱，《雜記》。今公襲九稱，則尊卑稱數不同矣。諸侯七稱，天子十二稱與？』」止此。「明衣不在算。」疏云：「褖衣雖禪，與袍爲表，故云『稱』。明衣禪而無裏，不成稱，故不數也。」○《開元禮》云：「襲衣三稱，朝服一稱，常服二稱，凡陳衣者，實之以箱篚，承以席，明衣裳，今用生絹單衫，爲二。六品以下一稱，屨二。」《書儀》云：「古者士襲衣三稱，今從簡易，襲用衣一稱。」《家禮》云：「深衣一，大帶一，履二，袍襖、汗衫、袴襪、勒帛、裹肚之類，隨所用不計多少。」欽按：凡襲衣，有官者男婦皆當用品階所服袍袴，士庶通用深衣。深衣大帶及履，制見《祭禮考》。袍襖：《喪大記》：「袍必有表。」注云：「袍，褻衣也。」朱子曰：「袍，有著者。」《考證》云：「橫渠先生解襦袴義曰：『袴則今之袴也，襦則今之襖子也。』是今之襖即古之襦。襦有著者，亦褻衣也。」止此。然《集韵》云：「襖，袍也。」則亦可通稱，但襖有無著者，謂之袍。襖蓋指有著之襦也。故《儀節》以袍襖爲一物，而注云「有綿者也」。汗衫：《炙轂子》云：「朝燕衮冕中有白紗中單，又有明衣，皆汗衫之象。」《通雅》云：「宋人通稱内衣曰中禪，則中禪即汗衫矣。」止此。蓋朱子以汗衫代明衣，而《儀節》襲具汗衫之外，别有明衣裳者，恐非。袴，下體褻衣。襪，足衣也。勒帛、裹肚：《通雅》云：「勒帛，以帛勒腰也。」

《考證》云：「裹肚，以帛裹腹者也。」止此。蓋勒帛是内服繞腰之帶，其制未詳。又《正衡》解《冠禮》「勒帛、米屐」云：「勒帛，乃以帛裹足者也，似是以帛裹足納屐中，此蓋當時童子之服。」案：明時無勒帛之稱，故以時俗纏足之制況之，此亦一説也。温公以襲一稱爲士庶之簡儀，蓋從唐六品以下之制也。朱子亦因之，合深衣於袍襖爲一種，猶古者褖衣表袍也。深衣，古人貴賤公私之通服，而今配幅巾用之，最便襲尸，可謂禮意人情兩得。凡有官者衣冠及常服單袷之類，皆宜用之於斂中矣。○《家禮正衡》云：「婦人先襲以常服，裹以綿物，次加禮服大帶及備用之物。」欽按：今婦人之襲，宜以汗衫白襖、親身袴裙爲下裳，綃衣爲掩腰，其制當各隨分所得具之，其首飾及備用之物，俟大斂入于棺矣。

冒。《士喪禮》：「冒，緇，質長與手齊，䞓殺，掩足。」注云：「冒，韜尸者，制如直囊，上曰質，下曰殺。質，正也。其用之，先以殺韜足而上，後以質韜首而下，齊手。上玄下纁，象天地也。《喪大記》曰：『君錦冒黼殺，綴旁七。大夫玄昌黼殺，綴旁五。士緇冒䞓殺，綴旁三。』凡冒，質長與手齊，殺三尺。」疏云：「質正者，以其在上，故以正爲名。《喪大記》皆以冒對殺，不云質，則冒既總名，亦得對殺，爲在上之稱。」《大記》疏云：「冒有質、殺者，作兩囊，每輒横縫合一頭，又縫連一邊，餘一邊不縫，兩囊皆然也。不縫之邊，上下安七帶，綴以結之，故云『綴旁七』也。」《雜記》：「冒者何也？所以揜形也。自襲以至小斂，不設冒則形，是以襲而后設冒也。」注云：「言設冒者，爲其形人將惡之也。襲而設冒，言『后』，衍字耳。」欽（安）〔按〕：《書儀》襲不用冒，而《家禮》因之。高氏禮襲斂用衣多而襲有冒，朱子晚年稱高氏喪禮之善。今有力者備冒亦可。又有冒，則得伸死者之手。

靈座之具

靈座。說見《喪儀考》靈座及朝夕奠條。陳設器具見《圖目》。

靈主。說見《喪儀考》靈主條。以桑爲之，制樣一如神主而不判合，以（自）〔白〕綃爲韜而冒主身題韜上如神主粉面，但不曰神主而曰靈主，末旁書「奉祀」耳。以素木爲櫝，制見《圖目》。

銘旌。說見《喪儀》，制具《圖目》。《士喪禮》：「爲銘，各以其物。亡則以緇，長半幅，經末，長終幅，廣三寸。書銘于末曰：『某氏某之柩。』竹杠長三尺。」注云：「銘，明旌也。雜帛爲物。大夫之所建也。命士亦建物。亡無也。無旌，不命之士也。半幅一尺，終幅二尺。」疏云：「案《周禮·司常》大夫士同建雜帛爲物。今云各以其物，而不同者，雜帛之物雖同，其旌旌之杠，長短則異，故《禮緯》云：天子之旌九刃，諸侯七刃，大夫五刃，士三刃。但死以尺易刃，故下云『竹杠長三尺』，長短不同，故言各以別之，此據侯伯之士一命者也。《（大）〔司〕常》疏云：「其旗（自）〔身〕亦以尺易刃也。」『雜帛』者，爲旌旗之縿，以（縫）〔絳〕帛爲之，以白色之帛裨緣之。『不命之士』者，謂子男之士也。廣三寸總結之，但布幅二尺二寸，今云二尺者，侯與深衣皆除邊幅一寸，此亦兩邊除二寸而言之。凡書銘之法，案《喪服小記》云：『復與書銘，自天子達於士，其辭一也。男子稱名，婦人書姓與伯仲。』鄭注云：『此謂殷禮也。殷質，不重名，復則臣得名君。周之禮，天子崩，復曰：皋，天子復！諸侯薨，復曰：皋，某甫復！其餘及書銘則同。』以此而言，除天子諸侯之外，其復男子皆稱姓名，是以此云某氏某之柩。杠，銘橦也。」○《通典》云：「北齊制，旌一品九斿，二品、三品七斿，四品、五品五斿，六品、七品三斿；八品已下達于庶人，唯旐而已。其建〔旐〕，三品以上及開國子、男，其長至軫，四品、五品至輪，六品至九品至較。勛品達于庶人，不過七尺。《唐元陵儀注》：『設銘旌，以絳，廣充幅，長二丈九尺，題曰某尊號皇帝之柩，立於殿下。』」《開元禮》云：「爲銘以絳，廣充幅。四品以下廣終幅。三品以上長九尺。韜杠之長准其絳也。王公以下龍首。四品、五品幅長八尺，龍首，韜杠。六品以下幅長六尺，《元陵儀注》云「七尺」。韜杠。書曰『某官封之柩』。《元陵儀注》云「某官封姓君之柩」。婦人其夫有官封，云『某官封夫人姓之柩』。子有官封者，云『太夫人之柩』。郡縣君隨其稱。若無封者，云『某姓官之柩』。六品以下亦如之。」《家禮》銘旌長短與《唐元陵儀注》同。書曰「某官某公之柩」，無官，即隨其生時所稱。以竹爲杠，如其長。《儀節》云：「銘旌用紅絹或段子，粉筆大書云云。杠如旌而稍長。」《五禮儀》云：「銘旌以絳段子爲之，廣從幅，長九尺，上下有軸，下軸端用烏梅木，尺用造禮器尺。以泥金篆字曰『大行王梓宫』。以竹爲杠，刻螭頭，塗黄金韜於杠首。有趺。」案：趺，柎也。《士喪禮》注云：「爲銘設柎，樹之肂東。」《書儀》云：「柎，杠足也，其制如傘架。」〇《家禮或問》云：「長秦士夫有公儀，以銘親友之旌，送入其家，深得古意。愚想今人之書用黑者，毋乃以《性理》、《家禮》無用粉用黑之説，雖便用黑，要亦不爲失也。或問：人亡而最青年，銘旌宜何如？曰：『傷哉！某號某姓先生之柩。』或不讀書者，則正以君言之，不可以先生言。或問：銘故吏者之旌，爲『某號某姓掾郎之柩』，可乎？曰：不妨。或問：題士嫡妻何如？曰：如鄭某爲蔡鶴峰嫡妻，題云『鶴峰正室某號某氏之柩』。然必其夫已死，乃可説出夫號。或問：生員銘妻之旌曰『某姓案眉某號某氏之柩』，可乎？曰：以别庶常，且字新切，若如孺人則僭矣。或問：銘人之妻曰『賢閫』，一作壼。曰『賢助』，曰『内子』，銘人之母曰『慈堂』，曰『北堂』，曰『賢母』，皆可乎？曰：亦新鮮之語也。若母老則曰『老母』，未老只曰『母』。妻老則曰『老閫』，未老止曰『閫』。或平生有婦道、母道，則各加一『賢』字。或問：子婦死，何以題銘旌？曰：『某門冢婦某號某氏之柩。』次子以下之婦，則皆易『冢』爲『介』或『次』或『季』可也。至于題主，亦以夫翁爲主。然謂之門者，必有門第之家方可稱之，若非名家，則止云『某姓冢婦』云云，不必用

『門』字。或問：仲叔季子之子婦死，銘旌宜何如？曰：禮，統於祖，長婦則只書云『某姓門仲家孫婦某號某氏之柩』，次婦則云『仲次孫婦』云云，或叔或季皆然。若是長子長婦，則直書云『某門冢孫婦』不妨。或問：銘有子妾之旌曰『貳室』，可乎？曰：可。有以『側室』稱者，犯大夫也。以『少閫』稱，以『亞閫』稱者亦可。」

土盃。《士喪禮》：「夏祝鬻餘飯，用二鬲，于西牆下。冪用疏布，久之，繫用靲，縣于重。」注云：「士二鬲，則大夫四，諸侯六，天子八與？簋同差。」疏云：「案《特牲》用二敦，《少牢》用四敦，同姓之大夫、士用簋，故皆以簋言之。《明堂位》云：『周之八簋。』《詩》云：『陳饋八簋。』皆天子禮。自上降殺以兩可知也。」《通典》云：「隋文帝開皇初，定典禮，大常卿牛弘奏曰：『諸重，一品懸鬲六，五品以上四，六品以下二。』」《開元禮》：「三品以上六甋，四品、五品四甋，六品以下二甋。」欽案：今擬勑喪即造桑牌爲靈主以易重，故靈座既設，則宜以土盃易鬲。粥餘飯盛之陳于靈座，其數如品位。

奠具詳具《圖目》。

素器。《檀弓》：「奠以素器者，有哀素之心也。」注云：「哀素，言哀痛無飾也。凡物無飾曰素。」《家禮儀節》云：「凡奠酒器之外，盡用素器，不用金銀稜裹之物，以主人有哀素之心也。」欽案：素器者，《士喪禮》小斂奠之素俎，大斂奠之木柶、毼豆之類是也。在此間者，宜以素木盤、白瓷器、黄土盃之類爲素器。

罩巾。《士喪禮》：「醴酒錯于豆南。祝受巾，巾之。」又云：「兩籩無縢，布巾。」前注云：「巾之，爲塵也。」劉氏曰：「巾者，以辟塵蠅也。」《附録》。《家禮儀節》云：「罩巾，製竹爲之，蒙以細紗。」欽按：蓋食之巾，見古畫中者，其制如小亭屋。若欲從簡，以竹爲骨，如此間神供蓋，而蒙以紗可也。

斂具

斂床。《喪大記》：「含一床，襲一床，遷尸于堂又一床，皆有枕席。君、大夫、士一也。」疏云：「此三節各自有床，皆有枕席。」欽按：含床即浴床也。古禮三節有床，而二斂並用席。《家禮》含、襲、小斂各有床，連斂床遷尸于堂中。今擬襲床因用正尸之床，别設斂床一，若欲從簡，通用一床亦得。

絞。《喪大記》：「小斂：布絞，縮者一，横者三。」注云：「絞，既斂所用束堅之名。縮，從也。」疏云：「謂從者一幅竪置於户下，横者三幅亦在户下。從者在横者上，每幅之末析爲三片，以結束爲便也。」止此。「絞、紟如朝服。絞一幅爲三，不辟。」注云：「朝服十五升。廣終幅，析其本，《士喪》經文。以爲堅之强也。」《集説》云：「絞一幅爲三不辟者，一幅兩頭分爲三段而中不擘裂也。」《家禮》云：「絞，横者取足以周身相結，縱者取足以掩首至足而結於身中。」〇《喪大記》：「大斂：布絞，縮者三，横者五。」注云：「大斂之絞，一幅三析用之，以爲堅之急也。」吴氏曰：「小斂之絞縮三横五者，曰三曰五，皆以布之小片爲數也。横絞之五，既是兩幅之布，通身裁開爲六小片而用其五片矣。縮絞之三，亦是以一幅之布，裁開其兩端爲三，但中間當腰處約計三分其長之一不剪破爾。若小斂縮絞，其剪開處不甚長也。」欽按：古者布幅二尺二寸，當今典尺一尺七寸强。大抵人長在五六尺之間，故横絞三幅而足矣。此間布幅不過尺二寸，須用布四幅，不必拘三幅。又按：《儀節》二斂之絞用細白棉布，非是，棉布緊結則易斷，入土則易枝，依古禮用麻布爲佳。餘具《圖目》。

衾紟。《喪大記》：「小斂，君、大夫、士皆用複衣複衾。」《集説》云：「複衣複衾，衣衾之有綿纊者。」止此。「君錦衾，大夫縞衾，士緇衾，皆一。」《士喪禮》：「緇衾，赬裏，無紞。」注云：「紞，被識也。斂衣或倒，被無別於前後也。凡衾制同，皆五幅也。」疏云：「《喪大記》：『紟五幅，無紞。』衾是紟之類，故知亦五幅。」彼注云：「紞，以組類爲之，綴之領側，若今被識矣。」疏云：「領爲被頭，側爲被旁。言綴此組類於領及側。」○《喪大記》：「大斂，君褶衣褶衾，大夫、士猶小斂也。」注云：「褶，袷也。君衣尚多，去其著也。」止此。《士喪禮》：「絞，紟，衾二。」注云：「紟，單被也。衾二者，始死斂衾，今又復制也。」《喪大記》：「布紟，二衾。君、大夫、士一也。」注云：「二衾者，或覆之，或薦之。」止此。「紟五幅，無紞。」吴氏曰：「斂衾直鋪，布紟横鋪。」《大全》。《開元禮》云：「大斂衾一。」注云：「衾以黄爲表，素爲裏。」《家禮》小斂條云：「衾用複者。絞，横者三，縱者一，皆以細布或彩。」大斂條云：「衾有綿者。」欽案：《家禮》大斂唯有綿衾，無絞、紟，蓋從温公《書儀》合二斂爲一也。有力者當依高氏厚終禮，以從古制備二斂，但大斂宜内複衾、單衾各一，外綿衾一，以合一紟二衾之數。若欲從簡，則依丘氏《儀節》，大斂絞内只用單衾一。更不能，則從《家禮》，二斂共用二衾一絞可也。

斂衣。《士喪》小斂條：「厥明，陳衣于房，南領，西上，綪。絞横三縮一，廣終幅，析其末。注見前條。祭服次。」注云：「爵弁服，皮弁服。」止此。「散衣次。」注云：「褖衣以下，袍繭之屬。」疏云：「袍繭，有著之異名。」止此。「凡十有九稱。祭服與散衣。陳衣繼之。」注云：「庶襚。」止此。「不必盡用。」注云：「取稱而已，不務多。」《喪大記》：「小斂：衣十有九稱。」注云：「法天地之終數也。」《開元禮》云：「陳小斂衣一十九稱，朝服一稱，自餘皆常服。」注云：「無者各隨所辦。六品以下上服一稱，夏則衫。」○《士喪》大斂條：「陳衣于房，南領，西上，綪。君襚、祭服、散衣、庶襚，凡三十稱。」注云：「小斂衣數，自天子達，大斂則異矣。」疏云：「《喪大記》士三十稱，大夫五十稱，君百稱。不依命數，是亦喪數略，則上下之大夫五等諸侯各同一節，則天子宜百二十稱。」《開元禮》云：「陳大斂衣三十稱。各具上服一稱，自餘皆常服。冕具導、簪、纓。內喪花釵。」注云：「無官者各隨所辦。六品以下朝服、公服、常服具各爲一稱，制用隨所有。」欽案：劉氏璋有幞頭、腰帶、靴、笏俟葬時安於棺上之説，今宜從唐禮入于棺中矣。○《喪大記》：「凡陳衣不詘，非列采不入，絺、綌、紵不入。」注云：「不屈，謂舒而不卷也。列采，謂正服之色也。絺、綌、紵者，當暑之褻衣也。襲尸重形，冬夏用袍，及斂則用正服。」疏云：「列采，謂五方正色之采。非列采，謂雜色也。」○司馬温公曰：「今世俗有襲而無大小斂，所闕多矣。然古者士襲衣三稱，大夫五稱，諸侯七稱，公九稱，小斂尊卑通用十九稱，大斂士三十稱，大夫五十稱，君百稱，此非貧者所辦也。今從簡易，襲用衣一稱，小大斂皆據死者所有之衣及親友所襚之衣，隨宜用之，若衣多，不必盡用也。」高氏曰：「大抵衣衾惟欲其厚耳。衣衾之所以厚者，豈徒以設飾哉？蓋人死，斯惡之矣，聖人不忍言也，但制爲典禮，使厚其衣衾而已。今世之襲者不知此意，或止用單袷一稱，雖富貴之家衣衾畢備，皆不以襲斂。又不能謹存古人遺衣裳必置於靈座，既而藏於廟中，乃或相與分之，甚至輒計直貿易以充喪費，徒加功於無用，擯財於無謂，而所以附其身者曾不之慮。嗚呼！又孰若用以襲斂，而使亡者獲厚庇於九泉之下哉？」又曰：「今之喪者，衣斂既薄，絞冒不絶，懼夫形狀之露也，遽納之於棺，乃以入棺爲小斂，蓋棺爲大斂。入棺既在始襲之時，蓋棺又在成服之日，則是小斂大斂之禮皆廢矣。」楊氏曰：「按：高氏一用禮經而襲斂用衣之多，故襲有冒，小斂有布絞，大斂有布絞、布紟，所以保其肌體者固矣。司馬公斂從簡易而襲斂用衣之少，故小斂雖有布絞，而襲則無冒，大斂則無絞、紟，此爲疏略。先生初述《家禮》，皆取司馬公《書儀》；後與學者論禮，以高氏喪禮爲最善；遺命治喪，俾用《儀禮》，此可以見其去取折衷之意矣。況夫古者襲斂用衣之多，故古有襚禮，衣服曰襚，《士喪禮》『親者襚』『庶兄襚』，『朋友襚』，又『君使人襚』。今世俗有襲而無大小斂，故襚禮亦從而廢，惜哉！然欲悉從高氏之説，則誠非貧者所能辦，有如司馬公之所慮者。但當量其力之所及可也。」丘氏曰：「《家禮》大斂條止書『陳大斂衣衾』，而注下無布絞之數，惟云『衣無常數，衾用有綿者』。所謂衣者，即乃大斂條下卷以塞空缺者也；所謂衾者，即舉棺條下垂其裔于外者也，皆非用以斂者也。繇是觀之，《家禮》無大斂之絞明矣。」餘見《喪儀考》。

備用之具。　欽按：丈夫去喪，無所不佩，婦人襲斂且共内具，而丈夫豈以死舍佩事哉？今擬凡隨身備用筆硯刀扇之類悉具，及大斂入棺中，但不可用珍玩耳。〇《周禮·司服》：「后之喪，共其衣服，凡内具之物。」注云：「内具，紛帨、線纊、鞶帙之屬。」疏云：「案《内則》婦事舅姑有紛帨、線纊、鞶帙，故死者入壙亦兼有數物。文有刀礪、小觿之物，故云『之屬』以總之也。」

欽按：婦人妝奩，猶丈夫筆硯，亦當附于内具矣。

夷衾。　《士喪禮》「卒斂。小斂。奉尸，侇于堂，幠用夷衾。」注云：「夷衾，覆尸柩之衾也。」《喪大記》：「自小斂以往用夷衾，夷衾之裁猶冒也。」疏云：「裁，猶制也，言夷衾所用，上齊於手，下三尺所用繒色及長短制度，如冒之質、殺也。」《既夕禮》啓殯條：「商祝拂柩用功布，幠用夷衾。」疏云：「夷衾本擬覆柩，故斂時不用。今得覆棺，於後朝廟及入壙，不言用夷衾，又無徹文，以覆棺言之，當隨柩入壙矣。」欽案：《開元禮》小大斂及入墓並云：「覆以夷衾。」《家禮》小斂條云：「斂畢，則别覆以衾。」大斂條云：「覆棺以衣。」並不言夷衾，亦不見其衣衾之制。今宜依古禮制夷衾，其大足以覆柩，其繒，前緇後纁相半，或通用白練、白布等亦可，須用以覆尸柩，遂隨入壙矣。

木枕。　欽案：《開元禮》棺内設枕。《家禮》小斂時先去枕而舒絹疊衣，以藉其首。仍卷兩端，以補兩肩空處。《葬度》云：「木枕裹布，庶首不仰垂。二親因俗用紙枕，今尚憾也。」止此。今以桐木爲枕，彎决中間承尸首，用之於斂内，最爲安固，制見《圖目》。

充囊。　欽按：《家禮》之斂，只卷衣補空處，以取其正方耳。《葬度》云：「尸四傍，布帛與紙塞實，不使有空隙可也。」《居家儀禮》云：「紵絹入地最耐久，切不宜用綿布，入地不過一月即朽。」止此。今俗用棉花爲斂充，取穩於目前，而不知其易朽，宜以布爲囊，大小長短數般樣，實以木屑或穀皮，隨空隙之勢充塞之，名爲充囊。其少罅處，更以紙包木屑補塞，務要審密方正，然後以衣衾裹之。

服制之具

古今服制。欽案：古者五等喪服冠、衰裳、絰帶、杖屨之制，見經記者詳悉，勉齊黄氏纂《儀禮經傳續編》，作《喪服圖式》附之，最爲明備，朱子《家禮》服制舉其大綱而丘氏《儀節》衍解之，今不復録于此，特略論後世諸儒服制。〇黄氏《圖式》云：「司馬温公《書儀》：父母、舅姑、夫君之服，存古制度。齊衰之服，布幞頭、布襴衫、布帶。大功以下，隨俗用絹爲之。先師朱文公曰：『温公《儀》凶服斬衰古制，而功緦又却不古制，是何説也？古者五服皆用麻，但布有差等，皆有冠絰，但功緦之絰小耳。』《家禮》：斬衰衣裳用極麄生布，齊衰用次等麄生布，杖期又用次等生布，不杖期及齊衰三月又用次等生布，大功用稍粗熟布，小功用稍熟細布，緦麻用極細熟布。」楊氏復曰：「《家禮》婦人用大袖、長裙、蓋頭，男子衰服純用古制而婦人不用古制，此則未詳。」《附録》。〇問：「喪服，今人亦有欲用古制者。時舉以爲吉服既用今制，而獨喪服用古制，恐徒駭俗。不知當如何？」朱子曰：「駭俗猶些小事，但恐考之未必是耳。若果考得是，用之亦無害。」問：「喪禮，如温公《儀》，今人平時既不用古服，却獨於喪禮服之，恐亦非宜，兼非禮不足哀有餘之意。故向來斟酌，只以今服加衰絰。」曰：「論來固是如此。只如今因喪服尚存古制，後世有願治君臣，或可因此舉而行之。若一向廢了，恐後來者愈不復識矣。」又因論喪服，曰：「今人吉服皆已變古，獨喪服必欲從古，恐不稱。」閎祖云：「雖是如此，但古禮已廢，幸此喪服尚存古制，不猶愈於俱亡乎？」直卿亦以爲然。先生曰：「『禮時爲大。』某嘗謂，衣冠本以便身，古人亦未必一一有義。又是逐時增添，名物愈繁。若要可行，須是酌古之制，去其重複，使之簡易，然後可。」《語類》。○欽按：喪服古制，固在今難行。此邦古人居喪服藤衣，訓夫詒巨盧麼。相傳其布以藤織造，蓋今山民所作藤布之類也，然其制式不可考矣。古畫中往往見有喪者着角帽子，角字，訓須彌。其衰縞素，如半臂而無襟衿，今則亦亡矣。近世禮家服色，墨也，黲也，素也，袍衣則幞頭卷纓，布衣則烏帽墨而不漆，以紫竹爲杖。蓋墨者似晉文墨衰，黲者似禫冠之縿，黑經白緯之色，後世或以黲爲忌日之服矣。往年猶及見此間士庶，比葬加角巾於烏帽，服素黲袍袴，而今亦漸廢。遠鄙之俗，尚以白布帓額，訓發知麻幾。杖女竹而下本。女竹，即蘆竹也，訓奈余太結。考證古禮，漢以來初喪服變以邪巾帕頭，《開元禮》因之，南軒張氏《喪禮》以此易免。見《喪服圖式》。邪巾恐是今角帽，白布帓額是首絰之象歟？猶今華俗白網巾上着白帓額也。紫竹、女竹並有苴黑憔瘠之狀，如此之類，意者皆古昔喪服之遺制也。然此亦不可以通行。今擬士庶遇喪者，當因大夫禮服内衣，婦人上服蓋頭等，常制用麻棉絹紬，生熟素黲，隨宜爲之，略殊粗細，以爲輕重之差。杖則爲君、爲父用紫竹，爲母、爲妻用女竹，皆下（末）〔本〕齊心。庶幾其不悖時俗而微存古意矣。

治葬之具

灰椁。　欽案：《周禮》：「掌蜃，掌斂互物、蜃物，以共闉壙之蜃。」注云：「互物，蚌蛤之屬。闉猶塞也。將井椁，先塞下以蜃禦濕也。《春秋傳》曰『始用蜃灰』，言僭天子也。」疏云：「成公二年，『宋文公卒，始厚葬，用蜃灰』。雖二王之後，不得純如天子亦用蜃，故被譏也。」止此。據此，則似周時未有石灰，而雖蚌灰亦不得專用。今有石灰之美而用之無禁，是後世之幸也。《家禮》作灰隔法，本注備矣。王文禄《葬度》所載爲極堅厚，其開壙法云：「金井長一丈二尺，闊一丈五尺四寸，糯米粥調純石灰，築底一尺厚，四圍墻一尺二寸厚，中墻隔二壙，亦一尺厚，以上灰隔築之應用板長。火磚一尺長，四寸闊，三寸厚，重六斤，一面印『學圃王公慈淑陸氏壙磚』，一面印『嘉靖己亥孝子王文禄監製』，惟印字也。窑户鍊泥細熟，且堅而不裂，糯粥調純石灰，一横二縱，層疊砌成，墻厚一尺，爲二壙，底鋪條磚一層，並方磚一層，地面磚一層，此後方築中墻。壙内復加六斤磚一層，連灰縫一尺厚，堅築以備歲久樹根蛇貛壞損，苦心極矣。百世之下，誰予憐邪？」以上磚砌。其擇灰法云：「灰乃青石燒成，内有不着火，未過石筋，亦有侵白土及白石末，便用水碗中試之乃見，惟灰真正則發而堅，不可不慎。」其燒磚法云：「石壙生水，必用火磚則乾燥，色青聲響乃燒透者，若黄色無聲，不堅也。必與高價，則泥細而熟、燒且透而磚必堅，人子爲親正此而已，豈可吝乎？」其和灰法云：「灰隔法，三分石灰，一分黄土，一分湖沙，曰三和土。予偶閲一書曰：『石灰火化，糯粥水煮合築之，水火既濟，久久復還原性，結成完石。今曰黄土，山間爛黄石末也。若黄土損其石力，不能成石云。』予築二親壙，用糯米粥、純石灰。陳圬師鳳曰：『古法得土而粘，得砂而實。』予曰：用沙不燥裂耳，非特禦斧鑿也。凡壙，以三和土爲得中制。」其築灰法云：「和灰須乾濕均停摶之成塊，撒之成灰。若太濕則粘杵難築，太乾則燥散不堅。凡鋪二寸餘厚，築之一分，漸漸築起，人力須齊，不可停歇，歇則結皮不相連矣。不能一日完，必鋤動面皮，刷汁加築，硜硜有聲，錐釘不入爲妙。」其入壙法云：「先用乾石灰鋪壙底，復用二布懸棺而下，頭北足南，首丘而向明也。男左女右，從昭穆也。棺外四圍空隙，俱用糯粥調純石灰，輕輕築實之，毋使震動，棺中棺蓋上亦然。與磚壙平，乃覆石蓋，朱紫陽所謂『實葬，永無客水之侵』。後雖地震，亦不動也。壽壙須用細土填實，它時臨用取去之，蓋石泯縫，免使客水得入。」其石蓋法云：「紫色石堅，二塊合縫，易于蓋。予二親石蓋上築純灰一尺二寸，又加三和土尺餘，四圍純灰隔外，套下二尺餘，又壓大黄石數十塊，三和土挨之，碎黄石數十擔覆砌之。大石取其重，後人難動；細石取其無用，且壞犂鋤。嗚呼！愈予心之苦也。」止此。王文禄葬法，竭其心力，可謂至矣。既有磚砌，故不用炭末，其不施木椁瀝青，蓋忌朽腐溶脱也，朱子晚年之制亦然，但封磚縫之灰，粥調純灰恐難用，用油灰爲佳。方見《圖目》。凡用石灰，要節過精細，若有少塊，則入地必含水如乳酪。炭末雖斷樹根，亦易引水，若有石椁及築灰厚者，不須用之。或問：「可純用灰否？」朱子曰：「純灰恐不實，須雜以節過細沙，久之灰沙相雜入，其堅如石。」又曰：「黄泥久之亦能引樹根。」《語類》。蓋謂山黄土泥也。黄泥有與石灰共化土者，所謂爛黄石者，疑今俗云雜利也，此物得石灰甚堅實，無引樹根之患。若不得之，則只用七分灰三分沙亦可，是爲沙灰，其沙採石工鑿屑篩過用之，與灰相入，勝於自然沙。近日一人家臨葬問隔灰法，乃試使粥調純灰，終事來謝曰：「甚緊密。」雖未知歷久後如何，然有力者用之可也。

石椁。　欽按：石椁之堅，不可容異論矣。其不見禮經者，蓋不可以爲通典故也。夫子於桓司馬，只譏其侈靡耳；釋之於漢文，亦止議其内有可欲耳，皆非言其用石之不利矣。後世往往用之，但不得專造也。《朱子語類》云：「先生葬長子：其壙用石，上蓋厚一尺許，五六段横湊之，兩旁及底五寸許。内外皆用石灰，雜炭末、細沙、黄泥築之。」又《答廖子晦書》曰：「所問葬法，後來講究木椁瀝青，似亦無益。但於穴底先鋪炭屑築之，厚一寸許，其上即鋪沙灰，四旁即用炭屑，側厚一寸許，與先所鋪者相接。築之即平，然後安石椁於其上，四旁又下三物如前。椁底及棺四旁、上面，復以沙灰實之。俟滿，加蓋，復布沙灰，而加炭屑於其上，然後以土築之，盈坎而止。蓋沙灰以隔螻蟻，愈厚愈佳。須嘗見籍漢先生説，嘗見用灰葬者，後因遷葬，則見灰已化爲石矣。炭屑則以隔木根之自外至者，亦里人改葬所親見。故須令當在沙灰之外，四外周密，都無縫罅，然後可以爲固。但法中不許用石椁，故此不敢用（金）〔全〕石，只以數片合成，庶幾不戾法意耳。」《文集》。王文禄曰：「石椁生水，必用火磚則乾燥。」《葬度》。張一棟曰：「築壙不宜磚石，磚久易爛，而樹根得於石隙穿刺，又易頹圮，惟用灰隔三合土，熟錬而堅築之，久則結成全石，與天地同不朽也。」《居家儀禮》。愚謂既用石椁，則似不復患樹根之入者。炭屑入地則含水，恐不用爲可。全石之椁無疑可尚，其合石與結磚，未審佳否？蓋所争只在爲之之力與不力，而大抵以石爲佳也。但用濕石，俗云水石。則不免生水之患矣。若底石合二三片者，先築沙灰堅厚，乃鋪底石，力不能者，直列栗材，而安石於其上，以備偏陷。若徒特灰椁之堅，而不用磚石之隔者，恐未能免其歷年之久，有木根刺入之患矣。全石造成，固非士庶之所得，然如此越碧石、出越前州。西備島石出犬島、豐島等等。之類，其質雖柔脆含濕，而入土不壞，採之琢之，費力甚省。今島石有造全椁販京師者，各隨地方所便，求其易致者，則全椁亦可得成矣。

送葬之具

大轝。　欽案：古者載柩以蜃車，而人引行，亦以引名其索。說見《喪儀》。秦漢以來有肩行喪輿，而後世送喪之輀車亦概用肩輿。今出喪稱發引者，特存古名耳。此邦喪輿尚屬長引，而助喪者皆執之，實存先典也。朱子《家禮》載大（轝）轝之制，其可以遠行之輿，《正衡》出圖。蓋近行者可隨宜制之，若將致遠，則宜參考《正衡》之制。輿式具《圖目》。

竹格。　《士喪禮》：「商祝飾柩，一池，紐前經後緇，齊三采，無貝。設披。屬引。」《喪大記》：「飾棺：士布帷，布荒，一池，揄絞，纁紐二，齊三采，一貝。士戴前纁後緇，二披用纁。」注云：「飾棺者，以華道路及壙中，不欲衆惡其親也。荒，蒙也，在旁曰帷，在上曰荒，皆所以衣柳。柳，柳車也。《周禮·縫人》：「掌衣柳翣之材。」注云：「柳之言聚，諸飾之所聚。」『士布帷，布荒』者，白布也。君、大夫加文章焉。紐，所以結連帷荒者也。池，以竹爲之，如小車笭，衣以青布，柳象宮室，懸池於荒之爪端，若承霤然云。君三池，大夫二池。君、大夫以銅爲魚，懸於池下。揄，揄翟也，青質五色，畫之於絞繒而垂之，以爲振容，象水草之動搖，行則又魚上拂池。《雜記》曰『大夫不揄絞屬於池下』，是不振容也。士則去魚。齊，象車蓋蕤，縫合雜采爲之，形如爪分然。綴貝落其上及旁。君五行，大夫三行。戴之言值也，所以連繫棺束與柳材，使相值，因而結前後披也。」疏云：「池謂織竹爲籠，衣以青布。」《士喪》疏云：「生人宮室，以木爲承霤，仰之以承霤水。死者無水可承，故用竹而覆之，直取平生有而已。」本疏云：「『士揄絞』者，畫揄雉於絞，在於池上，而池下無振容。」《士喪》：「紐前經後緇。」注云：「前赤後黑，因以爲飾。左右面各有前後。」與《大記》「纁紐二」不同。本疏云：「『齊，象車蓋蕤』者，凡車蓋四面有垂下蕤，今此齊形象車蓋及蕤。『形如瓜分然』者，言齊形既圓，上下逢合雜采，監有限攝，如瓜内之子，以瓤爲分限然也。」《士喪》注云：「齊居柳之中央，若今小車蓋上蕤矣。以三采繒爲之，上朱，中白，下蒼。著以絮，元士以上有貝。」疏云：「齊，若人之齊，亦居身之中央也。案《聘禮》記云三采：朱、白、蒼。彼據繅藉用三采，先朱，次白，下蒼。故取以爲義也。既云齊當人所覩見，故知以絮著之使高。天子元士以上皆有貝，此諸侯之士，故云無貝也。」本疏云：「戴當棺束，每束各在兩邊，每一束各屈皮爲紐，而穿纁戴於紐，以繫柳骨。前頭二戴用纁，後頭二戴用緇，通兩邊爲四戴。『二披用纁』，若通兩旁，則亦四披也。」又云：「纁，謂亦用絳帛爲之，以一頭繫所連柳纁戴之中，而出一頭於帷外，人牽之。謂之披者，若車登高，則引前以防軒車；適下則引後以防翻車，敧左則引右，敧右則引左，使車不傾覆也。○隋文帝初定禮：輀車，三品以上，油幰，朱絲絡網，施襈，兩箱畫龍，幰竿諸末垂〔六〕旒蘇。七品以上，油幰，施襈，兩箱畫雲氣，垂四旒蘇。八品以下達於庶人，鱉甲車，無𢢻、襈、旒蘇。唐開元二十九年勑：「庶人轜車不得用金銅花結彩爲龍鳳及旒蘇、畫雲氣。」《通典》。《家禮》云：「大轝：既制，以衣覆棺，亦足以少華道路。或更欲以飾，則以竹爲格，以彩結之，上如撮蕉亭，施帷幔，四角垂流蘇而已。然亦不可太高，恐多罣礙。不須太華，徒爲觀美，若道路遠，决不可爲此虛飾。但多用油單裹柩，以防雨濕而已。」《語類》云：「某舊爲先人飾棺，(老)〔考〕制度作帷幌，延平先生以爲不切。」又云：「先生葬長子喪儀：銘旌，埋銘，魂轎，柩止用紫蓋。盡去繁文。」《明會典》云：「庶民喪(義)〔儀〕，柳車以衾覆棺。」欽按：館棺，古禮既不可用，而今亦無定制，其近葬者，大轝上以衾覆柩而足，或可微加素飾耳。今《圖目》略擬其制。

靈車。　欽按：《既夕禮》朝祖而薦車，此即注中所謂魂車也。其一乘車，士乘棧車。載于笮旜及皮弁服。其二道車，朝夕及燕出入之車。載朝服。日視朝之服也。其三槀車，槀，猶散也。散車，以田以鄙。載蓑笠。三車，柩行則在前，既窆則悉斂其服，載于柩車而歸。《開元禮》有靈車，蓋魂車之遺意也，但其與靈座升降，每以腰輿，而不言所載。考《元陵儀注》天子喪儀，玉輅中置几及香爐衣箱。几、爐出自靈座。温公《書儀》喪禮陳器篇内，於下帳之下有曰上服二字者，注云：「有官則公服、靴、笏、幞頭，無官則襴衫、鞋履之類。」《附録》。《書儀》大概從《開元禮》，然則是亦以靈車載上服耳。《家禮》靈車只載魂帛神主矣。又按：靈車之制，《儀節》圖如轎子而垂帷幔。若欲從簡，則用常制新杠轎，俗云都里巨失。施素飾以奉喪主，設食案，不別制食輿亦可。

遣苞。《周禮·巾車》：「大喪，飾遣車，遂廞之，行之。」注云：「廞，興也。謂陳駕之。行，使人次舉之以如墓也。遣車一曰鸞車。」見《冢人》。疏云：「遣車，謂將葬遣送之車，入壙者也。言飾者，還以(以)金象革飾之，如生存之車，但麁小爲之耳。使人以次舉，人各執其一以如墓也。」《雜記》：「遣車視牢具。」注云：「遣奠，天子大牢，包九個；每包各九个。包，一車。諸侯以下放此。諸侯亦大牢，包七個；大夫亦大牢，包五個；士少牢，包三個。大夫以上乃有遣車。」《士喪禮》：「苞二。」記云：「葦苞，長三尺，一編。」注云：「用便易也。」疏云：「葦草即長，截取三尺一道編之，用便易故也。」止此。「徹巾，苞牲取下體。」說見《喪儀》。疏云：「士無遣車，則所包者不載于車，直特之而已。」《開元禮》云：「三品以上，以蒲葦苞牲體下節，七苞，四品、五品五苞，六品以下二苞，以繩束之，盛以盤，載於車。」《家禮》云：「苞、竹掩一，以盛遣奠餘脯。」欽按：今宜以葦或茅爲二苞，盛遣餘脯肉各三種，各載以素木盤，使兩人捧而行矣。

食案。欽案：《開元禮》喪儀有食輿，《家禮儀節》有香案、食案。具圖。此邦舊儀有香輿、燭輿，然靈車内具香火，行次列燈炬，則不必别設此二輿。今邊鄉俗，葬行使人擔行篋，俗云甫加非。或使婢載大盤，宜依圖制食輿，或用素木行篋一擔亦可。

誌石。欽案：誌石制見《家禮》本注。又《語類》云：「先生葬長子：埋銘石二片，各長四尺，闊二尺許，止記姓名、歲月、里居。刻訖，以字面相合，以鐵束之，置於壙上。」止此。今誌石大小，隨宜造之，或有以國字書者，若雖用文辭，須要其易會通矣。制樣見《圖目》。

從葬輿馬。《開元禮》將葬陳車位條云：「内外所乘之車陳於大門外。女子子妻妾之車，以木爲之，不漆飾。無者以蘧篨衣車，以蒲纏幰轂，若白土堊之，以麄布爲幌幰。周及大功之車，以白土堊之，或衣蘧篨，皆以布爲幌幰，其布如服布也。」欽按：凡從葬男婦輿馬，皆當以縞素爲飾矣。

窆柩之具

窆杠。　欽案：古者窆葬，天子壙上樹四碑，碑上施鹿盧，前後各二，兩旁各一。而繞六紼，牽紼者千人，皆背碑而立，擊鼓爲縱捨之節，牽者郤行而漸下之。諸侯二碑，四綍。兩旁以人輓之。士二紼，無碑。庶人又無紼，直以繩懸棺而下。說見《喪大記》《檀弓》《王制》疏。《家禮》窆法云：「先用木杠横於灰隔之上，乃用索四條穿柩底鐶，不結而下之。至杠上則抽索去之。別摺細布或生絹兜柩底而下之，更不抽出，但截其餘棄之。若柩無鐶，即用索兜柩底，兩頭放下，至杠上乃去索，用布如前。」止此。朝鮮《五禮儀》有大夫、士、庶人葬壙口長杠上去横杠下棺，及壙内椁上去横杠下棺之圖，今依其壙口下棺之圖作新圖，及作墓地狹者用舁窆之圖，並具于《圖目》。

墳墓之制總圖附《圖目》後。

塋域。《開元禮》：「百官葬墓(因)〔田〕：一品方九十步，墳高丈八尺。二品方八十步，墳高一丈六尺。三品七十步，墳高丈四尺。四品六十步，墳高丈(四)〔二〕尺。五品方五十步，墳高一丈。六品以下方二十步，墳高不過八尺。其域及四隅，四品已上築闕，五品已上立土，餘皆封塋而已。」《元陵儀注》墓田之制：一品塋減至七十步，墳高減至丈六尺。二品減至六十步，墳高減至丈四尺。三品減至五十步，墳高減至丈二尺。其四品減至四十步，墳高減至丈一尺。五品減至四十步，墳高減至九尺。六品以下減至十五步，墳高減至七尺。其庶人先無文，其地七步，墳高四尺。《家禮儀節》云：「國朝稽古定制，塋地，一品九十步，每品減十步，七品以下不得過三十步，一作二十步。庶民止于九步。墳，一品高一丈八尺，每品減二尺，七品以下不得過六尺。」

墳。《檀弓》：「孔子之喪，子夏曰：『昔者夫子言之曰：吾見封之若堂者矣。』」注云：「封，築爲壟。堂形四方而高。」疏云：「封謂墳之也，若如堂基，四方而高。」止此。「見若坊者矣。」「坊形旁殺，平上而長。」疏云：「防，堤也。上平而兩旁殺，其南北長也。」止此。「見若覆夏屋者矣。」注云：「覆，謂茨瓦也。夏屋，今之門廡也，其形旁廣而卑。」疏云：「殷人以來，始屋四阿。夏家之屋，唯兩下而已。」止此。「見若斧者矣。」注云：「孔子以爲刃上難登，狹又易爲功。」止此。「馬鬣封之謂也。」注云：「俗間名。」止此。「今一日三斬板，而已封。尚行夫子之志乎哉！」注云：「板，蓋廣二(人)〔尺〕，長六尺。斬板，謂斷其縮也。縮，謂約板之繩。三斷止之，旁殺，蓋高四尺，其廣袤未聞也。尚，庶幾也。」疏云：「知『板，蓋廣二尺』，案《祭義》曰『築宮仞有三尺』，是牆高一丈。《公羊傳》云『五板爲墳』，則板廣二尺，故五板高一丈也。知板長六尺者，以《春秋左氏》説雉長三丈，高一丈，《公羊傳》云『五板爲堵，五堵爲雉』，五堵而爲雉，則堵長六尺，故《詩箋》云『雉長三丈』，則板長六尺。知『蓋高四尺』者，以上合葬於防，崇四尺，今葬夫子不可過之。孫毓難云『孔子墓，魯城北門外西，墳四方，前高後下，形似卧斧，高八九尺。今無馬鬣封之形，不止于三板，記似誤』者，孫毓云據當時所見，其墳或後人增益，不與元葬墳同，無足怪也。」欽按：凡屋形以規曲爲急之至，下廣倍其高，若高廣相等，則亦至峻，恐其易圮，當就其間制所宜，其前後如夏屋，則無上下殺，亦當下稍殺於上，以備壞崩。後世墳壟大概築土饅頭，本國古冢墳形亦皆然。今當環布石以爲圓基，就其上以三合土堅築土饅頭，結磚合石而成者更佳，下廣上高，大抵相等。士庶之墳不可過五六尺，尺用古尺，或用大尺，隨宜。夫婦合葬者，既同其壙，則墳亦共之，而可使稍大。朝鮮風俗畫中有並封馬鬣封者，恐非是。

碑。《開元禮》云：「五品以上立碑，螭首龜趺，高不得過九尺。七品以上立碑，圭首方趺，趺上高四尺。」《家禮儀節》云：「國朝稽古定制，其石碑，一品螭頭，二品麒麟，三品天禄辟邪，皆用龜趺，四品至七品皆圓首方趺。」朱子本注云：「墳高四尺。立小石碑於其前，亦高四尺。趺高尺許。今案：孔子防墓之封，其崇四尺，故取以爲法。用司馬公説，別立小石碑，但石須闊尺以上，其後居三之二，圭首而刻其面如誌之蓋，乃略述其世系、名字、行實而刻于其左，轉及後右而周焉。婦人則俟夫葬乃立，面如夫亡誌蓋之刻云。」欽案：雖曰墳碑同其高，然墳稍高於碑，乃稱宜。若要約小，墳碑皆四尺，但墳用古尺，碑用周尺。所謂圭首者，大抵爲三稜，如劍鋒然。《説文》云：「圭，瑞玉也，上圓下方。」《周禮・大宗伯》鄭注云：「圭鋭，象春物初生。」《漢律歷志》注應劭曰：「圭，自然之形，陰陽之始。」《六書精藴》云：「，瑞玉也，古者執以爲信，象剡上而方下，中象繅藉形。」止此。並未見其三稜之證，但天子冒下斜刻而合信圭，則有似爲圭首三稜者，而亦非明據。故今爲圭碑者，或鋭中而圓肩，又或丈夫三稜、婦人獨稜。其書法左右，蓋以向碑者言。今或據碑左右而倒行，古書未嘗見有右轉者，恐非。《李退溪集》全而精，問：「合葬之墓，碣面兩書墓字何如？」退溪答云：「府君書墓，而夫人只書祔字，似得宜也。」

樹。《葬度》云：「墳者，土之墳起者也。惟山爲宜，且五言不侵。然吴下多平原，焉得人皆山葬。須積客土成山，高大則氣煖，且不易侵掘。若種松柏成林，不免樵薪之用。江右封而不樹，恐奪生氣也。予則曰：樹盛蔽陰，土濕而天光不照，今宜少種樹而多培土。」欽按：其椁既堅厚，無木根刺入之患，則宜墓旁及後植松柏數株，其根交結墓上，亦以防發掘之一計矣。

族葬圖説

族葬墓位。　説見《喪儀考》開塋域條。又明趙季明《族葬圖説》出《居家必用》，附《圖目》後，今不複于此。

練禫服變

練服。　欽按：《雜記》云：「三年之練冠，亦條屬，右縫。」注：「謂三年練冠，小祥之冠也。」《服問》云：「三年之喪，既練矣，則服其功衰。」《雜記》亦云：「有父母之喪，尚功衰。」注：「謂三年之喪練後之衰，升數與大功同，故云『功衰』也。」又《檀弓》云：「練，練衣黄裏，縓緣。葛腰帶，繩屨。」注：「練衣，中衣之承衰者也。葛腰帶，用葛爲腰絰也。繩屨，用麻繩爲屨也。」又《喪服小記》云：「練，皆腰絰、杖、繩屨。」古者練服可考者大概如此。《開元禮》：「男子着練冠，除首絰，婦人練總，除腰絰。」温公《書儀》云：「今人無受服及練衣，小祥則男子除首絰及負版、辟領、衰，婦人長裙，不令曳地。《家禮》亦沿之。丘氏依古制擬練服見《儀節》。今擬丈夫婦人上衣及禮服宜以絹紬布之類制之，染成淺淡之色，未得用綾羅紋彩濃色之物，亦略可也。無力者或蓄之，以爲忌日之服。

禫服。欽按：《通典》略古制云：「三十五月大祥，朝服縞冠。素冠縞紕。既祥，改服十五升布深衣，領袖緣皆然，素冠縞紕，素中衣，領袖緣帶皆然。去腰絰，棄杖，白麻屨無絇。二十七月而禫，玄衣黄裏而祭。祭畢，更服朝服，以黑經白緯爲冠而彩纓，縞帶，緣中衣，吉屨無絇，革帶得佩紛帨之屬，如其平常。」《開元禮》禫服亦縞冠朝服，其禫制云：「禫祭，玄冠皂纓，仍布深衣，革帶吉屨，婦人緇總，衣屨如男子。」《家禮》依温公《書儀》，大祥便制禫服以從簡省，其制云：「丈夫，垂脚黲紗幞頭、黲布衫、布裹角帶。未大祥間，暇以出謁者。婦人假髻，以鵞黄青碧皂白爲衣屨，其金珠紅繡皆不可用。」止此。今擬禫服須隨宜制，比練服稍用濃色，未施紋彩。若無力者，只用常服新制者，而未可用祭服及盛飾耳。

慎終疏節通考五

變制考

殤喪

名義。《喪服小記》：「丈夫冠而不殤，婦人笄而不傷。」鄭氏曰：「成人也。」本注。又曰：「殤者，男女未冠笄而死，可殤者也。」《喪服》經注。《五經異義》云：「臣不殤君，子不殤父，妻不殤夫。」《通典》。○《喪服》傳：「年十九至十六爲長殤，十五至十二爲中殤，十一至八歲爲下殤，不滿八歲以下爲無服之殤。無服之殤以日易月，以日易月之殤，殤而無服。故子生三月則父名之，死則哭之，未名則不哭也。」《檀弓》音義云：「生未三月不爲殤。」注云：「以日易月，謂生一月者哭之一日也。殤而無服者，哭之而已。」疏云：「『未名則不哭也』者，不止依以日易月而哭，初死亦當有哭而已。」漢戴德曰：「七歲以下至生月，殤之，以日易月。此獨謂父母爲子與昆弟相爲耳。」《通典》。餘詳《尊親服義》。

殤葬。《檀弓》：「有虞氏瓦棺。」注云：「始不用薪也。」止此。「夏后氏堲周。」注云：「火熱曰堲，燒土冶以周於棺也。或謂之土周，由是也。」疏云：「謂鑿土爲陶冶之形，大小得容棺也。《曾子問》云：『下殤土周葬於園。』義由是也。」止此。「殷人棺椁。」注云：「椁，大也。以木爲之，言椁大於棺也。」止此。「周人牆置翣。」注云：「牆，柳衣也。凡此言後王之制文。」疏云：「有虞氏唯有瓦棺，夏后氏瓦棺之外加堲周，殷則梓棺替瓦棺，又有木爲椁替堲周，周人棺椁，又更於椁傍置柳、置翣扇，是後王之制，以漸加文也。」止此。「周人以殷人之棺椁葬長殤，以夏后氏之堲周葬中傷、下傷，以有虞氏之瓦棺葬無服之殤。」《曾子問》：「下傷土周，葬于園。」注云：「周人以夏后氏之堲周，葬下殤於園中，以其去成人遠，不就墓也。」漢戴德曰：「七歲以下至生三月，殤之，以日易月。朝夕即位哭。葬於園。既葬，止哭，不飲酒食肉。畢喪各如其日月。」《通典》。吴徐整問射慈曰：「無服之殤，哭之於何處？有位無？」答曰：「哭無位。禮，葬下殤於園中，則無服之殤亦於園也。其哭之就園也。」同上。《開元禮》云：「三殤之喪：始死，浴襲及大小斂與成人同。其長殤有棺及大棺，中傷、下傷有棺，靈筵，祭奠、進食、葬送、哭泣之位與成人同。其苞牲及明器，長殤三分減一，中殤三分減二。唯不復魂，無唅，事辦而葬。凡無服，四歲以上略與下殤同，又無靈筵，唯大斂、小斂奠而已；三歲以下斂以瓦棺，葬於園，又不奠。」○《曾子問》曾子問曰：「下殤土周，葬于園，遂輿機而往，塗邇故也。」注云：「機，輿尸之床也。以繩絙其中央，又以繩從兩旁鉤之。禮，以機舉尸，輿之以就墓，而斂葬焉，塗近故耳。」止此。「今墓遠，則其葬也如之何？」注云：「今人斂下傷於宮中，而葬於墓，與成人同。墓塗乃遠，其葬當輿其棺乎？載之也？問禮之變也。」止此。孔子曰：「吾聞諸老聃曰：昔者史佚有子而死，下殤也，墓遠。召公謂之曰：何以不棺斂於宮中？」注云：「斂於宮中，則葬當載之。」止此。「史佚曰：吾敢乎哉！召公言周公。周公曰：豈不可？史佚行之。下殤用棺衣棺，自史佚始也。」注云：「棺，謂斂於棺。」○《檀弓》：「戰于郎。」疏云：「哀公十一年，齊伐魯，魯與齊師戰于郎。」止此。「公叔禺人與其鄰童汪踦往，皆死焉。魯人欲勿殤童汪踦。」注云：「見其死君事，有士行，欲以成人之喪治之。言魯人者，死君事，國爲斂葬。」止此。「問於仲尼，仲尼曰：『能執干戈以衛社稷，雖欲勿殤，不亦可乎？』」

殤祭。《雜記》：「有父母之喪，尚功衰，而祔昆弟之殤，則練冠祔於殤，稱『陽童某甫』，不名，神也。」注云：「此兄弟之傷，謂大功以下之殤也。斬衰、齊衰之喪練，皆受以大功之衰，此謂之功衰。以是時而祔大功親以下之殤，大功親以下之殤輕，不易〔冠〕服〔冠〕而兄爲殤，謂同年者也。兄十九而死，己明年因喪而冠。陽童，謂庶殤也。宗子則曰陰童。童，未成人之稱也。某甫，且字也。尊神不名，爲之造字。」疏云：「若大功正服，則變三年之練。此着練冠，故知大功親以下之殤也。《曾子問》：『庶子之殤，於室白，故曰陽童。宗子殤死，祭於室奧，則曰陰童。』《檀弓》曰『五十以伯仲』，是正字。二十之時曰某甫，是且字，言且爲之立字云。」止此。「王父死，未練祥而孫又死，猶是祔於王父。」注云：「王父既祔，則孫可祔焉。猶當爲由。由，用也。」《喪服小記》：「除殤之喪者，其祭也必玄。」注云：「殤無變，文不縟，冠、玄端、黄裳而祭，不朝服，未純吉也。於成人爲釋禫之服。」疏云：「『殤無變』者，無虞、卒哭及練之變服。若成人喪服初除，着朝服，禫祭始從玄端。今除殤之喪，即從禫服。經云『必玄』，故知玄冠、玄端也。若其素裳，則與朝服純吉同，故知黄裳也。知不玄裳者，以玄、黄相對之色，故知釋禫之服。」

○《祭法》：「王下祭殤五：適子、適孫、適曾孫、適玄孫、適來孫。諸侯下祭三，大夫下祭二，適士及庶人祭子而止。」注云：「祭適殤者，重適也。祭適殤於廟之奥，謂之陰厭。王子、公子祭適殤於其黨之廟，大夫以下、庶子祭其適殤於宗子之家，皆當室之白，謂之陽厭。凡庶殤不祭。」疏云：「王子，謂王之庶子；公子，謂諸侯庶子，不得爲先王先公立廟，無處可祭適殤，故祭於黨之廟。謂王子、公子但爲卿大夫，得自立廟，與王子、公子同者，就其廟而祭之。」方氏曰：「以尊祭卑，故曰下祭。」石梁王氏曰：「庶殤全不祭，恐非。」《集説》。《喪服小記》：「庶子不祭殤與無後者，殤與無後者從祖祔食。」注云：「不祭殤者，父之庶也。不祭無後，祖之庶也。此二者，當從祖祔食而已，不祭祖，無所食之也。共其牲物，而宗子主其禮焉。祖庶之殤，則自祭之。凡所祭殤者，唯適子耳。『無後』者，謂諸父昆弟也。」疏云：「己是父庶，不合立父廟，故不得自祭其子殤也。殤尚不祭，成人無後，不祭可知。己是祖庶，不合立祖廟，故兄弟無後者，不得祭之。己是曾祖之庶，亦不得祭諸父無後者。此直云『祖之庶』，不云『曾祖之庶』者，言祖兼曾祖也。此『無後』者，身並是庶，若在殤而死，則不合祭也。『祖庶之殤，則自祭之』者，己於祖爲庶，故謂己子爲祖庶之殤。己是父適，得立父廟，故自祭子殤在於父廟也。」《曾子問》：「祭殤必厭，蓋弗成也。祭成喪而無尸，是殤之也。」以上孔子語。孔子曰：「有陰厭，有陽厭。」注云：「祭成人，始設奠於奥，迎尸於前，謂之陰厭。尸謖之後，改（餘）〔饌〕於西北隅，謂之陽厭。」疏云：「有陰厭者，謂適殤也。有陽厭者，謂庶殤也。」止此。曾子問曰：「殤不祔祭，何謂陰厭、陽厭？」注云：「祔當爲備，聲之誤也。言殤乃不成人，祭之不備，而云陰厭陽厭乎？此失孔子指也。」止此。孔子曰：「宗子爲殤而死，庶子弗爲後也。」注云：「族人以其倫代之，明不序昭穆立之廟，其祭之就其祖而已。代之者，主其祭。」疏云：「倫謂輩也。謂與宗子昭穆同者則代之。以宗子存時，族人凡殤死者，宗子主其祭祀。今宗子殤死，明代爲宗子者，主其禮也。此宗子是大宗。」欽按：此庶殤，泛指大宗小宗子之外殤死者，實亦嫡生者也。庶子，指殤死者諸姪，以其爲殤而死，故雖有諸姪，不得爲父而承之也。止此。「其吉祭特牲。」注云：「尊宗子從成人也。凡殤則特豚，自卒哭成事之後爲吉祭。」疏：「庾云：『吉祭，通四時常祭。』」止此。「祭殤不舉，無肵俎，無玄酒，不告利成。」注云：「此其無尸，及所降也。其他如成人，舉肺脊、肵俎。凡尸食之餘，歸之斯俎。斯，敬也。利成，禮之施於尸者。」止此。「是謂陰厭。」注云：「小宗爲殤，其祭禮亦如之。」疏云：「必知此經指大宗者，以何休《公羊注》云：『小宗無子則絶，大宗無子則不絶，重適之本。』上文庶子不爲後，謂大宗子在殤而死，不得爲後。若非殤則得爲後，故知是大宗也。」止此。「凡殤與無後者，祭於宗子之家，當室之白，尊于東房，是謂陽厭。」疏云：「『凡殤』，謂非宗子之殤。『無後者』，謂庶子之身無子孫爲後。《特牲》云：『尊於户東。』宗子之殤，與祭成人同。今祭凡殤，乃尊於東房，異於宗子之殤也。」方氏曰：「陽尊而陰卑，宗子之殤曰陰厭。而凡殤曰陽厭者，鬼神尚幽暗故也。」《集説》。《開元禮》云：「嫡殤者時享，皆祔食於祖，無别祝文，亦不拜。」注云：「設祔食之座於祖座之左，西向，一獻而已。不祝不拜者，以其從食其祖。祝詞末云『孫某祔食』。」止此。「庶子不祔食。庶子之嫡祔如嫡殤禮。」程子曰：「無服之殤，更不祭。下殤之祭，父母主之，終父母之身。中殤之祭，兄弟主之，終兄弟之身。長殤之祭，兄弟之子主之，終兄弟之子之身。若成人而無後者，兄弟之孫主之，亦終其身。凡此，皆以義起也。」欽按：《開元禮》三殤無神主，《家禮》亦不言明立殤主，而丘氏《儀節》言祔殤，如旁親無後者，今並不立主，臨時用紙榜祔之可也。凡祭祔位，無力者止于子孫、兄弟、伯叔亦可。程朱並不言不祭庶殤，但可殺其禮矣，不祭非情。

祝辭。《開元禮》三殤虞祭祝辭云：「維年月朔日子，父云告子某。若兄，云告弟某。若弟，云弟某昭告某兄。日月易往，奄及反虞，悲念相續，心焉如燬。兄云「悲慟猥至，情何可處」。弟云「悲痛無已，至情如割」。潔牲、嘉薦、普淖、明齋、溲酒，薦虞事于子某，弟某，兄某，魂其饗之。」弟祭兄云「尚饗」。欽按：凡祭卑幼，祝文祝辭當皆倣此。

攝主喪祭

攝喪主。《喪大記》：「喪有無後，無無主。」疏云：「無後，則已自絶嗣，無闕於人，故可無後也。若無主，則相對賓有闕，故無得無主也。」《喪服小記》：「男主必使同姓，婦主必使異姓。」注云：「異姓，同宗之婦也。婦人外成。」《大記》：「爲後者不在，則有爵者辭。」疏云：「不在家之主有官爵，其攝主無官爵，則謝於賓云：己無爵，不敢拜賓。」止此。「無爵者，人爲之拜。」疏云：「不在之主無官爵，其攝主之人而爲主拜賓也。」一説姚承庵曰：「有爵、無爵，就來吊者言。若攝主無爵，則不得代拜於有爵者之吊也。」止此。「在竟内則俟之，在竟外則殯葬可也。」《小記》：「大夫不主士之喪。」疏云：「士死無主後，其親屬有爲大夫者，尊不得主之。」止此。「士不攝大夫。士攝大夫，唯宗子。」疏云：「若宗子爲士而無主後者，可使大夫攝主之。」《大記》：「大夫之喪，庶子不受吊。」疏云：「士之庶子得受吊。」○《雜記》：「姑、姊妹，其夫死，而夫黨無兄弟，使夫之族人主喪。妻之黨雖親，弗主。」注云：「此謂姑、姊妹無子，寡而死也。夫黨無兄弟，無緦之親也。婦人外成，主必宜得夫之姓類。」止此。「夫無族人，則前後家、東西家，無有，則里尹主之。」注云：「里尹，閭胥、里宰之屬。」止此。「或曰主之，而附於夫之黨。」注云：「夫之黨，其祖姑。」疏云：「妻之黨主之，而附祭之時，在於夫之黨主之，其義非也。」○《小記》：「養有疾者不喪服，遂以主其喪。」注云：「不喪服，求生主吉，惡其凶也。遂以主其喪，謂養者有親也，死則當爲之主。其爲主之服，如素無喪服。」謂從初喪之服。又云：「養者無親於死者，不得爲主。」止此。「非養者入主人之喪，則不易己之喪服。」注：「入，猶來也。謂其有親來爲主者，素有喪服而來爲主，與素無服者異。亦謂初喪。素無服，素有服，爲今死者當服，則皆三日成也。」疏云：「若本有服重，而新死者輕，則爲一成服，而反前服也。若新死重，則仍服死者新服也。身本吉而來爲主，則計今親而依限服之也。」止此。「養尊者必易服，養卑者否。」注云：「尊，謂父兄，卑，謂子弟之屬。」疏云：「前云去喪服而養之，遂以主喪，是必父兄之行也。」○《喪服》記：「朋友皆在他邦，袒免，歸則已。」注云：「謂無服者，當爲之主，每袒則袒，袒則去冠，代之以免。據正。主齊衰以下變。已猶止也。歸有主，則止也。主若幼少，則未止。」疏云：「此朋友自外來及在家，朋友皆爲主，虞祔乃去。」

攝祭主。《喪服小記》：「大功者主人之喪，有三年者，則必爲之再祭。」練、祥。注云：

「謂死者之從父昆弟來爲喪主。有三年者，謂妻若子幼少，大功爲之再祭，則小功、緦麻爲之練祭可也。」疏云：「皇氏曰：『若死者有期親，則大功主者爲之至練。若死者但有大功，則大功主者至期，小功、緦麻至祔。若又無期，則各依服月數而止。』」止此。「朋友虞、祔而已。」魏田瓊曰：「虞，安神也。祔，以死者附於祖也。既朋友恩舊歡愛，固當安之祔之，然後義備也。但後日不常祭之耳。」《通典》。《雜記》：「凡主兄弟之喪，雖疏，亦虞之。」注云：「喪事虞祔乃畢。」疏云：「疏謂小功、緦麻，彼既無主，故疏緦、小功者亦爲之主虞祔之祭。」《檀弓》：「曾子曰：『朋友之墓，有宿草而不哭焉。』」鄭玄曰：「宿草，謂陳根也。爲師心喪三年，於朋友期可也。」王肅曰：「過期不復哭。」○葉賀問曰：「按《雜記》：『姑、姊妹，其夫死，而夫黨無兄弟，使夫之族人主喪』云云。今賀有姑，其夫死，反婦父母家，既耆耄，他日（拾）〔捨〕兄弟姪之外，無爲主者，但不知既無所附，豈忍其神之無歸乎？」朱子曰：「古法既廢，鄰家、里尹決不肯祭他人之親，則從宜而祀之別室，其亦可也。」《文集》。欽案：禮，姑、姊妹、女子子適人無主後者，父、兄弟、姪不爲之降服，有所哀愍故也。然則歲時祭之，以伸不忍之情，恐其於理當矣，但當存爲某之妻之稱，以全伉儷之倫，故不得祀於正寢矣。

聞喪　奔喪

聞喪即行。《奔喪》：「奔喪之禮：始聞親喪，以哭答使者，盡哀；問故，又哭盡哀。」注云：「雖非父母，聞喪而哭，其禮亦然也。」止此。「遂行，日行百里，不以夜行。」注云：「雖有哀戚，猶辟害也。」止此。「唯父母之喪，見星而行，見星而舍。若未得行，則成服而后行。」疏云：「未得奔喪者，雖既聞喪而哭，又爲位更哭也。」止此。「過國至境，哭，盡哀而止。」疏云：「案《聘禮》云：行至他國竟上而誓衆，『使次介假道』。是國竟，行禮之處。去時親在，今返親亡，故哭盡哀戚。」止此。「哭辟市朝。」注云：「爲驚衆也。」止此。「望其國竟哭。至於家，入門（在）〔左〕，升自西階，殯東，西面坐，哭盡哀，括髮，袒。」注云：「未成服者，素貌、深衣。」疏云：「『爲人子者，升降不由阼階。』今父母新死，未忍當阼階，故『升自西』也。」止此。「降，堂東即位，西鄉哭，成踊，襲絰于序東，絞帶，反位，拜賓，成踊，送賓，反位。」注云：「其未小斂而至，與在家同耳。不散帶者，不見尸柩。」疏云：「此絞帶非象革帶之絞帶，而必以爲絰之散垂而絞之者。」又云：「凡言成踊，每一節有三踊，凡三節九踊，乃誦之成也。」止此。「相者告就次。倚廬。於又哭，括髮袒，成踊。於三哭，猶括髮袒，成踊。」注云：「又哭，至明日朝也。三哭，又其明日朝也。」又哭三哭者，象小斂、大斂時也。」止此。「三日成服。奔喪者非主人，則主人爲之拜賓送賓。丈夫、婦人之待之也，皆如朝夕哭位，無變也。」注云：「待奔喪者無變，嫌賓客之也。於此乃言『待之』，明奔喪者至三哭猶不以序入也。」疏云：「若平常五屬入哭，則與主人爲次，重者前，輕者後。今奔喪者急哀，但獨入哭，不俟主人爲次序，非唯初至如此，至主人又哭、三哭皆然。」○《開元禮》云：「奔喪之禮：始聞親喪。以下如奔喪文。至於家，内外哭待於堂上。奔喪者入門而左，升自西階，殯東西面憑殯哭，盡哀，少退，再拜，退於東序，被髮，復殯東，西面坐哭，又盡哀，尊卑撫哭如常。訖，内外各還次，奔喪者乃還。以厥明坐於殯東如初。未成服者，若至在小斂前，與主人俱成服。若小斂以後，至者自用日數。」止此。其始聞喪變服，《開元禮》云：「服布深衣，素冠。」丘氏《儀節》云：「男子去冠及上服，女子去首飾與凡華盛之具。」《家禮》云：「始聞親喪，哭。親謂父母也。以哭答使者，又哭盡哀，問故。易服，裂布爲四脚白布衫，繩帶麻屨。遂行。日行百里，不以夜行。雖哀戚，猶辟害也。道中哀至則哭。哭避市邑喧繁之處。望其州境、其縣境、其城、其家，皆哭。家不在城，望其鄉哭。入門，詣柩前再拜，再變服，就位哭。初變服如初喪，柩東西向坐，哭盡哀。又變服如大小斂，亦如之。後四日，成服。」與家人相吊。賓至拜之如初。《正衡》云：「按裂布爲脚，《家禮》本《書儀》，恐駭俗觀。擬用有子粗麻布爲衫，戴白帽，束以麻繩。」又云：「日行百里，言其大約也，道路舍止，不能皆然。」《書儀》云：「今人雖或與親屬偕行，不能百里，道中亦不可留滯也。」其

至家儀節：奔喪者將至，在家者男婦各具服，就次哭以待。奔喪者至，哭入門，升自西階。詣柩前，拜興，凡四，且拜且哭。擗踊無數，哭少間。拜吊。尊長受卑幼拜吊。且哭且拜，并（間）〔問〕所以病死之故，乃就東方去冠及上衣。被髮徒跣不食，如初喪。就位哭。各就其位次而哭。第二日晨興，男子袒，括髮，婦女髽，至上食時。襲衣，卷所袒。加絰帶。首戴白布巾，加環絰，腰具絰，散垂其末，并具絞帶，詳見《初終儀》。其成服儀節：是日朝奠時，在家男婦各服其服，就位哭。舉哀，奔喪者具衰絰，持杖向靈座，伏地哭。相吊，少頃，詣所尊諸父前跪哭，又向諸母前跪哭，卑幼者又向奔喪者前哭，一如前成服儀。受吊，賓客有來吊慰者，則哭出迎之。稽顙拜興。凡二，且拜且哭。尊長不答拜。○《雜記》：「婦人非三年之喪，不踰封而吊。如三年之喪，則君夫人歸。」注云：「奔父母喪也。」止此。「夫人至，入自闈門，升自側階。」注云：「女子子，不自同於女賓也。宮中之門曰闈門，爲相通也。」《奔喪》：「婦人奔喪，升自東階，殯東，西面坐，哭盡哀，東髽，即位，與主人拾踊。」注云：「婦人，姑、姊妹、女子子也。東階，東面階也。婦人入者由闈門。東髽，髽於東房。主人與之更踊，賓客之。」《開元禮》云：「婦人奔喪，入自闈門，側門曰闈。升自西階側，殯西東面，妻妾、女子子則憑殯哭，盡哀，少退，再拜，退於西房若西室，妻妾、女子子被髮，出嫁女髽。（後）〔復〕位，坐哭，又盡哀，尊卑撫哭如常，內外俱還次，奔喪者乃還次。」欽：婦人位向，恐當從《開元禮》。

聞喪未奔。《奔喪》：「聞喪不得奔喪，哭盡哀。問故，又哭盡哀。乃爲位，括髮袒，成踊，襲、絰、絞帶，即位。」注云：「聞父母喪而不得奔，謂以君命有事，不然者，不得爲位。位有鄰列之處，鄰，聚也。如家朝夕哭位矣。不於又哭乃絰，謂明日之又哭。喪至此踰日，節於是可也。」疏云：「此一節明聞喪不得奔，於所聞之處發喪成服之禮。以君命有事，其事未了，故不得奔喪也。若非君命有事，則不得爲位，當須速奔。」止此。「拜賓，反位，成踊。賓出，主人拜送于門外，反位。以下略如上儀。三日成服，於五哭，拜賓、送賓如初。」注云：「不言『就次』者，當從其事，不可以喪服廢公職也。其在官，亦告就次。言『五哭』者，以迫公事，五日哀殺，亦可以止。」疏云：「『三日成服』，通數聞喪爲四日。五哭，謂成服之明日哭也。在官，謂在官府館舍，館舍是賓之所專有，由館舍之中而作廬，故知禮畢『亦告就次』。」止此。「凡爲位不奠。」注云：「以其精神不存乎是。」○《家禮》云：「若未得行，則爲位不奠，若喪側無子孫，則此中設奠如儀。變服，在道至家，皆如上儀。」丘氏依本注，爲位、變服、設奠、成服、受弔、至家各爲《儀節》，備矣。

既葬而奔。《奔喪》：「奔喪者不及殯，先之墓，北面坐，哭盡哀。主人之待之也，即位於墓左，婦人墓右，成踊，盡哀，括髮，東即主人位。絰帶，哭，成踊，賓，反位，成踊。」注云：「『主人之待之』，謂在家者也。哭於墓，爲父母則袒。」止此。「相者告事畢。遂冠，歸。」以下至家、成服略如上儀。《開元禮》云：「奔喪者不及殯，先之墓，北面近墢哭。主人以下哭待於墓左，西向，主婦以下哭待於墓右，東面，皆北上。主人以下初至墓，先拜後哭。於相者告禮畢，則再拜辭。奔喪者盡哀，再拜，又於墢東被髮，（後）〔復〕位坐哭，盡哀。相者告禮畢，奔喪者又再拜，遂冠而歸。入門而左，升自西階，靈東西面憑靈哭。主人以下升坐於堂上如常。奔喪者哭盡哀，再拜。若經宿，主人以下哭盡哀，皆再拜哭，降堂，相者告就次，主人以下各就次。三日成服。奔喪者若妻妾、女子子，皆被髮於墢西，（坐）〔哭〕盡哀、髽如常，餘如男子。」

除喪而歸。《奔喪》：「若除喪而後歸，則之墓，哭，成踊，東括髮，袒，絰，拜賓，成踊，送賓，反位，又哭盡哀，遂除，於家不哭。」注云：「東，東即主人之位，如不及殯者也。遂除，除於墓而歸。」止此。「主人之待之也，無變於服，與之哭，不踊。」注云：「『無變於服』，自若時服也。亦即位于墓左，婦人墓右。」疏云：「主人，亦謂在家者。」止此。「自齊衰以下，所以異者免麻。」疏云：「此『免麻』者，當謂至緦麻也。」

聘使聞喪。《公羊傳》：「大夫以君命出，聞喪，徐行而不反。」注云：「聞喪者，聞父母之喪，不忍疾行，又爲君當使人追代之。」《聘禮》：「若有私喪，則哭于館，衰而居，不饗食。」注云：「私喪，謂其父母也。哭于館，衰而居，不敢以私喪自聞於主國，凶服于君之吉使。」疏云：「行聘享，即皮弁吉服。」止此。「歸，使衆介先，衰而從之。」注云：「已有齊斬之服，不忍顯然趨於往來，其在道路，使介居前，歸又請反命，己猶徐行隨之。乃朝服，既反命，出公門，釋服，哭而歸。其他如奔喪之禮。吉時道路深衣。」疏云：「朝服之下，唯有深衣，庶人之常服。既以朝服反命，出門去朝服，還服深衣三日，成服乃去之。」

齊衰以下聞喪、奔喪。

《雜記》：「凡異居，始聞兄弟之喪，唯以哭對可也。」注云：「惻怛之情，不以辭言爲對也。」疏云：「『凡異居』者，言『凡』，非一之辭，異居别所，而始聞兄弟之喪也。」止此。「其始麻，散帶絰。」注云：「與居家同也。凡喪，小斂而麻。」疏云：「此謂大功以上兄弟，其初聞喪，始服麻之時，散要之帶絰。若小功以(上)〔下〕服麻，則糾垂不散也。」又云：「按奔喪禮聞喪即襲絰絞帶不散者，彼謂有事，故未得即奔喪，故不散帶。此謂即欲奔喪，故散麻也。」止此。「未服而奔喪，及主人之未成絰，則疏者與主人皆成之，親者終其麻帶絰之日數。」注云：「疏者，謂小功以下。親者，大功以上。疏者及主人之節則用之，其不及者，亦自用其日數。」疏云：「道路既近，聞喪即來，在主人小斂之前，故云『及主人之未成絰也』。大功以上，初來奔至，雖值主人成服，未即成之，必終竟其麻帶絰滿，依禮日數而後成服也。」止此。「聞兄弟之喪，大功以上，見喪者之鄉而哭。適兄弟之送葬者，弗及，遇主人於道，則遂之於墓。」注云：「骨肉之親，不待主人也。」疏云：「『適兄弟之送葬者』，此兄弟，通小功也。此往送葬之人，不得隨孝子而歸，仍自獨往於墓也。」《奔喪》：「齊衰望(御)〔鄉〕而哭，大功望門而哭，小功至門而哭，緦麻即位而哭。」注云：「奔喪哭，親疏遠近之差也。」疏云：「《雜記》曰『大功望鄉而哭』，謂降服大功。」止此。「奔喪者齊衰以下，入門左，中庭北面，哭盡哀，免麻于序東，即位袒，與主人哭，成踊。」注云：「不升堂哭者，非父母之喪，統主人也。麻，亦絰帶也。」○《奔喪》：「凡爲位，非親喪，齊衰以下皆即位。哭盡哀，而東免、絰，即位，袒，成踊。」注云：「謂無君事，又無故，可得奔喪，而以己私未奔喪者也。唯父母之喪，則不爲位，欽按：謂父母之喪，無公事，則不待爲位也。其哭之不離聞喪之處。齊衰以下，更爲位而哭，皆可行而乃行。」疏云：「齊衰以下，於聞喪之處已哭，哭罷更爲位而哭，『可行即行』，以齊衰以下皆然，故云『皆』也。」止此。「襲，拜賓，反位，哭，成踊，送賓，反位。相者告就次。三日五(日)〔哭〕，卒，主人出送賓，衆主人、兄弟皆出門，哭止，相者告事畢。成服，拜賓。」注云：「『三日五哭』者，始聞喪，訖夕爲位，乃出就次，一哭也，與明又明日之朝夕而五哭。不五朝哭，而數朝夕，備五哭止者，亦爲急奔喪，己私事當畢，亦明日乃成服。」止此。「若所爲位家遠，則成服而往。」注云：「謂所當奔者，外喪也。外喪緩而道遠，成服乃行，容待齎。」疏云：「哀情緩，道路又遠，客待齎持賵贈之物，故成服乃去。」○《奔喪》：「齊衰以下，不及殯，先之墓。西面哭，盡哀。」注云：「不北面者，亦統於主人。」止此。「免麻于東方，即位，與主人哭，成踊，襲。」注云：「不言袒，言襲者，容齊衰親者或袒可。」止此。「有賓，則主人拜賓送賓。有後至者，拜之如初，相者告事畢。」以下與父母喪同，但免而不括髮、不就次耳。疏云：「若奔喪在葬後而三月之外，大功以(下)〔上〕，則有免麻東方，三日成服。小功以下不稅，無追服之理。若葬後通葬前未滿五月，小功則亦三日成服。其緦麻之喪，止臨喪節而來，亦得三日成服也。」○《奔喪》：「聞遠兄弟之喪，既除喪而後聞喪，免袒，成踊。拜賓則尚左手。」注：「小功、緦麻不稅者也，雖不服，猶免袒。『尚左手』，吉拜也。」○《開元禮》周喪以下奔喪之制，略依古禮。《家禮》齊衰以下聞喪，奔喪之禮，如丘氏《儀節》所載三條。司馬温公曰：「今法令有不得於州縣公廨舉哀之文，則在官者當哭於僧舍，其他皆哭於本家可也。」本注。《補注》云：「今在官者聞齊衰、大功、小功喪，不得奔喪，三日中可委政於同僚，朝夕爲會哭於僧舍，四日成服亦如之。以日易月，齊衰二十五日，大功九日，小功五日，畢仍吉服聽政。每月朔變服爲位哭，月數既滿，即除之。至於緦麻小服，則會哭、成服不必行，但哭之盡哀爲可也。」《性理》。丘氏曰：「按今制，仕官者于杖期以下喪，不得奔喪，及其官滿而歸，往往在服滿之後。今擬戴白布巾，具要絰，詣其靈再拜哭踊，隨俗具酒饌以奠獻亦可。」《正衡》云：「期服，制不許奔喪，但遣致祭。」

無服聞喪。《奔喪》：「無服而爲位者，唯（搜）〔嫂〕叔，及婦人降而無服者麻。」注云：「雖無服，猶吊服加麻。袒免，爲位哭也。正言『嫂叔』，尊嫂也。兄公於弟之妻則不能也。婦人降而無服，族姑、姊嫁者也。逸《奔喪禮》曰：『凡爲其男子服，其婦人降而無服者麻。』」疏云：「麻，謂緦麻之絰也。兄公，謂夫之兄也，於弟之妻則不能爲位哭之。然則弟婦於夫兄亦不能也。兄公於弟妻不服者，卑遠之也，弟妻於兄公不服者，尊絶之也。」○《奔喪》：「哭父之黨於廟，母、妻之黨於寢，師於廟門外，朋友於寢門外，所識於野張帷。」注云：「此因五服聞喪而哭，列人恩諸所當哭者也。黨，謂族類無服者也。逸《奔喪禮》曰：『壹哭而不踊。』言壹哭而已，則不爲位矣。」疏云：「此一節明無服之親聞喪所哭之處。案《檀弓》云『師，吾哭諸寢』云云，與此不同者，熊氏云：『《檀弓》所云殷禮也。此所云周法也。』朋友喪，將欲奔，故先作壹哭。若朋友已久，雖聞喪則不復哭，故《檀弓》云『朋友之墓，有宿草而不哭』是也。」《喪服小記》：「奔兄弟之喪，先之墓，而後之家，爲位而哭。所知之喪，則哭於宮，而后之墓。」注云：「兄弟先之墓，骨肉之親，不由主人也。宮，故殯宮也。」《奔喪》：「所識者吊，先哭于家，而後之墓，皆爲之成踊，從主人北面而踊。」注云：「從主人而踊，拾踊也。北面，自外來便也。主人墓左西向。」疏云：「所識，謂與死者相識。今吊其家，後乃往墓，統於主人故也。」

在公聞喪。《雜記》：「大夫、士將與祭於公，既視濯祭前一日。而父母死，則猶是與祭也，次於異宮。既祭，釋服出公門外，哭而歸。其他如奔喪之禮。如未視濯，則使人告，告者反而后哭。」注云：「猶，亦當由。次於異宮，不可以吉凶同處也。使者反而後哭，不敢專己於君命也。」止此。「如諸父、昆弟、姑、姊妹之喪，則既宿，祭前三日。則與祭。卒事，出公門，釋服而后歸。其他如奔喪之禮。如同宮，則次于異宮。」注云：「宿則與祭，出公門乃解祭服，皆爲差緩也。」疏云：「若諸父、昆弟、姑、姊妹等，先是同宮而死，則既宿之後，出異宮，不可以吉凶雜處故也。」

臣聞君喪。《奔喪》：「哭天子九，諸侯七，卿大夫五，士三。」注云：「此臣聞君喪而未奔，爲位而哭，尊卑日數之差也。士亦有屬吏，賤，不得君臣之名。」止此。「大夫哭諸侯，不敢拜賓。」注云：「此謂在他國聞喪者，哭其舊君，不敢拜賓，辟爲主。」止此。「諸臣在他國，爲位而哭，不敢拜賓。」「謂大夫、士使於列國。」止此。「與諸侯爲兄弟，亦爲位而哭。」注云：「族親昏姻在異國者。」疏云：「已上三條皆在他國聞喪者，與諸侯異姓之昏姻，又在他國，不與諸侯爲臣，身又無服，故暫爲位而哭。」〇《公羊傳》：「大夫聞君之喪，攝主而往。」注云：「臣聞君之喪，義不可以不即行，故使兄弟若宗人攝行主事而往，不廢祭。」止此。「大夫聞大夫之喪，尸事畢而往。」注云：「賓尸事而往也。」

並有喪

並有重喪。《曾子問》：曾子問曰：「並有喪，如之何？何先何後？」注云：「並，謂父母若親同者同月死。」止此。孔子曰：「葬，先輕而後重；其奠也，先重而後輕：禮也。自啓及葬不奠。」注云：「不奠，務於當葬者。」《集説》云：「不奠，謂不奠父也。」止此。「行葬不哀次。」注云：「不哀次，輕於在殯者。」疏云：「爲在殯者所壓，不敢爲母伸哀。」止此。「反葬，奠而后辭於殯，當作賓。遂修葬事。」注云：「辭於賓，謂告將葬啓期也。」止此。「其虞也，先重而後輕，禮也。」《集説》云：「葬是奪情之事，故先輕。奠是奉養之事，故先重也。虞亦奠之類，故亦先重。」張子曰：「古者掘壙而葬，既並有喪，則先葬者必不復土，以待後葬者之入，相去日近故也。」○《（葬）〔喪〕服小記》：「父母之喪偕，先葬者不虞、祔，待後事。其葬，服斬衰。」注云：「先葬者，母也。『其葬，服斬衰』者，喪之隆衰宜從重也。假令父死在前月而同月葬，猶服斬衰，不葬不變服也。言其葬服斬衰，則虞、附各以其服矣，及練、祥皆然，卒事反服重。」疏云：「葬母既竟，不即虞、祔者，虞、祔稍飾，父喪在殯，故未忍爲虞、祔也。」欽按：卒哭在虞、祔之間，蓋相連行之，練、祥亦先重。○晉虞喜按：「賀循《喪服記》云：『父死未殯而祖父死，服祖以周；既殯而祖父死，三年。』此謂嫡子爲父後者也。父未殯服祖以周者，父屍尚在，人子之義，未可以代重也。』」宋庾蔚之曰：「若祖爲國君，五屬皆斬，則孫無獨周之義。按賀循所記，謂大夫士也。」《通典》。《有祖喪而父亡服義》：「宋孟氏問曰：『嗣子今爲孟使君持重，光禄喪庭便無復主位，於禮云何？』周續之答：『禮無曉然之文，然意謂嗣子宜兼持重正位之喪，豈闕三年正主耶！』又問：『葬奠之禮，何先何後？』又答：『禮云「父母之喪偕，其葬也先輕而後重，其虞也先重而後輕，其葬服斬縗」，以例推，光禄葬及奠虞皆宜先。於情則祖輕，於尊則義重。』」同上。《喪服小記》：「祖父卒，而后爲祖母後者三年。」注云：「祖父在，則其服如父在爲母也。」疏云：「『祖父卒』者，謂適孫無父而爲祖後，祖父已卒，今又遭祖母喪，故事事得申，如父卒爲母，故三年。若祖卒時父在，已雖爲祖期，今父没，祖母亡時，已亦爲祖母三年也。」

前後重喪。《間傳》：「斬衰之喪，既虞、卒哭，遭齊衰之喪。輕者包，重者特。」注鄭氏曰：「『既虞、卒哭』，謂齊衰可易斬衰之節也。」《雜記》：「有父之喪，如未没喪而母死，其除父之喪也，服其除服。卒事，反喪服。」注云：「没，猶竟也。除服，謂祥祭之服也。卒事，既祭。反喪服，服後死者之服。」疏云：「如『未没喪』者，謂父喪小祥後，在大祥之前。若母喪未葬，而值父二祥，則不得服其祥服也。所以爾者，二祥之祭爲吉，未葬爲凶，故不忍凶時行吉禮也。」晉杜元凱曰：「若父已葬而母卒，則服母之服；至虞訖，反服父之服；既練，則服母之服；喪可除則服父之服以除之，訖而服母之服。」賀循説亦同。○《通典》。○《雜記》：「如三年之喪，欽案：凡三年之喪皆同。則既穎。其練、祥皆行。」注云：「言今之喪既服穎，乃爲前三年者變除而練、祥祭也。穎，草名，無葛之鄉，去麻則用穎。」疏云：「既穎者，謂後喪既虞卒哭，合以變麻爲葛，無葛之鄉則用穎也。庾氏云：『若後喪既殯，得爲前喪虞、祔。』未知然否。」欽按：亦偕喪，則論虞之前後。今前喪方葬未虞、祔而遭後喪，則宜後喪既殯，乃得爲前喪虞、祔，何待後喪三月而葬之後？但其卒哭則不得也，疑闕之不行。庾氏問徐廣曰：「母喪既已小祥而父亡，未葬，至母十三月，當伸服三年，猶壓屈而祥耶？」答曰：「自用父在服母之禮，靈筵不得終三年也。《禮》云：『三年之喪既葬，乃爲前喪練祥。』則猶須後喪葬訖，乃得爲前喪變服練祥也。」《通典》。晉雷孝清問曰：「爲祖母持重，既葬而母亡，服制云何？」范宣曰：「按禮，應服後喪之服，承嫡居諸父之上，稱孤孫，存持重之目，祖母服訖，然後稱孤子。」

輕重相因。《雜記》：「有殯，聞外喪，哭之他室。」注云：「明所哭者異也，哭之爲位。」疏云：「有殯謂父母喪未葬，柩在殯宫者也。外喪謂兄弟喪在遠者也。」王瓚曰：「哭他室者爲外兄弟，明皆當先哭。」《通典》。「入奠，卒奠出，改服即位，如始即位之禮。」疏云：「明日之朝，着己重喪之服入奠殯宫及下室，卒終已奠而出，改着新死未成服之服，如昨日始聞喪即位之時。」吴射慈曰：「亦三日五哭也。」《通典》。《檀弓》：「有殯，聞遠兄弟之喪，哭于側室。」注云：「遠兄弟者，有兄弟之親而道遠也。」《通典》。「無側室，于門内之右。」注云：「近南者爲之變位。」疏云：「鄭云近南則猶西面，但近南耳。」止此。「同國則往哭之。」注云：「喪無外事。」疏云：「所云同國則往哭，異國則否者，以其已有喪殯，不得嚮他國，故鄭云：『喪無外事。』」魏王肅曰：「往哭而退，不待斂也。」《通典》。晉束晳問曰：「有父母之喪，遭外緦麻喪，往奔不？」熊步曰：「不得也。若外祖父母喪，非嫡子可往。」《檀弓》：「有殯，聞遠兄弟之喪，雖緦必往。」注云：「親骨肉也。」止此。「非兄弟，雖鄰不往。」注云：「疏無雜也。」《雜記》：「三年之喪，雖功衰，不吊。如有服而將往哭之，則服其服而往。」注云：「功衰，既練之服也。」疏云：「如有服，謂有五服之親喪。賀瑒云：『若新死者服輕，則不爲之制服。雖不爲重，變而爲之制服。往奔喪哭之，則暫服所制之服。往彼哭之事畢，反服故服也。』」皇氏云：「此文雖在功衰之下，而實通初喪也。」○《家禮》云：「凡重服未除而遭輕喪，則制其服而哭之，月朔設位，服其服而哭之。既畢，返重服。」《雜記》：「雖諸父、昆弟之喪，如當父母之喪，其除諸父、昆弟之喪也，皆服其除喪之服。卒事，反喪服。」注云：「雖有親之大喪，猶爲輕服者除，骨肉之恩也。唯君之喪不除私服。説見《曾子問》。言當者，期、大功之喪或終始皆在三年之中，小功、緦麻則不除。殤長、中乃除。」説並見《服問》。疏云：「此亦謂重喪葬後之時也。何以知然？既始末在重喪中，則其除自然知在重喪之葬後也。上文爲父祥尚待母葬後乃除，則輕親可知也。」晉賀循曰：「小功已下則不除，轉輕也。降而爲小功則除之。」《通典》。《家禮》云：「若除重服而輕服未除，則服輕服以終其餘日。」《雜記》：「父母之喪，將祭，而昆弟死，既殯而祭。如同宮，則雖臣妾，葬而後祭。祭，主人之升、降、散等，執事者亦散等。雖虞、祔亦然。」注云：「將祭，謂練、祥也。言若同宮，則是昆弟異宮也。古者昆弟異居同財，有東宮，有西宮，有南宮，有北宮。有父母之喪，當在殯宮，而在異宮者，疾病或歸者。主人，適子。散等，栗階，爲新喪略威儀。」疏云：「昆弟既殯而祭，不待葬後者，兄弟輕，故始殯後，便可行吉事也。散，栗也。等，階也。吉祭則涉級聚足，喪祭則栗階，故云散等也。『雖虞、祔亦然』者，謂主人至昆弟虞、祔而行父母二祥祭，而與執事者亦散等。」《雜記》：「王父死，未練、祥而孫又死，猶是附於王父也。」注云：「王父既附，則孫可附焉。猶，當爲由，由，用也。附，皆當作祔。」〇欽按：凡喪之降殺皆從重，若先居輕喪，後遭重喪，則其服當以重包輕，但月朔設位哭之及除其服之時用輕服耳。

君親並喪。《曾子問》：曾子問曰：「君薨既殯，而臣有父母之喪，則如之何？」孔子曰：「歸居于家，有殷事則之君所，朝夕否。」注云：「居家者，因其哀後隆於父母。殷事，朔月月半薦新之奠也。」止此。曾子問曰：「君未殯，而臣有父母之喪，則如之何？」孔子曰：「歸殯，反于君所。有殷事則歸，朝夕否。」注云：「其哀雜，主於君。」欽按：殷事亦主君所。疏：「盧氏云，人君五日而殯，故可以歸殯父母，而往殯君也。若臨君之殯，盧云『歸哭父母而來殯君』，則殯君訖，乃還殯父母也。以此言之，臣有父母之喪，未殯，而有君喪，去君殯日雖遠，祇得待殯君訖而還殯父母，以其君尊故也。」止此。「大夫室老行事，士則子孫行事。」注云：「大夫、士其在君所之時，則攝其事。」止此。「大夫內子，有殷事，亦之君所，朝夕否。」注云：「妻如夫之君，如婦爲舅姑服齊衰。」疏云：「『亦』者，謂亦同其夫也。」止此。曾子問曰：「君既啓，而臣有父母之喪，則如之何？」孔子曰：「歸哭而反送君。」注云：「言送君，則既葬而歸也。歸哭者，服君服而歸，不敢私服也。」疏云：「以此言之，父母之喪既啓，而有君之喪，則亦往哭於君所，而反送父母，父母葬畢而居君所。」又云：「言送，則葬罷而歸，不待君之虞祭也。其君喪祔與卒哭，未知臣往君所與否。」止此。曾子問曰：「君之喪既引，聞父母之喪，如之何？」孔子曰：「遂既封而歸，不俟子。」注云：「遂，遂送君也。封當爲窆。子，嗣君也。」言不待子還之後也。曾子問曰：「父母之喪既引及塗，聞君薨，如之何？」孔子曰：「遂既封，改服而往。」注云：「封亦當爲窆。改服，括髮、徒跣、布深衣、扱上衽，不以私服包至尊。」止此。曾子問曰：「大夫、士有私喪，可以除之矣。而有君服焉，其除之也如之何？」孔子曰：「有君喪於身，不敢私服，又何除焉？」注云：「重喻輕也。《喪服四制》曰：『門外之治義斷恩。』」止此。「於是乎有過時而弗除也。君之喪服除，而后殷祭，禮也。」「謂主人也。支子則否。」疏云：「殷祭，謂小大二祥祭也。」欽按：祥祭，則是得除私服也。疏：「庾尉云：『今月除君服，明月可小祥，又明月可大祥，猶若久喪不葬者也。若未有君服之前，私服已小祥者，除君服(復)〔後〕，但大祥而可也。』『支子則否』者，其家適子已行祥祭，庶子於後無所追祭，故云否也。」止此。曾子問曰：「父母之喪，弗除可乎？」問庶子也。孔子曰：「先王制禮，過時弗舉，禮也。非弗能勿除也，患其過於制也。故君子過時不祭，禮也。」疏云：「若春時或有事故不得行祭，至夏乃行夏祭，不復追補春祭，是過不祭，以爲禮也。」

吉凶相因

將冠遭喪。《曾子問》：曾子問曰：「將冠子，冠者至，揖讓而入，聞齊衰、大功之喪，如之何？」注云：「冠者，賓及贊者。」止此。孔子曰：「内喪則廢。」注云：「内喪，同門也。」疏云：「以加冠在廟，廟在大門之内，吉凶不可同處。」止此。「外喪則冠而不醴。」注云：「不醴，不醴子也。」止此。「徹饌而埽，即位而哭。如冠者未至，則廢。」注云：「其廢者喪成服，因喪而冠。」疏云：「醴及饌具既已陳設，今忽聞喪，故徹去醴與饌具，又埽除冠之舊位，令使清潔更新，乃即位而哭。」止此。「如將冠子，而未及期日，而有齊衰、大功之喪，則因喪服而冠。」注云：「廢吉禮而因喪冠，俱成人之服。及，至也。」疏云：「吉冠是吉時成人之服，喪冠是喪時成人之服。」

將昏遭喪。《曾子問》：曾子問曰：「昏禮既納幣，有吉日，女之父母死，則如之何？」注云：「吉日，娶之吉日。」止此。孔子曰：「壻使人吊。如壻之父母死，則女之家亦使人吊。」注云：「必使人吊者，未成兄弟。」止此。「父喪稱父，母喪稱母。」注云：「禮宜各以其敵者也。」止此。「父母不在，則稱伯父世母。」注云：「伯父母又不在，則稱叔父母。」止此。「壻已葬，壻之伯父致命女氏曰：『某之子有父母之喪，不得嗣爲兄弟，使某致命。』女氏許諾而弗敢嫁，禮也。」注云：「必致命者，不敢以累年之喪，使人失嘉會之時。」止此。「婿免喪，女之父母使人請，婿弗取，而後嫁之，禮也。」注云：「請，請成昏。」止此。「女之父母死，婿亦如之。」止此。曾子問曰：「親迎女在塗，而婿之父母死，如之何？」孔子曰：「女改服，布深衣，縞總以趨喪。」注云：「布深衣、縞總，婦人始喪未成服之服。」疏云：「縞，白絹也。總，束髮也，長八寸。」《開元禮》云：「女素服縞總以赴喪，其衰服與成服之禮同。婿除喪之後，束帶相見，不行初昏之禮。」止此。「女在塗，而女之父母死，則女反。」注云：「奔喪服期。」疏云：「於時女亦改服，布深衣，縞總，反而奔喪。」止此。「如婿親迎，女未至，而有齊衰、大功之喪，則如之何？」孔子曰：「男不入，改服於外次。女入，改服於內次，然後即位而哭。」男女皆服深衣。注云：「不聞喪即改服者，昏禮重於齊衰以下。」疏云：「曾子唯問齊衰、大功，不問小功者，以小功輕，不廢昏禮，待昏禮畢乃哭耳。」止此。曾子問曰：「除喪則不復昏禮乎？」注云：「復猶償也。」止此。孔子曰：「祭過時不祭，禮也。又何反於初？」注云：「重喻輕也。」《開元禮》云：「既虞卒哭，婿入束帶相見而已，不行初昏之禮。」止此。曾子問曰：「女未廟見而死，則如之何？」孔子曰：「不遷於祖，不祔於皇姑，婿不杖、不菲、不次，歸葬于女氏之黨，(亦)〔示〕未成婦也。」注云：「遷，朝廟也。婿雖不備喪禮，猶爲之服齊衰也。」止此。曾子問曰：「取女有吉日而女死，如之何？」孔子曰：「婿齊衰而吊，既葬而除之。夫死亦如之。」注云：「未有期三年之恩也。女服斬衰。」

臨祭不遂。《曾子問》：曾子問曰：「大夫之祭，鼎俎既陳，籩豆既設，不得成禮，廢者幾？」孔子曰：「請問之。」曰：「天子崩，后之喪，君薨，夫人之喪，君之大廟火，日食，三年之喪，齊衰，大功，皆廢。外喪自齊衰以下，行也。」注云：「齊衰異門則祭。」止此。「其齊衰之祭也，尸入，三飯，不侑，（醋）〔酳〕不酢而已矣。大功，酢而已矣。小功、緦，室中之事而已矣。」注云：「室中之事，謂賓長獻。」疏云：「此小功、緦麻兼内外。」止此。「士之所以異者，緦不祭。」注云：「然則士不得成禮者十一。」疏云：「士又加緦、小功二等，合爲十一。士值緦、小功，不辨内外，一切皆廢祭，士輕，故爲輕親伸情也。」止此。「所祭，於死者無服，則祭。」注云：「謂若舅、舅之子、從母昆弟。」○《公羊傳》：「大夫聞君之喪，攝主而往。」注云：「臣聞君之喪，不可以不即行，故使兄弟若宗人攝行主事而往，不廢祭。」欽按：士不得使人攝祭。見《特牲禮》注疏。○以上因吉而凶。

喪、冠、嫁娶。《（親）〔雜〕記》：「以喪冠者，雖三年之喪可也。既冠於次，入哭踊三者三，乃出。」注云：「言雖者，明齊衰以下，皆可以喪冠也。始遭喪，以其冠月，則喪服因冠矣。當成服之時，因喪服加冠。非其冠月，待變除卒哭而冠。次，廬也。」疏云：「《曾子問》云：將冠子未及期日而有齊衰、大功、小功之喪，則因喪服冠。言未及期日，明及月可知，但未及冠之日耳。以此言之，知冠月則可冠也。《夏小正》二月『綏多士女』，是冠用二月。假令正月遭喪，則二月不得因喪而冠，必待變除受服之節乃可以冠矣。」止此。「大功之末，可以冠子，可以嫁子。父小功之末，可以冠子，可以嫁子，可以取婦。己雖小功，既卒哭，可以冠、取妻，下殤之小功則不可。」注云：「下殤小功、齊衰之親，除喪而後可爲昏禮。」疏云：「末謂卒哭之後。『大功之末』，云身不云父；『小功之末』，云父不云身，互而相通。取婦有酒食之會，集鄉黨僚友，故小功之末乃可得爲也。『己雖小功，既卒哭，可以冠、取妻』者，以前文云『父小功之末，可以取婦』，恐己有小功，於情爲重，不得冠、取，故云可以冠、取。賀氏云：『小功下殤，本是期親，以其重，故不得冠、嫁。』推此言之，降在大功，理不得冠、嫁。」疏云：「『小功則不可』者，唯謂昏也，其冠、嫁則可也。」《家禮》冠條云：「必父母無期以上喪，始可行之。大功未葬，亦不可行。」昏條云：「身及主昏者無期以上喪，乃可成昏。大功未葬，亦不可主昏。」欽按：《家禮》冠、昏辟喪同例，而並不論降服，蓋依時制也。若從古禮，則蓋謂本是期親而降之者，不論其始末；降在小功者，終喪乃可以成昏；降在大功者，亦終喪乃可以冠、嫁也。賀氏説意亦如此矣。

居喪舉祭。《王制》：「喪三年不祭，唯祭天地社稷，爲越紼而行事。」《程氏遺書》：「有人以此問。先生曰：『今人居喪，百事皆如常，特於祭祀廢之，則不如無廢爲愈也。』子厚正之曰：『父在爲母喪，則不敢見其父，不敢以非禮見也。今天子爲父之喪，以此見上帝，是以非禮見上帝也，故不如無祭。』」或問「喪三年不祭」。朱先生曰：「程先生曰，今人居喪，都不能如古禮，却於祭祀祖先獨以古禮不行，恐不得。横渠曰，如此，則是不以禮祀其親也。」又曰：「喪祭之禮，程張二先生所論自不同。論正禮，則當從横渠；論人情，則伊川之説亦權宜之不能已者。但家間頃年居喪，於四時正祭則不敢舉，而俗節薦享則以墨衰行之。蓋正祭三獻受胙，非居喪所可行，而俗節則唯普同一獻，不讀祝，不受胙也。」又曰：「居喪不祭，伊川、横渠各有説。若論今日人家所行，則不合禮處自多，難以一概論。若用韓魏公法，則有時祭，有節祠。時祭禮繁，非居喪者所能行。節祠則其禮甚簡，雖以墨衰行事，亦無不可也。」《通典》。《家禮或問》云：「或問：『承重長孫，父亡未三年，可主祭否？』曰：『尊者代之可也。其子改題神主，亦必比及三年。』」止此。餘見《祭禮考》。

居喪助祭。《曾子問》曾子問曰：「相識，有喪服，可以與於祭乎？」注云：「問己有喪服，可以助相識者祭否。」止此。孔子曰：「緦不祭，又何助於人？」疏云：「此謂同宮緦，若異宮則殯後得祭。」止此。曾子問曰：「廢喪服，可以與於饋奠之事乎？」注云：「謂新除喪服也。」大祥除服。疏云：「廢猶除也。吉祭禮輕，吉凶不相干，決其不可。饋奠是他人之重者，己又新始説衰，凶事相因，疑得助奠，故問之也。」止此。孔子曰：「説衰與奠，非禮也。」注云：「執事於人之神，爲其忘哀疾也。」止此。「以擯相可也。」○以上因凶而吉。

久喪不葬 久葬練祥及失尸柩服議附。

久喪不葬服。　《喪服小記》：「久而不葬者，唯主喪者不除。其餘以麻終月數者，除喪則已。」注云：「其餘，謂旁親也，以麻終月數，不葬者喪不變也。」疏云：「『久而不葬』者，謂有事礙，不得依月葬者，則三年服，身者皆不得除也。今云『唯主喪者』，亦欲廣説子爲父、妻爲夫、臣爲君、孫爲祖得爲喪主，四者悉不除也。『其餘』，謂期以下至緦也。主人既未葬，故諸親不得變葛，仍猶服麻，各至服限竟而除也。然此皆藏之，至葬則反服之也，故下云『及其葬也，反服其服』是也。庾云：『謂昔主，《要記》按《服問》曰「君所立夫人、妻、太子、適婦」，故謂此在不除之例，定更思詳，以尊主卑，不得同以卑主尊，無緣以卑之未葬，而使尊者長服衰絰也。且前儒説「主喪不除，無爲下流」之義，是知主喪不除，唯於承重之身爲其祖、曾。若子之爲父，臣之爲君，妻之爲夫，此之不除也，不俟言而明矣。』」〇宋蔡廓問云：「《禮》稱唯主喪不除，恐此施於嫡傳重者耳。今世人爲妻亦不除主喪，將宜除耶？」雷次宗曰：「不言三年而云主喪，是不必唯施子孫也。吉凶異道，不得相干。殯柩尚在，豈可弁冕臨奠？夫主妻喪，以本重也。謂不宜除。」庾蔚之曰：「若女子適人及男子爲人後者，皆隨其服而釋除，緣其出有所屈故也。素服心喪，以至過葬。」《通典》。

久葬練、祥。《喪服小記》：「三年而后葬者，必再祭。其祭之間不同時，而除喪。」注云：「再祭，練、祥也。間不同時者，當異月也。既祔，明月練而祭，又明月祥而祭，必異月者，以葬與練、祥本異歲，宜異時也。除者，祥則除，不禫。」疏云：「經特云『必再祭』，明虞、祔依常禮可知。經直云『必再祭』，故知不禫。禫者本爲念情深，不忍頓除，故有禮也。今既三年始葬，哀情已極，故不禫也。」《開元禮》云：「父母之喪周而葬者，則以葬之後月小祥，其大祥則依再周之禮，禫亦如之。若再周而後葬者，以葬之後月練，又後月爲大祥，祥而即吉，無復禫矣。其未再周葬者，則以二十五月練，二十六月祥，二十七月禫。」必練、祥、禫者，明深衣不可頓除之，故爲之漸，以安孝子之心。禫一月者，終二十七月之數。《小記》：「爲兄弟，既除喪已，及其葬也，反服其服，報虞、卒哭則免。」欽按：報虞者，承上文既葬有故不報虞説，只是謂久葬之虞也。《開元禮》云：「久而不葬者皆變服，唯主喪者不除，其餘各終月數而除之，皆無受服，至葬乃反其服，虞則除之。」欽按：變服者，蓋謂再周之後；深衣麻絰，以至葬也。無受服者，謂不以葛變麻也。

失尸柩服議。晉劉智《釋疑》云：「問者曰：『久而不葬，喪主不除。若其父遠征，軍敗死於戰場，亡失骸骨，無所葬，其服如何？』智云：『此禮文所不及也。以理推之，凡禮使爲主者不除，不謂衆子獨可無哀。誠以既變，人情必殺，喪雖在殯，不爲主者可以無服。然則爲主者之服，可以哀獨多也。以喪柩在，不可無凶事之主故也。今無所葬，是無屍柩也，凶服無施，則爲後者宜與衆子同除矣。訖葬而變者，喪之大事畢也，若無屍柩，則不宜（宜）有葬變。寒暑一周，正服之終也，是以除首絰而練冠也。亡失親之骸骨，孝子之情所欲崇也，可令因練乃服變縗絰。雖無故事，而制之所安也。」《開元禮》云：「若亡失尸柩，則變除如常禮。」

外喪

外喪。《雜記》：「諸侯行而死於館，則其復如於其國。如於道，則升其乘車之左轂，以其綏復。」注云：「升車左轂，象屋東榮。綏當緌，謂旌旗之旄也，去其旒而用之，異於生也。」止此。「其輤有裧，緇布裳帷，素錦以爲屋而行。」注云：「輤，載柩將殯之車飾也。輤取名於櫬與蒨。裧，謂鼈甲邊緣。裳帷用緇，則輤用赤矣。裧與輤連體，則亦赤。輤象宮室屋，其中小帳襯覆棺者。若未大斂，其載尸而歸，車飾皆如之。」止此。「至於廟門，不毀墻，遂入，適所殯，唯輤爲說於廟門外。」注云：「廟，所殯宮。墻，裳（唯）〔帷〕也。適所殯，謂兩楹之間。凡柩自外來者，正棺於兩楹之間，尸亦侇之於此，皆因殯焉。異者柩入自闕，升自西階，尸入自門，升自阼階。其殯必於兩楹之間者，以其死不於室，而自外來，留之於中，不忍遠也。」止此。「大夫、士死於道，則升其乘車之左轂，以其綏復。如於館死，則其復如於家。大夫以布爲輤而行，至於家而説輤，載以輲車，入自門，至於阼階下而説車，舉自阼階，升適所殯。」注云：「大夫輤言用布，白布不染也。言輤者，達名也。不言裳帷，俱用布，無所别也。至門，亦説輤乃入，言『載以輲車，入自門』，明車不易也。輲讀爲輇。諸侯言『不毁牆』，大夫士言『不易車』，互相明也。」疏云：「此云『升適阼階』，謂尸矣，若柩則升自西階。」止此。「士輤，葦席以爲屋，蒲席以爲裳帷。」注云：「言以葦蒲爲屋，則無素錦爲帳。」疏云：「用葦席屈之，以爲輤棺之屋。又以蒲席爲裳帷，圍繞於屋旁也。大夫無以他物爲屋之文，則是與諸侯同。」一説疏云：「大夫既有素錦爲帳，帳外上有布，輤旁有布裳帷，則士之葦席屋之外，旁有蒲席裳帷，則屋上當以蒲席爲輤覆於上，但文不備也。」《喪大記》：「其爲賓，則公館復，私館不復。」注云：「私館，卿大夫之家也。」《曾子問》：曾子問曰：「君出疆，以三年之戒，以椑從。君薨，其入如之何？」注云：「其出有喪備，疑喪入必異也。戒猶備也。」止此。孔子曰：「共殯服。」注云：「此謂君已斂，殯服，謂布深衣、苴絰、散帶垂，殯時主人所服，共之以待其來也。其餘殯事，亦皆具焉。」止此。「則子麻弁絰，疏衰菲杖。」注云：「棺柩未安，不忍成服於外也。麻弁絰者，布弁而加環絰也。布弁，如爵弁而用布。杖者，爲己病。」疏云：「疏衰是齊衰也。」止此。「入自闕，升自西階。」注云：「闕謂毁宗也。柩毁宗而入，異於生也。升自西階，亦異於生也。所毁宗，殯宫門西也。於此正棺，而服殯服，既塗而成服。」

疏云：「正棺者，象既小斂夷於堂也。」止此。「如小斂，則子免而從柩。」注云：「謂君已小斂也。主人布深衣，不括髮者，行遠不可無飾。」止此。「入自門，升自阼階。」注云：「親未在棺，不忍異於生，使如生來反。」止此。「君、大夫、士，一節也。」《開元禮》云：「凡死於外者，小斂而反則於素服，衰巾帕頭，徒跣而從，大斂而反亦如之。凡死於外，大斂而反，毀門西牆而入。」《家禮》祖奠條：「司馬温公曰：『若柩自佗所歸葬，則行日設朝奠，哭而行，至葬乃備此及下遺奠禮。』」

改葬　修墓　反葬

改葬服緦。

《喪服》記：「改葬，緦。」漢戴德曰：「制緦麻具葬，葬而除，謂子爲父、妻妾爲夫、臣爲君、孫爲祖後也。無遣奠之禮。其餘親皆吊服。」馬融曰：「棺有弛壞，將亡尸柩，故制改葬。棺物敗者，設之如初，其奠如大斂時。不制斬者，禮已終也。從墓之墓，事已而除，不必三月。唯三年者服緦，周以下無服。」《通典》。鄭玄注記文曰：「謂墳墓以他故崩壞，將亡失尸柩者也。改葬者，明棺物毀敗，改設之，如葬時也。其奠如大斂，從廟之廟，欽按：上廟字，指殯宮。從墓之墓，禮宜同也。服緦者，臣爲君也，子爲父也，妻爲夫也。必服緦者，親見尸柩，不可以無服，緦三月而除之。」賈公彦曰：「他故者，謂若遭水潦漂蕩之等，墳墓壞，將亡失尸柩，故須別處改葬也。『其奠如大斂』者，案《既夕》記朝廟至廟中更設遷祖奠云『其如大斂』，經文云：「陳鼎皆如殯。」即此移柩向新葬之處所設之奠亦如大斂奠。『服(細)〔緦〕者，臣爲君也，子爲父也，妻爲夫也』，知者，若更言餘服，無妨更及齊衰以下，今直言緦之輕服，明知唯據重而言，故以三等也。父爲長子，子爲母，亦爲此同也。」《正義》。 晉許猛曰：「按經文以謂諸三年者皆當緦，如注意舉此三者，明唯斬者爾。今父卒，孫爲祖後而葬祖，雖不受重於祖，據爲祖斬，亦制緦以葬也。」王翼曰：「喪禮改葬緦，鄭氏以爲臣、子、妻。以例推之，女子適人，雖降父母，即亦子也。今男女皆緦，於義自通。」袁準《正論》云：「或問何親服緦，大功可也。」《通典》。〇欽按：袁氏說獨與諸儒異，恐非是。 魏王肅曰：「司徒文子改葬，其叔父問服於子思。子思曰：『禮，父母改葬，緦而除，不忍無服送至親也。』」《語類》從此說。 肅又云：「本有三年之服者，道有遠近，或有艱故，既葬而除，不待三月之服也。非父母，無服，無服則吊服加麻。」袁準《正論》云：「喪無再服，然哀甚，不可無服。若終月數，是再服也。道遠則過之可也，道近旬月可也。」范宣曰：「改葬緦，服三月者非也，直訖葬爲斷矣。若改葬不過一旬，安可便脱乎？禮云一時，時踰思變，故取節焉。若道遠艱故，不得時畢，則猶禮云久喪不葬，主喪者不除，可待葬訖而降。」宋庾蔚之曰：「若旬月而葬，則當如鄭玄説，卒緦之限，三月而葬。若葬過三月者，葬畢釋服，服爲葬設故也。」《通典》。欽按：《開元禮》改葬儀亦既虞釋繐服，是速畢事者，得便除矣。或以鄭、王二説問朱子。朱子曰：「如今不可考，禮宜從厚，當如鄭氏。」《語類》。欽頃年不幸遭茲艱，數日了事，不能卒反常，斷葷酒，居外舍，至三浹旬，恐衰朽益甚，自强抑止。每念往時，慘然咽塞，是以知孝子必不忍遽除矣。夫改葬之緦爲葬制之，則何以正緦之限律之？葬期當依荀子，以五七旬之間爲斷。其過期未畢者，固須從久喪葬之制，主喪者不除，餘親皆除之。其旬月而了者，亦當報葬卒哭之例，至葬期除之。○《春秋穀梁傳》：「改葬之禮，緦，舉下緬也。」范甯注曰：「緦者，五服最下。言舉下緬上，欽按：是訓緬爲反覆。從緦皆反其故服。」江熙曰：「改葬之禮緦，舉五服之下，以喪緬邈遠也。天子諸侯易服而葬王侯之喪，踰時敬心生也。説出《檀弓》。以其爲交神明者，不可以純凶，況其緬者乎！是故改葬葬禮，其服唯輕。言緬，所以釋緦也。」止此。「東晉成帝咸和四年，大尉庾亮改葬，服齊縗。咸康三年，司空何充改葬亦然。蔡謨以爲改葬斬縗，禮言緦者，謂緦親以上皆反服也。范汪與江惇書曰：『孝子重覩靈櫬，哀心慟踊，何以緦服臨至親之喪，三月而除？此乃《儀禮》數字，了無首尾，今人有疑。孫放改葬其祖，放開壙，服斬縗，一門反服。從行者待柩至，以縗絰迎於郊。二月事畢，放父四月晦除，放兄弟二月晦除，此皆反服。』何琦云：『皇祖恩遠，猶不敢以輕服服之，況以緦臨父母之葬乎！』于濟曰：『蔡謨云：《傳》云不以兄弟之服服至尊者，乃始喪正服耳。且斬縗之末，便自縞冠麻衣，乃輕於緦麻，然猶以服至尊矣。』范宣曰：『斬縗，既葬則布同於齊縗，既練則同大功，大祥之後，略如緦麻，禮之次序也。安得反服始服不從其變？」《通典》。欽按：范甯依父汪所與蔡謨論以注傳文，然亦不能舍江熙之説而並存之，當世人雖多用反服之説者，後儒皆不從之。《開元禮》改葬條云：「主人、衆主人妻妾、女子子俱緦麻服，餘周親以下皆素服。」

居喪改葬。　魏荀俁云：「有小功喪服，改葬父母，服以重包輕，宜便服小功。」王肅以爲宜服改葬緦，卒事反故服。晉蔡謨答或問：「改葬服緦。今甲當遷葬，而先有兄喪在殯，爲當何服？」謨答：『亦應服緦。禮，三年之喪（禮）〔既〕練，而遭緦麻之喪，則服其服往哭之。凡喪相易，皆以重易輕。至於此事，則以輕易重。所以然者，臨其喪故也。卑者猶然，況至尊乎！謂甲臨葬，應改服緦麻。』」《通典》。欽按：蔡謨蓋悟反脱之非，故後來有此説矣。

改葬反虞。　晉尚書下問改葬應虞與不。按王肅《喪服記》云：「改葬緦，既虞而除之。」傅純難曰：「夫葬以藏形，廟以安神，改葬之神在廟久矣，安得退之於寢而虞之乎？若虞之於寢，則當復還祔於廟，不得但虞而已。」韓蚪以問賀循。循答曰：「凡移葬者，必先設祭告墓而開冢，從墓至墓皆設奠，如將葬朝廟之禮。意亦有疑。既設奠於墓，所以終其事，必爾者，雖非正虞，亦似虞之一隅也，但不得如常虞還祭殯宮耳。故不甚非王氏，但不許其便除。然禮無正文，是以不明言也。」宋庾蔚之謂：「神已在廟，無所復虞。但先祭而開墓，將定而奠，事畢而祭靈，遂毁靈座。若棺毁更斂，則宜有大斂之奠。若移喪遠葬，又有祖奠、遣奠也。」欽按：改葬之斂奠，只以朝祖之奠例之，非爲更斂設也。從墓之墓非始客死者，但有涉塗之難，以情理論之，或應有祖奠，不應有遺奠矣。或舉傅純論問朱子。朱子曰：「便是如此，而今都不可考。看來也須當反哭於廟。」《語類》。

改葬儀節。問改葬。朱子曰：「須告廟而後告墓，方啓墓以葬；葬畢，奠而歸，又告廟，哭，而後畢事，方穩。行葬更不必出主，祭告時却出主於寢。」《語類》。欽按：丘氏《儀節》云：「《家禮》無改葬，今采集禮補入。」止此。今考其儀節，大概出《開元禮》，但《開元禮》不始祠土地，不告祠堂，開墳舉柩而奠，卒斂又奠，設靈，進引告遷而設遺奠，其餘如《儀節》。其葬儀一如正葬。今宜從丘氏儀，但須每奠補内外卑者皆再拜，祝文改「虞」爲「奠」，若先會哭於廟庭，然後出主設奠，最爲得情矣。

修墓服儀。《父母墓毁服議》：「東晉大興二年，下太常議定。國子祭酒杜夷議：『墓既修復而後聞問，宜依《春秋》新宫之災，哭而不服。』博士江淵議：『凡所以改葬者，必由丘墓崩壞露殯，其痛一也。愚以爲發墓依改葬，服緦三月。更復不應比廟災而不行服也。』侍中黄門侍郎江啓表：『按鄭玄云：「親見尸柩，不可無服。」如鄭義以見而服，不見不服也。司徒臨潁前表改葬之緦，不以吉臨凶。今聽其墳墓毁發，依改葬服緦麻，不得奔赴。及已修復者，唯心喪縞素，深衣白幘，哭臨三月。』宋庾蔚之謂：『人子之情無可輟，聖人以禮斷之，故改葬所服，不過於緦。

緦服雖輕，而用情甚重。意謂聞其親屍柩毁露，及更葬，便應制服奔往。縱已修復，亦應臨赴。苟途路阻礙，猶宜制服緦，依三月而除。豈可以不及葬事使晏然不服乎！』梁天監元年，齊臨川獻王所生妾謝墓被發，不至埏門。蕭子晉傳重，禮官何修之謹以爲：『改葬服緦，見柩不可無服故也。此止侵土墳，不及於槨，可依新宫火處，三日哭假而已。』帝以爲得禮也。」《通典》。欽按：墓毁修復，其斂屍與舉柩，亦是改葬，但不改地耳，不可不緦服。至葬期，其自不動柩以下，則亦服緦，修畢而除，意其無害。

反葬儀節。《家禮正衡》云：「或遊或仕，千里之外，子幼妻穉，因葬其地。今有力返葬故鄉，不忘本也。」欽按：此亦改葬，但改地而不改棺者也。丘氏補其儀節，今宜從之。

慎終疏節通考六

雜制考

名位

名稱。《曲禮》：「天子死曰『崩』，諸侯曰『薨』，大夫曰『卒』，士曰『不禄』，庶人曰『死』。」注云：「異死名者，爲人褻其無知，若猶不同然也。自上顛壞曰崩。薨，顛壞之聲。卒，終也。不禄，不終其禄。死之言澌也，精神澌盡也。」止此。「在床曰『尸』，在棺曰『柩』。」疏云：「尸，陳也。未殯斂，陳列在床，故曰尸。《白虎通》云『失氣亡神，形體獨陳』是也。柩，究也。三日不生，斂之在棺，死究（意）（竟）於此也。」《白虎通》云：『柩，究也，久也。』」止此。「死寇曰『兵』。」注云：「異於凡人，當饗禄其後。」疏云：「言人能爲國家捍難禦侮，爲寇所殺者，謂爲兵。兵，器仗之名，言爲器仗之用也。故君恒禄恤其子，異於凡人也。」止此。「祭王父曰『皇祖考』，王母曰『皇祖妣』，父曰『皇考』，母曰『皇妣』，夫曰『皇辟』。」注云：「更設稱號，尊神異於人也。皇，君也。考，成也，言其德行之成也。妣之言媲也，媲於考也。辟，法也，妻所取法也。」止此。「生曰『父』、曰『母』、曰『妻』，死曰『考』、曰『妣』、曰『嬪』。」注云：「嬪，婦人有法度者之稱也。」疏云：「不言祖及夫者，以生號無别稱也。前是宗廟之祭，加其尊稱，故父母並曰皇也。此謂非祭時所稱也。生死異稱，言其别於生時耳。若通而言之亦通也。」止此。「壽考曰『卒』，短折曰『不禄』。」注云：「謂有德行任爲大夫、士而不爲者，老而死，從大夫之稱，少而死，從士之稱。」〇《雜記》：「祭，稱孝子、孝孫。喪，稱哀子、哀孫。說見《虞祭》。祝稱卜葬虞，子孫曰『哀』，夫曰『乃』，兄弟曰『某』，卜葬其兄弟曰『伯子某』。」說見《葬祠土地》。

哭位。《文王世子》：「喪紀以服之輕重爲序，不奪人親也。」注云：「紀猶事也。」止此。「庶子之正於公族者，其公大事，則以其喪服之精麤爲序，雖於公族之喪亦如之，以次主人。」注云：「正者，政也。庶子，司馬之屬，掌國子之倅，爲政於公族者。大事謂死喪也。其爲君雖皆斬衰，序之必以本親也。主人，主喪者。次主人者，主人恒在上，主人雖有父兄，猶不得下齒。」止此。《雜記》：「大夫之庶子爲大夫，則爲其父母服大夫服，其位與未爲大夫者齒。」注云：「雖庶子，得服其服，尚德也。使齒於士，不可不宗適。」疏云：「此庶子雖爲大夫，其年長於適子，猶在適子之下，使適士爲主。」又云：「王肅云：大夫與士異者，大夫以上，在喪斂時弁絰，士冠素委貌也。」止此。「凡婦人，從其夫之爵位。」注云：「婦人無專制，生禮死事，以夫爲尊卑。」

財用

豫備喪具。《王制》：「六十歲制，七十時制，八十月制，九十日修。唯絞、紟、衾、冒，死而後制。」疏云：「此明老而預爲送終之具也。歲制，謂棺也。然此謂大夫以下耳，人君即位爲椑，不待六十也。時制者，謂一時可辦，是衣物之難得也。月制，謂一月可辦，衣物易得者也。日修者，至九十棺衣皆畢，但日日修理之，爲近於終故也。」《檀弓》：「喪具，君子耻具。一日二日而可爲也者，君子弗爲也。」注云：「謂絞、紟、衾、冒。」

用財節度。《易繫辭》：「古之葬者，厚衣之以薪，葬之中野，不封不樹，喪期無數，後世聖人易之以棺椁，蓋取諸《大過》。」送終大事而過於厚。「孟子自齊葬於魯，反於齊，止於嬴。充虞請曰：『木若以美然。』」木，棺木也。以美，太美也。曰：『古者棺椁無度，中古棺七寸，（棺）〔椁〕稱之，自天子達於庶人。非直爲觀美也，然後盡於人心。不得，不可以爲悦；不得，謂法制所不當得。得之爲有財，言得之而又有財也。古之人皆用之，吾何爲獨不然？且比化者，無使土親膚，（化）〔比〕，猶爲也。化者，死者也。於人心獨無恔乎？恔，快也。吾聞之也：君子不以天下儉其親。」言爲天下愛惜財物，而薄於吾親也。《檀弓》：「子思之母死於衛，柳若謂子思曰：『子，聖人之後也。四方於子乎觀禮，子蓋慎諸。』子思曰：『吾何慎哉？吾聞之：「有其禮，無其財，君子弗行也。有其財，無其時，君子弗行也。」吾何慎哉？』無所疑也。子游問喪具。夫子曰：『稱家有亡。』無也。子游曰：『有無惡乎齊？』問豐省之比。夫子曰：『有，毋過禮。苟亡矣，斂首足形，還葬，還之言便也。言已斂即葬，不待三月。懸棺而封。當作窆。人豈有非之者哉？』不責於人所不能。子柳之母死，既葬，子碩柳弟。欲以賻布之餘具祭。布，錢也。子柳曰：『不可，吾聞之也，君子不家於喪。惡因死者以爲利。請班諸兄弟之貧者。』」以分死者所（務）〔矜〕也。

哀戚

《少儀》：「喪事主哀。」《易·小過》：「君子以喪過乎哀。」《論語》：「子游曰：『喪致乎哀而止。』不尚文飾也。曾子曰：『吾聞諸夫子：人未有自致者也，必也親喪乎！』致，盡其極也。子曰：『臨喪不哀，吾何以觀之哉？』喪以哀爲本。既無其本，則以何者而觀其得失哉？子曰：『喪，與其易也，寧戚。』」易，治也。《檀弓》：「子路曰：『吾聞諸夫子：喪禮，與其哀不足而禮有餘也，不若禮不足而哀有餘也。』」止此。「始死，充充如有窮。心形充屈，如急行道極無所復去。既殯，瞿瞿如有求而弗得。瞿瞿，眼速瞻之貌。既葬，皇皇如有望而弗至。栖栖皇皇，無所依託也。至，求也。練而慨然，嘆日月之速也。祥而廓然。寥廓，情意不樂。懸子曰：『三年之喪如斬，期之喪如剡。』言其痛之惻怛，有淺深也。顔丁善居喪。始死，皇皇焉如有求而弗得。皇皇猶彷徨。及殯，望望焉有從而弗及。從，隨也。既葬，慨然如不及其反而息。慨，憊貌。息猶待也。孔子曰：『少連、大連善居喪，三日不怠，謂水醬不入口之屬。三月不懈，謂朝奠、夕奠，及哀至則哭之屬。期悲哀，謂朝哭、夕哭之屬。三年憂，以服未除，憔悴憂戚。東夷之子也！』高子皋之執（喪）〔親〕之喪也，泣血三年，言泣無聲，如血出。未嘗見齒，言笑之微。君子以爲難。」止此。「喪禮，哀戚之至也，節哀順變也，君子念始之者也。」注云：「始猶生也，念父母生己，不欲傷其性。」《喪服四制》：「三日而食，三月而沐，期而練，毁不滅性，不以死傷生也。」

廢樂

《曲禮》：「居喪不言樂。」　注云：「居父母之喪也。」《論語》：「君子之居喪，聞樂不樂。」《家語》：「哀麻苴杖者，志不存乎樂，非耳弗聞，服使然也。」《雜記》：「父有服，宮中子不與於樂。」注云：「宮中子，與父同宮者也。禮，由命士以上，父子異宮。不與於樂，謂出行見之，不得觀也。」《集説》云：「此亦謂服之輕者。如重服，則子亦有服，可與樂乎？」止此。「母有服，聲聞焉，不舉樂。妻有服，不舉樂於其側。大功將至，辟琴瑟。」注云：「亦所以助哀也。至，來也。」止此。「小功至，不絶樂。」《周禮·大司樂》：「諸侯薨，令去樂。」疏云：「去樂，藏之也。」（不）〔止〕此。「大臣死，令弛懸。」注云：「弛，釋之。」《雜記》：「君於卿大夫，比卒哭，不舉樂；爲士，比殯，不舉樂。」或問：「坐客有歌唱者，如之何？」朱子曰：「當起避。」

哭踊

《喪服》傳：「居倚廬，晝夜哭無時。既虞，朝一哭、夕一哭而已。既練，哭無時。」疏云：「哭有三無時：始死未殯以前，哭不絶聲，一無時；既殯已後，卒哭祭已前，阼階之下爲朝夕哭，在廬中思憶則哭，二無時；既練之後，無朝夕哭，唯有廬中或十日，或五日，思憶則哭，三無時也。卒哭之後，未練之前，唯有朝夕哭，是有時也。」《雜記》：「曾申問於曾子曰：『哭父母有常聲乎？』曰：『中路嬰兒失其母焉，何常聲之有？』」《間傳》：「斬衰之哭，若往而不反。」疏云：「斬衰之聲，一舉而至氣絶，如似氣往而不却反聲也。」止此。「齊衰之哭，若往而反。大功之哭，三曲而偯。」注云：「三曲，一舉聲而三折。偯，聲餘從容也。」止此。「小功、緦麻，哀容可也。」疏云：「言小功、緦麻，其情既輕，哀聲從容，於禮可也。」止此。「此哀之發聲音者也。」《喪服小記》：「無事不辟廟門，鬼神尚幽闇也。廟，殯宮。哭皆於其次。」次，謂倚廬。疏云：「此論在殯無事之時。唯朝夕哭及賓來吊之時，則入門内即位耳；若晝夜無時之哭，則皆於廬次之中也。」《雜記》：「童子哭不偯，不踊，不杖，不菲，不廬。」注云：「未成人者，不能備禮也。當室則杖。」十五以上。《喪大記》：「祥而外無哭者，禫而内無哭者。」謂中門内外。説見《祥禫儀》。《檀弓》：「有子曰：『戚斯嘆，吟息。嘆斯辟，拊心。辟斯踊矣。踊躍。品節斯，斯之謂禮。』」《雜記》：「孔子曰：伯母、叔母疏衰，踊不絶地。姑、姊妹之大功，踊絶於地。如知此者，由文矣哉！由文矣哉！」由，用也，言能用文禮。注云：「伯母、叔母，義也。姑、姊妹，骨肉也。」《問喪》：「跛者不踊。」《檀弓》：「穆伯之喪，敬姜晝哭。文伯之喪，晝夜哭。孔子曰：『知禮矣。』喪(失)〔夫〕不夜哭，嫌思情性也。弁人有其母死而孺子泣者。孔子曰：『哀則哀矣，而難爲繼也。夫禮，爲可傳也，爲可繼也，故哭踊有節。』子蒲卒哭者呼滅。滅蓋子蒲名。子皐曰：『若是野哉！』唯復呼名。哭者改之。」

○《顔氏家訓》云：「禮以哭有言者爲號，然則哭亦有辭也。江南喪哭，時有哀訴之言耳。山東重喪則唯呼『蒼天』，期功以下則呼『痛深』，便是號而不哭。」欽聞之，在崎港見華人哭者，皆號曰「哀哉」。本朝喪紀古制，亦有舉哀之節矣。

容貌

《周禮·保氏》：「養國子以道，乃教之六儀：四曰喪紀之容。」《玉藻》：「喪容纍纍。」注云：「羸憊貌也。」疏云：「謂容貌瘦瘠纍纍然。」止此。「色容顛顛。」疏云：「顏色憂思，顛顛不舒暢也。」止此。「視容瞿瞿、梅梅。」注云：「不審貌也。」疏云：「瞿瞿，驚遽之貌。梅梅，猶微微，謂微昧也。」止此。「言容繭繭。」注云：「聲氣微也。」疏云：「繭繭者猶綿綿，聲氣微細繭繭然。」《檀弓》：「喪事欲其縱縱爾，急遽趨事貌。吉事欲其折折爾。安舒貌。故喪事雖遽不陵節，陵，躐也。吉事雖止不怠。止，立俟事時也。故騷騷爾則野，謂大疾。鼎鼎爾則小人，謂大舒。君子蓋猶猶爾。」疾舒之中。猶猶是曉達之貌。《問傳》：「斬衰貌若苴，」注云：「有深憂者，面必深黑。」苴是黧黑，所謂惡貌也。「齊衰貌若枲。」《集説》云：「枲，牡麻也，枯黯之色似之。」止此。「大功貌若止。」《集説》云：「其貌亦若有所拘止而不得肆者。」止此。「小功、緦麻容貌可也。此哀之發於體者也。」《雜記》：「子貢問喪。問居父母之喪。子曰：『敬爲上，必誠必信。哀次之，方氏曰：「敬足以盡禮，故爲上；哀足以盡情，故次之。」瘠爲下。顏色稱其情，戚容稱其服。』」《曲禮》：「居喪之禮，毁瘠不形，謂骨見也。視聽不衰。」注云：「爲其廢喪事也。」止也。「五十不致毁，六十不毁。」《檀弓》：「毁不危身，爲無後也。」《雜記》：「凡喪，小功以上，非虞、祔、練、祥無沐浴。」又云：「孔子曰：『身有瘍則浴，首有創沐，病則飲酒食肉。毁瘠爲病，君子弗爲也。毁而死，君子謂之無子。』」

拜拱

《檀弓》：「孔子曰：『拜而后稽顙，頹乎其順也。』」注云：「此殷之喪拜也，頹，順也。先拜賓，順於事也。」疏云：「拜者，主人孝子拜賓也。稽顙者，觸地無容也，頹然不通之意也。拜是爲賓，稽顙爲己，前賓後己，各以爲頹然順序也。」止此。「稽顙而后拜，（傾）〔頎〕乎其至也。」注云：「此周之喪拜也。（傾）〔頎〕，至也。先觸地無容，哀之至。」疏云：「（傾）〔頎〕，惻隱貌也。先觸地無容，後乃拜賓也。是爲親痛深貌，惻隱之至也。」止此。「三年之喪，吾從其至者。」注云：「重者尚哀戚，自期如殷可。」疏云：「此孔子評二代所拜也。殷之喪拜，自斬衰以下，緦麻以上，皆拜而後稽顙，殷尚質故也。周則杖期以上，皆先稽顙而后拜，不杖期以下，乃作殷之喪拜。《士喪禮》主人拜稽顙，似亦先拜而後稽顙者，『拜稽顙』者，謂爲拜之時先稽顙也。」《周禮・大祝》：「辨九𢷎：五曰吉𢷎，六曰凶𢷎。」注云：「吉拜，拜而後稽顙，謂齊衰不杖以下者。

言吉者，此殷之凶拜，周以其拜與頓首相近，故謂之吉拜云。凶拜，稽顙而後拜，謂三年服者。」疏云：「吉者對凶拜爲輕。此拜先作頓首，後作稽顙。」《語類》：「還是頓首，但觸地無容，則謂之稽顙。」《喪服小記》：「爲父母、長子稽顙。」疏云：「謂重服先稽顙而後拜者也。」止此。「大夫吊之，雖緦必稽顙。」注云：「尊大夫，不敢以輕待之。」止此。「婦人爲夫與長子稽顙，其餘則否。」注云：「恩殺於父母。」疏云：「『其餘否』者，謂父母也。」《雜記》：「爲妻，父母在，不杖，不稽顙。」注云：「尊者在，不敢盡禮於私喪也。」疏云：「此謂適子父爲己婦之(之)主，故父在，不敢爲婦杖。若父没，母存，若妻雖得杖，而不得稽顙。」止此。「母在，不稽顙，稽顙者，其贈也，拜。」注云：「言獨母在，於贈，拜，得稽顙，則父在，贈，拜，不得稽顙。」止此。《少儀》：「婦人吉事，雖有君賜，肅拜；爲尸坐，則不手拜，肅拜；爲喪主，則不手拜。」注云：「肅拜，拜低頭也。手拜，手至地也。婦人以肅拜爲正，凶事乃手拜耳。爲尸，爲祖姑之尸也。《士虞禮》曰：『男，男尸。女，女尸。』『爲喪主，不手拜』者，爲夫與長子當稽顙，其餘亦手拜而已。」疏云：「肅拜，如今婦人拜也。吉事及君賜悉然也。《士虞禮》：『男，男主。女，女尸。』若平常吉祭，則共以男子一人爲尸，示主於夫，故設同几而已。鄭注《周禮》：『空首，拜頭至手。』此云『手至地』，不同者，此手拜之法，先以手至地，而頭來至手。故兩注不同，其實一也。肅拜是婦人之常，而昏禮拜扱地，以其新來爲婦，盡禮於舅姑故也。」《檀弓》：「孔子與門人立拱而尚右，二三子亦皆尚右。倣孔子也。孔子曰：『二三子之嗜學也。嗜，貪。我則有姊之喪故也。』二三子皆尚左。」注云：「復正也。喪尚右，右，陰也；吉尚左，左，陽也。」

言語

《問傳》：「斬衰唯而不對，齊衰對而不言，大功言而不議，小功、緦麻議而不及樂。此哀之發於言語者也。」《集說》云：「不對，不答人以言也。不言，不先發言於人也。不議，不泛論他事也。」《雜記》：「三年之喪，言而不語，對而不問。」注云：「言，言己事也。爲人說爲語。」疏云：「『三年之喪，言而不語』者，謂大夫、士言而後事行者。『對而不問』者，謂與有服之親者行事之時，若與賓客疏遠者，則《問傳》云『斬衰唯而不對，齊衰對而不言』是也。」《喪大記》：「父母之喪，寢苫枕凷，非喪事不言。既葬，與人立，君言王事，不言國事；大夫、士言公事，不言家事。既練，君謀國政，大夫謀家事。」疏云：「『既葬，與人立』者，未葬，不與人並立。既葬後可與人並立也，猶不群立耳。庾氏云：『案《曾子問》三年之喪，練不群立，不旅行。』是據無事之時，故不群立，不旅行。此有事須言，故與人立也。」《玉藻》：「言容繭繭。」見容貌章。《曲禮》：「居喪不言樂。」注云：「非其時也。」《檀弓》：「仲尼曰：『古者天子崩，王世子聽於冢宰三年。』」冢宰，天官卿，貳王事者，三年之喪，使之聽朝。《喪服四制》：「三年之喪，君不言。《書》云：『高宗諒闇，三年不言。』此之謂也。然而曰『言不文』者，謂臣下也。《孝經説》曰：「言不文者，謂士民也。」百官備，百物具，不言而事行者，扶而起。王侯。言而后行事者，杖而起。大夫、士。身執事而后行者，面垢而已。」庶人。疏云：「王侯喪具觸事，委任百官，不假自言而事得行，故許子病深，有扶病之杖亦不能起，故又須人扶乃起也。」《家語》：「子夏問於孔子曰：『居君之（喪）〔母〕與妻之喪，如之何？』孔子曰：『居處、言語、飲食衎爾，於喪所，則稱其服而已。』」

飲食

《大戴禮》：「斬衰苴屨杖而歠粥者，志不在於飲食。」《喪大記》：「君之喪，子、大夫、公子、衆士皆三日不食。子、大夫、公子食粥，納財，朝一溢米，莫一溢米，食之無算。士疏食水飲，食之無算。夫人、世婦、諸妻皆疏食水飲，食之無算。」注云：「納財，謂食穀也。二十兩曰溢。於粟米之法，一溢爲米一升二十四分升之一。諸妻，御妾也。同言無算，則是皆一溢。米，或粥或飯。」疏云：「『食之無算』者，言居喪困病，不能頓食，隨須則食，故云『無算』。疏，麤也。食，飯也。士賤病輕，故麤米爲飯，亦水爲飲。」大夫、士喪見《喪儀》。「不能食粥，羹之以菜可也。有疾，食肉飲酒可也。五十不成喪。」注云：「成猶備也，所不能備，謂不致毁、不散送之屬也。」送喪不散麻。「七十唯衰麻在身。」注云：「言其餘居處餘食與吉時同也。」《曲禮》：「居喪之禮，頭有創則沐，身有瘍則浴，有疾則飲酒食肉，疾止復初。不勝喪，乃比於不慈不孝。」注云：「『不勝喪』，謂疾不食酒肉，創瘍不沐浴而滅性者也。不留身繼世，是不慈也。滅性又是違親生時之意，故云不孝。致，極也。」《雜記》：「喪食雖惡，必充飢，飢而廢事，非（也）〔禮〕也。飽而忘哀，亦非禮也。視不明，聽不（聽）〔聰〕，行不正，不知哀，君子病之。故有疾飲酒食肉，五十不致毁，六十不毁，七十飲酒食肉，皆爲疑死。」疑猶恐也。《王制》：「八十齊喪之事弗及也。」《檀弓》：「曾子曰：『喪有疾食肉飲酒，必有草木之滋焉。』增以香味，爲其疾不嗜食。以爲薑桂之謂也。」曾子所云草木之滋者，謂薑桂。《喪大記》：「既葬，若君食之則食之，大夫、父之友食之則食之矣。不辟粱肉，若有酒醴則辭。」注云：「尊者之前可以食美也，變於顔色亦不可。」《雜記》：「有服，人召之食，不往。大功以下，既葬，適人，人食之，其黨也食之，非其黨弗食也。」注云：「往而見食，則可食也。不食而往，則不可。黨，猶親也。非親而食，則食於人無數也。」止此。「三年之喪，如或遺之酒肉，則受之，必三辭。主人衰絰而受之。」注云：「受之必正服，明不苟於滋味。」疏云：「『主人衰絰而受之』者，雖受之，猶不得食也。尊者食之，乃得食肉，猶不得飲酒。」止此。「如君命，則不敢辭，受薦之。」注云：「薦於廟，貴君之禮。」止此。「喪者不遺人。人遺之，雖酒肉，受也。從父、昆弟以下，既卒哭，遺人可也。」注云：「言齊斬之喪重，志不在施惠於人。」止此。「視君之母與妻，比之兄弟，發諸顔色者，亦不飲食也。」《檀弓》：「曾子謂子思曰：『伋，吾執親之喪也，水漿不入於口七日。』言己以疾時禮而不如。子思曰：『先王之制禮也，過之者俯而就之，不至焉者跂而及之。故君子之執親之喪也，水漿不入於口者三日，杖而后能起。』爲曾子言難繼，以禮抑之。樂正子春之母死，五日而不食，曰：『吾悔之。自吾母而不得吾情，吾惡乎用吾情？』」言自我母死而不得用吾之實情，而矯詐勉强爲之，更於何處用吾之實情乎？或問：「居喪，爲尊長强之以酒，當如何？」朱子曰：「若不得辭則勉（狗）〔徇〕其意，亦無害，但不可至沾醉，食已復初可也。」《語類》。

居處

《雜記》：「三年之喪，廬、堊室之中，不與人坐。在堊室之中，非時見乎母也，不入門。疏衰皆居堊室，不廬。廬，嚴者也。」注云：「廬，哀敬之處，非有其實則不居。」《喪大記》：「凡非適子者，自未葬，以於隱者爲廬。」注云：「不欲人屬目，蓋廬於東南角，既葬猶然。」止此。又記君喪云：「大夫次於公館以終喪，士練而歸，士次於公館。大夫居廬，士居堊室。」注云：「公館，公宮之舍也。練而歸之士，謂邑宰也。練而猶處公館，朝廷之士也，唯大夫三年無歸。大夫居廬，謂未練時也。士居堊室，亦謂邑宰也。朝廷之士，亦居廬。」疏云：「大夫恩深禄重，故爲君喪居廬。終喪，乃還家也。『士練而歸』，謂邑宰之士也。士卑恩輕，故至小祥而反其所治邑也。『士次於公館』者，此謂朝廷之士，雖輕而無邑事，故亦留次公館三年也。大夫位尊恩重，故居廬。士位卑恩輕，故居堊室。」《喪大記》：「公之喪，大夫俟練，士卒哭而歸。」注云：「此公，公士、大夫有地者也。其大夫、士歸者，謂素在君所食都邑之臣。」疏云：「『公之喪』者，臣下呼此有地大夫之君爲公也。言公士、大夫在朝廷而死，此臣先在其君所食之采邑，君喪而來服，至小祥而各反，故云歸也。」凡大夫、士居本親喪廬次，見《喪儀》。《曲禮》：「有憂者側席而坐。」注云：「側猶特也。憂不接人，不布他面席。」疏云：「憂亦謂親有疾也。」止此。「有喪者專席而坐。」注云：「降居處也，專猶獨也。」疏云：「吉事有重席之禮，若父母始喪，寢苫無席，卒哭後，乃有苄翦不納，自齊衰以下，始喪而有席，並不重，降居處也。」《檀弓》：「夫晝居於內，問其疾可也。夜居於外，吊之可也。似有疾。似有喪。是故君子非有大故，不宿於外。大故謂喪憂。非致齊也，非疾也，不晝夜居於內。」內，正寢之中。疏云：「致齊在正寢，疾則或容在內寢，若危篤亦在正寢。」

動作

《曲禮》：「居喪之禮，升降不由阼階，出入不當門隧。」注云：「常若親存。隧，道也。」《檀弓》：「齊衰不以邊坐，大功不以服(勒)〔勤〕。」注云：「爲褻喪服。邊，偏倚也。」疏云：「喪服宜敬，坐起必正，不可着衰而偏倚也。齊衰輕，既不倚，斬衰重，不言亦可知也。齊衰言『不邊坐』，則大功可也。大功不服勤，則齊衰不可，而小功可也。」《少儀》：「賻者既致命，坐委之，擯者舉之，主人不親受也。」注云：「喪者非尸柩之事，則不親也。」《(親)〔雜〕記》：「疏衰之喪，既葬，人請見之則見，不請見人。小功請見人可也。大功不以執摯，唯父母之喪，不辟涕泣而見人。」注云：「至哀無飾也。」疏云：「小功文承疏衰既葬之下，則此小功亦謂既葬也。言見人者，與人尋常相見，不論執摯之事。」《曲禮》：「居喪，未葬，讀喪禮。既葬，讀祭禮。復常，讀樂章。」疏云：「『居喪』者，居父母之喪也。喪禮謂朝夕奠下室、朔望奠殯宮及葬等禮也。祭禮，虞、卒哭、祔、小祥、大祥之禮也。樂章，謂樂書之篇章，謂詩也。」《檀弓》：「大功廢業。或曰：『大功誦可也。』」注云：「許其口習故也。」一説朱子曰：「業是簨簴上版子。廢業，謂不作樂耳。古人禮樂不去身，惟居喪然後廢樂。故『復常，讀樂章』。《周禮》司業者，亦司樂也。」

《内則》：「男女非祭非喪，不相授器。」注云：「祭嚴，喪遽，不嫌也。」疏云：「以經云『非祭非喪，不相授器』，則是祭與喪時得相授器。」《喪服小記》：「養疾者不喪服。養尊者必易服，養卑者否。」說見攝主條。《喪大記》：「君既葬，王政入於國。既葬卒哭而服王事。大夫、士既葬，公政入於家。既卒哭，弁絰帶，金革之事無辟也。」注云：「此權禮也。弁絰帶者，變喪服而吊服，輕，可以即事也。」疏云：「此與君互也，此言服弁絰，則國君亦弁絰。國君言王事，此亦服國事也。但尊，不言奪服耳。然此云弁絰帶，弁絰，謂吊服，帶，謂喪服要絰。明雖吊服，而有要絰，異凡吊也。」止此。「既練，君謀國政，大夫、士謀家事。」同上。《王制》：「庶人喪不貳事。」注云：「貳之言二也。庶人終喪無二事，不使從政也。」止此。「父之喪，三年不從政；齊衰、大功之喪，三月不從政。」同上。《雜記》：「三年之喪，祥而從政；期之喪，卒哭而從政；九月之喪，既葬而從政；小功、緦之喪，既殯而從政。」注云：「以《王制》言之，此謂庶人也。從政，從爲政者教令，謂給繇役。」《左氏傳》：「子墨衰絰。晉文公未葬，故襄公稱子。敗秦師于殽，遂墨以葬文公。晉於是始墨。」後遂常以爲俗。《曾子問》：「子夏曰：『金革之事無辟也者，非與？』孔子曰：『吾聞諸老聃曰：昔者魯公伯禽有爲爲之也。有徐戎作難，喪卒哭而征之，急王事也。今以三年之喪從其利者，吾弗知也。』」時多攻取之兵，言非禮也。《公羊傳》：「古者臣有大喪，則君三年不呼其門。已練，可以弁冕，服金革之事。君使之，非也；臣行之，禮也。閔子要絰而服事，既而曰：『若此乎！古之道不即人心。』退而致仕。孔子蓋善之也。」《開元禮》云：「父母之喪，賓客已吊而重來者，主人哭而見，其去也又哭之。其未葬，必縗絰而後見。居父母之喪，遠行而還者，必告。父有艱未除，則子不衣文彩。」

給假

今世喪紀，假格見行。此特考古今，備參覽。

《開元禮》云：「居官遭喪。凡斬縗三年、齊縗三年者，並解官。齊縗杖周及爲人後者爲其父母、若庶子爲其母者，解官，申心喪。皆爲生己。若嫡、繼、慈、養改嫁或歸宗三年已上斷絶者，及父爲長子、夫爲妻，並不解官，假同齊縗周也。〇凡齊縗周，給假三十日，葬五日，除服三日。〇齊縗三月、五月，大功九月，並給假二十日，葬三日，除服二日。〇小功五月，給假十五日，葬二日，除服一日。〇緦麻三月，給假七日，出降者三日，葬及除服各一日。〇無服之殤，本品周已上，（絡）〔給〕五日，大功三日，小功二日，緦麻一日。〇若聞喪舉哀，其假三分減一。〇師經受業者，喪給三日。〇周已下，百里内除程。此句恐有闕文。〇凡遭喪被起者，以服内忌日給假三日，大小祥各七日，禫五日，每月朔望各一日，祥禫除程。〇凡私家祔廟（絡）〔給〕五日。〇四時祭（絡）〔給〕四日。」〇宋假寧格：非在職遭喪者，並如唐制。〇在職遭喪，期七日，大功五日，小功、緦麻三日，降而絶服之殤一日。○本宗及同居無服之親之喪一日。○改葬，期以下親皆一日。○私忌，在職、非在職，祖父母、父母並一日。逮事高、曾同。

本朝假寧令：「凡職事官遭父母喪並解官，自餘皆給假。夫及祖父母云云。○凡無服之殤，生三月至七歲，本服三月，給假三日，一月服二日，七日服一日。○凡師經受業者，喪給假三日。○凡改葬，一年服給假二十日，五月服十日，三月服七日，一月服三日，七日服一日。○凡聞喪舉哀，其假減半。又舉哀假三月以上，合給程，改葬是輕，尚給程故也。案上條有剩日者入假限。謂本假三日減半，以所剩一日入假限給二日之類。○凡給喪葬假三月服以上，並給程。○凡給喪假，以喪日爲始。舉哀者，以聞喪爲始。○凡官人遠任及公使，父母喪應解官，無人告者，聽家人經所在官司陳牒告追。若奉勑出使、任居邊要者，申官處分。○凡外官及使人聞喪者，聽所在館舍安置，不得於國郡廳内舉哀。」

吊臨

吊。《曲禮》：「知生者吊，知死者傷。知生而不知死，吊而不傷。知死不知生，傷而不吊。」説見《喪儀》。又云：「臨喪則必有哀色。」又云：「臨喪不笑，望柩不歌，入臨不翔，哭日不歌。」注云：「哀未忘也。」《檀弓》：「吊於人，是日不樂。行吊之日，不飲酒食肉。」注云：「以全哀也。」《雜記》：「三年之喪，雖功衰不吊，自諸侯達諸士。」注云：「功衰，既練之服也。」止此。「如有服而將往哭之，則服其服而往。」注云：「服新死者之服而往哭。」止此。「練則吊。」注云：「父在爲母功衰，可以吊人。然則凡齊衰十一月，皆可以出矣。」止此。「既葬，大功，吊，哭而退，不聽事焉。」注云：「聽，猶待也。事，謂襲、斂、執紼之屬。」止此。「期之喪未葬，吊於鄉人，哭而退，不聽事焉。功衰，吊，待事，不執事。」注云：「謂爲姑、姊妹無主，殯不在己族者。」疏云：「功衰，謂此姑、姊等期喪至既葬，受以大功衰。」止此。「小功、緦麻，執事不與於禮。」注云：「禮，饋奠也。」《檀弓》：「有殯，聞遠兄弟之喪，雖緦必往；非兄弟，雖鄰不往。」又云：「有殯，聞遠兄弟之喪，同國則往哭之。說並見《變制》。子張死，曾子有母之喪，齊衰而往哭之。或曰：『齊衰不以吊。』曾子曰：『我吊也與哉？』」注云：「於朋友哀痛甚而往哭之，非若凡吊。」止此。「君遇柩於路，必使人吊之。」注云：「君於民臣有父母之恩。」《左氏傳》：「齊孝公卒。有齊怨，不廢喪紀，禮也。」

不吊。《雜記》：「三年之喪，雖功衰不吊。」又云：「婦人非三年之喪，不踰封而吊。」《檀弓》：「五十無車者，不越疆而吊人。」說(見)並見《喪儀》。又云：「死而不吊者三：畏、壓、溺。」《白虎通義》云：「有不吊三何？爲人臣子，常懷恐懼，深思遠慮，志在全身，今乃畏、壓、溺死，用爲不義，故不吊也。」方氏曰：「戰陳無勇，非孝也，其有畏而死者乎？君子不立巖牆之下，其有壓而死者乎？孝子舟而不游，其有溺而死者乎？三者皆非正命，故先王制禮，在所不吊。」應氏曰：「情之厚者，豈容不吊，但其辭不易致耳。若爲國而死於兵，亦無不吊之理。」《集説》。《文王世子》：「公族之罪，刑于隱者，磬于甸人。弗吊，弗爲服，哭于異姓之廟，爲忝祖，遠之也。素服居外，不聽樂，私喪之也，骨肉之親無絶也。」

不受吊。《檀弓》：「大夫之喪，庶子不受吊。」疏云：「士之庶子得受吊也。」《雜記》：「其國有君喪，不敢受吊。不敢受他國賓來吊也。○義並詳《喪儀》。

贈喪。《文王世子》：「敬吊、臨、賻、賵，睦友之道也。」《荀子》：「貨財曰賻，輿馬曰賵，衣服曰禭，玩好曰贈，玉貝曰含。玩好，謂明器。賻、賵所以佐生也，贈、禭所以送死也。送死不及柩尸，吊生不及悲哀，非禮也。皆謂葬時。賵、贈及事，禮之大也。」《大略》。《白虎通義》云：「知生者賻，知死者贈。」

助事。《少儀》：「適有喪者曰『比』。」注云：「適，之也。曰『某願比於將命者』。比，猶比方，俱給事。」疏云：「喪不主相見，凡往者皆助事，故云『比』，謂比其年力，以給喪事也。若五十從反哭，四十待盈坎，皆是比方其事。」止此。「童子曰『聽事』。」注云：「曰『(其)〔某〕願聽事於將命者』。」疏云：「不敢與成人比方，但來聽主人以事見使，故云『願聽事於將命者』也。」止此。「適公卿之喪，則曰『聽役於司徒』。」注云：「喪憂戚，無賓主之禮，皆爲執事來也。」疏云：「公卿亦有司徒官，以掌喪事也。」《玉藻》：「童子無緦服，聽事不麻。無事則立主人之北，南面。」注云：「雖不服緦，猶免，深衣無麻，往給事也。」疏云：「『無麻』，謂不當室也。主人，喪主也。此童子來聽使，若有事則使之。若無事時在旁，謂在主人之北，南面而立。」「曾子問曰：『廢喪服，可以與於饋奠之事乎？』孔子曰：『説衰與奠，非禮也，以擯相可也。』」義見《變制》。《曲禮》：「送喪不由徑，送葬不辟塗潦。」注云：「所哀在此。」《檀弓》：「吊於葬者，必執引，若從柩及壙，皆執紼。」注云：「示助之以力。車曰引，棺曰紼，從柩贏者。」疏云：「凡執引用人，貴賤有數，若其數足，則餘人皆散而從柩也。至壙下棺窆時，則不限人數，皆悉執紼，示助力也。」《雜記》：「吊非從主人也，四十者必執紼。鄉人五十者從反哭，四十者待盈坎。」義見《葬儀》。

哀喪。《詩·邶風》：「凡民有喪，匍匐救之。」匍匐，手足並行，急遽之甚也。《曲禮》：「鄰有喪，春不相；里有殯，不巷歌。」注云：「助哀也。相，謂送杵聲。」止此。又云：「適墓不登壟。」注云：「爲其不敬。壟，冢也。墓，塋域。」止此。「適墓不歌。」注云：「非樂所。」《論語》：「子食於有喪者之側，未嘗飽也。」又云：「子見齊衰者，雖狎必變。凶服者式之。」又云：「子見齊哀者、冕衣裳者與瞽者，見之，雖少，必作；過之，必趨。」

喪通義

《經解》：「喪祭之禮，所以明臣子之恩也。喪祭之禮廢，則臣子之恩薄，而倍死忘生者衆矣。」○《大戴禮》：「凡不孝生於不仁愛也，不仁愛生於喪祭之禮不明，喪祭之禮所以教仁愛也。致愛故能致喪祭，春秋祭祀之不絶，致思慕之心也。夫祭祀致饋養之道也，死致思慕饋養，况於生而孝乎？故曰喪祭之禮明，則民孝矣。故有不孝之獄，則飾喪祭之禮。」

《孝經》：「子曰：『孝子之事親也，病則致其憂，喪則致其哀，祭則致其嚴。』」○《祭統》：「孝子之事親也，有三道焉：生則養，没則喪，喪畢則祭。養則觀其順也，喪則觀其哀也，祭則觀其敬而時也。盡此三道者，孝子之行也。」

《論語》：「林放問禮之本。子曰：『大哉問！禮，與其奢也，寧儉；喪，與其易也，寧戚。』」○《檀弓》：「子路曰：『吾聞諸夫子：喪禮，與其哀不足而禮有餘也，不若禮不足而哀有餘也。祭禮，與其敬不足而禮有餘也，不若禮不足而敬有餘也。』」

《問喪》：「親始死，雞斯，徒跣，扱上衽，交手哭。惻怛之心，痛疾之意，傷腎、乾肝、焦肺，水漿不入口，三日不舉火，故鄰里爲之糜粥以飲食之。夫悲哀在中，故形變於外也。痛疾於心，故口不甘味，身不安美也。三日而斂，在床曰尸，在棺曰柩。動尸舉柩，哭踊無數。惻怛之心，痛疾之意，悲哀志懣氣盛，故袒而踊之，所以動體、安心、下氣也。婦人不宜袒，故發胸、擊心、爵踊，殷殷田田，如壞牆然，悲哀痛疾之至也。故曰『辟踊哭泣，哀以送之，送形而往，迎精而反』也。其往送也，望望然，汲汲然，如有追而弗及也。其反哭也，皇皇然，若有求而弗得也。故其往送也如慕，其反也如疑。求而無所得之也，入門而弗見也，上堂又弗見也，入室又弗見也。亡矣喪矣，不可復見已矣！故哭泣辟踊，盡哀而止矣。心悵焉惚焉慨焉，心絶志悲而已矣！祭之宗廟，以鬼神饗之，徼幸復反也。成壙而歸，不敢入處室，居於倚廬，哀親之在外也。寢苫枕塊，哀親之在土也。故哭泣無時，服勤三年，思慕之心，孝子之志也，人情之實也。」義見《喪葬儀》。

○《孝經》：「子曰：『孝子之喪親也，哭不偯，聲不委曲。禮無容，言不文，服美不安，聞樂不樂，食旨不甘：此哀戚之情也。三日而食，教民無以死傷生，毀不滅性：此聖人之政也。喪不過三年，示民有終也。爲之棺椁衣衾而舉之，陳其簠簋而哀戚之，擗踊哭泣，哀以送之。卜其宅兆，而安厝之。墓穴曰宅，塋域曰兆。厝與措同。爲之宗廟，以鬼享之。生事愛敬，死事哀戚，生民之本盡矣，生民之道，孝弟爲本，於此盡矣。死生之義備矣，養生送死，其義爲大，於此備矣。孝子之事親終矣。』」

《荀子》曰：「禮者，謹於治生死者也。生，人之始也；死，人之終也；終始俱善，人道畢矣。

故君子敬始而愼終。終始如一，是君子之道、禮義之文也。夫厚其生而薄其死，是敬其有知而慢其無知也，是姦人之道而倍叛之心也。君子以倍叛之心接臧穀，猶且羞之，而況以事其所隆親乎！奴婢曰臧，小兒曰穀。《莊子》曰：「臧與穀相與。」故死之爲道也，一而不可得再復也，臣之所以致重其君，子之所以致重其親，於是盡矣。故事生不忠厚、不敬文謂之野，送死不忠厚、不敬文謂之瘠。瘠，薄。君子賤野而羞瘠，故天子棺椁十重，諸侯五重，大夫三重，士載重，天子棺椁十重，蓋以棺椁與抗木合爲十重也。諸侯已下，與《禮記》多少不同，未詳也。然後皆有衣衾多少厚薄之數，皆有翣菨文章之等以敬飾之，菨當作蔞。翣蔞，棺之牆飾也。使生死終始若一，足以爲人願，是先王之道、忠臣孝子之極也。天子之喪動四海，屬諸侯；諸侯之喪動通國，屬大夫；大夫之喪動一國，屬修士；修士之喪動一鄉，屬朋友；屬，謂付託之，使主喪也。通國，謂通好之國。一國，謂同在朝之人。修士，士之進修者，謂上士也。一鄉，鄉内之姻族也。庶人之喪合族黨，動州里。刑餘罪人之喪不得合族黨，獨屬妻子，棺椁三寸，衣衾三領，不得飾棺不得晝行，以昏殣，凡緣而往埋之，《詩》曰：「行有死人，尚或殣之。」今昏殣，如掩道路之死人也，惡之甚也。凡，常也。緣，因也。言其妻子如常日所服而埋之，不更加絰杖也。今猶謂無盛飾爲緣身者也。反無哭泣之節，無衰麻之服，無親疏月數之等，各反其平，各復其始，已葬埋，若無喪者而止，夫是之謂至辱。」《樂記》云：「衰麻哭泣，所以節喪紀也。」此蓋論墨子薄葬，是以至辱之道奉君父也。○又曰：「禮者，謹於吉凶不相厭者也。厭，掩也。謂不使相侵掩也。紝纊聽息之時，則夫忠臣孝子亦知其閔已，絓讀爲注。「注纊」即「屬纊」也。言此時知其必至於憂閔也。然而殯斂之具未有求也；所謂不相厭也。垂涕恐懼，然而幸生之心未已、持生之事未輟也；卒矣，然後作、具之。作之，具之。故雖備家，必踰日然後能殯，三日而成服，備，豐足也。然後告遠者出矣，備物者作矣。故殯，久不過七十日，速不損五十日。此皆據《士喪禮》首尾三月也。損，減也。是何也？曰：遠者可以至矣，百求可以得矣，百事可以成矣，其忠至矣，其節大矣，其文備矣。忠，誠也。節，人子之節也。文，（哭）〔器〕用儀制也。然後月朝卜日，月夕卜宅，然後葬也。月朝，月初也。月夕，月末也。此大夫之禮也。士則筮宅。《士喪禮》先筮宅，後卜日，此云云，未詳也。當是時也，其義止，誰得〔行〕之？其義行，誰得止之？聖人爲之節制，使賢者抑情，不肖者企也。故三月之葬，其貌以生設飾死者也，殆非直留死者以安生也，貌，象也。言其象以生之所設器用飾死者，三月乃能備之也。是致隆思慕之義也。」○又曰：「喪禮者，以生者飾死者也，大象其生以送其死也。故如死如生，如存如亡，終始一也。不以死異於生、亡異於存。始卒，沐浴、鬠體、飯含，象生執也。體，謂爪揃之屬。象生執，謂生時所持之事。不沐則濡櫛三律而止，不浴則濡巾三式而止。律，理髮也。式與拭同。《士喪禮》尸無有不沐浴者，此云蓋末世多不備禮也。充耳而設瑱，瑱用白纊。飯以生稻，唅以槁骨，反生術矣。槁骨，具也。術，法也。前說象共生也，此已下說反於生之法也。說褻衣，襲三稱，縉紳而無鉤帶矣。縉與搢同，扱也。紳，大帶也。搢紳，謂扱笏於帶。鉤之所用弛張也，今不復解說，故不設鉤也。設掩面儇目，鬠而不冠笄矣。

儇與還同，繞也。《士喪禮》「幎目」，幎讀如縈。縈與還義同。《士喪禮》「笄用桑」，此云「不笄」，或後世略也。書其名，置于其重，則名不見而柩獨明矣。書其名于旌也。謂見所書置于重，則名已無，但知其柩也。《士喪禮》：「祝取銘置于重。」案銘皆有名，此云「無」，蓋後世禮變，今猶然。薦器則冠有鍪而毋縱，薦器，謂陳明器也。鍪，冠卷如兜鍪也。縱，韜髮者也。廡虛而不實，《士喪禮》甕三，醯醢屑，廡二，醴酒，皆有冪。蓋喪禮陳鬼（哭）〔器〕、人器，鬼器虛而人器實也。有簟席而無床第，此言棺中不施床笫。木器不成劉，陶器不成物，薄器不成內，木不成於雕劉，不加巧也。瓦不成於器物，不可用也。薄器，竹葦之器。不成內，謂有其外形而內不可用也。「內」或爲「用」。笙竽具而不和，琴瑟張而不均，輿藏而馬反，告不用也。輿，謂輁軸也，國君謂之輴。藏，謂埋之也。馬，謂駕輁軸之馬。告，示也，言之。具生器以適墓，象徙道也。生器，用器也，弓矢、盤盂之屬。徙，遷改也。徙道，其生時之道。器當在家，今以適墓，以象人行，不從常行之道，更徙他道也。略而不盡，䫉而不功，趨輿而藏之，金革轡靷而不入，明不用也。䫉，形也。言有形䫉，不加巧精好也。趨者，速也，速藏之意也。金，謂和鸞。革，車軾也。《說文》云：「靷，所以引軸者也。」杜元凱云：「靷在馬胸。」或曰：䫉讀爲邈，像也。象徙道，又明不用也。以器適墓，象其改易生時之器，亦所以明不用也。是皆所以重哀也。有異生時，皆所以重孝子之哀也。故生器文而不功，明器䫉而不用。生器，生時所用之器。明器，鬼器也。《禮記》曰「周人兼用之」，以言不知死者有知無知，故雜用生器與明器也。凡禮，事生，飾歡也；送死，飾哀也；祭祀，飾敬也；師旅，飾威也；是百王之所同，古今之所一也，未有知其所由來者也。故壙壠，其須象室屋也；棺椁，其須象版、蓋、斯、象拂、也；版，謂車上障蔽者。蓋，車蓋也。斯，未詳。象，衍字。拂即茀也，以韋鞔車軾及後户也。無帾、絲、歶、縷、翣，其須以象菲、帷、幬、尉也；無讀爲幠，所以覆尸者，夷衾是也。帾與褚同，所以覆棺也。絲、歶，未詳，蓋亦喪車之飾也。或曰：絲讀爲綏，以五采注於翣首也。歶讀爲魚，謂銅魚懸於池下也。縷讀爲抑，「蔞」字誤爲「縷」字耳。菲，謂編草爲蔽，蓋古人所用障蔽門户者。或曰：讀爲扉，户扇也。幬讀爲帳。尉讀爲罻。罻，網也。帷帳如網也。抗折，其須以象槾茨、番、閼也。折，窆畢，加之壙上，以承抗席。抗，禦也，所以禦止土者。槾，折也。茨，蓋屋也。槾茨，猶塈茨也。槾，莫干反。番讀爲藩，藩籬也。閼，爲門户，壅閼風塵者。故喪禮者，無他焉，明死生之義，送以哀敬而終周藏也。故葬埋，敬葬其形也；葬也者，藏也。祭祀，敬事其神也；其銘、(誄)〔誄〕、繫世，敬傳其名也。銘，謂書其功於器物。(誄)〔誄〕，謂(誄)〔誄〕其行狀以爲謚也。繫世，謂書其傳襲，若今之譜諜也。事生，飾始也；事死，飾終也。終始具而孝子之事畢、聖人之道備矣。刻死而附生謂之墨，刻生而附死謂之惑，刻，損減。墨，墨子之法。殺生而送死謂之賊。殉葬殺人，與賊同也。大象其生以送其死，使死生終始莫不稱宜而好善，是禮義之法式也，儒者是矣。」右並《禮論》。

又曰：「喪禮之凡：凡，謂常道。變而飾，謂殯斂每加飾。動而遠，浴、飯、斂、殯、祖、葬，所以(斬)〔漸〕即遠也。久而平。哀殺如平常也。故死之爲道也，不飾則惡，惡則不哀，尒則翫，尒與邇同。翫，戲狎也。翫則厭，厭則忘，忘則不敬。一朝而喪其嚴親，而所以送喪之者不哀不敬，則嫌於禽獸矣，君子耻之。故變而飾，所以滅惡也；動而遠，所以遂敬也；遂，成也。久而平，所以優生也。優生，養生也，謂送死有禮、復生有節也。○同上。○《白虎通義》云：「《禮・檀弓》曰：『死於牖下，欽按：牖當墉。墉下，謂北墉下。沐浴於中霤，飯含於牖下，小斂於户内，大斂於阼階，殯於客位，祖於庭，葬於墓，所以即遠。』奪孝子之恩以漸也。」

《白虎通義》云：「有虞氏瓦棺，今以木何？虞尚質，故用瓦。夏后氏益文，故易之以堲周，謂堲木相周，無膠漆之用也。殷人棺槨有膠漆之用。周人浸文，墻置翣，加巧飾。喪祭之禮，緣生以事死，生時無，死亦不敢造。大古之時，穴居野處，衣皮帶革，故死衣之以薪，内藏不飾。中古之時，有宫室、衣服，故衣之幣帛，藏以棺槨，封樹識表，體以象生。夏殷彌文，齊之以器械。至周大文，緣夫婦生時同室，死同葬之。」

《喪服四制》：「父母之喪，衰冠、繩纓、菅屨，三日而食粥，三月而沐，期十三月而練冠，三年而祥。比終茲三節者，自初喪至沐，一也；十三月練，二也；三年祥，三也。仁者可以觀其愛焉，知者可以觀其理焉，理，義也。强者可以觀其志焉。禮以治之，義以正之，治之，謂治喪之事。正之，謂治喪之禮。孝子、弟弟、貞婦皆可得而察。」若無此事，則非「孝子、弟弟、貞婦」也。

《家語》：「子路見於孔子曰：『昔者由事二親之時，常食藜藿之實，爲親負米百里之外。親殁之後，南遊於楚，從車百乘，積粟萬鍾，累茵而坐，列鼎而食，願爲親負米，不可得也。枯魚

（御）〔銜〕索，幾何不蠹？二親之壽，忽若過隙。』孔子曰：『由也事親，可謂生事盡力，死事盡恩者也。』」

《祭義》：「曾子曰：『身也者，父母之遺體也。行父母之遺體，敢不敬乎？父母既没，慎行其身，不遺父母惡名，可謂能終矣。仁者仁此者也，禮者履此者也，義者宜此者也，信者信此者也，强者强此者也。樂自順此生，刑自反此作。數此字皆指孝。父母既没，必求仁者之粟以祀之。此之謂禮終。』」注云：「喻貧困猶不取惡人以事亡親。」

追遠疏節通考目録

追遠疏節通考三

追遠疏節通考四

追遠疏節通考五

追遠疏節通考一

宗法説

朱子曰："凡祠堂所在之宅，宗子世守之，不得分析。"本注。又曰："凡祭祀須是用宗子之法，方不亂，不然先面必有不可處置。"《語類》。〇《白虎通》云："宗者，何謂也？宗，尊也，爲先祖主也，宗人之所尊也。古者所以必有宗，何也？所以長和睦也。大宗能率小宗，小宗能率群弟，通其有無，所以統理族人者也。宗其爲始祖之後者爲大宗，此百世不遷之宗也。宗其爲高祖後者，五世而遷者也，文出《大傳》。高祖遷於上，宗則易於下。文出《小記》。宗其爲曾祖後者爲曾祖宗，宗其爲祖後者爲祖宗，宗其爲父後者爲父宗。以上至高祖宗皆爲小宗，以其轉遷，别於大宗也。别子者，自與其子孫爲祖，繼别者，各自爲宗。小宗有四，大宗有一，凡有五。宗人之親，所以備矣。"止此。《大傳》："别子爲祖，繼别爲宗，繼禰爲宗。"注云："諸侯之庶子，此庶子，謂適衆子，下同。别爲後世爲始祖也。謂之别子者，公子不得禰先君。又若始來在此國者，後世亦以爲祖也。别子之世長子，爲其族人爲宗，族人尊之，謂之大宗，是宗子也。别子庶子之長子，爲其昆弟爲宗也，謂之小宗者，以其將遷也。疏云：小宗雖四，初皆繼禰爲始。據初言之，故云繼禰也。止此。又《王制》：「大夫三廟，一昭一穆，與大祖之廟而三。」注云：大祖，别子始爵者。《大傳》曰「别子爲祖」，謂此。雖非别子，始爵者亦然。疏云：此據諸侯之子始爲卿、大夫，謂之别子者也，是適夫人之次子，或衆妾之子，别異於正君繼父言之，故云别子。云「雖非别子，始爵者亦然」，非諸侯之子孫異姓爲大夫者，及佗國之臣初來仕爲大夫者，亦得爲太祖。趙商問：「《祭法》云：『大夫立三廟，曰考廟、曰王考廟、曰皇考廟。』注『非别子』，故知祖、考無廟。商按《王制》：『大夫三廟，一昭一穆，與太祖而三。』注云：『二者不知所定。』」鄭答云：「《祭法》，周禮。《王制》所云，或以夏、殷雜，不合周禮。」欽按：此注疏説别子與《大傳》注疏不同，蓋諸侯庶子，與異姓始爵者，非别子之正。又據《大傳》曰「有小宗而無大宗者」，則諸侯庶子之後爲大夫，雖得祭庶祖爲太祖，而其禮如小宗，不得稱大宗。異姓始爵者，自容有祖，其禮爲大宗、爲小宗未可知也。别子之衆子爲小宗，則其庶子亦爲小宗，固可知矣。《王制》《祭法》之異，朱子大概取《王制》。○《丘氏》曰：「禮經别子法，是乃三代封建諸侯之制，而爲諸侯庶子説也，與今人家不相合。今以人家始遷，及初有封爵仕官起家者爲始祖，以準古之别子，又以其繼世之長子，準古之繼别者，世世相繼，以爲大宗，統族人、主始祖立春之祭及墓祭。其餘以次遞分爲繼高、繼曾、繼祖、繼禰小宗。《大學衍義補》。○《内則》：「適子庶子疏云：是小宗也。祇事宗子、宗婦。大宗。雖貴富，不敢以貴富入宗子之宗，雖衆車徒舍於外，以寡約入，不敢以貴富加於父兄宗族。「加」猶「高」也。若富，則具二牲，獻其賢者於宗子，「賢」猶「善」也，善者獻宗使祭之，不善者私用自祭。夫婦皆齊而宗敬焉，當助祭於宗子之家。終事而後敢私祭。」疏云：此文雖主事大宗子，事小宗子者亦然。《居家儀禮》云：「宗族有事，必以聞於宗子，乃告廟焉。」欽按：凡爲兄弟者，共事其繼禰之宗。爲從兄弟者，共事其繼祖之宗。爲再從兄弟者，共事其繼曾之宗。爲三從兄弟者，共事其繼高之宗。四宗又皆事大宗。○《曲禮》：「支子不祭，祭必告于宗子。」疏云：支子，庶子也。欽按：此庶子兼衆庶。祖禰廟在適子之家，而庶子賤，不敢輒祭之也。若宗子有疾，不堪當祭，則庶子代攝可也。猶宜告宗子然後祭。注云五宗皆然。止此。《大傳》：「庶子不祭，明其宗也。」吕氏曰：「宗子既祭其祖禰，則支子不得别祭，所以嚴宗廟，合族屬，故曰：『庶子不祭祖與禰，明其宗也』。《小記》。若己爲宗子，而弟有子，其弟既死，其子欲祭其父，必從祖祔食祭于宗子之家？將就其宫而祭，宫，弟私居。使其子自主之乎？從祖祔食祭于宗子之家，止謂殤與無後，蓋殤與無後必宗子主之爲可。若有後者，亦使宗子主之，則是子有不得事其父矣。傳曰：『子不私其父，則不爲子。』《喪服傳》。故兄弟生而異宫，朱子曰：「古者宗法有南宫、北宫。」所以盡子之私養。及其没也，反不得主其祭，於義可乎？蓋異宫者，必祭于其宫，使其子主祭。其祭也，必告于宗子而後行，不得而專，所以明其宗也。宗子有祭，必先與焉，卒祭而後祭其父。故曰：

『支子不祭，祭必告于宗子。』又曰：『終事而後敢私祭。』若非是宮，則禮有所不得申。禮不得申，則雖祔于祖廟，亦可以安，所謂不得已焉者也。」《儀禮通解》。欽按：「支子不祭」之説與注疏異，而頗長矣。呂氏又據舊説曰：「凡祭者有故，謂疾病及出他所。次主人攝之，殺其禮。」《儀節》。

○曾子問曰：「宗子去在他國，庶子無爵而居者，可以祭乎？」孔子曰：「祭哉！」請問：「其祭如何？」孔子曰：「望墓而爲壇，以時祭。若宗子死，告於墓而後祭於家。宗子死，稱名不稱孝，身没而已。」《曾子問》。疏云：宗子去在他國，謂有爵者。其去他國，謂有罪者。若其無罪，則以廟從，本國不得有廟。故《喪服小記》注云：「宗子去國，乃以廟從，謂無罪也。」孔子既許其祭，以無正文得祭，故云「祭哉」。哉者，疑而量度之辭。庶子無爵，遠辟正主，不得就宗子之廟而祭，唯可望所祭者之墓而爲壇，以四時致祭也。宗子既死，庶子無所可辟，當云「告於墓，而后祭於宗子之家」。今直云祭於家，是容宗子無爵，其家無廟，而祭於宗子之家。注云：孝，宗子之稱，不敢與之同其辭，但言「子某薦其常事」，至子可以稱孝。止此。曾子問曰：「宗子爲士，庶子爲大夫，其祭也如之何？」孔子曰：「以上牲祭於宗子之家，祝曰：『孝子某爲介子某薦其常事。』」《曾子問》。注云：貴禄重宗也。上牲，大夫少牢。介，副也。不言庶，使介若可以祭然。疏云：若庶子爲大夫，得祭曾祖，而不合立廟，則崔氏云當寄曾祖廟於宗子之家。若己是宗子之從父庶子兄弟父之適子，唯得於家自立稱廟，其祖及曾祖亦於宗子之家寄立之。若己是宗子從祖庶兄弟父祖之適，則立祖禰於己家，則亦寄立曾祖之廟於宗子之家。止此。張子曰：「宗子爲士，立二廟；適士二廟。支子爲大夫，當立三廟。是曾祖之廟爲大夫立，不爲宗立。然不可二宗別統，故其廟亦立于宗子之家。」《理窟》。呂氏曰：「今議家廟，雖因支子，亦宗子主其祭，而用其支子命數，所得之禮，可合禮意。」《汲公祭儀》。《文獻通考》云：「注疏謂異姓始封爲諸侯者，及非別子而始爵爲大夫者，如他國之臣初來爲大夫。本身即得立五廟、三廟，蓋以其非天子、諸侯之子孫，上無所拘礙，故當代即可依禮制立廟。然《曾子問》『宗子爲士』一條，及參以《内則》中所謂『不敢以富貴加於宗子』之説，則知崛起爲諸侯、大夫者，若身是支庶，亦合尊其宗子，不敢盡如禮制也。」欽按：諸侯，邦君也。大夫，人臣也。恐不可例論矣。竊意始封諸侯，宜立五廟於封國，如禮制。而有宗子在故國，則使遷居于封國，而主其所當祭之廟事。若來自他國爲大夫者，則當立三廟於故國，而歲時遣子弟致牲幣可也。○孔子曰：「若宗子有罪居于他國，庶子爲大夫，其祭也，祝曰：『孝子某使介子某執常事。』攝主不厭，不旅，不假，不綏祭，不配。」《曾子問》。注云：此之謂宗子攝大夫。不厭者，不陽厭。不旅，不旅酬也。假，讀爲嘏，不嘏，不嘏主人也。不綏祭，謂辟主人也。不配者，祝辭不言以某妃配某氏。又云：皆辟正主。止此。張子曰：「宗子爲士，庶子爲大夫，以上牲祭於宗子之家。非獨宗子之爲士，爲庶人亦然。」《性理》。《家禮或問》云：「宗子居喪，或宦遊，或外出，忌祭祖禰，則祝文代行者宜何稱？曰『介孫某爲孝孫某薦其常事，敢告于』云云。」○《喪服・齊衰三月章》：「爲宗子，宗子之母妻。」注云：宗子，繼别之後，所謂大宗也。傳曰：「何以服齊衰三月也？尊祖也。尊祖，故敬宗。敬宗，尊祖之義也。」注云：祖，謂别子爲祖，百世不遷之祖。又經「大夫爲宗子」，傳曰：「何以服齊衰三月也？大夫不敢降其宗也。」疏云：大夫尊，降旁親皆一等。尊祖故敬宗，是以大夫雖尊，不降宗子。朱子曰：「主祭事據合以甲之長孫爲之乃是。若其不能，則以目今尊長攝之可也。如又疾病，則以次攝，似亦無害。異時甲之長孫長成，却改正亦不妨也。」《文集》。○《喪服・斬衰章》「爲人後者」疏云：後，大宗者也。傳曰：「何以三年也？受重者必以尊服服之。何如而可爲之後？同宗則可爲之後。何如而可以爲人後？支子可也。」疏云：問以其取後取何人爲之，答以同宗則可爲之後，以其大宗子當收聚族人，非同宗則不可。謂同承别子之後，一宗之内，若别宗同姓，亦不可以其收族故也。又云「何如而可以爲人後」，云「支子可也」，以其他家適子當家，自爲小宗，小宗當收斂五服之内，亦不可闕，則適子不得後他，故取支子，支子則第二已下庶子也。支者，取支條之義，不限妾子而已。程子曰：「禮，長子不得爲人後。若無兄弟，又繼祖之宗絶，亦當繼祖。禮雖不言，可以義起。」《性理》。孔子曰：「宗子爲殤而死，庶子弗爲後也。其吉祭特牲。」《曾子問》。注云：族人以其倫代之，明不序昭穆立之廟，其祭之就其祖而已。代之者，主其禮。疏云：注以經云庶子既不爲後，宗子理不可闕，故知族人以其倫代之。倫，謂輩也。謂與宗子昭穆同者則代之。又以殤死，無爲人父之道，故不序昭穆也。但宗子存時，族人凡殤死者，宗子主其祭祀。今宗子殤死，明代爲宗子者，主其禮也。此宗子是大宗，族人但是宗子兄弟行，無限親疏，皆得代之。止此。「其吉祭特牲」注云：尊宗子，從成人也。凡殤則特豚。○朱子曰：「大宗法既立不得，亦當立小宗法，祭自高祖以下，親盡則請出高祖就伯叔位，服未盡者祭之。今且説同居，出又曰：「人家族衆，或主祭者不可以祭及叔伯父之類，則須令其嗣子别得祭之。」《語類》。於曾祖，便有從兄弟及再從兄弟。祭時主於主祭者，其他或子不得其父母。若恁地衮做一處祭，不得。要好，則主祭之嫡孫，當一日祭其曾祖及祖及父，餘子孫與祭。次日，却令次位子孫自祭其祖及父。又次日，却令次位子孫自祭其父。此却有古宗法。」同上。又曰：「古者宗法，有南宫、北宫，便是不分財，也須異爨。今若同爨，固好；只是少間人多了，又却不齊整，又不如異爨。」同上。○程子曰：「古所謂支子不祭者，惟使宗子立廟主之而已。支子雖不祭，至於齊戒致其誠意，則與主祭者不異。可與，則以身執事；不可與，則以物助，但不别立廟爲位行事而已。後世如欲立宗子，當從此義。雖不祭，情亦可安。若不立宗子，徒欲廢祭，適足長惰慢之志，不若使之祭，猶愈於已也。」《儀禮通解》。朱子曰：「支子之祭，先儒雖有是言，然竟未安，向見范文兄弟所定，支子當祭，旋設紙牓於位，祭訖而焚之，不得已此或可采用，然禮文品物亦當少損於長子，或一獻無祝亦可也。」《文集》又曰：「兄弟異居，廟初不異，只合兄祭而弟與執事或以物助之爲宜。而相去遠者則兄家設主，弟不立主，只於祭時旋位，以紙牓標記逐位，祭畢焚之。如此，似亦得禮之變也。」同上。又曰：「宗子主祭，庶子出仕官，祭時其禮亦合減殺，不得同宗子。」《語類》。○吕氏曰：「凡主祭者出仕，即告于廟，以櫝載位版而行，於官所權立祭堂以祭之。」《儀節》。朱子答人書曰：「按古禮，廟無二主。嘗原其意，以爲祖考之精神既散，欲其萃聚於此，故不可以二。今有祠版又有影，是有二主矣。古人宗子承家主祭，仕不出鄉，故廟無虚主，而祭必於廟。惟宗子越在他國，則不得祭，而庶子代之，祝曰『某子使介子某執常事』，然猶不敢入廟，特望墓爲壇以祭。蓋其尊祖敬宗之嚴如此。今人主祭者，遊宦四方，或貴仕於朝，又非古人越在他國之比，則以其田禄修其薦享尤不可闕，不得以身去國，而使支子代之也。禮意終始全不相似。泥古則闊於事情，拘俗則無復品節，必欲酌其中制，適古今之宜，則宗子所在，奉二主以從之，於事爲宜。蓋上不失萃聚祖考精神之義，本注云：二主常相依，則精神不分矣。下使宗子得以田禄薦享，祖宗宜歆之，處禮之變而不失其中。所謂禮雖先王未之有，可以義起者，蓋如此。但支子所得自主之祭，則當留以奉祀，不得宗子而徙也。所喻留影於家，奉祠版而行，恐精神分散，非鬼神所安。而支子私祭，上及高曾，又非所以嚴大宗之正也。」文集。欽按：宗子仕宦者借使權立祠堂，而猶旅館，恐祖考未能得安。故二主兼奉，以欲精神常相依而安之也。○黄氏潤玉曰：「古者諸侯之别子之子孫，嫡派爲大宗，庶子爲小宗，小宗絶不爲立後，惟大宗絶則以支子立後，蓋大宗是尊者之統，不可立也。今制，明律。大宗絶立後，小宗絶不立後，庶民不知朝廷之制，凡庶子絶皆令過繼，只是争取財産爾。」《大學衍義補》。張氏一棟曰：「古者大宗有爲後，而小宗不得爲後者，何也？大宗立後所以收族，所以尊祖也。小宗無爲後也，勢也。祖遷於上，宗易於下，五世易無後續矣。其族統於大宗，而其親分於四宗，喪主于其親，祭祔于其祖。又何後之有？其爲大夫士者，則爲之置後者，暫假以行大夫士之禮，蓋主其喪者也，其無爵也。男主同姓，女主異姓，則皆其親也。其廟也，繼高者絶，繼曾者得主之矣。繼祖者絶，繼禰者得主之矣。繼禰者祔祖，繼祖者祔曾，繼曾者祔高，則皆其祖也。舍是而必於爲後，則是專其貨財，處其宫室，而以爲己私，有識者之所耻而不爲。而庶子昆弟之旁親皆可覬覦而幸其禍，反是開自私之端，聖人所必禁也，而可以爲訓哉。故曰：『小宗無後，非聖人之忍也，勢也。』」《居家儀禮》。又曰：「同姓之子，昭穆不順，亦〔不〕可以爲後。鴻雁微物，猶不亂行，人乃不然，至於叔拜姪，於理安乎？况啓争端。設不得已，養弟養姪孫以奉祭祀，惟當撫之如子，以其財産與之。受所養者，奉所養如父。如古人爲嫂制服，如今世爲祖承重之意，而昭穆不亂亦無害也。繼祖之意甚重，若兄當主祀而無子，其親弟只有一子，亦宜令後兄以繼祖。弟若不復有子爲己後，可并入宗祀。」同上。丘氏曰：「聖祖得國之初，著《大明令》，與天下約法有云：『凡無子，許令同宗昭穆相當之姪承繼。先儘同父周親，次及大功、小功、緦麻，如無，方許擇立遠房及同姓爲嗣。若立嗣之後却生親子，其家産並許與元立均分，並不許乞養異姓爲嗣，以亂宗族。立同姓者亦不得尊卑失序，以亂宗族。』其後天下既定，又命官定律，有立嫡子違法條云：『若養同宗之人爲子，所養父母無子而捨去者，杖一百，發付所養父母收管。若有親生子，及本生父母無子，欲還者，聽。若立嗣雖係同宗而尊卑失序者，其子歸宗，改立應繼之人。其遺棄小兒年三歲以下，雖異姓仍聽收養，即從其姓。』切詳律令之文，皆謂其父生前立嗣也，無有死後追立之文。聖祖之意蓋以興滅繼絶，必前代帝王功臣賢人之後，不可絶其嗣，使其不血食也。先王制禮不下庶人，庶人之家其人既死之後，有來告争承繼者，其意非是欲承其宗，無非利其財産而已。若其人係軍匠籍，官府雖脅之使繼，彼肯從哉？自今以後，其人若係前代名人之後，或在今朝曾有大名顯官者，以宗法爲主，先求繼禰小宗，次繼祖之宗，次繼曾祖之宗，又次繼高祖之宗。此四宗者俱無人，然後及疏房遠族及同姓之人。若其前生前或養同宗之子，雖其世系比諸近派稍遠，然昭穆若不失序，亦不必更求之他。凡有爲人後者，除大宗外，其餘必有父在，承父之命方許出繼，已孤之子不許。如此，則傳序既明，而争訟亦息矣。」

祠堂説

《曲禮》：君子將營宮室，宗廟爲先。陳氏曰：「君子，有位者也。宗廟，所以奉先，故先營之。」《集説》。朱子曰：「古之廟制不見於經，且今士庶人之賤，亦有所不得爲者，故特以祠堂名之，而其制度亦多用俗禮云。」本注。司馬温公曰：「宋仁宗時，嘗詔聽大子少傅以上皆立家廟，而有司終不爲定制度，惟文潞公立廟於西京，他人皆莫之立，故今但以影堂言之。」劉氏垓孫曰：「伊川先生云古者庶人祭於寢，士大夫祭於廟。庶人無廟，可立影堂。今文公先生乃曰『祠堂』者，蓋以伊川先生謂祭時不可用影，故改『影堂』曰『祠堂』云。」以上《附録》。欽按：古者自天子至士，廟數見記《王制》及《祭法》，而《周禮·匠人》三代堂屋門庭之制雖可以旁證，而亦不詳。且後世士庶人奉先之堂不得稱廟，故通名之以「祠堂」。温公所作《潞公先廟碑》中云「漢世公卿貴人多建祠堂於墓所」，按：前漢列傳中言冢祠堂者多。然則祠堂之名亦已尚矣。張子有「祭堂」之稱，見下條本注。亦祠堂之義也。○朱子曰：「正寢，謂前堂也，地狹則於廳事之東亦可。」本注。《春秋》「莊公薨于路寢」，《穀梁傳》云：「路寢，正寢也。」《公羊》亦同。陳氏《禮書》云：「大寢謂之正寢，小寢謂之燕寢。大寢，聽政嚮明而治也，故在前。小寢，釋服燕息也，故在後。」止此。顏師古曰：「古者治官處，謂之聽事。」後語省，直曰聽，加广作廳。《考證》。欽按：喪事有進而無退，《家禮》殯殮于正寢，將設祖奠而遷柩于廳事，乃知廳事又在正寢之前。朱子曰：「《周禮》：《小宗伯》。『建國之神位，右社稷，左宗廟。』《祭義》亦同。宮南鄉而廟在左，則在寢之東也。」《儀禮釋宮》。晉孫毓曰：「立廟宜在中門外之左。」《通典》。《禮書》云：「廟建之觀門之内，不敢遠其親也。位之觀門之左，不忍死其親也。」止此。王氏曰：「右，陰也，地道之所尊。左，陽也，人道之所鄉。位宗廟於人道所鄉，亦不死其親之意。」《祭義集説》朱子曰：「神依人，不可離外做廟。又在外時，婦女遇雨時難出入。」《語類》。又曰：「凡屋之制，不問何向背，但以前爲南，後爲北，左爲東，右爲西。後皆放此。」本注。

右寢廟之圖

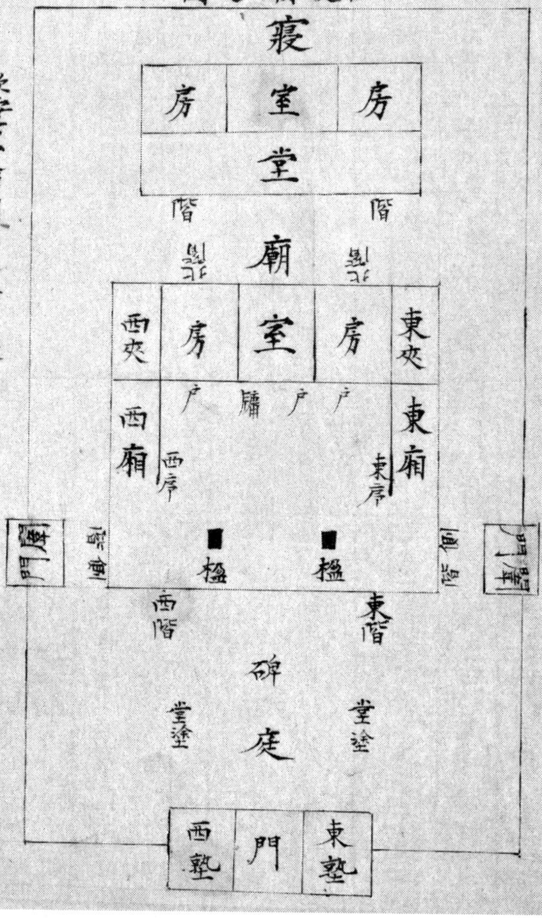

欽按右寢廟圖出儀禮圖解今考朱子釋宮說更增周垣及闈門

晉孫毓曰：「宗廟之制，外爲都宮，欽按：都宮，謂周垣也。內各有寢、廟，別有門垣。太祖在北，左昭右穆，次而南。」《通典》。《爾雅》：「室有東西廂曰廟，無東西廂曰寢。」《釋宮》。漢鄭氏曰：「凡廟，前曰廟，後曰寢。」《月令注》。唐孔氏曰：「廟是接神處，其處尊，故在前。寢，衣冠所藏之處，對廟爲卑，故在後。」《月令疏》。杜氏《通典》云：「説者以爲古宗廟前制廟、後制寢，以象人君之居前有朝、後有寢。」朱子曰：「古命士得立家廟。廟之制，內立寢廟，中立正廟，外立門，四面墻圍之，非命士止祭於堂上。」《附録》。唐賈氏曰：「命者，士得王命，爲正吏也。府史之屬，皆官長自辟陰也。」《典命疏》。○朱子曰：《燕禮》「設洗，當東霤」注曰：人君爲殿也。案《考工記》「殷四阿重屋」注曰：四阿，若今之四注屋。殷人始爲四注屋，則夏后氏之屋南北兩下而已。又曰：「周制，天子諸侯得爲殿屋四注，卿大夫以下但爲夏屋夏，今作厦。兩下。四注，則南北東西皆有霤；兩下，則唯南北有霤，而東西有榮。是以《燕禮》言『東霤』，而大夫士禮則言『東榮』也。」以上《釋宮》。○欽按：鄭注榮爲屋翼，即搏風下小屋也。蓋殿屋而後重之，則厦屋不重可知矣。○朱子曰：「漢承秦弊，不能深考古制，諸帝之廟各在一處，不容合爲都宮，以序昭穆。至後漢明帝又欲遵儉自抑，遺詔無起寢廟，但藏其主於光武廟中更衣別室。其後章帝又復如之，後世遂不敢加。而公私之廟，皆爲同堂異室之制。」廟議○欽按：據《通典》所載，後魏王懌及隋許善之議，則文武時已有異室同室之制。杜氏《通典》云：「魏明帝太和三年，京洛廟成，使室正曹恪持節迎高祖以下神主，共一廟，猶爲四室。」又云：「東魏静帝武定六年，營齊獻武王廟，四室二間，兩頭各一夾室，南面開三門，餘面及外院四面皆一門。其内院墻，四面皆架爲步廊。南出夾門，各置一屋，以置禮器及祭服。内外門墻，四面並用赭堊。廟東門道南置齊坊，道北置二坊，西爲典禮廨并厨宰處，東爲廟長廨并置車輅。其北爲養犧牲之所。」《文獻通考》云：「唐朝諸臣之制：三品以上九架，《考證》云：架，即桁也。欽按：凡堂室，以架數其深，以間數其廣。間，楹間也。厦兩旁。欽按：附厦於東西，西房即厦屋也。三廟者五間，中爲三室，欽按：以堂北邊中三間爲三室也。左右厦一門，前後虚之，唐崔龜從奏曰：西頭各厦一間虚之，前後亦虚之。無重拱、藻井。欽按：重拱，柱上重斗栱，以承屋材也。藻井，即天井區區畫水藻，故曰藻井。室皆爲石室一，於西墉三之一近南，距地四尺，容二主。崔曰：每室中西壁三分之二近南，去地四尺，開一埳室，以石爲之，可容兩神主。○説詳櫝下。廟垣周之，爲南門、東門，門屋三室，而上間以廟，增欽按：言楹間隨廟數增加。建神厨於廟東之少南，齊院於東門之外少北，制勿逾於廟。」《王制》，寢不踰廟。○欽按：齊室亦爲周垣，故稱齊院，圖見《五禮儀》。司馬温公作《文潞公先廟碑記》曰：「皇祐二年，平章事文公首奏，乞立廟河南。明年七月，有詔可之。然未知築構之式，靡所循依。至和初，西鎮長安，訪唐朝之存者，得杜岐公名佑，著《通典》。遺跡，上餘一堂四室及旁兩翼。嘉祐元年，始倣而營之，三年增置前兩廡及門，欽按：前兩廡，謂堂前就東西墻架廊屋，圖見《五禮儀》。東廡以藏祭器，西廡以藏家譜。齊坊在中門之右，庖厨在其東南。其門再重西折而出。」《通考》張子曰：「祭堂後作一室，都藏位板，如朔望薦新只設於室，惟分至之祭設於堂。」《補注》。朱子曰：「某嘗欲立一家廟，小五架屋。以後架作一長龕堂，以板隔截作四龕堂，堂上置位牌，堂外用簾子。《補注》云：此四堂字，恐皆當作室。欽按：《正衡》云：「龕外垂布爲簾，此簾子恐亦用布，猶俗所謂暖簾。」或小祭祀時，亦可即就其處。大祭祀則請出，或堂或廳皆可。」《語類》。又曰：「祠堂之制，三間，外爲中門，中門外爲兩階，皆三級。階下隨地廣狹以屋覆之，令可容家衆叙立。又爲遺書、衣物、祭器庫及神厨於其東。繚以周垣，别爲外門，常加扃閉。若家貧地狹，則止立一間，不立厨庫，而東西壁下置兩櫃，西藏遺書、衣物，東藏祭器亦可。」本注。欽按：祠堂三間、一間圖並具本書。所謂中門，是堂前三間，各設牕扇也。其厨庫所在，從舊圖在堂前庭東爲可。又按古者先君之遺衣服藏于寢廟，守祧掌之。玉鎮寶器藏于天府，祭器則各官分掌之。皆見《周禮》。又《儀禮・少牢》記牲爨在廟門外東南，魚腊爨在其南，皆西面。饎爨在西壁。注：炊黍稷曰饎。爨，竈也。○《家禮集説》云：「河南曹氏曰：『祠堂之設，所以盡報本反始之心，尊祖敬宗之意，實有家名分之首務，開業傳世之本也。常須修理完固，灑掃潔静，加鎖閉，非參謁無擅開入，及將一應閑雜器物於内寘放。』」○又云：「子孫入祠堂，當正衣冠，即如祖考之在上，不得嬉笑、對語、疾步。」○《家禮正衡》云：「未立祠堂者，可隨時用紙書高曾祖考并祔位之主，就於本家正廳。致祭，行禮畢焚之，亦不必拘無祠堂，而廢奉先之禮。」《圖書編》云：「無力之家，只擇明潔空室，間以奉四世神主。再無別室，可於寢堂正間祀之。」

龕説

朱子曰：「祠堂之内，以近北一架爲四龕，内置一卓。神主藏於櫝中，置於卓上南向。龕外各垂小簾。」本注。欽按：《韵會》：龕，受盛也，又塔下室也。止此。龕子，佛氏所用爲多，有佛龕、禪龕及龕柩、龕轝，又有書龕、燈。龕，其制方圓稜角多股樣，前面或爲洞孔，或設兩扇。本注云「以板隔截，作四龕室」，謂堂北一架，限隔爲龕樣四小室。設卓于龕内，置櫝于卓上，是朱子本製也。《丘氏儀節》云：「高曾祖考四代，各爲一龕。龕中置櫝，櫝中藏主。龕外垂簾，欽按：此簾恐以一布簾通蔽四龕。以一長卓共盛之。」止此。是别製四龕子列置于一卓上，而不用板隔也。《家禮正衡》云：「祠堂之内，近北一架，用板限隔爲四，其内各設一龕，以奉高曾祖禰四代。龕中置櫝，櫝中藏主。龕外垂布爲簾。祠堂三間者，龕各盛以一卓。一間者，以一長卓共盛之。」止此。是祠堂一間者，如丘氏之制。其三間者，先板隔爲四室，室中各以一卓盛一龕。然用板隔者未滿四世，則空東邊與祭者不正對。今雖三間者通作一長室，每龕以一卓盛之，常使正其中位可也。

龕子式

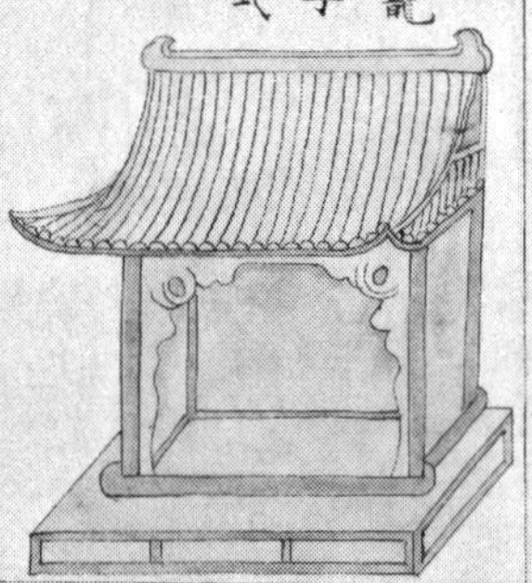

右近歲草人所製龕子如半邊屋內外以朱漆飾之瓦甍綠漆之雖未知其何所用而今造神龕者大樣依此裁度以座蓋奉主〻盖安考妣於其內似得便者

長龕式

欽家作祠室〻內北邊就地作長閣〻上作長龕以座韜奉主以一小卓盛考妣兩位祖考以次列于龕內龕閣製如圖又閣前少南上橫一梁以兼小壁材垂布簾於梁內下至地

櫝韜藉説

梡字，舊作匵。《説文》云：「匵也。」《廣韻》云：「函也。」《韻會》。陳氏《禮書》云：「《五經異義》公羊説『主藏太廟室西壁，以備火災』。」《漢舊儀》曰：「已葬，收主，爲本函，藏廟太室西墻壁埳中。」《文獻通考》：王普曰：埳即宗祏也。杜氏《通典》引晉摯虞《決疑要》曰：「廟主藏於户之外，西墉之中。有石函，名曰宗祏。《左傳》典司宗祏。函中笥以盛主。」欽按：曰本函，曰笥，是主梡所由來也。又《通典》云：「晉安昌公荀氏制神板藏以帛囊，白縑裹盛，板與囊合於竹箱中，以帛緘之，檢封曰『祭板』。」又云：「神主，大唐之制，玄漆趺，其匵，底蓋俱方。底自下而上，蓋從上而與底齊。《通考》引唐禮匵字皆作匵。欽按：是今梡製及韜藉之漸也。唐製主匵，蓋出古者筴櫝。筴櫝即今蓍櫝，但蓍櫝圓，而主櫝方耳。」○《家禮》舊圖神主式後載櫝韜藉式，其下云：「按：《書儀》云：『版下有趺，欽按：温公用荀氏神板以趺立之，蓋舊制亦然。韜之以囊，藉之以褥，府君夫人共爲一匣，而無其式。』今以見於司馬家廟者圖之，其首圖《座式》云：『面頂俱虛，底蓋闊厚，出令受蓋。』欽按：底字下恐脱如字。其次圖《蓋式》云：『平頂，四向直下，正闊旁狹，蓋座皆以黑漆飾之。』其次圖《韜全式》及《韜縫式》云：『式如斗帳，合縫，居後之中稍留其末，頂用薄板，自上而下韜之，與主身齊。』欽按：韜本有頂，而薄板襯裏面。其次圖《藉》云：『方闊與櫝内同，疊布加厚，以裹之，考紫，妣緋，囊亦如之。』」欽按：方闊與櫝内同者，通紫緋二藉而言。又《家禮》治葬作神主條本注云：「司馬温公曰『府君夫人共爲一櫝』，又云『櫝用黑漆，且容一主。夫婦俱入祠堂，如司馬氏之制』。」欽按：温公製合此數説考之，圖説曰匣、曰櫝，即本注所謂櫝，而朱子遵用之。但父先没，則且作容一主之櫝，至於配母，乃用共櫝之製耳。丘氏曰：「古者櫝容一主，夫婦共入祠堂，此司馬氏之制。」《儀節》○官本丘氏《儀節》並無座蓋韜藉圖，獨存主櫝式，其説曰：「祠堂本章下止云爲四龕，每龕内置一卓子，其上置櫝，龕外各垂小簾，無有韜藉之説。其説蓋出温公《書儀》。朱子既已不取，不用可也。今不復爲之圖，而止圖櫝式，從簡省也。有力者，如式爲之，亦無不可。」《家禮補注》喪禮作神主條下亦載之。欽按：是丘氏本説也，《三才圖會》所載亦止如此。然其櫝製如龕子樣，而前設兩牕扇，此式既見舊圖座蓋之後，則蓋出宋末元人之製，故作圖者並載之。《家禮集説》云：「今人以座蓋爲韜椃，而罕用前啓兩牕之椃。間有用者，則不復用座蓋。又夫婦共爲一匣之制，則爲匾闊座蓋，以受二主。」止此。然則昔時亦有兩用者，故兼存其圖，而實椃制重復。丘氏蓋有覩于此，故止圖新椃式，且論韜藉，而不言座蓋也。今若作龕子，則用座蓋之舊式。不作龕子，則用兩扇之新式。爲得其宜。考妣之合否，韜藉之用否，隨力之有無可也。更要簡約，則考妣各别座，而以韜易蓋亦可。夫以座奉主，則出約，得不親乎而奉之！及就神位，亦連座安之。以韜罩座，則就龕露主時便于開脱。宜別設都笈，可以備急卒。

神主説

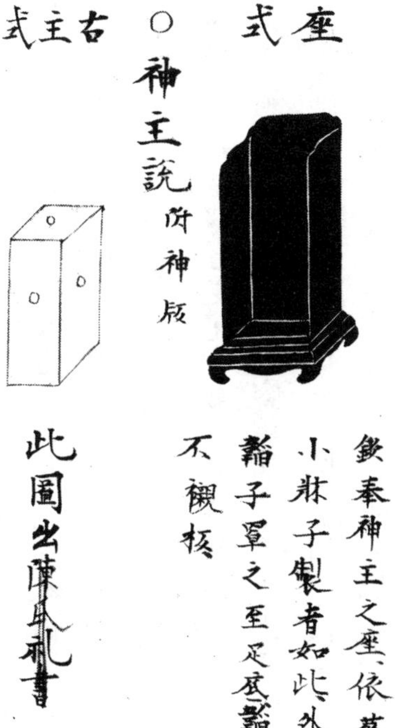

《曲禮》：「措之廟，立之主，曰帝。」許慎《五經異義》曰：「主者，神象也。孝子既葬，心無所依，所以虞(立)〔而〕立主以事之。主之制四方，穿中央達四方。天子長尺二寸，諸侯一尺，皆刻謚於背。」《通典》。○主制，何氏《公羊注》及晉徐邈、范甯説並同。《白虎通》云：「廟主以木爲之，木有終始，與人相似。題之，欲令後可知也。」《曲禮》疏中引之，今本無此之。《穀梁傳》：「立主，喪主於虞，吉主於練。」《公羊傳》：「虞主用桑，練主用栗。用栗者，藏主也。」何氏注云：用桑者，取其名桑音與喪同。與其麤觕，所以副孝子之心。練主用栗，埋虞主於兩階之間，易用栗也。夏后氏以松，殷人以柏，周人以栗。松猶容也，想其容貌而事之，主人正之意也。柏猶迫也，迫親而不遠，主地正之意也。栗猶戰慄，謹敬貌。《禮・士虞》記曰：「桑主不文，吉主皆刻而謚之。」今《儀禮》記無此文。○《五經異義》云刻謚於背。蓋爲禘祫時別昭穆也。虞主三代同者，用意猶麤觕，未暇別也。欽案：今文《論語》哀公問社，社字作主，故何氏以爲廟主。而張倉用三家注，及《白虎通》《五經異義》等並同。杜氏《通典》云：「古者祭尸，有尸又用主，何也？」徐邈曰：「主以紀別座位。有尸無主，何以爲別？」徐説止此。「尸主何位？」曰：「尸各居木主之左。」○又引《漢舊儀》云：「帝之主九寸，前方後圓，圍一尺。后主七寸，圍九寸。木用栗。」○又云：「晉武帝太康中制，大廟神主尺二寸，后主一尺與尺二寸中間。木以栗。」同上。○又云：「大唐之制，長尺二寸，上頂圓徑一寸八分，四廟各剡之一寸八分。欽按：四方頭上一寸一分，各圓削之以至中心。上下四方通孔。徑九分。趺方一尺，厚三寸。皆用古尺古寸。以光漆題謚號於背。」《元陵儀注》祔廟條云：「太祝以香湯浴栗主，拭以羅巾，題栗主官盥洗，捧栗主就褥，題云『代宗睿文孝武皇帝神主』，墨書訖，以光漆重模之。」○欽按：《檀弓》「重，主道也」鄭注：「始死未作主，以重主其神也。」又《周禮》「大馭犯軷」注云：「以菩芻棘柏爲神主。」神主之稱既見于漢世矣。○杜氏《通典》云：「晉劉氏問蔡謨云：『時人祠有板，板爲用當主，爲是神座之榜題？』謨答：『今世有祠板木，乃始禮之奉廟主也。主亦有題，今板書名號，亦是題主之意。』安昌公荀氏祠制：『神板皆正側長尺二寸，博四寸五分，厚五寸八分。大書某祖考某封之神座，夫人某氏之神座，以下皆然。書訖，蠟油炙，令入理，刮拭之。』」欽按：《江都集禮》引荀氏説厚五寸，寸字作分，蓋八分字連下讀，故徐潤云「不必八分，楷書亦可」。然則作五寸者，後人之誤明矣。其説詳見朱子《文集》答郭子從書。又按：卿大夫以下無神主，是三代至漢魏之通典也。故晉人有神版之制。唐朝三品以上雖有神主，而四品以下無之。宋之大臣名家概用神版。神版，即祠版也。張子稱位板，宋子稱牌子、位牌，亦皆同。○朱子曰：「伊川木主之制度，其剡刻開竅處，皆有陰陽之數存焉，信乎其有制禮作樂之具也。」《語類》。欽按：伊川主式，制度法象既詳明，但陷中以書爵姓名行。注云：陷中長六寸，闊一寸。一本云長一尺。而不言其高下。朱子《家禮》作神主，本注云：頷下陷中長六寸，廣一寸，深四分。止此。今人或上迫頷刻陷之，然考諸本圖式，大概在頷刻稍下。故欽嘗作主，姑置之於頷下趺上之中間，宜俟知禮者質正。

又其旁竅本式，但云「七寸二分之上」。朱子注云：居三寸六分之下，下距趺面七寸二分。然則自趺上至竅中心爲七寸二分。今穿竅在去趺七寸二分已上者，非是。

主尺説

伊川主式云「用古尺」。朱子曰：「周尺，當省尺七寸五分弱，《程集》與《書儀》誤注五寸五分弱。温公圖以謂三司布帛尺，即省尺。程沙隨尺，即布白尺。今以周尺校之，布帛尺正是七寸五分弱。然非有聲律高下之差，亦不必屑屑然也。得一書爲據足矣。」《附録》。欽按：朱子所用周尺，即古尺之正，與荀勖晉前尺、丁度漢錢尺一體，當唐大尺七寸八分三釐二毫强。今世見行和州木匠尺七寸七分六釐强。但今人知木匠尺八寸爲古尺，故又以其八寸爲周武王尺。所謂六寸四寸，周尺也。近嘗據本朝古尺古錢及明人所用諸尺，以先儒之説參考之。本朝御府周尺，即是唐人所謂夏家古尺，正當大尺八寸。古尺之真不及八寸，而今木匠尺又强於大尺六釐，故以木匠尺校古尺，得七寸八分弱也。然未得明驗，則尚爲一家私言，今只得以御府尺當古尺耳。御府尺，當木匠尺七寸九分六釐强。武王尺，當木匠尺六寸三分七釐强。公侯顯官之主，宜用古尺；若士庶人，則用小尺可也。

題主説

朱子曰：「題主，先題陷中，父則曰『故某官某公諱某字某第幾神主』，粉面曰『考某官封謚府君神主』；母則曰『故某封諱某字某第幾神主』，粉面曰『妣某封某氏神主』。無官則以生時所稱爲號。」本注。《家禮考證》云：「按：故猶舊也，古也，古人於存亡通稱。如韓愈《河南府同官記》『故相國今太子賓客鄭公』，朱子《考異》曰『故相，猶今言前宰相，非亡没之謂』。以故字加於祖先之上，亦猶曰『故人』『前人』云耳。或者以爲故如《漢書》『物故』，謂亡没也。嗚呼！方致如在之誠，而豈忍遽以亡没爲稱哉？」欽按：此説設心則厚。然則如此則何須着「故」字？先儒之意，恐還爲「物故」之故。又按《家禮》新圖陷題皆以國號冒上。本國王者一姓，未嘗易號，則不待識而别之。或又無官者，故字下繫以本州，此當更議。其外題，《家禮》圖神主式下云：「《禮經》及《家禮》舊本於高祖考上皆用皇字。大德年間省部禁止，回避皇字，今用『顯』字可也。」《家禮或問》云：「或問：『大夫士題主，皆用顯字府君字。若不爲士大夫，亦可乎？』曰：『父祖既不爲士大夫，而亦以顯字府君加之，恐踰分，而使不安於地下。不如去個字，而易「府君」爲「處士」，或爲「公」，或爲「先生」，乃當。然尚有議，處士即古學官稱，居士而爲借者，況府君乎？其題妣主，自以富家官族異於常人，而謂孺人爲俗通號，雖曰尊之，其實悖禮。殊不知孺人七品以下之封號也，豈妄稱？若雜職壽官之妻，亦借而稱之耳。』」《翰墨大全》云：夫與子無官者，稱其母曰孺人，或無父加太字，稱太孺人。士庶妻母並借稱。欽按：粉面加顯字，似無害。或主題曰先，而祝文稱顯，亦可。若府君、孺人，則固難施于無品官者，字號亦非尊稱。欽今有人請無官者主題，則寫曰「顯考大伯嚴君神主」，仲叔季循其序。若叔仲多，則易大曰次，或爲二三。伯叔諸兄去嚴字，諸弟行則曰子。諸姪與子同列，其上皆加先字，曰「先伯叔兄弟」等。姑姐妹亦然，但姑姐稱大伯仲季娘，妹姪稱幾仲叔季娘、大姐、幾姐。伯母曰先姆，叔母曰先嬸。妻曰先嬪。子女止曰先大哥姐、幾哥姐。子婦曰先冢媳、幾媳。皆從俗呼云。其陷中，考則寫「故某姓君交名或云某姓衛門兵衛尉。諱某字某號某神主」，妣則寫「故某姓室人某氏某娘神主」。若有諱字則書之。凡男婦皆然。若在室女子止曰「故某氏女某娘神主」。○《家禮或問》云：「『前母無子早死，繼母之子當何如？』曰：『其題主亦曰妣，自稱亦曰子。』朱子曰：『妣者，媲也。祭所生母只當稱母，則略有別。』」《語類》○欽按：是謂妾母也。或問：『爲父後者於生母宜何題主？』曰：『愚意題云生母某號某氏神主子某奉祀。』同上。又答人書曰止稱亡母。」欽按：妾母恐稱先母可也。○又按：今國侯郡牧，如古封建諸侯，其主宜書廟號國郡侯品官姓公，其室宜稱夫人，其家老及有頭職可準大夫元士者，亦宜擇其職稱加之，其妻稱孺人可也，其帶品官者自有典則。○高氏曰：「觀木主之制，旁題主祀之名，而知宗子之法不可廢也。宗子承家主祭，有君之道，諸子不得而抗焉。」附注。《家禮或問》云：「奉祀者非士大夫，則亦去孝字。」欽按：孝者，宗子主祭之稱，非自加美號矣。雖庶人，必嫡長而後主父祖祭，奉祀祝文不可不稱孝。衆子自不作主，若攝冢子之祭，則祝辭曰「孝子某使介子某」。宗子死而自祭，則禰子而不稱孝，尊宗之故也。說見《曾子問》。問：「夫在，妻之神主宜書何人奉祀？」朱子曰：「旁注施於所尊，以下不必書也。」附録。○又按：程子主式云：「粉塗其前，以書屬稱。旁題主祀之名。」朱子本注曰：「其下左旁曰孝子某奉祀。又「立石碑」，注云：「刻于其左，轉及後右而周焉。」止此。碑文不可逆寫，則知左右由寫者而言之。神主旁題左旁可以反照，且《程集》、《家禮》及《大明會典》等圖旁題皆在神主右旁，即寫者之左也。獨何氏《小學》圖神主式，旁題在神主左。又《丘氏儀節》言陷外左書生年，右書卒年，是亦以主之左右而言。後人尚疑左右之辨。或曰：主，神象也，其左右宜主神位。碑是墓榜，而出後人之意，其左右宜主人事。然朱子下字時，未可必有此議判。朝鮮李退溪《自省録》答人書曰：「奉祀題左之説，從前只見《家禮》圖所題，意與《大學》傳序次如左者同例。蓋據自己向彼而分左右耳，更不置疑於其間。及今示及《小學》圖何氏注，見其所題正在神主左旁，又得所諭神道尊右，一櫝内考右妣左，而題奉祀於右爲未當之説，推究得亦精到，恐當依《小學》圖爲是。」止此。蓋正題在中，字體顧右。今旁題在主之左，則避出其右之嫌，得從其後之順。故欽向來皆用此說，更須與善禮者議焉。○又按：《儀節》云：「神(云)〔主〕陷外，左書生年月日時及享年，右書卒年月日時及葬地。」此說不見朱子本注，且其生卒葬地自有家譜、墓表等悉之，又已書葬地而後或改葬者，難換旁注，今並不書爲是。

大夫士庶神主說

漢許慎《五經異義》：「或曰：『卿大夫士有主否？』答曰：『按公羊說，卿大夫非有土之君，不得祫享昭穆，故無主。大夫束帛依神，士結茅爲菆。』」則牛反。慎據《春秋左氏傳》曰：「衛孔悝反祏於西圃。祏，石主也，言大夫以石爲主。」鄭駁云：「少牢饋食，大夫祭禮也，束帛依神。特牲饋食，士祭禮也，結茅爲菆。」《鄭志》：「張逸(同)〔問〕：『《許氏異義駁》衛孔悝之反祏有主者何謂也？』答：『禮，大夫無主。而孔獨有者，或時末代之君賜之，使祀其所出之君也。諸侯不祀天而魯郊，諸侯不祖天子而鄭祖厲王，皆君之賜也。』」《通典》。《左傳正義》云：「少牢禮，大夫祭禮，其祭無主。今孔悝得有主者，當僭爲之，非禮也。」欽按：右卿大夫士無主之說也。但許鄭所引《儀禮》，今經文無所見，獨《士虞記》注云：「卒哭成事而後，主各反其廟，無主則反廟之禮未聞，以其幣告之乎？」疏云：「《曾子問》：『無遷主，將行以幣帛爲主命。』此大夫士，或用幣以依神而告使聚之，無正文，故云乎以疑之。」又經文「取黍稷祭于苴」，茅藉也。注云：「苴所以藉祭也。或曰：苴，主道也。則特牲少牢當有主象而無，(可)〔何〕乎？」止此。蓋束帛茅菆依神，古雖有此說，而鄭亦不取之也。○晉徐邈曰：「《左傳》稱孔悝反祏，又《公羊》：『大夫聞君之喪，攝主而往。』注義以爲攝斂神主而已，不暇待祭也。皆大夫有主之文。大夫以下不云尺寸，雖有主，無以知其形制，然推義謂亦應有。按喪之銘旌，别亡者，設重於庭，亦有所憑，祭必有尸，想像乎存。此皆自天子及士，並有其禮，但制度降殺爲殊，何至於主唯侯王而已？禮言『重，主道也』，埋重則立主。今士大夫有重，亦宜有主以紀别。座位有尸無主，何以爲别？將表稱號題祖考，何可無主？」《通典》。後魏孝明帝孝昌中，清河王擇議曰：「原夫作主之禮，本以依神，孝子之心，非主莫展。今銘旌紀柩，設重憑神，祭必有尸，神必有廟，皆所以展事孝敬，想像乎存。上自天子，下達於士，如此四事，並同其禮。何至於主，唯謂王侯？若位擬諸侯則有主，位爲大夫者則無主，使是三神有主，一位獨闕，求諸情理，實所未安。宜通爲主，以銘神位。」同上。《通典》云：「今按，經傳未見大夫士無主之義，有者爲長。」欽按：右論大夫士當有主之説也。然何氏《公羊》攝主之解，與徐意不同。何注云：「主，謂己主祭者。臣聞君之喪，不可以不即行，故使兄弟若宗人，攝行主事而往。」止此。且其所議，不行于時，故晉人有祠板之制矣。唐《開元禮》，三品以上有神主，四品以下，祭設几席耳。宋名家如潞公、温公、横渠，皆用板位，至於伊川始制木主云。○問：「程氏主式，士人家可用否？」朱子曰：「他云已是教諸侯之制。士人家用牌子。」又問士之牌子式，曰：「晉人制，長一尺二寸，博四寸五分，亦大夫。不如只依程主外式。」又曰：「看來牌子當如主制，只不消做二片相合，及竅其旁以通中。」《語類》。○問：「庶人家亦可用主否？」朱子曰：「用亦不妨。且如今人未仕，只用牌子，到仕後不中換了。若是士人只用主，亦無大利害。」《語類》。又曰：「主式乃伊川先生所制，初非朝廷立法，固無官品之限。萬一繼世無官，亦難遽易，但繼此不當作耳。」附録。又曰：「詳伊川主式書屬稱，本注：屬謂高曾祖考，稱謂官或號行，如處士、秀才、幾郎、幾公之類。如此，則士庶可通用。」同上。問：「庶人吉凶，皆得以同行士禮，以禮窮則同之可也。故不別制禮焉，不審若然否？」曰：「恐當如此。」《文集》。○欽按：《釋名》云：廟，貌也，祖先形貌所在也。止此。蓋古者大夫士有廟而無主者，廟即爲神所依之故也。今士庶家，苟或營一室，或設一龕，以寓祖考之靈，臨時用紙榜祭之，亦足以伸孝思。其當務者，致己之誠敬而已。借使要作主，亦當奉考妣兩位，或及祖考妣。若不量其力，妄設多位，則後來不無緩急之虞。或遷移飄泊甚憂難處置者，愚往往見之，不孝之罪不輕。須深慎以謀其始，雖預其議者，亦不可無自慮也。○又按：紙榜之制，華人題紙喪冒版子。欽家用以爲祔位之表，用板厚四分，闊三寸，截長尺二寸，剡上角如主頭。截餘板四寸爲趺，中間穿一長孔，如版闊厚。插版立之，其度皆用主尺。紙囊罩下至趺，糊合處在背中，題面如主式，但易主字爲位，而不用旁題耳。祭畢，焚之。叠版共匣諸版一樣，而通用無别矣。○張子曰：「位版正世與配位宜有差。」《理窟》。

追遠疏節通考二

士庶祭先説

《家語》孔子曰：「天子七廟，諸侯五，大夫三，士二。庶人無廟，四時祭於寢。自虞至周所不變也。」《祭法》：「適士二廟，曰考廟，曰王考廟。官師一廟，曰考廟。王考無廟而祭之。庶士庶人無廟，死曰鬼。」注云：適士，上士也。疏云：考廟者，父廟。王考廟，祖廟也。注云：官師，中士下士。疏云：官師者，言爲一官之長也。一廟，祖禰共之，曾祖則不得祭，又無壇。若有祈禱，則薦之於廟中也。《集説》引之，作曾祖以上。注云：庶士，府史之屬。疏云：庶人，平民也。庶士及庶人無廟，故鬼其祖父與父，於寢中薦之。凡鬼者，薦而不祭。薦輕於祭，有牲曰祭，無牲曰薦。鬼疏於廟。無廟，故死則曰鬼。《王制》：「庶人祭于寢。」注云：寢，適寢也。疏云：此祭，謂薦物。止此。《楚語》：「士庶人不過其祖。」觀射父注。荀子曰：「有天下者事七世，有一國者事五世，有五乘之地者事三世，有三乘之地者事二世，持手而食者不得立宗廟。所以表積厚者流澤廣，積薄者流澤狹也。」《穀梁傳》云：「德厚者流光，德薄者流卑。是以貴始德之本也。」○杜氏《通典》云：「北齊正六品以下，從七品以上，祭二代，用特牲。正八品以下，達於庶人，祭於寢。大唐制六品以下，達於庶人，祭祖禰於正寢。」○問：「今雖士庶人家，亦祭三代，如此却是違禮？」朱子曰：「雖祭三代，却無廟，亦不可謂之僭。古之所謂廟，其體面甚大，皆是門堂寢室，勝如所居之宫，非如今人以室爲之。」《語類》。又曰：「古時一代即有一廟，其禮甚多。今於禮制大段虧缺，而士庶皆無廟。但温公禮祭三代，伊川祭自高祖，始疑其過。要之，既無廟，又於禮煞缺，祭四代亦無害。」同上。有問程子曰：「今人不祭高祖，如何？」曰：「高祖自有服，不祭甚非，某家却祭高祖。」又曰：「自天子至於庶人，五服未嘗異，皆至高祖，服既如是，祭祀亦須如是，其疏數之節未有可考，但其理必如此。七廟、五廟，亦只是祭及高祖。大夫、士雖三廟、二廟、一廟，或祭寢，廟則雖異，亦不害祭及高祖。」《通考》。朱子曰：「伊川以高祖有服所當祭。此古禮所無，創自伊川，所以使人盡孝敬追遠之義。」《語類》。又曰：「今以《祭法》考之，雖未見祭必及高祖之文，然有月祭享嘗之別，則古者祭禮以遠近爲疏數亦可見矣。禮家又言，大夫有大事，省於其君，于祫及其高祖，此則可爲立三廟而及高祖之驗。」《文集》。○説出《大傳》，陳注云：「大事，謂祫祭也。于者，自下于上之義。以卑者行尊者之禮，故謂之于祫。」《大明會典》云：「國初品官廟制未定，《大明集禮》權倣宋儒《家禮》祠堂之制，奉高曾祖稱四世之主云云。至若庶人得奉其祖父母、父母之祀，已有著令，而其時享於寢之禮，大概與品官異同。」

又《丘氏儀節》云：「國初用行唐縣知縣胡秉中言，許庶人祭三代，以曾祖居中，而祖左禰右。」○欽按：今士庶家，貧富不等，苟有力者，當從程朱之議而祭四世。若夫窮乏者，則依古禮不過其祖，恐亦可也。

神龕位次説

朱子曰：「古者一世自爲一廟，有門，有堂，有寢，凡屋三重而墻四周焉。自後漢以來，乃爲同堂異室之廟，一世一室，而以西爲上。如韓文中家廟碑，有『祭初室』『祭東室』之語。今國家亦只用此制，故士大夫亦無一世一廟之法。而一世一室之制，亦不能備。故温公諸家祭禮，皆用以右爲尊之説。」《文集》。司馬温公曰：「所以西上者，神道尚右故也。」《附録》。○《少牢》鄭注：「生人陽長左，鬼神陰長右。」《開元禮義鑑》云：「西者長老之處，地道尊右，鬼神幽陰也。」《家禮補注》云：「按古者天子諸侯大夫士，不拘廟之多寡，其廟主皆分左右爲昭穆。及朱子定《家禮》，廟主皆自西而列。蓋宗廟，有爵者之所宜立也。昭穆，因始祖之所由分也。古者天子諸侯大夫士，凡有功德於民者，雖其爵有尊卑，皆得以立廟祭祀爲始祖，使其子孫世守之。爲大宗家，故其廟主有始祖居中，而高曾祖稱得分左右爲昭穆。至於庶人無廟，則無始祖。文公以祠堂代廟，不敢私祭始祖。故神主遂不能分昭穆，而但以西爲上也。」〇明張一棟《居家儀禮》云：「自後漢明帝謙貶自抑，不立寢廟，藏主於光烈皇后更衣別室，章帝亦遵故事，後世由是遂有尚右之説。唐宋以來，皆爲同堂異室以西爲上之制。然古者室事始祖東向，則左昭右穆，以次而東者，不得不以西爲上。後世南面之位，既非東向之制，而其位次，尚循乎以西爲上之轍，則廢昭穆之禮矣。惟我朝大廟之制，與先王堂事如合符節。今爲祠堂者，當如朱子之説，以祠堂後架隔截爲四龕，而本先王及聖朝左昭右穆之意，高祖居左，曾祖居右，祖居次左，考居次右，位皆南向。其後高祖既遷，則曾祖居高祖之位，祖居曾祖之位，考居祖之位，第五世新祔者居考之位。若庶人無廟而祭者，亦當以席間爲四室而行事也。」欽按：神位西上，昉于後漢同堂異室，而其義取古者太廟列昭穆，以次而東意，其然也。而今諸室之主一列而南面，何復論昭穆之左右？且明人之制，其無始祖者若事三世，則曾祖尚得正中位。事二世四世者，祖高之尊却偏東位，恐不爲得體。況既無始祖，則昭穆何由分之。當從漢唐以來通典、宋朝諸賢所遵用西上之例爲是。但其世數未滿者，虛其西龕之説，愚意未能安焉。」〇朱子曰：「家廟之制，伊川只以先妣配享。蓋古者只是以媵妾繼室，故不容與嫡並配。後世繼室，乃是以禮聘娶，自得爲正。故《唐會要》中載顔魯公家祭，有並配之儀。」《語類》。

考妣左右説

朱子曰：「排祖先時，以客位西邊爲上，高祖第一，高祖母次之。本注云：只是正排着正面，不曾對排。曾祖、祖、父皆然。」《語類》。○本注亦同。欽按：《記》曰：「道路，男子由右，女子由左。」注云：地道尊右。止此。蓋是禮之正，而從前又有異説。《漢舊儀》云：「皇后主長七寸，圍九寸，在皇帝主右。」陳氏《禮書》。又衛次中曰：「宗廟主皆用栗，右主八寸，左主七寸，廣厚三寸。」右主，謂父也。左主，謂母也。《公羊傳》疏。又朱子曰：「祭禮，廟室西上，證據甚多。」但《通典》注中有「夫人之主處右」之説，而《賈頊祭儀》又云「夫人版皆設於府君之左」，韓魏公祭圖亦以妣位居考之東。詳此廟室既以西爲上，則不應考東而妣西，恐《通典》或字誤耳。《文集》。又曰：「《漢儀》后主在席之右，不知見於何處。但禮云『席南鄉北向，以西方爲上，東向西向，以南方爲上』，則是東向南鄉之席皆上右，西向北向之席皆上左也。今祭禮（禮）考妣同席，南向，則考西妣東，自合禮意。《開元》釋奠禮，先聖東向，先師南向，亦以右爲尊，與其所定府君夫人配位又不相似，不知何也。欽按：《開元禮》即《通典》所載。大率古者以右爲尊，如《周禮》云『享右祭祀』、《詩》云『既右烈考，亦右文母』、漢人亦言無能出其右者，是皆以右爲尊也。又若今祭禮，一堂之上，祖西考東。而一席之上，考東妣西。則舅婦常聯座矣，此似未便也。」同上。欽按：《內則》「道路，男子由右，女子由左」，《王制》「執左道以亂政」，凡神道人事皆尚右，此蓋禮之正也。然後世所尚，與古殊異，如男左女右之位、官名尚左之類。其漸既久，而有不可改者。近世又以高祖昭在左、曾祖穆在右爲古者尚左之證。見《居家儀禮》。愚謂昭穆之名，本以南向北向而立，乃以初頭之昭南向爲尊，非尚左之義也。然則釋奠先師南向，恐是次尊之位，而非避右位也。然如今祠堂位次斷從朱子上西之説爲是。

祔位説

《曾子問》：「凡殤與無後者，祭於宗子之家。」《喪服小記》：「殤與無後者，從祖祔食。」《士虞禮》：「卒哭。明，以其班祔。」注云：班，次也。祔，猶屬也。疏云：次者，謂昭穆之次第。祔，猶屬者。孫與祖昭穆同，故以孫連屬於祖而祭之也。止此。《喪服小記》：「祔必以其昭穆，亡則中一以上。」元文二句例置，《儀禮》注引來作此。《家禮正衡》云：「若孫死而祖在，則祔何處？曰：『按《禮記》，祔于曾祖龕。妻死夫之祖母在，亦然。』」止此。《開元禮》云：「嫡殤者時享，皆祔食於祖。庶子之嫡殤，祔如嫡殤禮。」又云：「祔食之座於祖座之左，西向。」《通典》。張子曰：

「有伯祖者，當如何爲祭？」伯祖當與祖列。拜朔之禮施於三世，伯祖之祭止可施於享，當平日藏其位版於櫝中，至祭時則取而祫之，其位則自如尊卑。只欲尊祖，豈有逆祀之禮。」《理窟》。朱子曰：「伯叔祖父母祔于高祖。伯叔父母祔于曾祖。妻，若兄弟，若兄弟之妻，祔于祖。子姪祔于父。皆西向，主櫝並如正位。姪之父自立祠堂，則遷而從之。」欽按：衆庶雖異居，而不可立父祖之祠堂，止得祭其妻子之主於寢耳。又曰：「程子云：『無服之殤，不祭。下殤之祭，終父母之身。中殤之祭，終兄弟之身。長殤之祭，兄弟之子之身。成人而無後者，其祭於兄弟之孫之身。此皆以義起者也。』」本注。《家禮正衡》云：「如曾祖兄弟無後者，無昭穆可祔，不祭。」欽按：程子有此說，朱子亦謂義起也。《補注》云：「祔位以北爲上。」《儀節》云：「主櫝並如正位而略小。或不用櫝，列于龕之兩旁，男左女右亦可。祔殤亦如之。」欽按：今正位從上西之序，而祔位則男西女東相向，恐爲稱宜，且便排列。朱子祭法已有此說。○程子曰：「庶母主不可入祠堂，其子當祀之私室。主櫝之制則一。」《考證》。《家禮集説》云：「或問：『嫡母無子，庶母有子爲後，其主得入祠堂否？』曰：『《喪服小記》云：妾附于祖之妾。祖無妾，則間曾祖，而祔高祖之妾。若高祖又無妾，當易牲而祔於女君可也。』」女君，謂嫡室。易牲，謂妾牲卑，不可祭於嫡室，乃易牲。欽按：妾母之主，其子不論爲父後、不爲父後，常奉之別室，至合享時祔于女君，恐得情義。○問：《禮記》曰：「妾母不世祭，於子祭，於孫止。」《小記》《公羊》。又曰：「妾祔于妾祖姑，既不世祭，至後日子孫有妾母，又安有妾祖姑之可祔耶？妾母若世祭，其孫異日祭妾祖母，宜何稱？自稱云何？」朱子曰：「世祭與否未可知。若祭，則稱之爲祖母，而自稱孫無疑矣。」《答董叔重書》。○又曰：「爲僧無後，當祭之，無可疑。」《答陳安卿書》。欽按：爲僧無後，蓋謂無弟子，此當與爲人後而無主者同例，宜皆祔祠堂。若出嫁女無主者，朱子曰「祀之別室」，《答葉味道書》。蓋牉合之親不可絕，則當稱「某氏之婦」，而不爲本姓之女，故止得祀之別室耳。○《家禮或問》云：「凡請配祭，或祔食亡者未出三年之外，俱不可也。」欽按：配祭，謂繼母妾母及妻。若旁親及卑幼當祔者，雖在輕服，亦別薦三年然後祔之。

祔祭說

《文獻通考》云：「唐朝諸臣廟之制，殤及無後祔食，無祝而不拜。」《開元禮》曰：「不祝不拜者，以從其祖。祝詞末云『孫某祔食』，又云獻一而已。」○劉氏垓孫曰：「先生云：『如祔祭伯叔，則祔于曾祖之旁一邊，在位牌西邊安；伯叔母則祔曾祖母東邊安。兄弟嫂妻婦則祔于祖母之旁。』」《附録》。《家禮考證》云：「此在廟而祭，其排位如此也。」○時祭設位，朱子曰：「祔位皆於東序，西向北上。或兩序相向，其尊者居西。妻以下，則於階下。」本注。又曰：「祭於堂或廳上，座次亦如在廟時排定。祔祭旁親者，右丈夫，左婦女。座以就裏爲大。」《語類》。問無後祔位食之位。曰：「古人祭於東西廂，今人家無東西廂，某家只位於堂之西邊。祭食則一。但正位三獻畢，然後使人分獻一酌而已。」同上。○又曰：「出妻入廟，決然不可，無可疑者。爲子孫者，只合歲時就其家之廟拜之。若相去遠，則設位望拜可也。族祖及諸旁親皆不當祭，有不可忘者，亦倣此例足矣。」欽按：族祖，謂曾祖兄弟。諸旁親，謂有主其祭者。○又曰：「上谷郡君謂伊川曰：『今日爲我祀父母，明日不復祀矣。』是亦祀其外家也，然無禮經。」《語類》。

男女分席說

張子曰：「祫祭既不見男女異廟之文。今以人情推之，且不若男從東方，女從西方，而太祖居南面，男祔其祖，婦祔其姑，雖一人數娶，猶不妨東方虛其位以應西方之數，其次世則復對西方之配也。」《理窟》。《家禮補注》云：「大祭祀，則出四龕神主于堂或正寢，惟高祖考在西邊，南向；高祖妣在東邊，南向；曾祖考、祖考與考皆西邊，東向；曾祖妣、祖妣與妣皆東邊，西向。」又《王陽明文録》云：「曾見浦江鄭氏之祭，四代考妣，皆異席。高祖考妣南向，曾、祖、禰考皆西向，妣皆東向，各依世次，稍退半席。其於男女之別，尊卑之等，兩得其宜。今吾家亦如此行。

但恐民間廳事多淺隘，而器物有所不備，則不能以通行耳。」欽按：考妣異席之法，《補注》仍從尚右之義。鄭氏則用生人之序，或取于張子之説也。賈氏《儀禮疏》云：以西爲客位者，以地道尊右故也。止此。蓋生人之位次，客西主東是尊客之義也，男東女西是尊主之道也。隨時異宜，無可疑者。今合享時考東妣西，而從平存之序，則子孫奉祭者其位次亦相從，情義兩稱，神亦焉乎不安。今議合享之禮，不論祠堂正寢，考妣皆北壁下，南向，最尊之考在中位東邊，而次尊之考以次而東。妣位準之而東上。男子祔位在東壁下，婦人之祔位在西壁下，東西相向而北上。多則弟姪妻子以下之祔在堂下。如此則尊者在上而南面，祔者側對兩傍而侍食。且雖堂廳狹隘，亦可通行。欽頃歲時薦竊用此儀，姑録以請正於君子。

影像説

《家禮考證》云：「畫像謂之影。」程子曰：「今人以影祭，或畫工所傳，一髭髮不相似，則所祭已是别人，大不便。」張子曰：「古人不爲影像，繪畫不真，世遠則棄，不免於褻慢也。」朱子曰：「神主唯長子得奉祀，之官則以自隨。影像則諸子各傳一本，自隨無害也。」《文集》。又曰：「宗子所在，奉二主以從之於事爲宜。此承上文「今有祠版，又有影，是有二主矣」而言。蓋上不失萃聚祖考精神之義，本注云：二主常相依，則精神不分矣。下使宗子得田禄薦享，此以宗子出仕時而言。祖宗宜歆之。」《文集》。欽按：土木畫像之制，其來尚矣。人子設祖考之影，固出不可已之情。宋景靈宫、明景神殿亦皆奉先帝御容。雖程、張不取用影，而朱子許無祠堂者以影自隨，但未知祭時使與主並用否。欽按：先人喪，旦夕覃思，以摹倣夢寐之容貌得殆逼真，遂使畫工移紈施采。每忌前之齋，陳遺服、書器，而掛影于其上。夫遠者易忘，人之常情，如今以此助追慕之哀，亦不爲無益矣。

祭田説

《孟子》：「卿以下必有圭田，圭田五十畝。」趙注云：「古者卿以下至於士皆受圭田五十畝，所以供祭祀也。圭，潔也。所謂惟士無田，則亦不祭。亦出《孟子》。言絀士無潔田也。」止此。《王制》：「大夫、士宗廟之祭，有田則祭，無田則薦。」注云：「有田者既祭又薦新。」何氏曰：「有牲曰祭，無牲曰薦。」《公羊傳》注。〇朱子曰：「初立祠堂，則計見田。每龕取其二十之一，以爲祭田，親盡則以爲墓田。後凡正位、祔位，皆放此。宗子主之，以給祭用。上世初未置田，則合墓下子孫之田計數而割之，皆立約聞官，不得典賣。」本注。欽按：上世以下，就墓田而言。

典，典當也。《居家儀禮》云：「一撥常稔田五十畝，别蓄其租，專充祭祀之費。其田券印『某郡某氏祭田』六字，字號步畝亦勒石祠堂之左，俾子孫永遠保守。」欽按：《國語》「王耕一撥。」注云：撥，發土也。此言一撥，蓋謂早稼者也。《家禮正衡》云：「愚按：非世富貴，不復有祭田。苟有禄食財産者，皆當隨時致祭。而貧如採山釣水者，不可薦。誠不必拘田之有無也。」欽按：今擬祭田者，當稱家産多寡計宜裁置，如田園山林所入、店舍所賃之類，皆可。若遇荒凶，則亦可以减祭用而救宗屬之急，其肇基雖不多，然同宗得得力者，當逐旋增附，乃所以使後人均蒙先世之澤也。仁孝之家最當重之，其所以祈傳世永久之道，亦豈有切於此者哉？故要置祭田以兼義田矣。

祭器祭服説

《曲禮》：「凡家造，祭器爲先。」注云：家造，謂大夫始造家事也。止此。《王制》：「大夫祭器不假。祭器未成，不造燕器。」《曲禮》：「無田禄者不設祭器，有田禄者先爲祭服。」疏云：「人形參差，衣服有大小，不可假借，故宜先造。而祭器之品量其制同，故可暫假，故營之在後。」呂氏曰：「《孟子》云：『惟士無田，則亦不祭。』牲殺、器皿、衣服皆不借故也。不祭則薦而已，與庶人同，故不設祭器也。有田録則牲、器皿、衣服皆不可不備。」《大學衍義補》。《曲禮》：「君子雖貧，不粥祭器，雖寒，不衣祭服。爲宮室，不斬於丘木。」丘，墓也。○程子曰：「禮之本，出於民情，聖人因而導之耳。禮之器，出於民俗，聖人因而節文之耳。聖人復出，必因今之衣服器用而爲之節文。其所謂貴本而親用者，亦在時王斟酌損益之爾。」《性理》。朱子曰：「籩、豆、簠、簋之器，乃古人所用，故當時祭享皆用之。今以燕器代祭器，常饌代俎肉，楮錢代幣帛，是亦以平生所用，是謂從宜也。」丘氏曰：「按：人子之事親，當事死事生，事亡事存。吾之祖考平日所用之器皿如此，所被之衣服如此，及其死亡也，而又別爲器與服以事之，豈不駭其見聞哉？古人生用几筵、俎豆，則死亦用几筵、俎豆以事之，今人之生所用者卓倚杯盤，死所用者亦當以卓倚杯盤，是朱子所謂從宜者也。政不必泥于古，一惟稱家之有無、隨俗之所尚。惟誠惟孝，起敬起慕，雖不能一一如古人行禮之度數，而古人行禮之心，則固常存也。」《大學衍義補》。欽案：飲饌服器，不惟古今異宜，和漢俗尚迥殊。若欲以事生事死，則只得從時俗所習慣耳。但如祝版、茅盤，雖此方從前所無，而禮意不可闕者也。如香燭、玄酒、楮幣，雖流入釋道，皆古禮所寓，亦無嫌采用。○朱子曰：「床席、卓椅、盥盆、火爐、酒食之器，隨其合用之數，皆具貯于庫中，而封鎖之不得他用。無庫則于櫃中。不可貯者，列于外門之内。」本注。《居家儀禮》云：「凡祭器，常儲于祠堂。每祭畢，直年者面相驗付，或有損毁，即令修補。」○欽按：朱子論祭器，謂今以燕器代祭器爲從宜，是謂今造祭器如燕器，而不必用古制也。又按：劉氏璋曰：「祭器但用平日飲酒之器，滌濯嚴潔，竭孝敬之心，亦可足矣。」《附録》。丘氏曰：「祭器，人家貧不能備者，用燕器代之亦可。」《儀節》。是皆欲不以貧賤祭器不具，而廢奉先之禮也。然以褻器盛祭饌，非人情之所能安。若此間埏埴劈木之器，豈雖貧家亦不得設之哉。厨裏宰割烹飪之器，未能別具，則取家私洗拭用之，亦可。〇《曲禮》：「祭服敝則焚之，祭器敝則埋之。」杜氏《通典》云：「梁武帝時何修之議云：『《禮》，祭器敝則埋之，今一用便埋，費而乖典。』帝曰：『薦席輕物，陶匏賤器，方還付庫，容後穢惡。但弊則埋之者，謂祭器耳。』從有司燒埋之。」欽按：此間土盃木節之類，宜用畢便焚埋之。

跪坐説

朱子曰：「古人席地而坐，有問于人，則略起身。時其膝至地，或謂之跪。」《語類》。又曰：「古人坐也是跪，而拜亦容易。」同上。又曰：「古人之坐者，兩膝著地，因反其蹠而坐於其上，正如今之胡跪者。其爲肅拜，則又拱兩手而下之至地也。其爲頓首，則又以頭頓于手上也。其爲稽首，則又郤其手而以頭著地，亦如今之禮拜者。皆因跪而益致其恭也。然記又云：『授立不跪，授坐不立。』《莊子》亦云：『跪坐而進之。』跪與坐又似有小異處：疑跪有危義，故兩膝着地，伸腰及股而勢危者爲跪；兩膝著地，以尻着蹠而稍安者爲坐也。又《詩》云『不遑啓居』，而其傳以啓爲跪。《爾雅》以妥爲安坐，而疏以爲安定之坐。夫以啓對居，而訓啓爲跪，則居之爲坐可見；以妥爲安定之坐，則跪之爲危坐亦可知。蓋兩事相似，但一危一安，爲小不同耳。」《文集》。欽按：《釋名》：「坐，挫也，首節挫屈。跪，危也，兩膝隱地，體危陧也。」《説文》亦同。《説文》：「跽，長跪也，伸兩足兩膝着地而立身也。」《世本古義》云：「按：啓之訓跪，其義難通。展轉相尋，當是啓音同跽，通作跽耳。合諸説考之，朱子所謂跪是長跪也。蓋屈折兩脚，而脛跗皆隱地，着尻於蹠而坐，爲妥，爲安坐。因安坐而企起足跗，着尻於踵爲跪，爲危坐。因危坐而伸腰，以兩膝立身爲跽，爲長跪。凡古人居則席地而坐。因坐而拜，則拱手伸腰長跪，而後下手低首。其立地者之拜，亦先兩膝至地，如長跪，乃俯首身，其再拜亦恐不再立也。後世無席地而坐者，只居椅床而垂足，乃謂之坐。其拜亦必立而施之。故朱子有此辨。吾拜古來坐席，蓋當初亦席地上，如今山間民户壇居者。後世以棧而席之爲國俗，以堂上築土或鋪磚爲華風，故凡行禮，有坐立二儀。今僧家或棧席上置椅而居，行立儀之禮，固可笑矣。」

拱手說附叉手

《説文》：「拱，斂手也。」徐氏注云：兩手大指頭相拄也。《玉藻》「垂拱」疏云：拱，沓手也。《增韵》：俗呼拱手爲叉手。《説文》：「叉手，指相錯也。」《喪服記》注云：吉時拱尚左手，喪時拱尚右手。疏云：喪，尚右。右，陰也。吉，尚左。左，陽也。欽按：古者跪坐拜揖，皆必拱其手。蓋拱者，沓兩手而斂之，乃通稱。其大指相拄，及手指相錯，皆拱之一容耳。張子解《檀弓》：「拱而尚左，亦以叉手言之。叉者，以拇指食指之間相叉也。」王虛中《訓蒙法》云：「小兒六歲入學，先教叉手，以左手緊把右手，其左手小指則向右手腕，右手皆直其四指，以左手大指向上。如以右手掩其胸，不得着胸，須令稍離方寸，爲叉手法也。」《事林廣記》。欽按：左小指向上者，獨此一指露出袖端耳。又觀聖賢遺像，有兩手稍向上、兩臂稍垂而斜叉者；有俯左掌、仰右掌而平叉者，皆叉之變耳。然叉非是施于拜者也。今華人之拜，其拱以左包右，左四指及拇指皆與右相沓在外，須要兩腕外面，共做渾圓之勢，方好。又有兩手五指相錯之拱，其左右難辨，恐不可。

拜儀説

《六書精蘊》云：「拜，俯伏以致共也。從兩手下地，指其事也。人之拜，先屈兩膝至地，乃俯其身，兩手至地，首乃至地，蓋詘一身爲之。獨指其手，何也？曰：手容主共也。敬有漸次，意常有餘，禮所以爲美也。今之拜，乃古雅拜，君答臣之禮也。」止此。朱子曰：「古者男子拜，亦兩膝齊屈，如今之道士拜。杜子春注《周禮》奇拜，以爲先屈一膝，如今之雅拜。漢人雅拜，即今之拜是也。」《語類》。《周禮·大祝》辨九拜，鄭康成注云：「稽首，拜頭至地也。頓首，拜頭叩地也。空首，首至手，所謂拜手也。」又云：「奇拜者，一拜也，臣禮曰君答壹拜，當如前空首是也。褒拜者，再拜也，拜神與尸也。褒讀爲報。」疏云：稽首、頓首、空首，此三者相因而爲之。空首者，先以兩手拱至地，乃頭至手也，以其頭不至地，故名空首。頓首者，爲空首之時引首至地，頓地即舉，故名頓首。稽，稽留之字，頭至地多時，則爲稽首也。稽首，拜中最重，臣拜君之拜。《詩話》並同。若頓首，則平敵自相拜之拜也。若空首者，君答臣下之拜也。其有敬事，則亦稽首。又云：奇拜，附空首。凶拜、褒拜，附稽首。又一説陳氏《禮書》云：「稽首，拜手而稽留焉。頓首，則首頓於手而已。空手，不至於手，空其首而已。」《頖宮禮樂疏》同。欽按：奇拜之説，杜、鄭不同。然其拜用空首，蓋不異矣。空首，亦陳説與注疏不同。朱子跪坐拜辨，亦以頭頓于手上爲頓首，則蓋以空首爲頭不至地也。然則空首、頓首之説，恐當從禮書，而稽首却以頭稽地爲正義，如今拜吾與神者，稽首而再拜，固爲當矣。○賈誼《容經》云：「拜以磬折之容，吉事上左，凶事上右，隨前以舉，項衡以下，寧速無遲，背項之狀，如屋之玄，拜容也。」欽按：朱子《儀禮通解》亦載之。竊謂磬折，猶今鞠躬。隨前以舉，謂拱手隨身前而舉，乃推而進之。項衡，衡，平也，舉手俯首則其後與項平也。以下，謂其拜伏也。屋之玄，本注云「玄，未詳，蓋拜伏時要項背微隆，如龜甲。龜爲玄武，而龜甲名神屋，名義亦與屋玄相近」，或此之謂也。今觀華人拜容，端拱正立，手當臍上，離身寸許。其鞠躬，則舉手俯首，磬折其腰。拜，則因微磬，推手舉首，一望尊位乃引手於右脇，而屈左足，膝至地，屈右膝時，手亦下於前，而俱至地，手少引而首下，腰亦屈下而平伏，至此衆體屈折委頓，但首不至地些。興，則因安坐舉首推手，右足起時，又右引手至膝邊，左足相連而起，手隨身而舉。再拜、再興，並同上儀。平身，則直立微推手，速引當胸，隨身舒下。拜斯成焉，其立處要始終不移。若自右出者，左旋復位，自左出者反之。閑習久之，遲速自合節奏。其首不至地，似空手拜然。拜起不頓速，則亦有稽留之意。又或有其手不右引、直向前拜下者，是略儀耳。且不習熟，則裳下散開，難爲儀矣。○又議坐儀之跪拜，亦略做立儀之法，而俯伏拜起平身，皆因跪坐施之可也。○又按：官員束帶行禮者，執笏而拜，未審其容節。但此間之禮，概遵古儀。其儀兩手相沓執笏本，而左手在外。拜伏時，笏迫地，頭迫笏。乃解左手，俯掌着地，然後又兩手執笏而興。又有坐拜時置笏拱手而拜。然執笏拜本非古禮，朱子詳論之。見《語録》。夫胡人之謨拜，不可以事神明，則非拱拜更何從乎？

俯伏鞠躬説

欽按：凡唐宋儀注及《家禮》本注曰俯伏者，即《頖宮禮樂疏》《家禮儀節》等所謂俯伏也。俯，古俯字，音義並同。今音免而不復俯，義尚通用，乃知云俯伏者，特明人之禮耳。《開元禮·祭禮》注云：凡取物者，皆跪俯伏而取以興。奠物則奠訖，俯伏後興。《通典》。其容蓋拱手而低頭耳，皆因跪而興時施之。〇又按：《論語》「入公門，鞠躬如」，疏云：鞠，曲斂也。明人拜，則先鞠躬。唐宋儀注概只渾曰再拜，而無言鞠躬拜興者。然賈誼《容經》曰「拜以磬折之容」，則古人亦先鞠躬而後拜，可知矣。但鞠躬以立儀而言，若跪拜者，亦當用俯伏耳。

再拜四拜説

《周禮·大祝》九拜，八曰「褒拜」。注云：褒拜者，再拜也，拜神與尸也。欽按：古人拜，莫重於再拜。但《開元禮》有再拜訖又再拜者，猶此間所謂兩段再拜者，此蓋後世四拜所由起。而參神、辭神及拜尊者連施四拜，始乎明人。《家禮》本注雖有婦人之俠拜，而前後皆再拜。夫稽首再拜，重已極矣，今通用再拜爲可。《家禮考證》云：「按：程子曰：『家祭，凡拜皆當以兩拜爲禮。今人事生，以四拜爲再拜之禮者，蓋中間有問安否之事故也。事死如事生，誠意則當如如此。至如死而問安，却是瀆神。若祭祀有祀、有告、謝神等事，則自當有四拜六拜之禮。』」

婦人拜説

《内則》：「凡女，拜尚上。」注云：右，陰也。《少儀》：「婦人吉事，雖有君賜，肅拜。」注云：肅拜，低頭也。婦人以肅拜爲正，凶事乃手拜耳。問：「古者婦人以肅拜爲正，何謂肅？」

朱子曰：「兩膝齊跪，手至地，而頭不下，爲肅拜。南北朝有樂府詩説婦人云：『伸腰再拜跪，問客今安否。』伸腰，亦是頭不下也。又云：樂府只説長跪問故夫，不曾説伏拜。但不知婦人膝不跪地變爲今之拜者，起於何時。」《語類》。又曰：「古人坐也是跪，而拜亦容易。婦人首飾甚多，自難俯伏地上。周天元令命婦爲男子拜，史官書之，以表其異。則古者婦人之拜，首不至地，可知也。然則婦人之拜，當以深拜，頗合於古。」同上。丘氏曰：「今世俗南方婦女皆立而叉手屈膝以拜，北方婦女見客輒俯伏地上，謂之磕頭，以爲重禮。禮之輕者亦立而拜，但比南方略淺耳。」《儀節》。欽案：注疏以肅拜爲揎，則立而低首下手耳。朱子不取，而謂古人席地而坐，若婦人之拜，在古亦跪，且引樂府詩，又以婦人首飾重，知其不下頭也。所謂亦凡爲今拜者，如丘氏説南方婦女之拜者是也。欽嘗問明人以婦人之拜，他與做浙東婦人見夫之拜：直身屈膝，拱手在左乳下，口稱萬福。然則亦似無拜揖之別，或略有淺深之異耳。○今議婦人之拜，屈左手端，而右手包其外，兩腕相合，兩拇相並，着胸以鞠躬，拜時兩膝等下。長跪俯伏，手隨膝至地，庶幾不失斂肅之意。其再拜時不興，因長跪而拜亦可。跪拜時亦然。○《家禮》本注云：「凡拜，男子再拜，則婦人四拜，謂之俠拜。其男女相答亦然。」欽按：此據《士昏禮》男女相拜之禮而言。然《正衡》引《大明會典》云「婚婦皆再拜」。宜從會典。止此。今亦當與男子共再拜爲是。

拱揖説附唱喏萬福安置

《周禮》肅拜注，鄭司農曰：「肅拜，但俯下手，今時撎是也。介者不拜，故曰爲事故敢肅使者。」《左氏·成公傳》。疏云：按《儀禮·鄉飲酒》，賓客入門有撎入門之法。推手曰揖，引手曰撎。又云：肅拜者，拜中最輕，唯軍中有此肅拜，婦人亦以肅拜爲正。《説文》：「揖，讓也。」《六書精蘊》云：「揖，舉手以相讓也。大爲恭則拜，小爲恭則揖。」《説文》：「撎，舉手下手也。俯手拜也。」《韵會》云：「舉手下手，其勢如今揖之小别。」《晉宋儀注》：「賤人拜，貴人撎。」《精蘊》云：「撎，推引其手，少下之也。」又《公羊傳》：僖二年「獻公揖而進之。」注云：以手通指曰揖。疏云：蓋謂揖而招之，言用拱揖并招引近己。《丹鉛録》引《公羊》注而曰指意也。欽按：注疏解軍禮及婦人之肅拜，如拱揖立拜者，朱子不取之。但未知當時呼立拜亦爲肅拜否。揖有輕重，其重者必引手下之，故以爲撎，通言則撎亦揖也。但此於揖爲重，而於拜爲輕耳，後世呼爲祗揖，亦曰作揖。若夫揖讓之揖，則止拱手以通其指意耳，不復以爲拜也。如《論語》「揖讓而進」，陳司敗揖巫馬期而進之，孔子爲擯，揖所與立左右手。及漢酈其食長揖沛公之類，可以讓，可以遵，可以進，可以送，可以禮。賤者其用最廣。○祗揖之儀，王虚中《訓蒙法》云：「凡人揖時，則稍闊其足，其立則穩。揖時須是曲其身，以眼看自己鞋頭，威儀方美觀。揖時亦須直其膝，不得曲了，當低其頭，使手至膝畔，又不入膝内，則手隨身起，而又於胸前。揖時須全出手，不得只出一指，謂左小指。謂之鮮禮。揖尊位，則手過膝下，亦以手隨身起，叉手于胸前。」《事林廣記》。○《俗呼小録》云：「作揖，謂之唱喏。」常者切。《餘冬序録》云：「相傳曰唱喏，想古人相揖，必作此聲，不默然於參會間也。唱喏者，引氣聲也。」宋人記虜廷事實云：「虜揖不作聲，名曰『啞揖』。不如是者，爲山野人，不知禮法，衆所嗤笑。契丹之人，手於胸前，亦不作聲，是謂『相揖』。」宋人以爲怪，即宋以前人中國之揖作聲，可知今日承元之後，揖不作聲久矣，而其唱喏猶存。欽按：《温公雜儀》：「晨省，大夫唱喏，婦人道萬福。昏定，大夫唱喏，婦人道安置。」道，言也。獨於婦人曰「道」，則當時男子之作揖似既無聲。今華人亦呼作揖爲唱喏，而婦人作揖則口稱萬福、安置，欽嘗質之明人云。

深衣説

欽按：深衣制度，《戴記》本篇及《玉藻》載其大概，漢以來諸家取義不同，衆説紛拏不已。欽嘗依朱子晚年之制，參以後儒之説，裁製已兩次，猶不能無疑。蓋衣服，身之章也，苟服之不稱身，則不能以成章。聖人豈泥法象，而制不稱人體之服耶？近取經文，反覆語勢，玩索句義，則似無可深疑者。遂采諸説所長，而融會之間附臆見，補其未備，而又新擬製已成試服，頗似稱人意而不失古制，乃竊改釋經義，又設或問以略述取捨之意，終及裁縫之法，總名以備考。噫！十載之疑案，豈晚學書生所能決哉？妄録一時所見，以期質知禮之君子爾。

禮篇釋義

《深衣》曰：「古者深衣，蓋有制度，以應規、矩、繩、權、衡。」

唐孔氏曰：「深衣者，以餘服則上衣下裳不相連，此深衣衣裳相連，被體深邃，故謂之深衣。」《正義》。姚承庵曰：「自古有此服，而制度之妙未有知者，故特著此篇。」《禮記疑問》。秦氏繼宗曰：「制有所限，度有所裁。便見聖心有裁處，令人服其服，思實其德意。下數節雖是俱説制度，然皆以應規矩一句爲主。」《禮記疏意》。欽按：此篇及《玉藻》所著制度，皆與常服不同者也。凡取諸法象之外，如衣袂之長短、脇袼之高下、束帶之上下及要三袪、齊倍要之類，皆取度於人身，所以使各稱其體也，續衽鈎邊所以獨記其異也。袂之團、袷之曲、繩之直、齊之平及純緣之廣狹，雖非有異，亦取法象，以詳其制耳。如「可以爲文，可以爲武」之類，説其用之廣、純以續及青素，所以稱人子歡戚之情也。大意不過如此。○朱子曰：「深衣裁用白細布，度用指尺。」本意。劉氏曰：「凡經言短毋見膚，長毋被土，及袼可運肘，袂反及肘，皆以人身爲度，而不言尺寸者，艮以尺度布幅，有古今之異，而人身亦有大小長短之殊故也。朱子云『度用指尺』，中指中節爲寸，則各與身相稱矣。」《禮記集説》。

短毋見膚，長毋被土。

秦氏繼宗曰：「膚，足之膚也。見膚則太短，而褻；被土則太長，而不便于行。」

續衽，鉤邊。

漢鄭氏曰：「續，猶屬也。衽，在裳旁者也。屬，連之，不殊裳前後也。」古注。朱子曰：「續衽鉤邊者，只是連裳旁，無前後幅之縫，左右交鉤，即爲鉤邊。」《附録》。欽按：取裳之兩旁，前後衽邊相合之，以線左右鉤綴，使不開離，而自腋下至裳末，謂之鉤邊。鉤邊即所以續衽，而非兩事也。衆幅合縫足矣，必屬旁衽而鉤之者，何也？此衣獨不分裳，而又無垂衽，故以此表其異，且以爲章也。

要縫半下。

漢鄭氏曰：「三分要中，減一以益下。下宜寬也。」唐孔氏曰：「下容舉足而行，故宜寬也。」

欽按：凡要中下齊之度，皆通内外襟而計之也。

袼之高下，可以運肘。

王氏廷相曰：「袼，袖本也。肘，臂中屈節也。」《深衣圖論》。漢鄭氏曰：「袼，衣袂當腋之縫也。」劉氏曰：「運，回轉也。」見上。

袂之長短，反詘之及肘。

秦氏繼宗曰：「袂，袖也。反絀及肘者，人之臂長一尺二寸，袖長過于手，亦一尺二寸，反詘至肘處適齊也。」劉氏曰：「曰反屈及肘，則接袖初不以一幅爲拘矣。」見上。

帶，下毋厭髀，上毋厭脅，當無骨者。

漢鄭氏曰：「當骨，緩急難中也。」唐孔氏曰：「此深衣之帶下於朝祭服之帶也。」

制：十有二幅，以應十有二月。

丘瓊山曰：「此一句，似通一衣而言。」《儀節》。欽按：衣裳各用六幅。衣則二幅爲身，二幅爲袖，一幅以繼兩袖，一幅以爲領及衽。裳則交解六幅，爲十二幅。陳長樂曰：「《玉藻》曰：『戴冕璪十有二旒，則天數也。』蓋天之大數不過十二，故月之至于十二，而後成歲功。猶之深衣也，必十二幅而後可以爲衣之良也。」《禮記大全》。○秦氏繼宗曰：「自『短毋見膚』至此節，並與規矩繩權衡無干。特因而悉數之，以起後四句耳。」

袂圜以應規；曲袷如矩以應方；負繩及踝以應直；下齊如權衡以應平。袷，音劫。

漢鄭氏曰：「袂圜以應規，謂胡下垂也。」陸氏曰：「下垂曰胡。」音義。曲袷如矩，鄭氏曰：「袷，交領也，一曰夾領也。」說出《通雅》。朱子曰：「兩襟相掩，衽在腋下，則兩領之會自方。」本注。負繩及踝，鄭氏曰：「繩，謂裻音篤。與後幅相當之縫也。踝，跟也。」唐孔氏曰：「衣之背縫解裻字。及裳之背縫，上下相當，如繩之正，故云『負繩』，非實負繩也。」鄭氏曰：「齊，緝。」《陳氏集說》云：「下齊裳末緝處也。」姚承庵曰：「權衡二物，此云如權衡以應平，非權不能使衡之平也。」見上。○方嚴陵曰：「袂在前，以動而致用，故欲圜，圜者動故也。袷在中，以靜而成體，故欲方，方者靜故也。」《禮記大全》。陳長樂曰：「袂圜以應規，而圜者天之體；曲袷如矩以應方，而方者地之象。負繩及踝以應直，下齊如權衡以應平，而直與平者，人之道也。」見上。○秦氏繼宗曰：「應規、應方、應直、應平，這正是以應規、矩、繩、權、衡處，下節則言其義也。」

故規者，行寸舉手以爲容；負繩抱方者，以直其政，方其義也。故《易》曰「坤，六二動直以方」也。下齊如權衡者，所以安志而平心也。五法已施，故聖人服之。

唐孔氏曰：「所以袂圜中規者，欲使行者舉手揖讓以爲容儀如規也。」欽按：中規，恐取其拱手低昂推引之間回轉不滯之義。○又按：抱方，只取其圓中容方之形狀，以對負繩字，非有負任抱守之義。陳長樂曰：「義所以行己，政所以正人也。行己以義，則貴於方，故於義言方。而正人以政，則貴於直，故於政言直。」欽按：行己義方，然後能直以正人。秦氏繼宗曰：「《易》

坤卦六二象辭，言柔順正固坤之直也。賦形有定，坤之方也；六二之動，柔而中正，得坤道之純。故内直而外方，此借以證直方也。」○陳長樂曰：「志譬則權也，心譬則衡也。衡之低昂皆權之輕重，則心之平傾由志之安危。此所謂安其志而平其心焉。」○秦氏繼宗曰：「自首至平心也，解應規矩繩權衡之義。五法已施二句，結上文而起下文，謂規矩繩權衡之法，施之于深衣也。」

故規矩取其無私，繩取其直，權衡取其平，故先王貴之。

秦氏繼宗曰：「五法内，除却舉手爲容等意了。故下文别説一番取義，上在着衣之人説，下只就深衣上説。天下之無私者，莫如規矩。天下之直者，莫如繩。天下之平者，莫如權衡。貴之，貴此五法也。」欽按：聖人先王，只互文言之。

故可以爲文，可以爲武，可以爲擯相，可以爲治軍旅，完且弗費，善衣之次也。

欽按：端冕可以視朝奉祭，而不可以爲武；介冑可以御兵臨衝，而不可以爲文。此二者服之有時，而燕居則皆可服深衣。而又兼文武者，惟有深衣而已。故不止可以燕居也，文場又可以贊禮而擯相，武事又可以運籌以治軍旅。已上節略方注。姚承庵曰：「服之便用處，全在四可以上。」○方氏曰：「制有五法，故曰完。其質則布，其色則白，故曰弗費。吉服以朝祭爲上，燕衣則居其次焉，故曰善衣之次也。」《禮記集説》秦氏繼宗曰：完字，包盡上文，又説進一步，故加一『且』字，惟其完且弗費，故爲善衣之次。次，乃即次之次。」漢鄭氏曰：「善衣，朝祭之服也。自士以上，深衣爲之次；庶人吉服深衣而已。」一説陳氏曰：「文事則有冕弁服，武事則有韋弁服，而深衣次之。先儒以善衣爲朝祭之服，蓋舉一端明之也。」《禮書》。王氏廷相曰：衣裳雖相屬，而無缺制，故曰完。」

具父母、大父母，衣純以繢。具父母，衣純以青。如孤子，衣純以素。

漢鄭氏曰：「尊者存，以多飾爲孝。繢，畫文也。三十以下無父稱孤。」唐孔氏曰：「若父母無，唯祖父母在，亦當純以青。」陳氏曰：「純以繢，備五采以爲樂也。純以青，體少陽以致敬也。純以素，存凶飾以致哀也。」《禮書》。朱子曰：「具父母，衣純以青。偏親既無明文，亦當用青。繢者，以青純畫雲。雲字，見沈存中《筆談》。」《語類》。

純袂、緣、純邊、廣各寸半。

漢鄭氏曰：「純，謂緣之也。緣袂，謂其口也。緣，緆也。邊，衣裳之側，廣各寸半，則表裏共三寸矣。唯袷廣二寸。」唐孔氏曰：「緣，讀爲緆，謂深衣下畔也。」詳《既夕》注。欽按：緣字上下，恐有闕文誤字，或以爲衍字。《禮記》疏意云：緣，去聲。此當衍。不然作平聲，循也，當連下讀，言裳之襟畔及下邊，循緣而純之也。襟齊兩段，而可相因，故曰緣純；兩袪在外，故別言之袷純。廣不同，故不言也。趙氏君鄰曰：「此雖深衣小節，亦補前言制度所不及也。」《禮記正業》。

《玉藻》曰：「深衣三袪。縫齊倍要，衽當旁，袂可以回肘。

漢鄭氏曰：「三袪者，謂要中之數也。袪尺二寸，圍之爲二尺四寸，三之，爲七尺二寸。縫，紩也。紩下齊倍要，齊丈四尺四寸。」○陳氏曰：「衽，裳交接之處也。在身之兩旁，故曰衽在旁。」《集說》。欽按：餘服之衽，皆在衣前。而深衣之衽，獨在裳旁，故特言之以表異。

長、中繼揜尺，袷二寸，袪尺二寸，緣廣寸半。

陳氏曰：「長中者，長衣中衣也，與深衣制同而名異。著於內，則曰中衣，蓋著在朝服或祭服之内也；著於外，則曰長衣，以素爲純緣者也。若凶服之純以布者，則謂之麻衣。」見上。陳氏《禮書》云：「深衣中衣用於吉凶，長衣用凶而已。《詩》曰『素衣朱繡』，又曰『素衣朱繡』。《禮》曰『繡黼丹朱中衣，大夫之僭禮也』。《郊特牲》。《爾雅》曰『黼領謂之襮』。蓋素以爲衣，繡黼以爲領，丹朱以爲緣，諸侯之服也。」欽按：繼揜尺，謂繼袂所揜之緣，其廣一尺也。袷二寸，亦謂袷緣廣二寸也。袪尺二寸，而緣廣寸半，特言袪之徑，以應上三袪文。○秦氏繼宗曰：「此因上文深衣，而並及長中之制。長中與深衣無異制，故上言要齊衽袂，此言幅袷袪緣，互文也。」

深衣總論

長樂陳氏曰：「《王制》曰：『有虞氏皇而祭，深衣而養老。夏后氏收而祭，燕衣而養老。商人哻而祭，縞衣而養老。周人冕而祭，玄衣而養老。』凡養老之服，皆其時與群臣燕之服。《玉藻》曰『諸侯夕深衣，祭牢肉』，又曰『朝玄端，夕深衣』。謂大夫士也。《檀弓》曰：『將軍文子之喪，既除喪而後越人來吊。主人深衣練冠，待于廟。』《曾子問》：『親迎，女在塗，而婿之父母死，女改服布深衣，縞總。』欽按：此又玄深衣爲婦人初喪之服。則深衣在虞爲燕服，在周爲以爲夕與喪服，以至大夫士庶人皆服焉。此所謂『可以爲文，可以爲武，可以擯相，可以治軍旅，完且弗費，善衣之次也』。」《禮書》。

藍田吕氏曰：「深衣之用，上下不嫌同名，吉凶不嫌同制，男女不嫌同服。」《通雅》。

朱子論深衣曰：「去古益遠，其冠服制度僅存而可見者，獨有此耳。然遠方士子亦所罕見，往往人自爲制，詭異不經，近於服妖，甚可嘆也。」《附録》。又曰：「衣服當適於體，康節向温公説：『某今人，著今之服。』亦未是。」《語類》。

樂平馬氏曰：「三代時，衣服之制，其可考見者，雖不一，然除冕服之外，惟深衣，其用最廣。

自天子至於庶人，皆可服之。蓋深衣者，聖賢之法服也。裁制縫衽，動合禮法，故賤者可服，貴者亦可服；朝廷可服，燕私亦可服；天子服之以養老，諸侯服之以祭膳，卿大夫士服之以夕視私朝，庶人服之以賓祭，蓋亦未嘗有等級也。古人衣服之制不復存，獨深衣則《戴記》言之甚備。然其制雖具存，而後世苟有服之者，非詭異貽譏，則以懦緩取哂，雖康節大賢，亦有今人不敢服古衣之説。司馬温公必居獨樂園而後服之，吕滎公、朱文公必休致而後服之，然則三君子當居官涖職見用于世之時，亦不敢服此，取駭於俗觀也。蓋例以物外高人之野服視之矣，可勝慨哉。」《儀節》。瓊山丘氏曰：「按：馬氏此言，則深衣之在宋服之者，固已鮮矣。况今又數百年後哉！幸而文公之道，大明於今世，《家禮》爲人家日用不可無之書。居官涖職者，固當遵時制。若夫隱居不仕，及致政家居者，又宜遵古制。爲一襲生以爲祭燕之服，死以爲襲斂之具，豈非復古之一端也哉？」同上。

追遠疏節通考三

深衣或問

所標論題出《禮記·深衣》《玉藻》注疏、《朱子文集》、《語類》及《家禮》制度，《禮記·深衣》〈玉藻〉集說》《大全》，《性理大全》《家禮附録》《補注》、丘氏《家禮儀節》，其餘未暇論矣。先儒既不取，今因不從者，亦皆舍而不論也。

名義。　或問：「深衣命名。孔氏《正義》取『被體深邃』之義，而嚴陵方氏謂『以其義之深名之』。瓊山《儀節》兼取兩義，而今子唯《正義》之從，何也？」曰：「此衣取義固深矣。然聖人制禮，其義莫不深者，豈獨此衣爲然？大抵古人名物，舉其一端而足，不必求其周全。况深衣之稱，既見于有虞之世。上古淳質，知其必不如此。陳氏《集説》已取《正義》，今亦因之，其兼兩義者最非古意。」

白細布。　或問：「古注云：深衣者，用十五升布，鍛濯灰治。疏云：案《雜記》云朝服十五升，此深衣與朝服相類，故用十五升布。鍛濯，謂打洗鍛濯，用灰治理，使和熟也。然則喪服麻衣，雖以深衣之制，不必鍜濯灰治，以其雜凶故也。《朱子語類》云：『深衣用虔布，但而今虔布亦未依法。當先有事其縷，無事其布。方未織布時，先研其縷，非織了後研也。』止此。子今皆不取，而只從制度說，何也？」曰：「古者，布幅二尺二寸，而十五升未爲極細，况後世布闊於古。故朱子不拘升數，而主其細。凡喪服大小功之布，未治其縷，而止治其布。至於緦服，方得先治其縷而織之。深衣以爲吉服，故要用其治縷者，且取其有光濯也。所謂虔布，蓋虔州所出白紵布也。虔州，漢豫章郡地，隋唐爲虔州，宋改爲贛州，而尚從舊名也。《宋志》『贛州貢白紵』，《明志》亦『産紵布』，意是以白紵織者也。紵布，比麻則堅韌可貴，故用之。然紵布亦難得如法者，故只曰白以泛之。此間用和州漂布細者，亦可。凡布，圓紗爲夏布，匾紗爲綀布，今俗名平布。其說見《閩書》。今制此衣，匾紗爲佳。近歲，或以棉布造深衣者，謂凡華人曰布者，皆棉布，而其爲暑服者，呼爲麻、爲葛。按《本草綱目》云『木綿出南番，宋末始入江南』，止此。然則上世何得有棉布？况禮有麻衣之稱，其非木綿，無可疑者。」

指尺。 或問：「朱子深衣之制，用指尺，中指中節爲寸，欲人各稱其體，且古尺本以人體爲度。而《補注》云『大指與食指兩步爲尺，中指中節一距爲寸』，皆然否？」曰：「按《說文》：『周制婦人指步八寸爲尺，十尺爲丈。人長八尺，爲丈夫是也。』其說自明矣。《補注》以大指食指兩步爲尺，故朝鮮芝山《家禮考證》疑其尺長於寸，未得審考，《說文》以正其誤也。周之八尺，於此間木匠尺爲六尺二三寸，在今亦爲偉人之度。愚嘗以人長當古尺七尺者驗之，其指步節寸，大概與古尺相符。但尺制歷代而變，隨地而異，後世知古尺者頗希，故朱子制度止得用指尺耳。今制此服者，如負繩至踝、詘袂及肘之類，各就本身校之，其餘用指尺爲得之。」

衣。　或問：「朱子衣制注曰：如今之直領衫，但不裁破腋下。《補注》云：俗所謂對襟是也。其義如何？」曰：「本注自明。《考證》據朱子君臣服議論直領之義，以爲不上盤者是也。蓋直領者，對盤領言之耳。古者衣服皆直領，今人之衫亦然。其公服盤領者，本胡服耳。《補注》泥直領字，爲對襟衣者，恐非也。對襟未審其制，意指背子之類，不用衽，而兩襟相對者耳。凡衫之制，上下用通幅，腋下橫裁破，而下以約其腰，上以通其袖。又有一等服，其袖低而帶高者，腋下裁入處，再向上裁破，乃分縫以爲身與袖，如公服袖樣。深衣則衣裳別幅，而身長與袖齊，下及腰即屬裳，不消裁腋下也。」○又問：「腰圍約七尺二寸，何以爲數？」曰：「古注既言之。疏云：幅廣二尺二寸，一幅破爲二，四邊各去一寸，餘有一尺八寸，每幅交解之，闊頭廣尺二寸，狹頭廣六寸，此寬頭嚮下，狹頭嚮上，要中十二幅，廣各六寸，故爲七尺二寸。止此。布幅雖不可拘，而今以中人所服者驗之，其腰圍通兩襟計之，大約七尺有奇而得恰好。故朱子從之耳。《補注》謂上衣無衽，且拘古布幅，故其所計之數，皆未得實。今檢新擬制度，則可知其說矣。」○又問：「本注不言衣長之度，當何以爲準？」曰：「身袖長相齊，經文袼可以回肘、帶當無骨者，是其大約也。《玉藻》『袂可以回肘』注云二尺二寸之節，後人遂以爲身袖之則。丘氏《儀節》云：『按《家禮》衣身長二尺二寸。』然《朱子文集》《家禮》並無此言。今當以二尺爲度，過之則腰太低。」〇又問：「《補注》以白雲朱氏衣身加內外襟爲非，而子謂衣有衽，何也？」曰：「白雲據《爾雅》《説文》，以通衽、衿、襟三字之義。據孔疏云深衣外衿之邊有緣，以證深衣有衽，固是也。王浚川曰：『衣襟曰衽，袷長須衽以承之。無衽，則胸露而不成衣。必有衽，而得上下始得合掩。』《深衣圖論》。蓋衣之有衽，制之常也。故經不言之，而朱子亦不特論耳。瓊山通觀《深衣》本章文勢，而乃論曰所謂制十有二幅，以應十有二月，一句，似通一衣而言。後又得敖繼公、吴草廬之説，益信其義，遂依白雲之制加兩襟，其幅數之説最爲有理。其衣之制度，蓋未盡也，後詳之。」

裳。　或問裳制。曰：「本注得其大約，但六幅交解時，須前後稍有廣狹，然後得恰當。詳具新擬制法。」〇又問：「《補注》所説，與本注不同，有所發明否？」曰：「十二幅裁法，據孔氏《正義》，則布幅二尺二寸，兩端各三分而交解，狹頭八寸，廣頭尺四寸，各以兩邊一寸爲縫，則存得上六寸，下尺二寸。通十二幅，爲上七尺二寸，下丈四尺四寸。此説最簡明，何須別立法？况布幅不可拘乎。所謂古者布幅長四尺四寸者，《考證》疑云不知何據，其餘亦皆妄説，不足以論矣。」

圓袂。　或問：「經曰『袂之長短，反詘之及肘』，注疏各有説，朱子制度亦共用布二幅。而今子從劉氏、《集説》。楊氏《附録》。不以一幅爲拘之説，請問其詳。」曰：「注云：『臂骨上下各尺二寸，則袂肘以前尺二寸。』蓋謂布幅實用二尺爲袖，而又身幅入袖者四寸，共二尺四寸。若反袖端會袖本，則屈處在肘邊，故曰反詘之及肘也。疏則知注義不順，故又謂『身脊至肩但尺一寸，從肩至臂又尺一寸，而衣幅二尺二寸，覆臂將盡，又以袂二尺緣寸半屬之，則手外之餘反詘可以及肘』。然依實驗之，則未及也。且衣幅不除兩縫，而自脊通臂計之，其言臂長，又短於注二寸，而猶未足。蓋紙上之論耳。大抵古人冠服，偉博爲尚，所以重恭敬也。終幅之袖，猶拜揖時手端易露。今以人身驗之，自衣脊至袖端通長五尺，則反詘回腕外，可以及肘，恐爲得中。若今華人之袖，更長尺計，則爲過衍也。却尋繹經義，《玉藻》『長中繼揜尺』疏云：『幅長二尺二寸，以半幅繼續袂口，揜餘一尺。』揜字終不明。疑非是繼在袖外，蓋其緣在袖端繼幅上，故謂之揜。是知其袖終幅之外，更繼半幅，通衣身共二幅半。以古布幅而除縫殺，則亦爲五尺，可得以回肘矣。故欽竊謂衣袖共四幅，又分一幅繼兩袖，分一幅爲領衽，共六幅，以充衣幅之數。朱子所以無繼幅之説者，蓋宋時布帛之幅承郭周制，爲二尺五分。當時通用布帛尺，身袖共兩幅，以古尺校之得五尺七寸餘，袖終幅而自足，故只曰圓袂用布二幅，而不曰尺寸。劉氏則以古布幅立論，故有『不拘一幅』之説，讀者不可不察。但劉氏論裁法處，未得實數。所謂周尺二尺五寸，蓋以景表尺言之。不滿今舊尺二尺者，以布帛尺校之，得二尺而微不足，故曰不滿二尺也。明布大抵與宋同，故《儀節》亦不言繼袂。」

方領。或問：「方領之制，本注不言其闊，但『黑緣』注云『領表裏各二寸』。然則領闊果亦爲二寸否？」曰：「經止云『曲袷如規』。曲，有方義，故又曰抱方。後世遂有曲領、方領之稱，以其交於前又謂之交領。王浚川亦曰：『衣之領曰袷，上末長至右腋，下末長至左腋，故曰交領。』止此。然則只是直領耳，非有異也。鄭注云：『袷，交領也，古者方領，如今小兒衣領。』疏云：『鄭以漢時領皆嚮下交垂，故云古者方領，似今擁咽，故云若今小兒衣領，但方折之也。』王浚川駁之曰：『袷，領也。鄭氏謂「似擁咽，若小兒衣領，但方折之」，故後世爲方領，至咽而止。即比甲對襟之衣，誤矣。』兩説皆欠分曉。鄭氏既解袷爲交領，則非古者方領，直垂而不交垂，特謂領首之形似今小兒衣領耳。嘗見華人小兒對衽衣，其領止胸上，方折而垂前，頸後成三隅，而兩末相並于前服而繫合之，則可以擁其咽。孔疏意恐如此耳，亦既可以見其領之不狹。鄭注《曲禮》『天子視不上於袷』，亦云『袷，交領也』。疏云：『袷，謂朝祭之曲領也。』是皆謂深衣曲袷，與古者朝祭交領無異也。然《玉藻》『袷二寸』注云『曲領也』，疏云：『謂深衣曲領，廣二寸。』又『純邊，廣各寸半』下鄭注云：『唯袷二寸。』是似鄭以袷及袷純之廣爲皆二寸者。然則是異於常服，故瓊山亦有袷爲虛設之疑。凡衣領以有闊爲度，大抵肩闊共八寸，而領四寸，若用二寸則太狹。今竊反覆《玉藻》經文，蓋『袷二寸』以下，承上文『繼揜尺』而言。繼揜亦純之類，故遂悉説在衣上之純。袷二寸，謂曲袷之純二寸也。袪尺二寸，緣廣寸半，只是謂袪緣之廣，其主言袪徑爲尺二寸者，特言以應章首三袪之文耳。且中衣之制，皆與深衣同。而諸侯則其領以繡黼，其緣以丹朱，皆欲其美少露於外也，此間卿大夫朝服中單之領袖亦如此。若領廣止二寸，則全没不見。又檢朱子深衣圖式，亦領博而緣狹。故知其謂黑緣領二寸者，恐只是緣廣，而衣領及袵與常服無大異，故不言也。一説《通雅》云：『夾衣曰袷，而領用裌，故亦曰袷。』欽按：袷爲夾衣，則與其爲衣領者音不同。然從夾領之説，則上下文義自順，蓋曲領本以領上曲緣而言之也。欽嘗造深衣，依舊説施二寸之領，惡領狹而裏衣太露，故別以黑繒包裹衣領，然後加深衣。若使領闊與裏衣同，則自無此患。今深衣領廣，當以四寸爲準，但領單而緣夾，則蹙擢難服。雖本文不言，而宜制夾領以取其便。」○又問：「如子言，則鄭氏方領之解未必爲誤。而後人謂方心曲領之制出漢儒之誤，何也？」曰：「注疏之説，未爲甚誤。謂之若小兒衣領，則以其領首之形略相似言之耳。又按《釋名》云：『曲領，在單衣内襟領上，横壅頸，其狀曲也。』此與孔氏所謂擁咽似而非也。司馬温公曰：『方領如今上領衣，但方裁之，本出胡服，須用結紐。』《韻會》。蓋此之謂歟？此亦與鄭氏所謂古者方領不同。又漢《廣川惠王傳》姬榮爲王刺方領繡，注：『服虔曰：「如今小兒郤襲衣也，頸下施衿，領正方直。」』《韻會》云：袷，小兒疊方幅繫頸下，亦謂之涎衣。晉灼曰：「今之婦人直領也。」師古曰：「晉説是也。」』止此。蓋服氏注方領，去古愈遠，而晉氏所謂方領，恐與鄭説同也。陳氏《禮書》云：『深衣曲袷如矩，則其領方而已。鄭氏謂如小兒衣領，服虔釋《漢書》謂如小兒郤襲衣，而後世遂制方心曲領加於衣上，非古制也。』《韵會》云：今朝服有方心曲領，以白羅爲之，方二寸許，綴於圓領之上，以繫頸後結之，或者袷之遺象。鄭、服並東漢人方領之説，蓋鄭近是而服全非矣。」○又問：「然則深衣曲袷，與常服直領，全然無異耶？」曰：「不無少異也。經必曰曲曰直，則蓋當時衣領有不必方曲者。凡領之所以不方者，由領與衽有廣狹不中適，今作圖以詳之如左。」

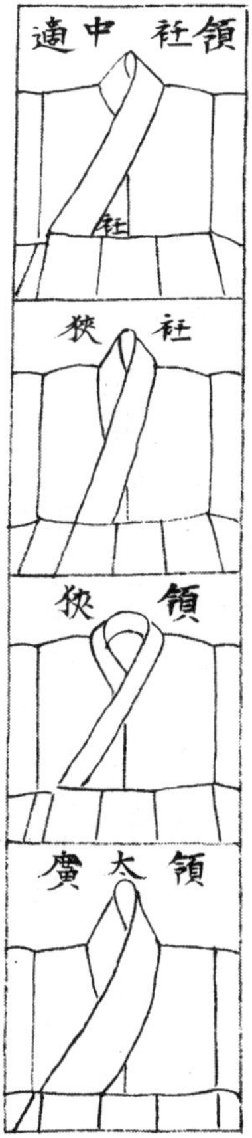

按朱子方領注云：「兩襟相掩，衽在腋下，則兩領之會自方。」蓋常服之衫，其領當腰間處，尚在衣前。深衣則稍廣其衣衽，使領未接裳衽，而在兩腋下，以得交會之勢方曲。注意恐如此矣。○又問：「然則鄭氏所謂方領，與朱子異者如何？」曰：「鄭氏解純邊云：『邊，衣裳之側，廣各寸半，則表裏共三寸矣。唯袷廣二寸。』疏云：『深衣外衿之邊有緣也。』疏不曰方領之邊，而曰外衿之邊者，蓋知鄭氏所謂衣之側是領邊之外又有衽邊，故曰外衿以兼之也。然則鄭氏之意，蓋亦謂古者方領但止腋下，而不至腰間，其勢必須用紐結。晉灼所謂婦人直領，意亦此類耳。朱子圖式領末與衣下齊，而下屬裳，此乃正制也。」

續衽鉤邊。或問：「深衣續衽鉤邊，朱子晚年曉曲裾之非而不用之。請詳聞其說。」曰：「鄭氏續衽之解儘明，然續衽只在左旁，以鉤邊別爲曲裾，而繫右旁。朱子亦初用曲裾之制，而《文集》《家禮》制度並載其法，裳幅皆連縫而已。然而晚歲所服深衣去曲裾，而交鉤衽邊。門人蔡氏淵聞其說而述之曰：『續衽鉤邊者，只是連續裳旁，無前後幅之縫。左右交鉤，即爲鉤邊，非有別有布一幅裁之如鉤，而綴于裳旁也。』止此。然則鉤邊只是所以續衽，而非兩事也，最爲簡明而得古意。然所謂左右交鉤之義，亦未能分曉。三山楊氏衣圖曰：『覆縫爲鉤邊，蓋失其意。』覆縫之説見後。瓊山丘氏曰：『續，連屬也。衽，裳之旁幅也。鉤有交互之義。邊者，裳幅之側，謂其相掩而交鉤也。』又其所圖深衣舊制，裳旁上下一路有交錯之畫。今合圖與說而會其意，所謂相掩而交鉤者，以線綴合裳邊之法也。左右交鉤，遞次相掩，以漸進積成。近歲又見朱子服深衣遺像，衣制有法，而畫亦舊其續衽處，如貼一條細組，文理交錯。察比顏色，既褪難辨，大抵如碧黑白相雜。據之，則丘氏初間圖說，似得朱子之意者。且朱子分明言連續裳旁，無前後幅之縫，則非覆縫明矣。其雖如此，而朱子晚年定説續衽鈎邊未明言在兩旁，楊氏衣圖亦不得分明。丘氏《儀節》圖式則續衽鈎邊在兩旁，而其説亦云。然今據理論之，深衣之裳十二幅，本不似帷裳前三後四之制，兩旁皆開裂者。深衣之裳，左旁已連，而右旁内外相掩，雖不用曲裾，而自無開裂處。朱子既知其非，而去曲裾，則左右兩旁無可以異者。以裳之常制而言，則兩旁皆開裂，故謂宜兩旁俱有鈎邊之制，而因以爲章耳。所謂左右交鈎者，亦恐非唯謂偏在一旁者也。」○又問：「然則諸儒所以誤解者，如何？」曰：「漢《江充傳》『充衣紗縠襌衣，曲裾後垂交輸』注：『張晏曰：「曲裾者，如婦人衣也。」如淳曰：「交輸，割正幅，使一頭狹若燕尾，垂之兩旁，見於後。是《禮・深衣》續衽鈎邊。」』止此。蓋衣旁垂交輸，而如婦人服者，男子著之，名曲裾也。但其制亦與朝祭及喪服之垂衽相似，而又有鈎曲之象，故謂深衣續衽鈎邊者，亦如此也。從前有此説，故鄭氏亦以爲解。然鄭氏特以鈎邊爲曲裾，而與續衽分左右，如淳謂交輸垂兩旁，則是亦爲異。疏云：今時朱衣朝服從後漢明帝所爲，則鄭云今曲裾者，是今朝服之曲裾也。止此。然則唐時朝服，亦有曲裾矣。宋儒深衣之制，意皆用之。至於朱子晚年，斷然正千歲之誤，特達之識卓哉。鄭氏又注《玉藻》『衽在旁』，欲審衽義，而繫衍及諸衣之衽。至於引鎖棺之細腰木名衽者，故皇、熊、孔諸家又相辨不休，今不可勝論矣。又孔疏云：『凡深衣之裳十二幅，皆寬頭在下，狹頭在上，皆似小要之衽，是前後左右皆有衽也。』止此。楊氏因用此説，恐未然。凡衽者，謂衣下開闊之斜幅也。常服之衽，在前襟。深衣身旁雖有衽，亦小而不下垂。裳之衆幅皆雖似衽，而其開闊之積在兩旁。故其指爲衽者，獨兩旁之前後四幅耳，猶此間道服之衽在兩腋下者。」○又問：「楊氏衣圖云：『既合縫了，又再覆縫，方便於著。以合縫者爲續衽，覆縫爲鉤邊。』《集說》既收此言，而丘氏又解覆縫之義曰『如俗所謂鉤針者』，子何皆不取之？且覆縫之爲鉤針，其說如何？」曰：「楊氏此說最難曉。《集說》既採楊氏發揮鄭注之說，而又以衣圖說附之。今檢圖，則亦此在裳左旁。然玩其覆縫及便於著之言，則疑其通衆幅而論之也，《集說》蓋存兩義耳。後讀趙君鄰《禮記正業》，其續衽鉤邊之解曰：『續，屬也。衽，衣襟裳兩旁，當腋下相合處。深衣之裳，上屬于衣，則裳之前後皆衽也。續衽者，凡裳前三幅、後四幅，分而不屬，此則用布六幅，斜裁爲十二，皆上狹下闊，自後至前連合縫之。鉤邊者，恐斜裁之處，有縷散弛，故既合縫，而又鉤轉其邊，覆縫之也。』止此。此說最明快，楊氏圖說之意蓋亦如此。然則楊氏兩說，意迥不同。所謂覆縫者，今俗亦謂之反縫，是縫合單衣削幅之常法。經文何爲消著此四字，其義甚迂矣。凡縫單者，覆縫之外又有交鉤法二焉，然皆非朱子所謂交鉤者。連續合縫義異，而楊氏一之。丘氏述楊説，則既異乎相掩交鉤之義，而所謂鉤針者，亦恐非楊氏之意。今針工有少撮起合縫處，以線交錯相鉤而爲飾者，疑此類耳。」○又問：「丘氏參考諸家之說，新擬深衣之制，子不取之，何也？」曰：「瓊山從諸儒上下各六幅之説，取朱白雲衣施衽之制者似矣。然其前裳四幅，屬外襟，而屬内襟者唯二幅，其内襟衣下無所屬者，豈有如朱氏所謂貼邊者以得與裳相聯歟？其圖式領亦下不及腰，似所謂上領衣者。殆爲不經之制，不足尚矣。」

黑緣。　或問：「《深衣》經有繢青素純，而無用黑者，又領緣二寸，而袂口在外布，並何以爲據？」曰：「《朱子文集》制度曰：『緣用黑繒。具父母以青，大父母以繢，然則黑繒似唯無父母者用之。』及修《家禮》，則專用黑緣，而無用佗色之説。劉氏璋曰：『今用黑繒，以從簡易也。』愚謂單用黑緣，以通吉凶，所以從簡也。蓋有所出，今未之考，或與大帶之飾相從也。《深衣》『純邊，廣各寸半』，鄭注云『唯袷廣二寸，袂之長短，反詘及肘』，孔疏云『袂長二尺二寸，并緣寸半，爲二尺三寸半』，是領緣二寸，袂口在外之所據也歟。」

新擬制深衣法

裁法。　先使其人立被單衣，自脊上領際下二尺一寸。以細繩爲帶，前後左右無高低，乃衣上當帶處。前後正中及兩腋下以針線記識。次計定帶下至踝之度爲裳長。乃解衣，以兩腋記處爲身長之正，以校定前後低。〇衣用布二幅，中屈定其肩，前後下垂爲四葉，前長後短。其前後低外各餘一寸爲縫殺。脊中左右相去各一尺四寸，而定爲所得兩腋身長。從外邊裁入至兩腋，乃分前後自裁入處，各斜修至低處，去餘剩。但斜修處，中間要微圖垂，腋内爲身，腋外入袖。次裁開肩各四寸，自裁開處，下稍斜修，留兩身前幅下各一尺一寸，縫殺在外，去餘剩。

袖。　袖長通身共五尺爲度，用布二幅或四幅，稱之並中屈爲前後兩葉，各長二尺，縫殺皆在外。

裳。　用布六幅，長各如裳長，而上下縫殺共一寸半。後三幅各斜裁爲兩片，窄頭四寸七分，寬頭一尺，兩邊縫殺共一寸在外。若布幅廣，則先截去餘剩，而後斜裁。前三幅，其在兩旁對後衽者用一幅，斜裁窄頭各七寸，寬頭一尺四寸六分。餘二幅斜裁，窄頭各七寸，寬頭各一尺二寸七分，以爲内外襟，縫殺皆在外。若布幅狹，則用布稍長，定寬頭如上，而減窄頭。裁訖，截去窄頭以稱度。

衽。　用布一幅如身長，斜裁爲兩片，寬頭七寸，窄頭一寸許，縫殺皆在其中，定縫下邊六寸。

領。　用布一幅，闊八寸，長繞頸後向前相交，至兩腋衣末爲度，縫殺皆在外。

緣。　領闊四寸，餘皆三寸，反屈在外，裁料稱數。

縫法。　先縫合衣脊。○次屬兩衽如常法。衣衽之下，共一尺七寸，衽末斜殺隨衣下。○次疊領爲夾幅，四寸。通衣衽共二尺一寸，屬衣衽如常法。但其内外當胸處，皆要微圓張。領末斜殺隨衣衽下，俟屬裳後反屈之。○次縫聯袖幅末屬衣。次縫合下邊，去腋下一尺餘間，漸上彎八分許，而又旋下垂至袖端，乃從下漸縫成圓樣。留袖口一尺二寸，截去餘剩。凡縫削邊，用覆縫法，下裳亦然。○次縫聯後裳六幅。夾脊兩幅削邊向外，餘皆向内，布幅在兩旁。次縫聯前裳内外各三幅，其下闊者在兩旁，布幅向外，餘與削幅相雜。○次屬裳於衣。用交鈎法縫殺處，衣末没而裳端深。縫合時隨斜勢，而要微圓垂，縫前面同上。縫訖，縫外餘剩。向上屈折，再反屈裳端向内，取屈邊與衣幅縫合，線眼一路見外。如此，則衣末掩下裳。縫路兩層，堅牢不動。至此試服之，剪整裳末，兩襟前魚稍殺使高。○次屬兩袖於衣。○次加黑緣如常法。領二寸，餘皆一寸半，而夾布邊。唯袖口出布外。裳下圓垂處，每幅縫際，微襞上邊，以隨圓勢。襟角則斜襞之。○次鈎裳旁用大線，其色黃褐或深碧爲佳，鈎法具或問，除緣不鈎。○内外脇下領末，左右各綴兩小帶用白繒。以繫住，則舉動雖久，而衣前不開散。

新擬緇布冠圖

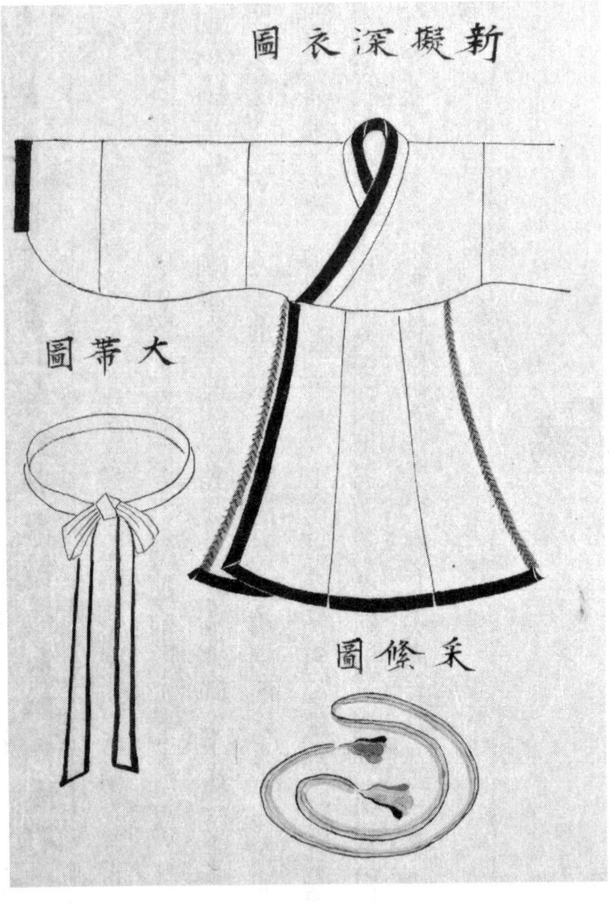
新擬深衣圖
大帶圖
采絛圖

大帶說

《玉藻》：「大夫素帶，辟垂；士練帶，率下辟。并紐約用組，三寸，長齊于帶。紳長制，士三尺。大夫大帶四寸。雜帶，大夫玄華，士緇辟，二寸，再繚四寸。」率，音律。辟，音皮。注云：大帶也。《說文》云：「素，白緻繒也。」「練，湅繒也。」陳氏曰：「素得於自然，練成於人功。」《禮書》。注云：辟，讀「裨冕」之「裨」。裨，謂以繒采飾其側。大夫裨其紐及末，士裨其末而已。率，繂也，士以下不合而繂積。疏云：繂，謂緶緝也，謂其帶既襌，但繂襵之而已。紐，謂帶之交結之處。約者，(以)以物穿紐，約結其帶。謂天子以下至弟子之等，其所紐約之物，並用組爲之，故云「并紐約用組」。三寸者，謂紐約之組闊三寸也。約組餘長三尺，與帶垂者齊，故云「長齊於帶」。方氏曰：「紐則帶之交結也，令并其紐，用組以約，則帶始末而不可解矣。」《集說》。今從此說。注云：雜，猶飾也。大夫裨垂，外以玄，內以華。華，黃色也。士裨垂之下，外內皆緇，是謂緇帶。大夫以上以素，皆廣四寸。士以練，廣二寸。疏云：大夫大帶四寸，謂合素爲之，廣四寸。熊氏云：「近人爲內，遠人爲外。」玄是天色，故在外。以華對玄，故以爲黃也。黃是地色，故在內也。士既練帶，而《士冠禮》謂之緇帶，據裨色言之，以裨之外內皆用緇也。再繚四寸，謂用單練廣二寸，再度繞要，亦四寸也。○一説陳氏曰：「辟，猶冠裳之辟積也。率，縫合之也。士辟下二寸，則所辟其下端二寸也。再繚四寸，則結處再繚屈之四寸也。天子至士，帶皆合帛爲之也。於大夫帶廣四寸，則其上可知，而士不必四寸也。於士言紳三尺，則其上可知，而有司止於二尺五寸也。古者於物言華，則五色備矣。《書》云：「華蟲華玉。」《隋志》、唐《開元禮儀》其制多襲鄭氏之説。」《禮書》。建安何氏曰：「繚四十，謂旁兩紐各繚二寸。」《考證》。陳氏曰：「《儀禮》，士朝祭皆緇帶，則天子、諸侯、大夫朝祭無異常矣。深衣之帶，其飾蓋若大帶歟？」《禮書》。劉氏曰：「深衣不言帶之制。《玉藻》云士練帶率下辟等，皆言朝祭服之帶也。朱子深衣帶，蓋亦彷彿《玉藻》之文，但襌複異耳。」《集説》。○欽按：朱子大帶之制，大概從注疏。而夾縫再繚之義，與《禮書》同。但言垂紳與裳齊，恐爲太長，宜依禮長三尺爲是。其條廣三分，蓋古者組闊三寸，而取其什一也。注疏不言組色，隋唐皆用青組，朱子本注云五采，未知何據。○又按：制帶其當後處，疊棉布裝其内，則帶常張開，而不蹙摺。○欽嘗制匾組，廣三分，以青、赤、黄、白、黑並列織成，兩端分五采爲五縈。然帶止一匝，則衣腰移動難整。故用組長九尺餘，先束衣腰，結定于前，次以大帶蒙組上而繞之，結爲兩耳，以組餘兩條約結頭兩旁，而垂餘于紳間。

緇冠説

《玉藻》：「大古冠布，齊則緇之。」注云：齊則緇者，鬼神尚幽闇也。唐虞巳上，曰大古也。《雜記》：「大白冠，緇布之冠，皆不蕤。」注云：不蕤，質無飾。大白冠，大古之布冠也。《玉藻》：「始冠緇布冠，自諸侯下達。」陳氏曰：「緇布冠有前有項，纓于缺，無緌焉。缺，見《士冠禮》。後世以尊者不可以無飾，故加績緌。《玉藻》曰：『緇布冠績緌，諸侯之冠。』則卑者無緌可知也。緇布冠蓋用之於始冠，及大夫之卜宅與葬日而已，見《雜記》。庶人或以爲常服也。用之於始冠，則玄端、玄裳、黄裳、雜裳，緇帶爵韠。用之於卜宅輿葬日，則有司麻衣、布衰、布帶，因喪屨。若庶人則深衣焉。賈氏曰：『庶人雖委貌，而儉者服緇布。』其詳不可考。」《禮書》。○《雜記》：「三年之練冠，亦條屬，右縫，小功以下左。」陳氏曰：「右爲陰，左爲陽。凶，陰事也。小功以下，左辟而縫之，所以趨吉也。」同上。○《詩》曰：「彼都人士，臺笠緇撮。」陳氏曰：「緇布冠，謂之緇撮，則無梁矣。朱傳曰：「緇撮，緇布冠也，其制小，僅可撮其髻也。」《漢志》謂緇布冠爲進賢冠，公侯三梁，中二千石至博士兩梁，私學弟子一梁。唐制天子五梁，三品以上三梁，五品以上二梁，九品以上一梁，非古也。」同上。○丘氏曰：「按《禮・深衣篇》無有冠制，而緇布冠古用以爲始加之服。然亦冠而敝之，非常服也。至宋温公始服深衣冠緇布，而裹以幅巾。朱子效之，亦非古制也。」《儀節》。○欽按：《朱子文集》制度曰「上爲五梁，辟積左縫」，而《家禮》本注不言，故丘氏《儀節》補之。又按：古冠皆有笄，緇布冠無笄，而綴于頍缺。《家禮》以笄固之，蓋亦近制也。○建安何氏曰：「王普《制度》云『緇布冠用烏紗漆爲之，不如紙，尤堅硬』。」圖注。欽嘗制緇冠，糊紙爲質，蒙以薄絹，然後漆之，尚存緇布之象。

幅巾説

《事物紀原》云：「古庶人服巾，士則冠矣。」《傅子》曰：「漢末王公多委士服，以幅巾爲雅素。則幅巾，古賤者服之，漢末始爲士人之服。袁紹戰敗，幅巾渡河是也。」王浚川曰：「服深衣、緇布冠、黑履，禮也。幅巾，司馬公起之也。」○欽按：幅巾，《家禮》諸本圖式不分明。近得明人所著書，與《家禮正衡》所圖略相似，而制法與圖説不同。然服之與緇冠相稱，可從用矣。制式如圖。後閲《文獻通考》，唐初馬周上議：「請裹頭者，左右各三襵，以象三才，重繫前脚，以象二儀。」詔從之，恐是此巾。然則其從來，亦已尚矣。王浚川曰：「方篛巾，乃明道先生所製，今世士人多服之。較之幅巾，亦似簡便。着深衣時，以小冠束髮，而戴此巾於上，亦足稱焉。」

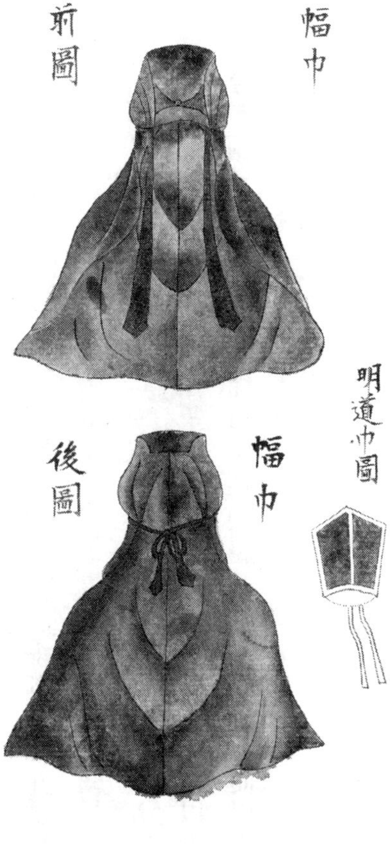

白履説附赤履

《士冠禮》：「履，夏用葛，玄端黑履，青絇繶純，純博寸。素積白履，緇絇繶純。爵弁纁履，黑絇繶純。冬，皮履可也。」○注云：履者，順裳色，玄端黑履，以玄裳爲正也。疏云：履頭裳色者，禮之通例，衣與冠同，履與裳同也。以玄裳爲正者，以上士之服爲正，不取下二等也。○注云：絇之言拘也，以爲行戒，狀如刀衣鼻，在履頭。漢《王莽傳》勾履注：「孟康曰：『今齊祀履舃頭飾也，出履一二寸。』師古曰：『其形岐頭。』」劉氏璋曰：「履頭以條爲鼻，或用繒一寸，屈之爲絇，所以受繫穿貫也。」《附録》。○注云：繶，縫中紃也。疏云：縫中紃，謂牙底相接之縫中有條紃也。○注云：純，緣也。疏云：緣，謂繞口緣邊。○綦，《内則》「履，著綦」注：履繫也。疏云：履頭施繫，以爲行戒。或履上自有繫，以結於足也。《曲禮》疏又引《隱義》云：「古者履頭鼻綦繩相連結之。」朱子曰：「綦，鞋口帶也。古人皆旋繫，今人只從簡易，綴之於上，如假帶然。」○疏云：《屨人》注：「凡舃之飾，如繢之次，凡屨之飾，如繡之次也。」對方爲繢次，比方爲繡次。白與黑、黑與青，爲繡次之事也。今次爵弁纁履，取對方繡次爲飾。爵弁是祭服，故飾與舃頭同也。○温公《書儀》「黑屨白緣」注云：屨有五色，近世惟赤、黑二舃，赤貴而黑賤。今用黑屨白緣，亦從其下。○黄勉齋作《文公行狀》云：「先生未明而起，深衣、幅巾、方屨，拜家廟及先聖。」○丘氏曰：「履順裳色，深衣裳既用白，則履亦合用白矣。若黑履，又當以青爲飾，不用白也。」《儀節》。○欽按：今要制白履，宜以細白棉布作圓頭履，略如僧履樣，而以黑絛作絇繶，以黑繒爲純綦。然今華人大概紅方屨爲儒履也。

白履圖

赤履圖

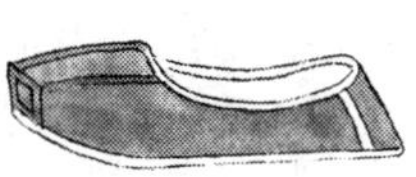

古士齋祭服説

《郊特牲》：「太古冠布，齊則緇之。」《玉藻》：「玄冠綦組纓，士之齊冠也。」注云：玄冠，委貌也。又注《士冠》「委貌」云：委，猶安也，言所以安正容貌。陳氏《禮書》云：「蓋太古之齊冠以緇，後世齊冠以玄。」止此。鄭注云：綦，艾，雜色也。疏云：《説文》：「綦，蒼艾，是雜色也。」「綦組綬」注疏。《周禮》「士齊服有玄端、素端」注云：士齊有素端者，亦爲禮荒有所禱請，變素服。端者，取其正也。士之衣袂皆二尺二寸，而屬幅，是廣袤等也。其袪尺二寸。又《士冠禮》：「玄端，玄裳、黄裳、雜裳可也，緇帶爵韠，黑屨，青絇繶純。」注云：玄端，即朝服之衣，易其裳耳。上古玄裳，中士黄裳，下士雜裳。雜裳者，前玄後黄也。又注「玄冠朝服」云：朝服者，十五升布衣。衣不言色者，衣與冠同也。緇帶，黑繒帶也。疏云：謂以黑飾白繒帶也。韠，即韍也，祭服謂之韍，朝服謂之韠也。爵色見下。注云屨者順裳色，玄端黑屨以玄裳爲正也。絇繶純説具上。陳氏《禮書》云：「蓋齋則衣裳皆玄，非齋則裳不必玄。」止此。《郊特牲》：「齊之玄也，以陰幽思也。」嚴陵方氏曰：「凡物之理，陰則静，陽則動，幽則深，淺則明矣。天機之動，不足以守静；天機之淺，不足以極深。而哀樂欲惡，貳其心矣，豈所以致其思也？故必貴乎以陰幽也。」《大全》。○《雜記》「士弁而祭於公，冠而祭於己」注云：弁，爵弁也。冠，玄冠也。祭於公，助君祭也。疏云：祭於己，自祭廟也。止此。《士冠禮》「爵弁服，纁裳、純衣、緇帶、韎韐，纁屨，黑絇繶純」注云：爵弁者冕之次，其色赤而微黑，如爵頭然。纁裳，淺絳裳。純衣，絲衣也。餘衣皆用布，唯冕與爵弁服用絲耳。先裳後裳者，欲令下近緇，明衣與同色。欽按：衣冠同色，禮之通例，而獨此不然，故變其文。韎韐，緼韍也。《玉藻》注云：緼，黄赤之間色。《特牲禮》：特牲饋食，士祭禮也。「主人冠端玄。」疏云：謂玄冠玄端也。下言玄者，玄冠有不玄端者。不玄端，則朝服。下記云「助祭者朝服」，謂緇布衣而素裳。欽按：玄端朝服，大同而小異處，或朝服色緇而不玄，或其袂不必端正也。陳氏《禮書》云：「玄端，齋服也，諸侯與士以爲祭服。《玉藻》『玄端以祭』、本文云：諸侯玄端以祭。注：祭先君也。《特牲禮》『冠端玄』是也。然諸侯與士之於祭祀，其齋則同，故皆玄冠以一其誠。其分則異，故殊組纓以辨其守。天子、諸侯、大夫齋祭異服，士齋祭則一，於冠端玄而已。」○《周禮・内司服》：「掌王后之六服。士緣衣。」緣，吐亂反，又作褖，或作稅。注云：男子之褖衣黑，則是亦黑也。婦人尚專一，德無所兼，連衣裳不異其色。六服皆袍制，以自縛爲裏，使之張顯。縛即本文素沙也。注云：今世有沙縠者，名出于此。疏云：鄭注《士喪禮》：「褖之言緣，《爾雅》云：赤緣謂之褖。黑衣裳，以赤緣之。」欽按：男子襲時，玄端之裳，而衣裳相連，如婦人服，故亦名褖衣，但不赤緣而已。《士昏禮》「女次，純衣纁袡」注云：次，首飾也，今時髲也。純衣，絲衣。女從者畢袗玄，則此衣亦玄矣。袡，亦緣也。凡婦人不常施袡之衣，盛昏禮，爲此服。又《周禮・追師》注云：次，次第髮長短爲之，所謂髲髢。出少牢禮。外内命婦，衣褖衣者服次。《昏禮》「女次，純衣，攝盛服耳」疏云：純衣，即褖衣。據「士服爵弁，親迎，攝盛」，則士之妻服褖衣，首服次，亦攝盛。又本疏云：士服爵弁助祭，則士妻亦服褖衣，助祭之服也。又「屨人」疏云：婦人質不殊裳，屨舄皆同裳色。止此。《特牲禮》「主婦纚笄，宵衣」注：纚笄，首服。宵，綺屬也。此衣染之以黑，其繒本名曰宵，《記》有玄宵衣。《玉藻》。凡婦人助祭者同服也。又《士冠禮》「緇纚，廣終幅，長六尺」注云：終，充也。纚一幅長六尺，足以韜髮而結之也。疏云：人髮之長者，不過六尺。纚六尺，故云足韜髮。既云韜髮，乃云結之，則韜訖乃爲紒也。本疏云：笄，安髮之笄。婦人笄，對男子冠。宵衣，是綾綺之屬，此字據形聲爲綃。止此。《説文》：「綃，生絲繒也。」一曰綺屬。又云：「綺，文繒也。」師古曰：「今細綾。」《韵會》。《釋名》：「綺，欹也。其文欹邪，不順經緯之縱横也。綾，凌也，其文望之如冰凌之理也。」《通雅》云：「織素爲文曰綺，光者曰綾。」○《周禮》：「鍾氏染羽：三入爲纁，五入爲緅，七入爲緇。」注云：染纁者，三入而成。又再染以黑，則爲緅。緅，又《禮俗文》作爵，言如爵頭色也。又後再染以黑，乃成緇矣。凡玄色者，在緅緇之間，其六入者歟？欽按：凡黑色帶赤者爲吉色，玄緇之類是也。其帶青者，黲也。《説文》：「黲爲淺青黑。」先儒以爲忌日之服色。又縓，音遷。古禫冠之繒白經黑緯。唐制用淺墨絶，亦爲近黲。若以黲而濃之，則深蒼褐之類。蓋今墨染皆凶色也。○《玉藻》「士不衣織」注云：織，染絲織之。士衣染繒也。疏云：織者，前染絲後織者。此服功多色重，故士賤不得衣之也。大夫以上衣織，染絲織之也。○欽按：古者后夫人，皆有親蠶之禮。而王后親織玄紞，冠之垂前後者。公侯之夫人加之以紘綖。紘，纓之無緌者。綖，冕上之覆也。自大夫之命婦以下，乃成祭服。庶士之妻，皆衣其夫。今爲士庶之妻者，不可不自造祭服矣。○張子曰：「齊則深衣，祭則緇帛，通裁寬袖。」《理窟》。

士庶盛服説

欽按：《中庸》「齊明盛服，以承祭祀」、《王制》「燕衣不踰祭服」。《論語》：「子曰：『禹惡衣服，而致美乎黻冕。』」注云：損其常服，以盛祭服。止此。凡奉祭祀者，不可不盛其服。在宮者章服品定，不得相踰。本朝古今大概遵唐制，其卑官及無位之制服，六位深緑衣，七位淺緑衣，八位深縹衣，初位淺縹衣，並皂縵頭巾，注云：縵，無文繒也。木笏，謂職事。烏油腰帶，白袴烏皮履。無位，謂庶人服制亦同也。皆皂縵頭巾，黄袍，裁縫體勢一如朝服也。烏油腰帶，白襪皮履。朝廷公事即服之，尋常通得著草鞋。家人奴婢，橡墨衣。橡，櫟木實也，以橡染繒，俗云縵橡衣也。此條無白袴者，文之省略也。命婦六位以下，初位以上，並著義髻，謂以他髻飾自髪，是爲義髻。衣色准男夫，深淺緑紕帶，在傍爲紕也。欽按：在字上恐脱「緑」字。縹纈紕裙；，爲纈文也。初位去纈，白襪，烏皮履。官人欽按：謂無位官人也。深緑以下兼得之，紫色以下上注云，一位深紫衣，三位以上淺紫衣，四位深緋衣，五位淺緋衣。少。少用者，聽謂用細帶等之類也。緑縹紺纈謂三色纈，各得特用，不得交色以爲纈。其不顯深淺者，即得通服耳。及紅裙。止此。此令變遷，其後士庶制服未審。嘗聞諸知禮者，大抵士庶無官者禮服，著立帽，今云立烏帽子。服圓領，白布衫，今云净衣。以紅中衣托之，今云赤下襲。以折帽、今云折烏帽子。青襖訓須亞思，言其色純青也。後染爲雜文。爲行出之服。既而立帽、白衫，特爲祠祝及仕下之服。今稱白張。有官者以烏帽直垂爲便服，直垂，訓飛太太列，直領交垂，制似青襖，用布爲之。有畫文，白布爲裏，今變爲大紋。其用絹製爲水干。袴稱長絹。士庶之服，唯有青襖耳。人情愈赴簡便，兵革屢起，尚武輕文士，夫遂釋去直垂之袖，故亦去青襖之袖，就前襞積，稱之肩衣，或云始于茶廬之會。昔者通服長袴曳地，出則縛于膝下，稱爲指貫。後來製短袴不曳地。然不著帽袴而見人及出外者，甚以爲不恭。天正以降，士民平居出行，往往不復著袴，月額過頂，椎髻出項，其戴巾笠者，見人則必脱却，以露髻爲禮貌。文物禮俗之廢，流變夷狄，而不知也，可勝嘆矣哉。竊謂僧家之禮數法物，大概採之吾儒，如其衣服，袈裟偏衫之外，皆用時俗巾衫，所謂直裰，即縫掖也。説《楊升庵集》。猶此間顯密之僧，取朝服製法衣，故皆宜以行其禮。而今士庶烏帽、青襖，不便行禮；椎髻、肩衣，不可行禮。彼假者且公行，况真以儒服行儒禮，有何不可者乎？然中夏儒服，亦與時變革，幸古深衣之制度，先儒考索詳密，今可遵而修之。邦俗亦有知其名者，宜可爲士庶奉祭之盛服也。其佗朱子《家禮》所舉之盛服，《丘氏儀節》既云且不得其制，則不可强考矣。今明人遺服，方巾、圓帽、道袍便服、野服、被風之類，世間亦有識者。道袍便服，可以爲省服；野服被風，可以代道服而加袴上，不至駭俗，則用以從小節，亦可也。婦人之服，不可反古，亦難用儒服。但於今者垂髢畫眉旁帶今云沙槖穩昆。腰卷，可以爲士庶妻女之盛服，或云「士家婦女，著長髢、服長袴亦無妨」，其省服則可稱時宜矣。

追遠疏節通考四

薦享豐約説

《王制》：「庶羞不踰牲。」《論語》：「子曰：『禹菲飲食，而致孝乎鬼神。』」程子曰：「凡奉先之禮，當厚乎奉生者。」欽按：生，謂祖考之存。晉賀循《祭儀》云：「禮貴勝財，不尚豐，貧而不逮，無疑於降。大夫降視士，士降從庶人，可也。又不及，飯菽飲水皆足致敬，無害於孝。」《通典》。或問：「祭禮，古今事體不同，行之多窒礙，如何？」朱子曰：「有何難行？但以誠敬爲主。其他儀則，隨家豐約。如一羹一飲，皆可自盡其誠。」《語類》。又曰：「禮文品物當少損，或但一獻無祝可也。」《學的》。又曰：「凡祭，主於愛敬之誠而已。貧則稱家之有無，疾則量筋力而行之，財力可及者則當如儀。」《家禮》。劉氏璋曰：「凡祭祀品味，亦稱人家貧富，不貴豐腆，貴在修潔，罄極誠慤而已。」《附録》。王氏曰：「薦享之味，貴乎新潔，稱家之有無。大豐則近乎僭侈，大儉則近乎迫隘，皆君子所不取。惟豐儉適中，可以常守禮。有力，則或一羊，或一豕，前期一日宰之，如儀致祭。無力，則庶饈，否則市肆售之亦可。人之貧富不同，富者易爲，貧者難辦。若必拘牲牢品物，必因此廢孝祀之禮，甚不可也。切不可厚自奉，而薄其祖考，戒之戒之。」《正衡》。

欽按：夫禮，以分爲大。祭祀之奉，固可莫敢僭越極盛，然分得爲也，方得及也。但恐其費財而不舉之，是惟利之謀，而不知有義也，未足以論孝敬之厚薄矣。○《郊特牲》：「籩豆之薦，水土之品也。不敢用常褻味而貴多品，所以交神明之道也，非食味之道也。」注云：水土之品，言非人常所食。疏云：不敢用常褻味而貴多品者，言物多而味不美也。所以交接神明之義，取恭敬質素，非如人事飲食美味之道也。止此。《祭統》：「水草之菹，陸産之醢，小物備矣；三牲之俎，八簋之實，美物備矣；昆蟲之異，草木之實，陰陽之物備矣。凡天之所生，地之所長，苟可薦者，莫不咸在。」唐崔沔曰：「祭禮之興，肇太古，人所飲食，必先嚴獻。未有火化，茹毛飲血，則有毛血之薦；未有麴糵，污樽杯飲，則有玄酒之奠。施及後王，禮物漸備，作爲酒醴，伏其犧牲，以致馨香，以極豐潔，故有三牲八簋之盛，五齊九獻之殷。然以神道至玄，可存而不能測也，祭禮至敬，可備而不可廢也，是以毛血腥爛，玄罇犧象，靡不畢登於明薦矣。」《文獻通考》。欽按：祭饌同多品爲貴，然亦有定數。《禮器》云「薦不美多品」，蓋戒其踰禮者也。且飲饌之制，古今異宜，和漢殊俗，故只得隨時尚，以致其芳鮮而已。然珍品難給，褻味近狎，皆非事神之道。又况務繁雜而妨誠敬，最爲不可也。凡禮文品物，當稍遵典儀，而存古意，是祭之以禮，而敬神之至也。如今饗膳高盛之類，華人所謂牙盤餖飣也，貴官用之爲稱禮矣。○楚屈到嗜芰，屈到，楚卿。有疾，召其宗老而屬之，家臣曰老。宗老，爲宗人者。曰：「祭我必以芰。」及祥，宗老將薦芰，屈建命去之。建，屈到之子，子木也。宗老曰：「夫子屬之。」子木曰：「不然。夫子承楚國之政，其法刑在民心而藏在王府。其祭典有之曰：國君有牛享，大夫有羊饋，士有豚犬之奠，庶人有魚炙之薦，籩豆、脯醢則上下共之。不羞珍異，不陳庶侈，夫子不以其私欲干國之典。」遂不用。《國語》。孫應鰲曰：「屈建之事屈到可爲正。然禮曰『孝子於親，思其所嗜』，而曾子不忍嗜羊棗，是或一道也。」《國語評》。欽按：祭饌有常，禮之正也。然孝子見父母之所嗜，則思薦之，亦不可已之情也。但配食合享，不可異陳，而奉之於諱日特筵，亦如事生之義也，况於所嘗屬者乎。

燭説

《周禮》：「司烜氏，掌以夫遂取明火於日，以鑒取明水於月，以共祭祀之明齍、明燭。」注云：夫遂，陽遂也。明燭，以照饌陳。疏云：明者，潔也。祭日之旦，饌陳於堂東，未明，須燭照之。欽按：質明臨祭之後，似無所須燭照。然點起燈燭，煌煌相映，有助於緝熙存敬。當至於闔門而後滅之。若不能取明火，則夙興取木石之火，可以共照饌及爇香爨薪之用也。道家具香燈祀神，蓋有光氣降神之意，亦不必取此矣。

香說

《瓊山》丘氏曰：「《郊特牲》『焫蕭合羶薌』，羶，音馨。薌，音香。欽按：此指黍稷。此雖諸侯之禮，後世焚香祭神，實取此義。」《儀節》。又曰：「按：古無今世之香，漢以前止是焚蘭芷蕭艾之類，後世越入中國，始有之。雖非古禮，然通用已久矣，鬼神亦安之矣。」同上。又曰：「凡祭皆以感神，以氣合神者也。黍稷必馨，酒殺必芬芳，用椒，用桂，用蕭，用鬱金草，皆以香氣求神，神以歆饗此氣耳。由此言之，後世爇嶺海之香木，以代鬱鬯，當作焫蕭。亦此意。其氣之芬馥清遠，有非蕭桂鬱金所及者，用之以祀神，禮所謂以義起，此亦其類歟。」《大學衍義補》。欽按：東方朔《述異記》載海南之香，則當時中原既用南香。《孝經援神契》云：「古者祭祀有燔燎，至漢武帝祀太一，始用香燈。」《古今事物考》。又「晉中郎盧諶，近古知禮者也」，見《崔浖議》《初學記》載其所著《祭法》云：「香爐，四時祠，坐側皆置。」止此。坐，蓋謂神坐也，是亦可見祭享用香之久矣。又按：宋曾旼曰：「周人以氣臭事神，近世易之以香。按何佟之議，以爲南郊、明堂用沉香，本天之質，陽所宜也；北郊用上和香，以地於人親，宜加雜馥。」《文獻通考》。何氏之議，在梁武帝時。然則用沉香，亦其來已尚矣。今世以奇南爲佳品，亦出西南夷，沈香之一類別種云。蓋以香供神，起于道流，後賢因俗以寓古禮。且香之爲物，上以通神明，下以避邪穢，其用最切。凡終祭之頃，莫使香氣斷熄，須別設香架，篆香塵於爐中，或擇香線佳者炷之。

茅沙説

茅苴圖

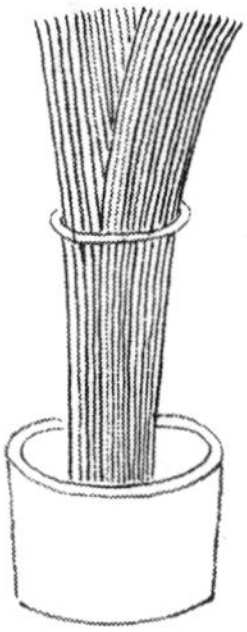

此圖出陳氏禮書。欽按：是茅苴未用之前，實于筐而饌于西坫之圖也，與後世茅盤似而非也，故今並置而辨之。

茅盤圖

此今據劉璋茅盤之説而擬剏之。截白茅八寸，以紅絲束之，徑三寸許，並用圓尺，以青磁區闊尺許盛之，以洗淨白沙擁住之，或用海濱采石豆許，以取淘淅之便。

《周禮》：「司巫，祭祀則共蒩館。」蒩，又作租，通作苴。注云：蒩之言藉也，祭食有當藉者。館所以承蒩，謂若今筐也。《士虞禮》曰：「苴刌茅長五寸，實于筐，饌于西坫上。」又曰：「祝盥，取苴降，洗之，升，入設于几東席上，東縮。」縮，從也。又曰：「命佐食，取黍稷，祭于苴三，取膚祭，膚脅革肉。祭如初。祝取奠觶，祭亦如之。」陳氏《禮書》云：「士虞有苴，特牲、少牢吉祭無苴，而司巫祭祀共蒩館。則凡王祭祀有苴矣。賈公彦謂『天子諸侯尊者禮備』，《士虞正箋》。於理或然。」〇又《周禮・甸師》「祭祀共蕭茅」注：鄭興曰：「蕭字或爲縮，束茅立之祭前，沃酒其上，酒滲下去，若神飲之，故謂之縮。縮，滲也。故齊桓公責楚不貢包茅，王祭不共，無以縮酒。」杜子春曰：「蕭，香蒿也。」鄭玄曰：「焫蕭，合馨香者，《郊特牲》文。是蕭之謂也。茅以共祭之苴，亦以縮酒。縮酒，泲酒也。醴齊縮酌。」《司尊彝》文。欽按：《禹貢》荆州之貢，包匭青茅，孔安國傳云：「菁以爲菹，茅以縮酒。」《正義》解其縮酒，並引二鄭之説，而云未知誰同孔旨。許氏《説文》「莤」字注一如先鄭之義，且引《左傳》。而「縮」作「莤」，杜預《左傳》注亦取此義。陳氏《禮書》從後鄭之説，而云《司尊彝》「醴齊縮酌」，縮然後酌，則其縮不必束而立之祭前。欽按：《士虞禮》「設苴于几東席上，東縮」，縮，縱也，是藉祭之苴，亦卧置而不立也。又鄭玄《士虞》「祭于苴」注云：孝子始將納尸，以事其親，爲神疑於其位，設苴以定之耳。疏云：是解預設苴之意也。陳氏《禮書》謂此説不可考。〇《文獻通考》「宋享太廟儀」注云：執爵祭酒，三祭於茅蒩。止此。程子曰：「古者灌以降神，故以茅縮酌。」《性理》。朱子曰：「設束茅聚沙於香案前，及遂位前地上。」本注。馮氏曰：「香案前茅沙，乃降神之茅沙；逐位前茅沙，乃主人代神祭者。聚沙，是聚沙于地，擁住茅束。」《正衡》。欽按：程朱家禮之茅束，蓋本藉祭之藉，而其制用先鄭立于祭前之説。其酹酒之茅，却寓瓚灌降神之意。後鄭泲酒之説，則初不相干矣。○或問：「今俗用茅三束，盤載以酹，何歟？」馮氏曰：「程子謂降神酹酒，必澆于地，《家禮》亦同。但與代祭澆酒，多寡不同耳，未聞用盤也。至劉璋《補注》祭初祖條，始有茅盤，用甆匾盂廣一尺，或黑漆小盤，截茅八寸餘作束，束以紅，立于盤内。劉必有考，但不注於時祭各條，又恐止宜初祖，不敢據也。莫若降神則澆于地，代祭則澆于盤，未知可否。」曰：「茅用一束，或用三束，何也？」曰：「按初獻條注，用酒三祭于茅束上。三祭者，滴三滴酒于茅上，非三束茅也，豈誤其數與？」《正衡》。欽按：《丘氏儀節》通禮祭器條有茅沙盤，是諸祭通用茅盤也。此間無祭酒之禮，且往往棧席上行事，故止設酹酒一盤而足矣。○《禹貢》「包匭菁茅」，孔傳云：「匭，匣也。菁以爲菹，茅以縮酒。」《音注》鄭云：「茅有毛刺曰菁茅。」《左傳》注：亦菁茅爲一物，而蔡氏《書傳》從之。《史·封禪書》：「江淮之間，一茅三脊，所以爲藉。」蔡《傳》云：菁茅既包而匣之，所以示敬也。《通雅》云：「《括地志》辰州瀘溪有包茅山，《武陽記》山出包茅，有刺而三脊，今訛爲苞茅。兩廣湖南皆生之，有刺；其生江右江東者，小而無刺，但葉邊毛能割手耳。」蔡傳亦取辰州之茅爲證。《本草綱目》云：「香茅，一名菁茅，一名璚茅，生湖南及江淮間，葉有三脊，其氣香芬，可以包藉及縮酒，《禹貢》所謂荆州包匭菁茅是也。」《通志》云：「茅類甚多，惟白茅擅名。」《埤雅》云：「茅體柔而理直，又潔白，故先王用之以藉，亦以縮酒。」欽按：《易》云「藉用白茅，无咎」，《詩》云「野有死麕，白茅包之」，古人尚白茅如此，祭禮常用，蓋皆是也。菁茅北地不生，今莫如用白茅。白茅所在有之，其芽稱荑。訓都拔奈人，握食之。夏月求生浄地者，暴乾數日而收之，則縹白可愛。若吐穗後採之，則失潤色。和州葛城有舊識，採山中所生白茅，歲送致之，長三四尺，鮮潔足貴。

玄酒説 附明齍明水

《周禮》：「司烜氏，掌以夫遂取明火於日，以鑒取明水於月，以共祭祀之明齍、明燭。共明水。」注云：取日之火月之水，欲得陰陽之絜氣也。明者，潔也。明燭，以照饌陳；明水，以爲玄酒；明齍，粢同。謂以明水修滌粢盛黍稷。疏云：玄酒，井水也，玄酒與明水別，而對則異，散文通謂之玄酒。止此。《禮運》疏云：玄酒，水也，以其色黑謂之玄。而太公無酒，此水當酒所用，故謂之玄酒。止此。《士冠禮》注云：玄酒，新水也。雖今不用，猶設之，不忘古也。《郊特牲》「玄酒明水之尚」疏云：陳列酒尊，明水在五齊之上，泛齊、醴齊、盎齊、緹齊、洗齊，爲五齊。玄酒在三酒之上，事酒、昔酒、清酒，爲三酒。是謂尊尚其右，故設尊在前也。朱子曰：「取井華水爲玄酒，盛以小瓶。」本注。欽按：士庶祭享，宜從簡省，不用玄酒亦可。又明水最難取，當夙興汲甘潔之水，以具淅米泡茶之用。

祝版説附案坫

欽按：古者祝辭，書之於册。《周書》云「納册于金縢之匱中」，又云「逸祝册，惟告周公其後」是也。《儀禮》饗辭皆口誦，蓋其言不多也，或大夫士不得用册也。後世代册以木版，大祀或用玉簡。杜氏《通典》云：「廣德二年，禮儀使杜鴻漸奏：『郊廟大祀祝文，自今以後，依唐禮，板上墨書。玉簡金字者，一切停廢。如允臣請，望編爲恒式。』勑旨宜用竹簡。」止此。○《通雅》云：編策爲簡，簡容一行字。然則用板者尚質也。唐宋太廟祭儀禮畢則燔板。朱子《家禮》紙書祝文，而粘于版，焚文而留版，從簡耳。○朱子曰：「凡言祝板者，用板長一尺五分，高五寸，以紙書文粘其上，畢則揭而焚之。」本注。《家禮正衡》云：「若祝板稍高大亦不妨，太小，則字多恐不堪書也。」欽按：祝版諸圖皆如硯屏，其大蓋無定法。《頖宮禮樂疏》云：以木爲高九寸，闊一尺二寸，用白紙寫祝文，粘版上。止此。圖式如硯屏，不言緣法，蓋素木也。又朝鮮《五禮儀》云：「祝版以松木爲之，長一尺二寸，廣八寸，厚六分尺，用造禮器尺。」止此。無其圖式，此蓋備幡也，或是並諸侯之制。今宜可從《家禮》之説，若字多，則寫紙兩片，而粘于兩面亦得。欽今擬造者，亦用硯屏之制，以烏木爲跗高四寸四分，長一尺一寸，框間相距一尺，兩框裹面及腰隔上邊，皆有插板之槽相通。用桐版長一尺四分，高六寸四分，厚四分八，入樞二寸二分，兩端各從角裁入寸餘，截去中間，直板輔之，以備反張，淡墨塗抹插于跗上，使可抽出，以便捧讀。用紙長一尺，闊五寸，書祝文粘之，度用木匠尺，從《丘氏儀節》，止具一版。○又按：祝版舊無被，然欽謂未告神之前，不宜表暴其文，故以被覆之。其制如尊羃，正方一尺　寸，以緞絹爲表裏，有池有緣，四角繫墜子。○祝案式，《大明會典》云：「高一尺一寸，闊一尺九寸，長三尺三寸。」今制小卓子，長一尺五寸，闊六寸，高五寸，立版于其上。○祝坫，《開元禮》《祭儀》皆云祝版各置於坫。《五禮儀》坫式，内圓外方，以銅造之。今制如花瓶臺，長一尺八寸，闊八寸，高一寸半，焚祝文用之。

香案説附卓被

朱子曰：「龕外各垂簾，簾外設香卓於堂中，置香鑪、香盒於其上。兩階之間，又設香卓亦如之。」本注。《丘氏儀節》云：「每龕前各設一卓，兩階之間又通設一香案，上置香爐、香盒之類。」欽按：階間之香案，只是晨謁及告出入，不開中門時所用也。其堂上香案，《儀節》不言，是不常設也。《儀節》龕前之卓，是所以陳酒饌也，而本注不言，亦不常設也。今並不常設，待開中門行禮時設之爲是。《補注》云：「本注簾外設香卓，是各設一卓。兩階之間又設，是共設一卓也。蓋同堂異室，其禮如此。」止此。此説誤矣，本注亦止言設一香卓於堂正中耳。又階間香案，若開堂行事，則無所用，當移他所。時祭陳設圖新舊二本，皆無階間之卓者得之。《儀節》《正衡》等時節陳設，及家衆斂立二圖，並階間設卓，恐亦非也。階間香案若要從簡，中門外設一架，以炷線香亦可。○卓被。欽按：華人卓被，止掩前及左右三面。今擬香卓之被，縫如方囊而罩下之，以擁四周。更以畫版敷于卓面，便于列器。若行盛禮，則版上更加小被，其四邊垂下三寸，前垂兩帶，如式。

环珓説

欽按：古者祭禮，卜日用筮，至唐《開元禮》尚然。《家禮》用环珓，蓋亦從簡也。《字彙》云：「环珓，古以玉爲之。」止此。不知起于何時，韓退之《謁衡嶽》詩有「手持杯珓導我擲」句，僧貫休有《咏竹根珓子》詩，《禪月集》。魏仲先《竹珓环》詩亦云「誰製破筠根，還同一氣之分」。《瀛奎律髓》。《彊識略》引《演繁露》作卜教，云：「後世問卜于神，有器名曰盃珓者，兩蚌殻擲地，觀其俯仰以斷休咎。後人或以竹或以木斲削如蛤形，而中分爲二，亦名盃珓，言蛤殻中空狀如盃也。珓本合爲教，言神所告教。」《通雅》引《荆楚歲時記》曰：秋社擬教于神。俗字亦作筶，又作筊。宋太祖入高辛廟，卜竹杯筊，以一俯一仰爲聖筊。《石林燕詩》載。欽按：珓环一名照环，《便讀雜字》。字亦作筶筊、《世事通考》較杯。《琢玉雜字》。竹珓之制未審，欽制烏木蛤珓，香樟方盆。

祭器雜説通禮祭禮合條，并附新器

椅子。欽按：神位用椅者，華人象其生時坐容，而設卓子於其前。今人或造小椅纔可安主者，而置之龕中或卓上，非也。《儀節》云：「或用凳子亦可。」《居家儀禮》云：「設位地寬者，各用一椅一卓而並合之。地狹者，則用一凳一卓，考妣二位共之。」止此。按：凳，小床子也。今通用卓子，別制卑脚小卓可安二主者，設于高卓上，以奉考妣二位，或兩考兩妣共之亦得。盛禮則以囊樣卓被罩之。

卓子。《擊蒙要訣》云：「卓子若小，則雖合二三無妨。」欽按：卓子，大抵高二尺，長三尺，闊一尺五寸爲度，制樣隨宜，墨而漆之者佳。堂狹者連設之不拘位數。○神卓之外，庋饌菓之机卓，須隨所用具之。

椀楪。欽按：大小椀子及豆楪，每位或共九，或共七，隨力具之。凡椀楪盃盤之類，皆朱漆之，烏漆者爲凶也。若無力者，具磁碗碟盞及土盃。

膳案。欽按：凡食案，士庶人當用卑脚盤。若有力者，每位具正副兩盤。嘗聞之公卿家，古來尊者御饍用懸盤，訓加結枓。其用柏板造者，稱檜懸盤。訓飛加結枓，今俗呼爲公卿，又爲三方。是後世從儉之制也，雖然卿大夫，亦不得公用也。然則此二器及高脚臺盤之類，士庶家雖祭禮，不可僭用。又按：凡劈木素盤，及磁碗土盃之類，雖出于尚儉，然一再用乃易之，最副致潔之意，且可以通吉凶，今貴官家常用，稱宜矣。

盞子。大者奉茶，小者爲加爵，及盛塩醋之類，白磁青花並佳。其饌盞每獻各用一，或以一杯通承之，並隨數具之。

酒盃。用朱漆淺盃。

托子。制如常樣，棗漆爲雅。每位各一，茶酒通用，又別具進茶酒之平托子一。

酒尊。用花紋磁壺二，摺錦緞方帕掩口，紅條結之。若設玄酒，則用白磁壺一，以碧繒重蓋掩口，以碧條結之。

酒注。常用錫瓶一，摺白紙掩口，以采撚俗云水引。結之。盛禮用鍍金銅提，訓飛沙槩。以冪子掩之。冪制見祝版下。凡覆銚提，用金蝴蝶，王公之盛儀也，故以冪代之。

傾酒壺。欽制棗漆桶子，高六寸，徑四寸，圈足頂蓋。

酹酒瓶盞盤。　欽按：舊儀酹酒，助祭者過盞注酒，然士庶家堂狹，難展儀節，故今置瓶盞于茅盤左右，而主人自注酹。並以錫造之瓶，施嘴把以平托承盞，平盤承瓶，皆徑五寸，棗添髹之。

茶注。　亦用棗漆桶子。有嘴把者，別具泡茶磁瓶。若用磨茶，則具茶盒匙筅之類，以桶子注湯，茶托出上。

茶酒盤。　今制卑脚圓盤二，各徑尺餘，但稍大小以相疊。用時以酒盤承瓶盃托子及傾壺，以茶盤承注盞及點茶具，並以黄布巾覆之。

饌盒。　今用四層菓盒，其制方圓，描金、朱漆隨意具之。用以盛醎瓜獻饌，及侑食之飯。

受胙盤。　今用劈木素盤及土盃。

菓盤　凡告朔薦新，亦皆用素盤磁盞，又通用以爲時祭忌薦之菓盤。

香案鑪盒。　香案出上。香鑪，文王鼎、獅子蓋者爲雅。香盒，具香草，回紋剔紅及棗犀各一。

燭臺。　製樣隨意具一對。凡常用香鑪燭臺，須別具青磁者。

燈檠　用朱漆兩盤，檠白銅重盞。凡燭剪壺、燭筒，及香匙筯瓶、香餅銅盒，共附。

燈籠。　堂寬者二，狹者一，大則八稜，小則六稜。朱漆金彩碧紗籠或畫籠並佳。用琉璃盞或角盞燈而掛之。

盥盆帨架。《大明會典》盥案制，高二尺七寸五分，闊二尺三寸，長三尺。欽按：凡祠堂，磚地而行立儀，則宜設盥架。其制如小椅，或四方，或八角，臺上置盆，架上掛帨。別具水匜，而司盥者注之。執事者之盥無臺架。若棧席上行坐儀，則不用盥架，惟用盆匜，及以獨跗T字架掛帨，或就堂邊棄水處盥亦得。

屏風。六扇圍屏一，用以擁神坐，亦以易闔門，用家什新潔者亦可。三扇圍屏一，中扇闊三尺二寸，左右各半之，亦可以塞坐後，小祀用之。獨扇跗屏一，所用最多。若坐後欲掛被者，別制一椸，兩頭微昂如衣架，上横木以兩小柄架于跗屏上，以被掛之。被用暹羅錦纈布，貴官宜用錦繡。

布幕。垂于堂檐，而遮内外。

晨謁説

司馬温公《影堂雜儀》云：「每旦，子孫詣祠堂前唱喏。」《補注》。朱子曰：「主人晨謁於大門之内。」本注。○《增韵》：謁，訪也。欽按：孝子每早謁祠堂，是存晨省之禮。葉賀孫問曰：「昔侍先生，見早晨入影堂，焚香展拜，而昏暮無復再入，未知尊意如何？」朱子曰：「向見今趙丞相，日於影堂行昏定之禮，或在燕集之後，竊疑未安。故每常只循舊禮，晨謁而已。」欽按：凡晨謁妻子弟姪之類，從主人拜亦無妨，忽恐其不可常而制止之。

告出入説

欽按：凡出入近者，或一日數次，每必瞻禮，恐涉太瀆，只經宿以上告之亦可。〇《擊蒙要訣》云：「諸子異居者，近出則不必拜辭。若遠出，則須就祠堂拜辭，如常儀，但不開中門。」主人外，餘人拜辭皆不開中門。

正至朔望參禮説

《祭法》：「天子立七廟，曰考廟，父。曰王考廟，祖父。曰皇考廟，曾祖。曰顯考廟，高祖。曰祖考廟，太祖。皆月祭之。遠廟爲祧，有二祧，享嘗乃止。諸侯立五廟，曰考廟，曰王考廟，曰皇考廟，皆月祭之。顯考廟、祖考廟享嘗乃止。」欽按：月祭，《周語》曰月享，《楚語》曰月祀。《周禮·太史》「頒告朔于邦國」注云：天子頒朔于諸侯，諸侯藏之祖廟，至朔朝于廟，告而行之。止此。《玉藻》:「天子玄端，聽朔於南門之外，諸侯皮弁，聽朔於太廟。」《春秋・文公六年》:「閏月不告朔，猶朝于廟。」《論語》「子貢欲去告朔之餼羊」。蜀譙周《禮祭集志》云:「天子之廟，始祖及高祖祖考，皆月朔加薦，以象平生朔食也，謂之月祭。」《通典》。唐太常博士韋彤、裴諶等議曰:「月享，告朔也。殷周已降，皆有之也。薦園寢者，欽按:指朔望上食。始於秦代，漢氏因之。」○陳氏《禮書》云:「告朔於廟，餼以特牲，謂之月祭，此先王之禮也。魯文公不行告朔之禮，但身至廟拜謁而已，故《春秋》譏之。《穀梁》言天子告朔于諸侯，諸侯受于禰廟，禮也。《祭法》諸侯月祭，不及祖考，其説與《穀梁》同，不知何據然耶?」○《士喪禮》「朔月奠，用特豚、魚腊」，又曰「月半不殷奠」。注云:朔月，月朔也。自大夫以上，月半又奠。殷，盛也。士月半不復如朔盛奠，下(奠)〔尊〕者。《文獻通考》云:「漢時廟，歲二十五祠。」如淳云:「月祭朔望如臘，爲二十五。」止此。唐韋彤、裴諶等議曰:「謹按禮經，前代故事，宗廟無朔望祭之儀，欽按:祭指上食。園寢則有朔望上食之禮。」又曰:「陵廟近也，親親也，朔望奠獻，尚潔致豐，宜備常膳，以廣孝也。宗廟遠也，尊尊也，禘祫時享，告朔薦新，宜崇古制，亦正禮也。」程子曰:「每月告朔用茶酒。」《考證》司馬温公曰:「凡月朔，則於影堂裝香，具茶酒，常食數品。月望不設食。」《補注》引《影堂雜儀》。朱子曰:「正至朔望則參。」《家禮》。《廣韵》:參，覲也。又曰:「朔旦家廟用酒菓，望旦用茶。」《語類》欽按:朔望者，一月之小節也。臣子賀乎君父，而供酒饌，固情之宜也，不可以貴賤殊。凡喪在殯之禮，皆象生存，故大大士並有朔望之奠。孔子雖致仕，而吉月朝服而朝，漢宣帝令蘇武朝朔望，此類可以推見。古者告朔之禮，蓋亦因月享而行之耳，非月享出于告朔矣。○《文獻通考》述唐制云：「元正，歲之始；冬至，陽之復，二節最重祭。」《家禮或問》云：「『《家禮》於正至朔望，禮儀一例，而無特重元旦之文，何也？』曰：『一年惟一歲首，故《春秋》曰「春王正月」，又曰「履端於始」。今士大夫家，尚行四時之祭，或重冬至，豈有元旦而可與朔望二至八節一例乎？』」止此。《丘氏儀節》「時祭條」云：「元旦之祭，儀節並同，隨宜略殺。」止此。楊氏復曰：「先生云：『元旦則在官者有朝謁之禮，恐不得專精於祭事。某鄉里却止於除夕前三四日行事，此亦更在斟酌也。』」《附録》。《丘氏儀節》云：「除夕自有除夕之禮。履端之祭，隔年行之，恐亦未安。今朝廷于元旦行大朝賀之禮，而孟春時享，亦于別日行之。今擬有官者，以次日行事。」欽按：本邦無履長之賀，宜舉仲冬之祭于此日矣。

薦新説

陳氏《禮書》云：「《少儀》未嘗不食。注云：嘗，謂薦新物於寢廟。人子之於親，飲食與藥，必先嘗而後進；四時新物，必先獻而後食；寢廟之薦新，蓋亦推其事先之禮，以盡其誠敬而已。」

又云：「《既夕禮》『朔月薦新，不饋于下室』，注云：下室，如今之内堂。《檀弓》亦曰『薦新，如朔奠』，古人之重薦新如此。」又云：「古者祭必卜日，而薦新不擇日。祭有尸，而薦無尸。以無尸不出主，奠而不祭。有時物，而三牲黍稷，此薦之大略也。」漢及隋唐薦新，不出神主，但設神座。又云：「祭以致禮，而有常月；薦以致孝，而無常時。《周禮》王者享蒸之畋，皆在仲月，是祭有常月也。《月令》主者薦新，或於孟月，或於仲季，唯其時物，已是薦無常時也。」○後漢詔書曰：「凡供薦新味，多非其節，或鬱養强熟，或穿掘萌芽，味無所至而夭折生長。自今當奉祠陵寢，皆須時乃上。」唐四時各以孟月享太廟，室各用一大牢。若品物時新堪進御者，有司先送太常，令尚食相知，簡擇務令潔净，仍以滋味與新相宜者配之。《禮書》。《文獻通考》云：「詳定郊廟禮文所言，凡新物及時出者，即日登獻。」○程子曰：「月朔必薦新。」張子曰：「朔望用一獻之禮，取時之新物因薦，以是日無食味也。」朱子曰：「諸家禮皆云薦新用朔，朔新如何得合？但有新即薦于廟。」《語類》。《擊蒙要訣》云：「有新物則薦，須於朔望俗節并設。若五穀可作飯者，則當具饌數品同設，禮如朔參之儀，雖望日亦出主酹酒。若魚菓之類，及菽麥等不可作飯者，則於晨謁之時，啓櫝而罩獻，焚香再拜。凡新物未薦之前，不可先食。若在他鄉，則不必然。」欽按：《家禮》只於正至朔望之參，曰設新菓，而不别立薦新之儀，故今補此一條。大抵新味，當因朔望及節祀薦之，其不可待者，須臨時調進，若有君賜，可以爲榮者，則宜出主特薦之。

節祀説

朱子曰：「俗節，則獻以時食。」節，如清明、寒食、重午、中元、重陽之類。本注。問：「俗節之祭如何？」曰：「韓魏公處得好，謂之節祠，殺於正祭。某家依而行之。但七月十五素饌用浮屠，某不用耳。」《語類》。又曰：「節物所尚，古人未有，故止於時祭。今人時節隨俗燕飲，各以其物，祖考生存之日蓋嘗用之，今子孫不廢此，而能恝於祖宗乎？此恐大泥古，不盡如事存之意。」《答林擇之書》。又曰：「今之俗節，古所無有，故古人雖不祭，而情亦自安。今人既以此爲重，至於是日，必具殽羞相宴樂，而其節物亦各有宜，故世俗之情，至於是日，不能不思其祖考，而後以其物享之。雖非禮之正，然亦人情之不能已者。夫三王制禮，因革不同，皆合乎風氣之宜，而不違乎義理之正。正使聖人復起，其於今日之議，亦必有所處矣。」《答張南軒書》。欽按：本國俗節，惟以上巳、端午、中元、重陽爲重，各有節物，而相贈相賀，宜以時食薦于祠堂。人日上元、七夕、八朔之類，只因晨謁，開堂展拜亦可。若夫祭元旦，告除夕，則非俗節矣。

告事説

欽按：《家禮》本注：凡授官貶降及追贈之類，皆祝告之。今出仕者，雖無官爵，而加禄陞職及告請退休之類，亦皆告之。其追贈附注，朱子所謂焚黄者，《儀節》以黄紙録制書一通，而告畢焚之者也。《家禮考證》云：「馮鑑《續事始》：『唐貞觀中，太宗詔用麻紙寫詰勑文，高宗以白紙多蟲蛀，尚書頒下州縣，並用黄紙。』按：用黄紙，别無意義，以黄檗辟蠹，故染之紙。」欽按：《丘氏儀節》别作焚黄祭告儀。○又云：按禮，諸侯大夫士，有接子名子之禮，無見廟之文，獨賈誼《新書》有天子立世子之禮，《大戴・保傅》篇有大子始生見于南郊之文，疑朱子取此義也。今並載于左。賈誼《新書》：「古之聖帝將立世子，則帝自朝服，升自阼階上，(兩)〔西〕向。妣抱世子自房出，東向。太史奉書上堂，當兩階之間，北面立，曰『世子名曰某』者三。帝命世子曰『授太祖太宗與社稷於子』者三。妣曰『不敢』者再。至三命，曰『謹受命』，拜而退。太史以告太祝，太祝以告太祖、太宗與社稷。」《大戴禮・保傅》篇：「古之王者，太子廼生，注：顔師古曰：「廼，始也。」因舉以禮，使士負之，有司齊肅端冕見之南郊。過闕則下，過廟則趨。」鄭曰：「逕闕故下，望廟則趍，蓋先見于天，而後見于廟也。」○《擊蒙要訣》云：「凡神主移安還安，或奉遷他處等事，則告祭用朔祭之儀。若廟中改排器物鋪陳，或暫修雨漏處，而不動神主之事，則告祭用望參之儀。」告辭則臨時製述。欽按：禱救疾報病安之類，亦從上儀。凡告事，非急而重者，則因朔望參告之爲可。

祠堂備急說

《家禮》云：「有水火盜賊，則先救祠堂，遷神主、遺書。」欽按：士庶家數世神主，列于龕中，則急遽之際，少子弟僕令者最恐失措。堂竊擬制都笈，聚納諸主，形如厨子，其前可安四考位，而妣位在其後，祔主又在其後，皆連坐韜納之。常以都笈安于簾内龕中，凡朔望節祀之類，皆不出主，簾外列卓行禮。正旦及時享，則出主序位。忌日請遷主出主，而特祭之，還似省遷動露出之瀆，而增深閟敬遠之意。别制革韜及絡床子，以備負擔。

四時祭享說

《祭義》：「祭不欲數，數則煩，煩則不敬。祭不欲疏，疏則怠，怠則忘。是故君子合諸天道，春禘秋嘗。霜露既降，君子履之，必有悽愴之心，非其寒之謂也。春，雨露既濡，君子履之，必有怵惕之心，如將見之。」《公羊傳》：「春曰祠，夏曰礿，秋曰嘗，冬曰烝。亟則黷，黷則不敬。君子行祭也，敬而不黷。疏則怠，怠則忘。士不及茲四者，則冬不裘，夏不葛。」注云：四者，謂四時祭也。疏數之節，靡所折中，是故君子合諸天道，感四時物，而思親也。裘葛者，禦寒暑之美服。士有公事，不得及此四時祭者，則不敢美其衣服，蓋思念親之至也。杜氏《通典》云：「先王制禮，依四時而祭者，時移節變，孝子感而思親，故奉薦味，以申孝敬之心。」陳氏《禮書》云：「君子以義處禮，則祭不至於數煩；以仁處禮，則祭不至於疏怠。」吴氏曰：「天道三月一小變，而爲一時，一歲有四時，故君子之祭，取法于天道，而一時一祭。」

時祭用仲月説

《王制》：「大夫士宗廟之祭，有田則祭，無田則薦。」注云：既祭又薦，祭以首時，薦以仲月。何休曰：「有牲曰祭，無牲曰薦。」《公羊傳》注。杜氏《通典》云：「魏孝文詔曰：『夫四時享祀，人子常道。然祭薦之禮，貴賤不同。故有邑之君，祭以首時，無田之士薦以仲月。』」《文獻通考》云：「唐制，天子以四孟臘饗太廟，諸臣避之，祭仲而不臘。」

卜日說

《曲禮》："「卜筮日，旬之外曰『遠某日』，旬之内曰『近某日』。喪事先遠日，吉事先近日。」疏云：凡卜筮，天子諸侯有大事，則卜筮並用，皆先筮後卜。大夫士，則大事卜，小事筮。案《少牢》大夫禮，今月下旬筮來月上旬，是旬之外日也。主人告筮者云，欲用遠某日。《特牲》士禮，於旬初即筮旬内之日，是旬之内日也。主人告筮者云，用近某日。若天子諸侯，其有雜祭，或用旬内，或用旬外，其辭皆與此同，《少牢》《特牲》文不具也。注云：吉事先近日，孝子之心。吉事，祭祀冠昏之屬也。○《周禮·太宰》："「掌百官之誓戒。前期十日，帥執事而卜日，遂戒。」注云：誓戒，要之以刑，重失禮也。十日，容散齋七日，致齊三日。執事，宗伯大卜之屬。既卜，又戒百官以始齋。欽按：前期十日，除祭日而數之。《祭統》云「先期旬有一日，宫宰宿夫人」，《少牢禮》云「筮旬有一日」，皆通祭日而數之，其實無異。《太宰》疏文有可疑者，故不取之，當以《少牢》疏爲正。○《少牢饋食之禮》："「日用丁巳，筮旬有一日。主人曰『某孫某，來月丁亥，用薦歲事』云云。若不吉，則及遠日。」注云：内事用柔日，必丁巳者，取其令名，自丁寧，自變改，皆爲謹敬。必先諏此日，明日乃筮。丁未必亥也，直舉一日以言之耳。《禘于太廟禮》曰：

「不得丁亥，則己亥、辛亥亦用之，《郊特牲》「郊之用辛」注云：人君當齋戒自新。無則苟有亥焉者可也。」旬，十日也。以先月下旬之巳，筮來月上旬之巳。及，至也。遠日，後丁若後巳。疏云：案《曲禮》云：「外事用剛日，內事用柔日。」內事謂冠昏祭祀；出郊爲外事，謂征代、巡守之等。用丙戊庚壬爲剛日，乙丁巳辛癸爲柔日。本注云：順陰陽也，陽爲外，陰爲內。舉事尚朝旦，不可今日謀日即筮，是以此文云「日用丁巳」，乃云「筮旬有一日」，是别於後日乃筮也。以先月下旬之巳，筮來月上旬之巳，除後巳之前，通前巳爲十日，十日爲齊，後巳日則祭。若然，筮日即齋乃可。《禘于太廟禮》者，《大戴禮》文。鄭云：「此吉事先近日，唯用上旬。若上旬之内，不得丁、己以配亥，或上旬之内無亥以配日，則餘辰亦用之。」故《春秋》宣八年經書：「辛巳，有事於太廟。」又二年經書：「二月丁卯，大事于太廟。」昭十五年經書：「二月癸酉，有事于武宫。」桓十四年：「乙亥，嘗。」此等皆不獨用丁巳之日與亥辰也，蓋無則苟有亥焉可也。必須亥者，案《月令》云：「乃擇元辰，天子乃耕。」注云：元辰，蓋郊後之吉亥也。陰陽（或）〔式〕法，亥爲天倉，祭祀所以求福，宜稼于田，故先取亥。上旬無亥，乃用餘辰也。若上旬丁巳不吉，則至上旬又筮中旬丁巳；不吉，至中旬又筮下旬丁巳；不吉，則止不祭，以其卜筮不過三也。欽按：《月令》疏云：陰陽式法，正月亥爲天倉，以其耕事，故用天倉也。然則亥之爲天倉，特在正月耳。又《夏小正》「正月丁亥，萬用入學」，傳云：丁亥者，吉日也。止此。舍菜無祈穀之事，何用天倉？竊謂《説文》「亥，荄也」，蓋十月草木生氣歸根，祭祀用亥者，或取其報本之義也。張子曰：「祭之筮日，若再不吉則止，諏日而祭，更不筮。據《儀禮》唯有筮遠日之文，不云三筮，筮日之禮，只是二筮。先筮近日，後筮遠日，不從則直諏用下旬遠日，蓋亦足以致聽於鬼神之意，而祀則不可廢。」欽按：朱子《家禮》卜日本注一從横渠之説。○《特牲饋食之禮》「不諏日」注云：諏，謀也。士賤職褻，時至事暇，可以祭，則筮其日矣。不如《少牢》大夫先與有司於廟門諏丁巳之日。疏云：據士禮，先於上旬内筮，筮不吉，乃用中旬之内更筮；中旬又不吉，更於下旬内筮，筮不吉，即止。《開元禮》品官時享儀云：「前享五日，筮於廟門之外」。《通典》。欽按：士筮法，亦當從横渠、朱子《家禮》主士之制，而獨卜日用大夫禮，未審其意如何。

時祭用分至説

《文獻通考》云：「唐諸臣廟之制，祭寢者，春秋以分，冬夏以至日。」司馬温公作《文潞公先廟碑記》曰：「公採唐用元陽議，祀以元日、寒食，春秋分、冬夏至。」又《書儀》云：「孟氏説家儀，用二至二分。然仕官者，職業既繁，但時至事暇可以祭，則卜筮，亦不必亥日及分至也；若不暇卜日，止依孟儀用分至，於事亦便也。」《儀節》。張子曰：「祭祀用分至，四時正祭也。其禮特牲，行三獻之禮。」又曰：「祭用分至，取其陰陽往來，又取其氣之中，又貴其時之均。」《理窟》。或問：「舊嘗收得先王一本祭儀，時祭皆用卜日。今聞却用二至二分祭，是如何？」朱子曰：「卜日無定，慮有不虞。司馬公亦云只用分至亦可矣。」《語類》。欽按：士庶家事務繁冗，間劇無常者，將祭，不得早定期而告廟，宜以分至前三日告之即齋。若其日有故，則預以近日吉辰擇定，而前三日告廟。若又有故，則更退定，以其故告之。說見《擊蒙要訣》。〇《公羊傳》桓公八年注何氏曰：「天子四祭四薦，諸侯三祭三薦，大夫士再祭再薦。」解云：皆時王禮，《中霤禮》亦然。《穀梁》疏云：此記異聞耳。止此。《楚語》「士庶人舍時」注云：歲乃祭也。欽按：《公羊》記士之四祭，《王制》舉庶人四薦，則《國語》及何氏所引之禮，固皆異聞也。然人家合享祖考，心欲事備禮盛，故力不能舉四時，則且修二仲之祭，或春秋或冬夏。若闕一時，則退祭于後仲，亦似無不可者。

齋戒説

《祭統》：「齋之爲言齋也。齋不齋以致齋者也。是故君子非有大事，非有恭敬也，則不齋。不齋，則於物無防也，嗜欲無止也。及其將祭也，防其邪物，訖其嗜欲，耳不聽樂，心不苟慮，必依於道。手足不苟動，必依於禮。專致其精明之德也。故散齋七日以定之，散，上聲。致齋三日以齋之。定之之謂齋。齋者，精明之至也，然後可以交於神明也。是故，先期旬有一日，宮宰宿夫人。宮宰，守宮官也。宿讀爲肅，肅猶戒也。夫人亦散齋七日，致齋三日。君致齋於外，夫人致齋於內。」注云：外，謂君之路寢；內，謂夫人正寢，是致齋並皆於正寢，其實散齋亦然。止此。《周語》：「王即齋宮，百官御事，各即其齋三日。御，治也。」《祭義》：「致齋於內，散齋於外。齋之日，思其居處，思其笑語，思其志意，思其所樂，思其所嗜。齋三日，乃見其所爲齋者。」嚴陵方氏曰：「齋於內，所以慎其心；齊於外，所以防其物。」《集説》云：「五其字及下文所爲，皆指親而言。」止此。《孔子閒居》「七日戒，三日齋」注云：戒，謂散齋也。疏云：三日齋者，所謂致齋也。松雪潘氏曰：「有思則與物雜，故欲齋，齋者，所以齋不齋之思。有爲則與物敵，故欲戒，戒者，所以警不虞之患。」《易經會通》。《曲禮》：「齋者不樂不吊。」孔子齋必變食，居必遷坐。《論語》。《莊子》曰：「不飲酒，不食葷，是祭祀之齋也。」《檀弓》：「君子非致齋也，非疾也，不晝夜居於內。」注云：正寢之中也。《孟子》：「雖有惡人齋戒沐浴，則可以事上帝。」朱子曰：「惡人，醜貌者也。」楊子：「夫能存亡形，屬荒絶，唯齋乎？故孝子之於齋，見父母之存也，是以齋不賓。」謂不接賓。唐《開元禮》云：「散齋理事如舊，夜宿止于家正寢，唯不吊喪，不作樂，不判署刑殺文書，不行刑罰，不經穢惡。致齋，唯祀事得行，其餘悉斷。」又云：「道次不得見諸凶穢縗絰，過訖任行。其哭泣之聲聞於祭所者，權斷訖事。」《通典》。〇《擊蒙要訣》云：若路中猝過凶穢，則掩目而避，不可視也。陳氏《禮書》云：「鄭氏曰『散齋，不御、不樂、不吊』，《祭儀》注。則散齋雖豫外事，其他與致齋同矣。故不飲酒，不食葷，不賓，不鳴佩，喪者弗見也，不觸則不見也，凡不以哀樂惡欲貳其心也。」《頖宮禮樂疏》云：「凡戒，是沐浴更衣，别於乾净房舍宿歇，不飲酒，不食葱韮薤蒜，不問疾，不吊喪，不聽樂，不理刑名，不與妻妾同處，此便是戒。凡齋，是專一其心，十分謹慎，不思别事，才舉意時，便想着合祭那個神道模樣，如在虚空，如在頭上，如在面上，如此思想謹慎，便其心至誠，此便是齋。」〇《開元禮》品官時享儀云：「先享三日，主人及亞獻、終獻并執事者，各散齋二日於正寢，致齋一日於廟所。子孫及入廟者，各於其家清齋，皆一宿。」《通典》。朱子《家禮》「時祭章」云：「前期三日，主人率衆丈夫致齋于外，主婦帥衆婦女致齋于内。沐浴更衣，飲酒，不得亂，食肉不茹葷，不吊喪，不聽樂。凡凶穢之事，皆不得預。」本注。欽按：唐賈氏曰：「士不得散齋七日。」《少牢禮》疏。蓋士賤職褻，時至事暇，可以祭，則筮其日，是其所以不散齋也。《家禮》爲士而作，故唯致齋三日，而不分散致於三日之内也。然《通典》載南宋四時祭祀，皇帝散齋四日，致齋三日。止此。是當時雖天子亦散齋止四日耳。《擊蒙要訣》云：「前期三日告廟，未告廟前，亦須前期四日散齋。」止此。今士庶有暇者，亦從此制，則可謂用心厚矣。〇又按：《開元禮》云：「凡大祀之官，散齋四日，中祀三日，小祀二日。致齋，大祀三日，中祀二日，小祀一日。」《擊蒙要訣》亦云：「忌祭，則散齋二日，致齋一日，是因祭之大小，而定齋之輕重之例也。」〇又按：《家禮考證》引朱子《答陳同甫書》曰：「熹今年夏中，粗似小康，涉秋兩爲鄉人牽挽，蔬食請雨，積傷脾胃，遂不能食，食亦不化云。」又《自警編》宋真宗東封泰山，車駕發京師，上及百官皆蔬食。以此觀之，則古人致齋，不近酒肉，甚明。止此。愚謂朱子請雨之素齋，從鄉俗耳。封禪大概用道家之法，故亦在齋御素，蓋皆非古禮也。《周禮》「王齋，日三舉」注云：齋必變食。又云：殺牲盛饌曰舉。疏云：齋，謂散齋、致齋，齋必變食，故加牲體至三大牢。朱子注《論語》則曰：「變食，謂不飲酒、不茹葷。」蓋三舉盛饌，以崇其禮，與不御葷酒，以防氣血之淆亂，皆所以變食也，豈可以喫素爲變哉？今居齋食者，亦當以尚潔依禮爲要，而求珍品、用褻味，凡弄調飪之事，皆在所避。但齋不飲酒，古來通典，而《家禮》云「飲酒，不得亂」。考之禮籍，《周語》有言曰：「王即齋宮，乃淳濯饗醴。」謂沐浴飲醴也。未聞飲酒之説。朱子嘗曰：「祭祀有疾，則量筋力而行之」。止此。蓋此亦須自量耳。若夫忌日之齋，則恐當以酒肉並斷爲稱宜矣。

疾者不入祠堂説

《穀梁傳》：「有天疾者，不得入于宗廟。」昭二十年。《公羊》曰：「惡疾也。」注云：惡疾，謂瘖、聾、盲、厲、禿、跛、傴，不逮人倫之屬也。欽按：此以主祀者而言之，蓋使子弟代執事也，家梟或有此疾，則皆不可得與祭矣。○《通雅》云：「《説文》曰：『漢律，見姅變，不得侍祠。』故以丹的注面，謂月事也。」欽按：士庶家將祭，主婦見污而不與事，則多所闕，處之如何？竊謂臨時澡浴，而具修之事不避，亦可以在位參拜，而使子婦代奉獻。若污盛不可净，則廢之。

具修説

《周禮・太宰》：「享先王，則掌百官之誓戒，與其具脩。及執事眡滌濯。」注云：具，所當共。修，掃除糞洒。滌濯，謂溉祭器及甑甗之屬。止此。世婦掌祭祀之事，帥女宮而濯摡，爲齍盛。及祭之日，涖陳女宮之具，凡内羞之物。」注云：摡，拭也。爲，猶差擇。疏云：案《少牢》「饔人摡鼎俎，廩人摡甑甗，司宮摡籩豆」，皆使男子官，不使婦人，此天子禮有刑女及婦官，故與彼異也。祭祀黍稷，舂人舂之，饎人炊之，皆不使世婦，故此爲是差擇可知也。凡内羞之物，謂糗餌粉餈，案《少牢》皆從房中而來，故名爲内羞。○《丘氏儀節》云：「今人家貧富不同，不能皆立祠堂、置祭田、備祭器。其牲醴粢盛等物，臨時措辦實難。况禮久廢，行者頗少，不人人備也。苟非先事備物致用，講明演習，則其臨時失誤也，必多矣。須擬合用之器，合備之物，合用之人，先期置辦賃借挽請，庶不至失誤云。」

追遠疏節通考五

祭祀必親之説

《祭統》：「夫祭也者，必夫婦親之，所以備外内之官也。官備則具備。」陳氏曰：「國之祭，卿大夫相君，命婦相夫人。家之祭，衆子相宗子，備外官也；衆婦相宗婦，備内官也。具者，奉祭之物。」《小學句讀》。又云：「君子之祭也，必身親莅之。有故，則使人可也。」輔氏曰：「有故，謂疾病，或不得已之事已。既不能與，而時又不可失，則使他人攝之可也。」同上。《禮器》：「君親制祭，進血腥之時，斷制牲肝，洗於鬱鬯，入以祭神於室。夫人薦盎。盎齊。君親割牲，薦熟時，君親割牲體。夫人薦酒。」丘氏曰：「此雖諸侯之禮，由此而推，則士庶之家亦必夫婦親之可知矣。」《儀節》。《祭義》：「君牽牲，將薦毛血。夫人奠盎。君獻尸，夫人薦豆。主婦自東房薦韭醢。卿大夫相君，命婦相夫人。」此亦諸侯之禮。《特牲禮》：「夙興，主人服如初，玄端。立于門外東方，南面，視側殺。主婦視饎爨于西堂下。」注云：側殺，殺一牲也。炊饎黍稷曰饎，宗婦爲之。爨，竈也。

朱子曰：「主人帥衆丈夫，深衣，省牲，莅殺。主婦帥衆婦女，背子，滌濯祭器，潔釜鼎，具祭饌，務令精潔。未祭之前，勿令人先食，及爲猫犬蟲鼠所污。」本注。又嘗書戒子塾曰：「吾不孝，爲先公棄捐，不及供養。事先妣四十年，然愚無識知，所以承顔順色，甚有乖戾。至今思之，常以爲終天之痛，無以自贖。惟有歲時享祀，致其謹潔，猶是可着力處。汝輩及新婦等，切宜謹戒。凡祭肉臠割之餘，及皮毛之屬，皆當存之，勿令殘穢褻慢，以重不孝。」《附録》。劉氏璋曰：「往者士大夫家婦女，皆親滌祭器、造祭饌，以供祭祀。近來婦女驕倨，不肯親入庖厨，雖家有使令之人效役，亦須身親監視，務精潔。」同上。○張子曰：「祭禮從食者，必又有降，雖古人必須有此降殺，以明尊卑親疏。故今設祔位，雖以其班，亦須少退，其禮物當少損。其主祭者，於祔食者若其尊，則不必親執其禮，必使有司或子弟爲之。」又曰：「凡薦，如有司執事者在外庖爲之，則男子薦之；又如籩豆之類，本婦人所爲者，復婦人薦之。」《理窟》。

主婦說

漢鄭氏曰：「主婦，主人之妻。雖姑存猶使之主祭祀。」《特牲禮》注。司馬温公《書儀》云：「禮，舅没姑老，老，謂傳家事于長婦。不與於祭，主人主婦，必使長男長婦爲之。若或自欲與祭，則特於主婦之前參神畢，則升立于酒壺之北，監視禮儀。或老疾不能久立，則休於他所，俟受胙復來受胙辭神而已。」《附録》。

贊祝説

漢鄭氏曰：「贊，佐也。」《丘氏儀節》用禮生，而云：「按《書儀》祭禮注，引《開元禮》『有贊唱者位西南，西面』之文。況今禮廢之後，儀文曲折，行者無不參差。今擬用引贊一人，通贊一人，擇子弟或親朋二人爲之，先期演習，庶禮行之際，不至差跌。」欽按：通贊，立于階上不動，其贊唱通于始終，故謂之通贊。引贊，引導行禮者，就其處贊唱，故謂之引贊。○《説文》：「祝，祭主贊詞者。」《儀節》云：「祝，讀祝，兼致嘏詞。」《士虞》注云：祝亦執事。○欽按：凡祭禮儀節，參酌古禮及唐《開元禮》、宋以來諸儒家禮，而令稱本邦風俗之宜可也。

降神上香酹酒説

《郊特牲》：「周人尚臭，灌用鬯臭。鬱合鬯，臭陰達於淵泉，灌以圭璋，用玉氣也。既灌，然後迎牲，致陰氣也。蕭合黍稷，臭陽達於牆屋。故既奠，然後焫蕭合羶薌。音馨香。凡祭，慎諸此。魂氣歸于天，形魄歸于地。故祭，求諸陰陽之義也，殷人先求諸陽，周人先求諸陰。」注云：鬯，秬酒也。《王制》注。疏云：鬱合鬯者，謂鬯酒煮鬱金草加之，其氣芬芳調鬯也。又以擣鬱汁和鬯酒，使香氣滋甚，灌以圭璋用玉氣者，以圭璋爲瓚之柄也。瓚所以斞鬯也，主氣絜潤，灌用玉瓚，亦求神之宜也。注云：灌，謂以圭瓚酌鬯，始獻神也。已乃迎牲於庭殺之，天子諸侯之禮也。奠，謂薦孰時也。蕭，香蒿也，染以脂，牲腸間脂。合黍稷燒之。燎于爐炭。疏云：馨香，謂黍。止此。《祭統》：「夫祭有三重焉：獻之屬莫重於裸。」《大宗伯》注：裸之言灌。《說文》：「鬯以秬釀，鬱草芬芳，攸服以降神也。」注云：秬，黑黍也。服，服事也。陳氏《禮書》云：「商人尊神，而交神於明，故先樂而求諸陽。周人尊禮，而辨神於幽，故先裸而求諸陰。」欽按：宋神宗祭太廟，帝三上香，執瓚裸地。《文獻通考》。又司馬公及程朱家禮，皆先焚香而後酹酒，蓋亦取商人先求諸陽之義也歟？○《白虎通》引《王度記》曰：「天子鬯，諸侯薰，大夫芑蘭，士蕭，庶人艾。」陳氏《禮書》云：「《禮》曰：『諸侯未賜圭瓚，資鬯於天子。』《王制》。則諸侯受封，未嘗不資鬯而後祭也。」傳曰：天子以鬯，諸侯以薰，誤矣。《特牲》《少牢》大夫士有奠而無裸。傳又曰：大夫以蘭芝，士以蕭，庶人以艾，不可考也。欽按：唐《開元禮》諸臣廟祭，有焫蕭而無灌鬯。温公《書儀》云：「古之祭者，不知神之所在，故灌用鬱鬯，臭陰達于淵泉，蕭合黍稷，臭陽達于墻屋，所以廣求神也。今此禮既難行於士民之家，故但焚香酹酒以代之。」《附録》。○《廣韵》：酹，以酒沃地。朱子曰：「《温公儀》降神一節，亦似僭。大夫無灌獻，亦無爇蕭，灌獻爇蕭，乃天子諸侯禮。爇蕭以通陽氣，今太廟亦用之。或以爲焚香可謂爇蕭。然焚香，乃道家以此物氣味香而供養神明，非爇蕭之比也。」《語類》。又曰：「酹酒有兩説，一是用鬱鬯之酒，灌地而降神；一是祭酒。古者飲食必祭，人以鬼神自不能祭，故代之祭也。」《附録》。○欽按：《文獻通考》宋朝祭儀，例三上香，贊曰：「上香，再上香，三上香。」《家禮》焚香，蓋皆如此。《丘氏儀節》唯祭先祖條有三上香之儀，未審其意如何。

參神辭神説附參降前後

欽按：《家禮》參神、辭神二節，並主人以下皆再拜。蓋參神，始見神也。辭神，辭神而退也。故在位者皆拜。但參神、辭神之稱不見于舊儀，疑是因迎神送神而改之也。○《家禮》時祭參神條附注：北溪陳氏曰：「廖子晦廣州所刊本，降神在參神之前，不若臨漳本降神在參神之後爲得之。」蓋既奉主於其位，則不可虚視其主，而必拜而肅之，故參神宜居於前。至灌，則又所以爲將獻而親享其神之始也，故降神宜居於後。然始祖、先祖之祭，只設虚位而無主，則又當先降而後參，亦不容以是爲拘也。欽按：《家禮》正至節朔，及初祖先祖之祭，皆先降而後參。獨四時祭，先參而後降。又《擊蒙要訣》云：「若時祭行于祠堂，則先降而後參神。」並可以陳氏説通之。然忌日之祭，亦出主就位，而參神在後，何也？蓋致齋三日，深思積誠，而後出主，則才望之便僾然有見乎其位，故不得不先參之。忌祭齋正一日，而猶未致也，與夫不出主及無主者，皆宜求神於遠，故降神在先也。○《家禮》時祭參神後本注云：「若尊長老疾者，休於他所。」

三獻 附加爵

唐賈氏曰：「天子大祫十有二獻，四時與禘九獻，上公亦九獻，侯伯七獻，子男五獻，卿大夫士略同三獻。」又曰：「飲酒禮卿大夫三獻，士唯一獻而已。祭禮士與大夫同者，攝盛，葬奠亦與大夫同。」《特牲禮》疏。陳氏《禮書》引之而云：「《周官·掌客》諸侯長十有再獻；《行人》上公再祼，饗禮九獻，侯伯一祼七獻，子男一祼五獻，諸侯之卿各下其君二等，以下及大夫士皆如之。及《禮器》有五獻之尊，《郊特牲》有三獻之介，則饗賓祀神之獻數固不異矣。」又云：禘亦宜十二獻，先儒以禘小於祫，非也。○漢鄭氏曰：「王酳尸之後，后酌亞獻，諸臣爲賓，又次后酌盎齊，備卒食三獻也。」《司尊彝》注。欽按：《少牢》《特牲禮》皆主人酳尸，主婦亞獻，賓長三獻。疏謂天子諸侯祭禮亡，故取《特牲》《少牢》見在禮而言。朱子曰：「祭只十二獻，主人初獻，嫡子亞獻，或主婦。庶子弟終獻。或嫡孫。○賀孫録云：未有主婦，則弟爲亞獻，弟婦得爲終獻。執祭人排列，皆從温公禮。」《語類》。欽按：杜氏《通典》初獻、亞獻、終獻之稱，見南宋禮儀。亞獻已出《儀禮》。○《明堂位》：「爵用玉琖，加以璧散璧角。」注云：加，加爵也。《特牲禮》：「長兄弟即兄弟之長。洗觚爲加爵。」注云：大夫士三獻而禮成，多之爲加也。

進饌奉饌説

欽按：《家禮》所謂進饌，今俗云「供膳」也。所謂奉饌，出《儀節》。如今酒一獻則上殽者。饌膳二字，訓詁相近，宜從俗改「進饌」爲「進膳」，以别奉饌矣。○又按：《家禮》初獻奉饌乃讀祝，《丘氏儀節》讀祝畢奉饌，恐以告饗之早爲得情矣。

侑食説

漢鄭氏曰：「食，大名，小數曰飯。」賈公彦曰：「《論語》文多言食，故云食大名也。《少牢》《特牲》言三飯、五飯、九飯之等，據一口謂一飯，故云小數曰飯也。」又曰：「士三飯即告飽而侑，勸也。大夫七飯告飽而侑，諸侯九飯而侑，天子十一飯而侑。」又鄭氏曰：「士九飯，大夫十一飯，其餘有十三飯、十五飯。」賈公彦曰：「諸侯十三飯，天子十五飯。」《少牢》注疏。○欽按：士九飯，三侑三拜；大夫十一飯，一侑一拜；諸侯天子，恐亦與大夫同。陳氏《禮書》云：「飯必告飽，告飽必侑。禮有拜，以致其敬。見《特牲禮》。有辭以道其勤，見《少牢禮》。有樂以樂其心。」見《膳夫》《大祝》《大司樂》。欽按：凡所飯者，黍稷羹肉皆在，每尸告飽，則祝侑，主人拜。《少牢》祭畢儐尸，則立侑以陪尸，主人以下，與之獻酬。後世祭禮，三獻之後，加酒插匙，謂之侑食，蓋出于此。《丘氏儀節》云：「每一獻進羹飯一次，如世俗宴會之禮，似亦庶幾事死如事生之意。」止此。今擬侑食，主人主婦迭加飯酒插筯，或别具酒一品以爲加爵，亦可。

闔門啓門説

欽按：「《士虞禮》既設酒饌，未迎尸之先，祝告饗，尸謖之後，謖，起也。祝徹設于西北隅，如其設也，几在南，厞用席。贊闔牖户。」注云：改設饌者，不知鬼神之節，改節之，庶幾歆饗，所以爲厭飫也。厞，隱也。鬼神尚居幽闇，或者遠人乎？又記：「無尸，注云：無尸，謂無孫列可使者也。殤亦是也。則既饗，祝祝卒，主人哭，出復位。祝闔牖户，男女拾踊三，拾，更也。如食間。祝升，止哭，聲三啓户。」注云：隱之，如尸一食九飯之頃也。聲音，噫歆也，將啓户警覺神也。又按：《特牲饋食》陰厭之禮，尸未入之前，既設饌奠酒，祝祝告饗。其陽厭之禮，尸已謖已養之後，佐食徹尸薦俎敦，設于西北隅，几在南，厞用筵，納一尊，佐食閉牖户降。《少牢禮》略同。疏云：凡言厭者，謂無尸直厭飫神。尸未入之前，爲陰厭，欽按：無尸，與尸未入之前，二者陰厭之禮略同。謂祭于奥中，不得户明，故名陰厭。對尸謖之後，改饌於西北隅，爲陽厭，以向户明，故爲陽厭也。又《祭義》：「出户而聽，愾然必有聞乎其嘆息之聲。」疏云：祭此人爲無尸之時，設薦已畢，孝子出户而静聽，愾愾然有聞乎其（難）〔嘆〕息之聲也。朱子曰：「古者不用尸，則有陰厭，《書儀》中所謂『闔門垂簾』是也，欲神靈厭飫之也。」《語類》。欽按：今祭禮闔門，猶古者陽厭。朱子以爲陰厭，可疑。○《家禮》闔門本注云：「如有尊長，則少休於他所。」

飲福受胙説

《特牲禮》：「祝酌授尸，尸以醋主人。欽按：報主人初醋尸。主人拜受角，《少牢》用爵。尸拜送。主人退，注云：進受爵，反位。《少牢》主人西面奠爵，又拜。佐食授挼祭。疏云：前祝命尸祭神食，今命主人亦祭尸食。注云：其授祭，亦取黍稷肺祭。○《少牢》：上佐食取四敦黍稷，下佐食取牢一切肺，以授上佐食，上佐食以綏祭。疏云：與主人爲墮禮。主人坐，左執角，受祭祭之，祭酒，啐酒，進聽嘏。聽，待也。佐食摶黍授祝，祝授尸。尸受以菹豆，執以親嘏主人。注云：獨用黍者，食之主。○《少牢》祝與二佐食皆出，盥于洗，入，二佐食各取黍于一敦，上佐食兼受摶之以授尸，尸執以命祝，祝受以東北面于户西，以嘏于主人。主人左執角，再拜稽首受，復位，詩懷之，實于左袂，挂于季指，卒角。尸答拜。注云：詩猶承也。○《少牢》：主人坐奠爵，興，再拜稽首，興，受黍，坐振祭嚌之，詩懷之，實于左袂，挂于季指，執爵以興。坐卒爵，執爵以興，坐奠爵，拜，尸答拜。主人出，寫嗇于房，祝以籩受。」注云：變黍言嗇，因事託戒，欲其重稼嗇。嗇者，農力之成功。○《少牢》：執爵以出，宰夫以籩受嗇黍，主人嘗之納諸内。注云：復嘗之者，重之至也。疏云：案《春官·鬱人》云：「大祭祀，與量人受舉斝之卒爵而飲之。」鄭云：「斝，受福之嘏，聲之誤也。王酳尸，尸嘏，此其卒爵也。鬱人受王之卒爵，亦王出房時也，是王受嘏，與大夫同也。」案：《楚茨》詩：「既齊既稷，既匡既勑。」注云：嘏之禮，祝遍取黍稷牢肉魚，擩於醢以授尸，孝孫前就尸受之。天子使宰夫受之以筐，祝則釋嘏以勑之。天子嘏（爵）〔辭〕，與大夫同也。○陳氏《禮書》云：「受福，皆主人酳尸之後，而主婦亞獻賓，三獻不與焉，特受尸酢爵而已。」梁明山賓議：「請郊廟受福，惟皇帝再拜。明上靈降祚，臣不敢同也。」詔依其議。其言頗合禮意。唐開元、開寶禮天子親祠，而亞獻、飲福，有司攝事；而大尉飲福。然受尸酢爵，謂之飲酢可也，謂之飲福非也。以爲飲福非古，遂廢受酢之禮，此又全失獻酢往來之道也。古者受福，雖在皇尸飯酳之後，然主人受酢受福皆同時，其後繼之，以亞獻終獻加爵，無嫌乎受福太蚤也」。欽按：飲福受胙之稱，出于《開元禮》，其三品以上時享廟儀。主人初獻于祖，祝讀祝文之後，贊禮者引主人，以次酌獻，如上儀。訖，贊禮者引主人，詣東序西向立。諸祝各以爵酌福酒，合置一爵，太廟儀亦同。一祝持爵，進主人之左，跪，祭酒奠爵，興。諸祝各帥執饌者，以俎入，減神前胙肉，共置一俎上。又以籩遍取稷黍飯，共置一籩。祝先以飯籩進，主人受以授左右，祝又以俎次授，主人每受以授左右。訖，主人跪取爵，遂飲卒爵。祝進受爵，復於坫。三品以下略同。宋朝太廟儀，受福在三獻後，而先進爵，先酌福酒，合置一尊而酌于爵。次進俎，次取黍于籩，摶以進之。今《家禮》受胙，在三獻闔門之後者，遵時制也。其福酒，特受尊位之爵，而不受肉者，從簡省也。其取飯于諸位者，却依唐儀而倣古禮矣。但以神爵飲福者，土盃則用畢埋之可也。若磁漆器，則當具受福盃，受寫飲之。○劉氏璋曰：「韓魏公家祭云：凡祭飲福受胙之禮，久已不行，今但以祭餘酒饌，會親屬長幼，分飲食之可也。」

告利成說

《特牲禮》：「無算爵之後。主人出，立于户外，西南。祝東面告利成。尸謖，祝前，主人降。」前，猶導也。注云：事尸禮畢。利猶養也，供養之禮成不言禮畢，於尸問之嫌。疏云：禮畢，則於尸間暇無事，有發遣尸之嫌，故直言利成而已也。止此。又陽厭，佐食闔牖户降，祝告利成降出，主人降即位，宗人告事畢，賓出，主人送于門外再拜。

祝嘏説

《禮運》：「祝以孝告，嘏以慈告。祝嘏莫敢易其常古，常事古法。祝嘏辭説，藏於宗祝巫史，非禮也。」注云：祝，祝爲主人饗神辭也。嘏，祝爲尸致福於主人之辭也。祝以孝告，嘏以慈告，各首其義也。疏云：首，猶本也。孝子告神，以孝爲首。神告孝子，以慈爲首。各本祝嘏之義也，二者皆從古法。依舊禮，辭説當須以法用之於國。今乃棄去不用，藏於宗祝巫史之家，乃更改易古禮，自爲辭説，非禮也。○《郊特牲》：「祭稱孝孫孝子，以其義稱也。」疏云：義，宜也，事祖禰宜行孝道，是以義而稱孝也。又曰：「嘏，長也，大也。」疏云：尸故主人，欲使長久廣大也。○《少牢禮》：「陰厭，主人西面，祝在左，主人再拜稽首。祝祝曰：『孝孫某，敢用柔毛剛鬣、嘉薦普淖，用薦歲事于皇祖伯某，以某妃配某氏，尚饗。』主人又再拜稽首。」《特牲》亦同。疏云：羊曰柔毛，豕曰剛鬣。《曲禮》。羊肥則毛柔，豕肥則鬣也。注云：嘉薦，菹醢也。普淖，黍稷也。

普，大也。淖，和也。德能大和，乃有黍稷。又云：伯某，且字也。欽按：且字某甫也。是特解某一字。大夫或因字爲謚。欽按：或伯某，或某伯，某爲謚也。某仲、叔、季，亦曰仲某、叔某、季某也。某妃，某妻也。合食曰配。某氏，若姜氏、子氏也。尚，庶幾。饗，歆也。疏云：伯某，且字也。有以某在伯下，若某在子上者，某是伯仲叔季，欽按：如云伯子仲子。以某且字不得在子上故也。大夫有因字爲謚，證伯某，某或且字有謚者，即某爲謚也。此經云伯某，是正祭之稱也。欽按：此據有謚者。若時有告請及非常祭祀，則去伯，直云且字，言某甫，則《聘禮》祝曰「孝孫某，薦嘉禮于皇祖某甫」是也。若卿大夫無謚，正祭與非常祭一，皆言五十字在子上，與士正祭禮同，則云某子，故《聘禮》記云「皇考某子」是也。欽按：此經某字爲且字，則如二十冠而字者。然則大夫無謚正祭，所稱者二例也。恐大夫無謚正祭，如此經，加且字以伯者；而非常祭，則與士正祭同。《特牲》士禮無謚，正祭稱皇考某子。若士告請之祭，則稱且字。故《士虞》記云「適爾皇祖某甫」是也。○《少牢禮》：「尸醋主人，命祝嘏，祝東北面于户西，以嘏于主人曰：『皇尸命工祝，承致多福無疆，于女孝孫，來女孝孫，使女受禄于天，宜稼于田，眉壽萬年，勿替引之。』」注云：嘏，大也，予主人以大福。工，官也。承，猶傳也。來，讀曰釐。釐，賜也。耕種曰稼。勿，猶無也。替，廢也。引，長也，言無廢止時，長如是也。○欽按：《開元禮》品官祭儀：「陳設時，祝版各置於坫上。主人酌醴齊，奠爵，興，少退西向立。祝持版，進神座之右，北面跪讀祝文，訖興。主人再拜，祝進跪奠版於神座。禮畢，祝版焚於齊所。」《家禮》卒哭章云：「祝執版出於主人之左，東向跪讀。」蓋《開元禮》神座東面，故主人西向，祝北向；《家禮》神位南面，故主人北向，祝東向。又按：《家禮》祝版初在西階上卓子，而讀畢後不言其所置與所焚。《丘氏儀節》用一版，故云讀畢置于案上香爐之左，祭畢揭祝文焚之。《孫氏祭儀》曰：「祝文焚於燈燭上。」《圖書篇》。今擬讀畢置版于香爐西東向，祭畢置坫于堂前，以燭焚祝其上。有紙榜，則亦并焚之，可以遠飛燼也。〇《丘氏儀節》云：「《家禮》四代各一祝文，今併省之，以從簡便。」欽按：《家禮》告事條云：「告事之祝，四代共爲一版，自稱以其最尊者爲主。」丘氏蓋取諸此也，今從之。〇《家禮》時祭祝文云：「潔牲柔毛，用彘則曰剛鬣。粢盛醴齋。」《雲田或問》云：「今人未有粢盛醴齊，但依此本而書之，可笑。」欽按：《明會典》虞祭祝文作「清酌庶羞」，《擊蒙要訣》取爲時祭之祝，士庶宜從之。若貴官備物，則依本而書亦可。《曲禮》「酒曰清酌」疏云：言此酒甚清徹可斟酌。《王制》：「庶羞不踰牲。」《周禮·亨人》注云：「牛羊豕，調以五味，盛之於豆，謂之庶羞。」〇《家禮或問》：「寫表寫書，皆用提頭齊頭。至於祝文，猶少講明之者，何也？」曰：「當如寫表寫書之例爲當。如顯考顯字，第三提頭，即盡頭處也。諱字遠字，皆指親言，並第二提頭。奠字，第一提，即齊頭之提頭也。其餘祭文，則依此例。凡寫孝子孝孫處，但不必別行。若別行，則是對外親行移，大非禮也。凡寫歲序遷易，歲字上不用曰字，禮也。凡忌祭寫歲序遷易者，以一歲大運一遷移耳。凡正至祭掃除夕之類，必書曰『氣序流易』，以一年二十四氣逐月流行故也。」欽按：今但以齊頭及第二提頭寫之，亦可。又按：朱子本注不書月干支，而《儀節》書之，不必從。凡同姓不稱姓，而《儀節》時祭之祝稱姓，蓋歷世共版，則諸妣姓氏列在故也，從之無妨。本注祭初祖之祝稱姓，以其遼遠而姓氏或轉變，故祖考亦止稱初祖考、初祖妣，而不書官封也。凡共版之祝，諸顯字、諸祖字、諸考妣字，各必一列，而可使無高低。○又按：祭文出于祝史，稱孝可也。若自告辭，則宜稱子稱孫；泛告，則稱嗣孫。其餘爲旁親祝告，皆直稱所屬，如父兄伯叔弟姪之類。

餕及燕私説

《祭統》：「夫祭有餕。餕者，祭之末也，不可不知也。是故古之人有言曰：『善終者如始。餕其是已。』是故古之君子曰：『尸亦餕神之餘也，惠術也，可以觀政矣。』」陳氏《禮書》云：「天子諸侯之餋，與餕同。自君以至百官，而煇胞翟閽之吏，内吏之賤者也。皆與焉，以明惠周於境内也。説見《祭統》。大夫之餕，二佐食二賓長而已，以明惠周及於其臣也。見《少牢禮》。士之餕，舉奠主人嗣子。長兄弟而已，以明惠止於其親也。蓋餕筵於室中，就神位也。用尸之簋鉶，施神惠也。」欽按：《特牲禮》：「命籑者嘗食，祝曰『籑有以也』。」注云：言女籑此，當有所以也。以先祖有德而享于此祭，其坐籑其餘，亦當以之也。又「酳籑者祝曰：『酳有與。』」注云：言女酳此，當有所與也。既知似先祖之德，亦當與女兄弟，謂教化之。《少牢禮》：「籑者嘏曰：『主人受祭之福，胡保建家室。』」○《楚茨》詩云「鼓鐘送尸」，下云「備言燕私」。鄭注云：祭祀畢，歸賓客之俎，同姓則留與之燕，尊賓客親骨肉也。又《特牲禮》注，引《尚書傳》云：「宗室有事，族人皆侍終日，大宗已侍於賓奠，然後燕私。燕私者何也？已而與族人飲也。然則自尸祝至於兄弟之庶羞，宗子以與族人燕飲於堂，内賓宗婦之庶羞，主婦以燕於房。」欽按：尸之餘，是神饌也，故餕禮用之。庶羞，主爲尸賓，故燕私用之。○温公《書儀》云：「禮，祭事既畢，兄弟及賓迭相獻酬，有無算爵，所以因其接會，使之交恩定好優勸之，今亦取此儀。」《附録》。欽按：餕禮，朱子本注最備。蓋古者祭禮，凡獻酬、無算爵、歸尸賓俎、餕餘燕私之類，以此一節兼存衆意。

祭初祖説

《家禮》：「冬至祭始祖。」程子曰：「此厥初生民之祖也。冬至一陽之始，故象其類。」朱子曰：「惟繼始祖之宗得祭。」本注。《丘氏儀節》云：「或問朱子以始祖之祭，朱子曰：『古無此，伊川先生以義起，某當初也祭，後來覺得似僭，不敢祭。又曰：始祖之祭似禘，先祖之祭似祫，今皆不敢祭。今從之，不爲儀節。』」欽按：《開元禮》既有品官祫享禘享之儀，則初祖先祖之祭，似不始于程子。《語類》：「或問：『冬至祭始祖，是何祖？』曰：『或謂受姓之祖，如蔡氏，則蔡叔之類；或謂厥初生民之祖，如盤古之類。』」止此。然則程朱所謂初祖，無所指定，故《家禮》祝文止曰初祖考、初祖妣，而不稱官封。古者別子爲祖，傳記雖或稱爲始祖，其實是太祖，而非初祖也。太祖，詳宗法說。故朱子曰：「古者諸侯，只得祭始封之君，以上不敢祭。」《語類》。蓋太公周公是齊魯始封之太祖，玄王后稷是商周天子之太祖，其所由出，皆帝王也。故諸侯不祭，而天子禘之。以本國言之，若大姓之祖神，必其氏長者，而後得奉其祀。諸家雖有初祖，而世冑不明，則遠孫不可敢主而享之。若有其廟墓，則時就而一祭，亦似無妨矣。

祭先祖說

《家禮》：「立春祭先祖。」程子曰：「初祖以下，高祖以上之祖也。立春生物之始，故象其類而祭之。」朱子曰：「繼始祖高祖之宗得祭。繼始祖之宗則自初祖而下，繼高祖之宗則自先祖而下。」本注。問：「祭禮，立春云祭高祖而上，只設二位，若古人祫祭，須是逐位祭？」曰：「本是一氣。若祠堂中各有牌子，則不可。」又曰：「諸侯有四時祫祭，畢竟是祭有不及處方如此。」《附録》。又曰：「伊川時祭止于高祖，高祖而上，則於立春設二位統祭之，而不用主，此説是也。却又云祖又豈可厭多，苟其可知者，無遠近多少，須盡祭之，疑是初時未曾討論，故有此説。」又曰：「古者官師亦只得祭二代，若是始基之祖，莫亦只存得墓祭。」《語類》。欽按：杜預引《逸禮》云：「祫于太廟之禮，毁廟之主升合食，而立二尸。」程子祭先祖設二位，蓋出于二尸之説。又按：《家禮》先祖之祭本注云：「如祭初祖之儀，但設祖考神位于堂中之西，祖妣神位于堂中之東。」其祝詞止云改初爲先，則猶設二位，而初祖亦包得在内。《語類》又有「以自始祖下之第二世，及己身以上第六世之祖爲先祖」者，是未定之説耳。又按瓊山丘氏曰：「按程子謂冬至祭始祖，立春祭先祖，朱子既立爲二祭，載于《家禮》時祭之後。其門人楊復乃謂朱子初年亦嘗行之，後覺其似僭，不敢祭。然冬至之祭，不祭可也，而立春之祭，似亦可行。今擬人家同居，止四代者，不行亦可。其有合族以居累世共爨者，生者同居而食，死者異處而祭，恐乖易萃合人心于孝享之義，惟宜行立春一祭。」又曰：「按《家禮》引程子謂祭初祖以下、高祖以上之祖，則自高祖以下，四時常祭者，不復與也。今擬併高曾祖考祭之，所以然者，蓋專爲合族以居者設也。凡其子姓，在序拜奔走之列者，其祖考皆在焉，不分遠近親疏，皆合享於一堂。合祀死者，所以萃聚生者也。」《大學衍義補》。又曰：「立春先一日，主人衆大夫帥執事者洒掃中堂，設神位。其中用紙爲牌如神主，而上書『某祖考某官府君』『某祖妣某封某氏』『高祖父母五世祖』，推而上爲六世七世，隨所知而書之。或以始遷之祖，或以起家之祖，在高祖以前者一人爲先祖，設其位當中南向，用屏障其后。前設椅子，椅前設卓子。其餘祖考妣，無神主者作紙牌，有主者至祭時請主。凡同居合族之人，有服及親未盡者，是日皆合祭。分爲兩列，左昭右穆，相向，以北爲上。」《儀節》。○欽按：古人有鄉約，况親會乎？媚于外屬爲美行，况睦于同姓乎？今世兄弟分異，習以爲常，故緦小功之親，頗如他人，其遠隔者，至於死生不相知，豈可勝嘆哉？且不責以同爨，只約共高祖之親，時祭必會聚于宗家，以存小宗法，亦可爲知報本合末之道。若更欲約遠親之大會，則無服之同姓、散居于鄰里者相議，不必論初遷始基，只立分派所由出之祖爲先祖，推其嫡派以爲祭主，猶古者大宗者。嫡派已絶，則以次長之裔爲之。每歲仲春，闔族隨力出錢穀，聚之宗家，以爲祭料。宗子主系譜，臨祭按籍排列各家祖考及生者之位次，而行合享共奉之禮，不必及配妣位。會婦人，其常相親睦之法。粗依吕氏約而斟酌之，使衆族知祖宗之血脉，歷世不絶，則鄉俗亦觀感，可使歸厚，未暇擬其詳矣。

祭禰說

《家禮》：「季秋祭禰。」程子曰：「季秋成物之始，亦象其類而祭之。」朱子曰：「繼禰之(字)〔宗〕以上皆得祭，惟支子不祭。」本注。《丘氏儀節》云：「若不卜，則擇日於收成之後祭之。」又云：「徹餕止會食，而不行慶禮。」〇又云：「古禮禰之祭，支子不得行。蓋季秋成物之時也，若夫兄弟異居者，正祭雖不敢行，而時節奉鮮之獻，行之恐無害。」

忌日說

《檀弓》：「忌日不樂。」《音義》：如字。注云：謂死日，言忌日不用，不舉吉事。疏云：子卯爲人君忌日，恐此忌日亦爲子卯，故云「謂死日」也。言忌者，以其親亡忌難，吉事不舉之。《祭義》：「君子有終身之喪，忌日之謂也。忌日不用，非不祥也。言夫日，志有所至，而不敢盡其私也。」又云：「忌日必哀。」《集說》云：「忌日，親之死日也。不用，不以此日爲他事也。夫日，猶此日也。志有所至者，此心極於念親也。不敢盡其私，言不敢盡心於己之私事也。」嚴陵方氏曰：「忌日必哀，有終身之喪也。」晉博士荀訥曰：「按：《禮》唯云忌日不樂，無忌月之文。所謂忌日，當是子卯。今代所忌，更以周年日數，此似與古不同。」《通典》。欽按：古者忌日指日辰，所以不累祭也；後世忌日數月日，所以不能無祭也。如今忌日旬日有障，則宜用日辰。程子曰：「忌日遷主祭於正寢。」或問：「忌日有薦可乎？」張子曰：「在古則無之，今時有之。於人情，自亦不害。」《正衡》又曰：「凡忌日必告廟，爲設諸位，不可獨享，故迎出廟，設於他次。既出，則當告諸位，雖尊者之忌亦迎出。此雖無古制，可以意推。薦用酒食，不焚楮幣，其子孫食素。」《理窟》。朱子曰：「禰則主人兄弟黲紗幞頭，黲布衫，布裹角帶。祖以上則黲紗衫。旁親則皂紗衫。主婦特髻去飾，白大衣，淡黄帔。餘人皆去華飾之服。」《家禮》本注。問：「聞先日於諱日亦變，不知今合如何？」曰：「唐人忌日服黲，今不曾製得，只用白生絹衫帶黲巾。」《文集》。又曰：「是日不飲酒，不食肉，不聽樂，黲巾、素服、素帶以居，夕寢于外。」《家禮》。「先生母夫人忌日，着黲墨布衫，其巾亦然。」《語類》。「先生爲無後叔祖忌祭，未祭之前不見容。」《語類》。《居家儀禮》云：「曾祖以上，不逮事者，服淺淡衣服，禮殺之。」〇《家禮正衡》忌日祝文注云：「凡親屬卑幼，悉以類推，祝文隨時變易，務在盡情。」欽按：《開元禮》三殤虞祭之祝，首云「維年月朔日子，父告子某」，末云「今以潔牲嘉薦，普淖溲酒，薦虞事于子某，魂其饗之」。凡告卑幼，宜倣此選其詞。〇《丘氏儀節》云：「古禮禰之祭，支子不得行。若夫兄弟異居者，正祭雖不敢行，而時節奉鮮之獻，行之恐無害。」欽按：宗子合享四世，而特加厚于禰，支子不祭，亦自可安。至於終身之喪，則雖支子其情不殊，若在遠境不得與祭，則奠酒菓以伸追慕，却似無不可者。○李退溪答人書曰：「忌日既行之於當朔當日矣，其於閏朔遇是日，何有再行之義乎？此意厚而不達於禮，不可爲訓典也。」○或問：「人在旅中，遇有私忌，於所舍設卓炷香，可否？」朱子曰：「這般微細處，古人不曾說。若是無大礙於義理，行之亦無害。」《語類》。

墓祭説 附土神

《樂書》云：「三代以前未有墓祭，至秦始出寢起於墓側，漢因秦上陵皆有園寢。」《韵會》。《文獻通考》云：「唐貞元九年，太常博士韋彤、裴堪等議曰：『韓皋引《漢官儀》「古不墓祭」，臣據《周禮·冢人》之職，凡祭墓則爲之尸。古亦墓祭，但與漢家陵寢不同耳，安得謂之無哉？』」止此。朱子答人書曰：「墓祭不可考，先儒説恐是祭土神。《語類》云：「墓祭非古，雖《周禮》有『墓人爲尸』之文，或是初間祭后土，亦未可知。」但今俗行拜掃之禮，其來已久，似不可廢。又墳墓非古人之族葬，若一處合爲一分而遙祭之，亦似未便，此等不可若隨俗各祭之爲便也。」又曰：「二先生皆有隨俗墓祭，不害義理之説，故不敢輕廢。」《文集》。草廬吴氏曰：「墓焉而體魄安，廟焉而神魂聚，人子之所以孝其親者，兩端而已。家有廟，廟有主；野有墓，墓有冢。禮之宜也。」《正衡》。欽按：《開元禮》有王公以下，石日拜掃，及寒食上墓之禮。劉氏璋引周元陽《祭録》云：「唐開元勑許寒食上墓，同拜掃禮。若拜掃非寒食，則先期卜日。古者宗子去他國，庶子無廟。孔子許望墓爲壇，以時祭祀。即今之寒食上墓，義或有憑依，不卜日耳。」《附録》。瓊山丘氏曰：「按禮經無墓祭之文，然自漢明帝時有上陵禮，自時厥後，遂以成俗。柳宗元謂近世禮重拜掃，每遇寒食，田野道路士女遍滿，皂隸、庸丐皆得上父母丘墓，馬毉、夏畦之鬼無不受子孫追養者。是寒食墓祭，吾祖宗父母其生時固已行之于其祖宗父母，而爲祖宗之後、父母之嗣者，乃舍其丘隴而歲不一展省，棄其留骨而時不一奠薦，乃諉云曰『墓祭非古』可乎？」《大學衍義解》。《夢餘録》云：「孝子於故衾遺履，尚當起敬，形體所在，拜而祝之，禮不爲過。縱使上古所無，當以義起。矧周公之文明甚而可棄之，以自陷於薄哉？」《居家儀禮》。欽按：由《孟子》「齊人有一妻一妾而處室者」章觀之，似當時已有墓祭之俗。《家禮正衡》云：「墓祭禮畢，守墓守及墳鄰，皆以祭物頒賜。」〇朱子戒子書曰：「比見墓祭土神之禮，全然滅裂，吾甚懼焉。既爲先公托體山林，而祀其主者，豈可如此！今後可與墓前一樣，以盡吾寧親事神之意，勿令其有隆殺。」〇瓊山丘氏曰：「唐《開元禮》有天子上陵儀注。又歲有清明設祭，朔望時節之祀。宋又行於春秋，歲以爲常。欽按：各在仲月。我朝上陵之禮，歲凡三舉焉。清明也，中元也，冬至也。每遇行禮，文武諸司各遣官一員，而以親王、駙馬、都尉主祀事。天下無事，天子於清明日，亦時或一行。其忌日，則惟遣駙馬，而百官不與焉。」《大學衍義補》。《開元禮》拜掃儀云：「若解滿或遠行辭墓，若外官解滿或京官辭墓，哭而後行。」

補祭

祀土地説

《丘氏儀節》云：「祀土地，每季仲月擇日，及歲暮，布席陳饌。春於所居之東，夏南，秋西，冬北，隨俗設饌。」又云：「按《朱子大全集》有『四時祭土地』文，夫墓祭祭后土，則時祭而祭土地，亦禮之宜也。」《家禮正衡》云：「按《白虎通》曰：『王者自親祭社者何？以社者，土地之神也。土生萬物，天下之所主也，尊重之，故自祭也。』《禮》：『王者二社，爲天下立社曰大社，自立其社曰王社。大社爲天下報功，王社爲京師報功。』祖宗之體魄藏於山林，固當祀其主以報之。至於祖宗之神棲於廟祔，亦必有主之者，而獨不知所以報之可乎？四時之祀土地，亦爲吾祖宗報功焉爾，豈比於謟乎？」瓊山又曰：「自鄭玄有凡祭五祀於廟之説，《月令》注引《中霤禮》文。隋唐以來，皆以時享祖宗時并祭之。」《大學衍義補》。

祀竈説附門户

唐孔氏曰：「古《周禮》説顓頊氏有子曰犂，爲祝融，古火官之長。祀以爲竈神。許君慎同《周禮》。鄭駁之云：『祝融是五祀之神，於郊。』《周・大宗伯》。奥者正是竈之神，常祀在夏，《月令》。以老婦配之，有俎及籩豆，設於竈陘。又延尸入奥。《月令》注引《中霤禮》，奥，廟門之奥。爨者，宗廟祭後，直祭先炊老婦之神，在於爨竈。《特牲記》。老婦之祭見《禮器》。此祝融并奥及爨三者所以不同也。」以上《禮器》疏○瓊山丘氏曰：「按：古者大夫祀五祀、《王制》五祀，謂司命、中霤、門、行、厲。士立二祀、門、行。庶人立一祀，或立霤、竈，或立户。以上《祭法》。夫竈者，人家飲食所需，而中霤之祭，即土神也。室中土神也。本朝禁淫祀，惟許祭竈。然土地之神，《朱子大全集》有祭土地文，則人家亦可通。若夫士庶征行遠方，出入之際，亦可準古人祖祭，以祀門或户。」《大學衍義補》。○問：「竈可祭否？」朱子曰：「人家飲食所繫，亦可祭。」《語類》。丘氏《家禮儀節》與祀土地同。《家禮正衡》云：「按：《月令》孟夏之月，其祀竈。《白虎通》曰：『竈者，火之主，人所以自養也。夏月主長養萬物，故祭之。』國朝乃令庶人於歲暮祀竈者，何也？蓋古有五祀，獨大夫已上得祭之，故必順時以祭于夏也。今庶人惟許祭竈，必俟成功而報之，故於歲暮祭之也。然則布席陳饌于厨所爲宜。」〇又云：「疾病祀竈，祝文曰：『神之爲德，尊居五祀，家之休戚，實所關繫。兹以某親有乖調理，匪叩神明，曷蠲灾戾。蘋藻至微，敢將誠意，端丐鑒歆，俯垂佑庇，化難迎恩，調元順氣，早拜安痊，詎忘恩賜，謹告。』」

生忌説亦謂之慼忌

《家禮正衡》云：「國朝頒降胡秉中《祀先圖》，凡例有生日之祭，當以此爲據。蓋親存生辰，既有慶禮，殁遇此日，能不感慕？如死忌之祭，祭之可也。儀節並同祭禰，但告詞云：『今以某親某官府君，或孺人，降生之辰，敢請神主，出就正寢，恭伸追慕。』祝文云：『維年歲次月朔日辰，孝子某，或曾孫玄孫某，敢昭告于某親某官府君，歲序遷易，生辰復臨，存既有慶，殁寧敢忘？』後並同忌祭。

本身生辰告宗先祝文出《正衡》

文曰：「某之始生之辰，今日甫至，感父母之劬勞，念祖宗之蔭庇，無任孝思，特伸菲祭，乞鑒微忱，誕敷恩賜，俾弗墜于德，庶不忝于先世，謹告。」

疾病叩宗先祝文同上

「茲惟某親，近沾某病，藥石無功，深懷憂惕，仲叩宗先，俯伸寸臆，薄祭具陳，乞垂鑒庇，端賴恩扶，俾臻康泰；災戾消除，壽年增益。果副懇祈，感戴無極。謹告。」

病安酧謝宗先祝文同上

「曩因沾疾，懇叩宗先，果蒙庇佑，幸獲安痊，銘心鏤骨，感念拳拳，涓茲吉日，奉祭惟虔，特酧盟於既往，仍徼福於將來，伏惟歆鑒，誕敷深恩，迎祥聖慶，益壽延年。謹告。」

遷居告宗先祝文同上

「薄言築室，粗功完備，吉日遷居，告聞先世，尚冀鑒歆，俯垂恩庇，介福維新，俾昌俾熾，謹告。」

樂章説

《周禮・小胥》「正樂縣之位，王宮縣，諸侯軒縣，卿大夫判縣，士特縣。凡縣鍾磬，半爲堵，金爲肆。」注云：樂縣，謂鐘磬之屬，縣於筍簴者。宮縣，四面，象宮室，四面有墻。軒縣，三面其形曲，疏云：形如車輿。軒縣去南面。判縣左右之合，又空北面。特縣，縣於東方，或於階間而已。鍾磬者，遍縣之。二八十六枚而在一簴，謂之堵。疏云：若宮墻之一堵。鍾一堵，磬一堵，謂之肆。《禮書》云：天子之卿大夫判縣，東西各一肆，各有鍾磬。諸侯卿大夫，半天子之卿大夫，西縣鍾，東縣磬。《禮書》云：天子之士特縣，南一肆。士亦半天子之士，縣磬而已。《禮書》云：南一堵。陳氏《禮書》云：「鄉射，笙入立于縣中，西面，則縣磬而已。鄉飲酒，磬，階間縮霤，笙入磬南，則縮縣磬而已。此士特縣之制也。鄉射避射位，故縣在東；鄉飲非避射位，故縣在南。鄉射有卿大夫詢衆庶之事，鄉飲酒乃卿大夫之禮，皆特縣者以詢衆庶，賓賢能，非爲己也。故皆從士制。」止此。鄉射、鄉飲「工四人、二瑟」注云：二人瑟，則二人歌也。疏云：此卿大夫飲酒而云四人，大射諸侯禮而云六人。若然，則士當二人，天子當八人，爲差次也。《鄉射記》「三笙一和而成聲」注云：

三人吹笙，一人吹和，凡四人也。《爾雅》曰：「笙小者謂之和。」止此。《尚書·大傳》：「諸侯三命者，皆受天子之樂，以(其)〔祀〕其宗廟，所以褒有功而章有德之義也。」《春秋左傳》：「隱公五年，考仲子之宫，考，成也。仲子，桓公母。將萬焉。萬，舞也。公問羽數於衆仲，問執羽人數。對曰：『天子用八，諸侯用六，大夫四，士二。夫舞所以節八音而行八風，故自八以下。』公從之。」注云：天子用八，八八六十四人；諸侯用六，六六三十六人；大夫四，四四十六人；士二，二二四人。何休《公羊》注同此。士有功賜用樂。欽按：君子禮樂不離身，自天子(子)下達於士，弦歌笙磬，士亦得用之於宴享。而其所歌，則《二南》《小雅》之詩也。但大夫士之祭祀，必君有賜，然後得用樂。不惟用聲樂，而用舞佾，既有樂舞，則亦必有歌章，而頌祖先之德，可推而知之。《特牲》《少牢》，士大夫之祭禮，而並不言樂，蓋記其常耳。後世品官祭享，不聞用樂，而《家禮儀節》時祭圖庭西有奏樂所。張一棟《居家儀禮》有祠堂詩章，使歌童二人咏之，其節奏則縣鼓石磬各一。蓋單縣以節章，不足稱樂，故通用之耳。本朝公卿侯伯祭薦得用樂，當作歌頌，倣鄂曲唱嘆之，以顯先世、戒後昆，是人子孝思所必至也。士祭特縣奏詩章，恐亦無害于理，但今世難用耳。然浮屠氏備用聲樂，雖士庶之送葬追薦，無所憚避，人亦不以爲異，則不無用吾禮之時也。張氏所傳詩章載于後，以備參覽。○「穆穆我祖，鞠我後人。視我後人，支由體分。我子若孫，我弟若昆。念爾所生，勿替爾祖之心。」○「凡人之生，均由父母。我爲父母，乃有孫祖。何今之人，自有兄弟，無念爾所生，而利之争，肉骨戈兵。」○「妻子好合，如鼓瑟琴。兄弟聚鬩，如商如參。兄弟商參，不念爾父，矧念爾祖。穆穆我祖，念我孫子。同屬于毛，同離于裏。」○「兄弟離矣，妻子肥矣。我之孫子，亦我儀矣。故誨我子，善我師之。昆弟利争，勿我似矣。」○「穆穆我祖，有嚴其臨。我弟及兄，而子及孫。皇皇駿奔，式念祖心。匪也潔牲，庶也臨歆。」

祭祀必循禮説

《論語》：「子曰：『生事之以禮，死，葬之以禮，祭之以禮。』」朱子曰：「人之事親，自始至終，一於禮而不苟，其尊親也至矣。」《中庸》：「子曰：『事死如事生，事亡如事存，孝之至也。』」《章句》。程子曰：「交神明之意，當在事生之後，則可以盡孝愛而得其饗。全用古事，恐神不享。」《遺書》。欽按：《禮器》「禮之近人情者，非者至者」。注云：近人情者褻，而遠之者敬。止此。凡人子奉祭享，稽古備禮，以盡敬親之道，固孝之至也。《中庸》之言，亦謂孝子不以親之存亡貳其心也。然品物儀文，純乎典故，而皆非其所常用，而愛親之情有所未盡。但祭祀以敬爲主，須要於古禮中稍存平常，或四時合享奉禮食，節朔忌薦獻常饌，亦愛敬兼盡之術也。○或問：「祖宗非士人，而子孫欲變其家風，却如何？」朱子曰：「如何議論得恁地差異！公曉得不曉得？」一云「公曉得，祖先便曉得」。欽按：今世佛教盛行，不知有先王之禮。或有依古典以修葬祭者，則譏以爲好異，又以爲非事死如事生之道，豈其好異也哉？正是所以事生之愛敬事死也。人子奉養之終，最所當竭力，唯在厚殮葬耳。幽明隔絶之後，所所以再得相接者，亦唯在共祭祀耳。而今舉體魄委于僧人，托神魂之享於彼薦修，子孫束手，徒悲哀想象，而不得展寸衷于此兩端，則雖保兹生，將奚以爲故修葬祭之疏節，以效孝奉之微意？非好異也，不獲已也。且人家祖考，未必賢哲，平存奉佛，是俗習之惑耳。子孫愼終追遠，而得理之當然，神明豈不享之耶？而今以至重之禮，一任非類之人，而自强忍難忍之情，謂之事死如事生，則失聖人之言意遠矣。○又按《中庸》：「子曰：『生乎今之世，反古之道。如此者裁及其身者也。』」世人視葬祭循禮者，則以此言沮之，頗似矣，亦未審原聖言也。蓋殷周革命，迭變正朔，異禮典，似新天下觀聽。若違時王之制，而反異代之禮，則犯罪不爲輕，故聖人戒之。與夫愚而好自用、賤而好自專者同，以此戒之。本朝古今一統，而未嘗更張綱紀矣。古者有喪葬之令，祭祀蓋屬神事，並雖粗略不備，而未聞有用佛之令。後世雖佛氏蕃衍，亦未聞有廢舊典、禁儒禮之制。然則今時避焚化裸瘞，而稍厚棺木，其奉祭祀之品物，與世俗佛徒所所者同。但齋明蠲潔，以躬自進之，我未知其有違令反古之罪也。若有令甲之祥明者，則孰敢不遵服？且佛氏所行之法，往往借用古禮而粃綴之，世人信假而怪真，豈非深惑哉！

有故廢祭説

《特牲饋食之禮》「不諏日」。注云：士賤職褻，時至事暇，可以祭，則筮其日矣。不如《少牢》大夫先與有司於廟門諏丁巳之日。疏云：「『時至事暇，可以祭』者，若祭時至，有事不得暇，則不可以私廢公故也。若大夫已上尊，時至，唯有喪故不祭，自餘吉事皆不廢祭，若有公事及病，使人攝祭。故《論語》孔子云『吾不與祭』，注云：『孔子或出或病，不自親祭，使攝者爲之，不致肅敬於心，與不祭之同。』又《祭統》云：『是故君子之祭也，必自親涖之。有故，則使人可也。』是君大夫有病，故皆得使人攝祭。《公羊傳》云：『春曰祠，夏曰礿，秋曰嘗，冬曰烝。烝則黷，黷則不敬。君子之祭也，敬而不黷。疏則怠，怠則忘。士不及茲四者，則冬不裘，夏不葛。』何休云：『禮本下爲士制，士有公事，不得及茲四時祭者，則不敢美其衣服。』若然，則士不暇不得祭，又不得使人攝。大夫以上有公事乃有攝，可知。」○曾子問曰：「大夫之祭，鼎俎既陳，籩豆既設，不得禮，廢者幾？」孔子曰：「九。」「請問之。」曰：「天子崩，后之喪，君薨，夫人之喪，君之太廟火，日食，三年之喪，齊衰，大功，皆廢。外喪自齊以下，行也。齊衰異門則祭。小功、緦，室中之事而已矣。謂賓長獻。士之所以異者，緦不祭，疏云：士值緦、小功，不辨内外，一切皆廢祭。所祭於死者無服則祭。」疏云：所祭，謂士祭祖禰，而死者已雖爲緦，祖禰於死者無服。此皆母親，以父爲主也。其從母父雖無服，己爲小功，熊氏云亦廢祭也。○孔子曰：「祭，過時不祭，禮也。」《曾子問》。疏云：過時不祭，謂四時常祭。熊氏云，若喪祭及禘祫祭，雖過時猶追而祭之。

居喪而祭説

朱子曰：「喪三年不祭，《王制》。蓋孝子居倚廬堊室，只是思慕哭泣，百事皆廢，故不祭耳。然亦疑當令宗人攝祭，但無明文不可考耳。」《語類》。「伊川謂：三年喪，古人盡廢事，故併祭祀都廢。今人事都不廢，如何獨廢祭祀？故祭祀可行。」先先生曰：「然。亦須百日外方可。然奠獻之禮，亦行不得。只是鋪排酒食儀物之類後，主祭者去拜。若是百日之内要祭，或從伯叔兄弟之類，有人可以行。」或問：「今人以孫行之，如何？」曰：「亦得。」又曰：「期大小功緦麻之類服，今法上日子甚少，便可以入家廟，燒香拜。」同上。又曰：「薦新告朔，未葬可廢。既葬，可使輕服或已除者入廟行禮可也。四時祭，既葬亦不可行。」又曰：「程先生謂『今人君喪，都不能如古禮，却於祭祀祖先獨以古禮不行，恐不得』。横渠曰：『如此，則是不以禮祀其親也。』某嘗謂，如今人居喪時，行三二分居喪底道理，則亦當行二三分祭先底禮數。」今按：此語非謂只行三二分。但喪既不得盡如古，則祭亦當略存古耳。《語類》。答人書曰：「所詢喪祭之禮，程、張二先生所論自不同。論正禮，則當從横渠；論人情，則伊川之説亦權宜之不能已者。但家間頃年居喪，於四時正祭，則不敢舉，而俗節薦享，則以墨衰行之。蓋正祭三獻受胙，非居喪所可行。而俗節則唯普同一獻，不讀祝，不受胙也。」《文集》。又曰：「喪三年不祭者，以古人居喪，衰麻之衣不釋身，哭泣之聲不絶于口。其出入起居、言語飲食皆與平日絶異，故宗廟之祭雖廢，而幽明之間兩無憾焉。今人居喪，與古人異。卒哭之後，遂墨其衰。凡出入起居、言語飲食，與平日所爲皆不廢也，而獨廢此一事，恐未安。竊謂欲處此義者，但當自省所以居喪之禮，果能始終一一合於典禮，即廢祭無可疑。若他時不免墨衰出入，或其他未合禮者尚多，即卒哭之前，不得已準禮自廢，卒哭之後，可以略倣。《左傳》杜預之説：『遇四時祭日，以衰服持祭于几筵、以墨衰常祀于宗廟可也。』」又曰：「古人緦麻已廢祭祀，《曾子問》。恐今人行不得。」《語類》。問：「夫爲妻喪，未葬或已葬而未除服，當時祭否？不當祭則已，若祭則宜何服？」曰：「恐不當祭。熹家則廢四時正祭，而猶存節祠，只用深衣涼衫之屬，亦以義起，無正禮可考也。」《文集》。先生以子喪不舉盛祭，就影堂前致薦，用深衣幅巾，薦畢反喪服。《語類》。又答人曰：「忌者喪之餘，祭似無嫌，然正寢已設几筵，即無祭處，恐亦可暫停也。」《文集》。張子曰：「喪自齊衰以下，不可廢祭。」《理窟》。○欽竊擬四時正祭，則三年及杖期之喪，大祥之後，已身及祖考不杖期，及降服大功卒哭之後，同居大小功緦已葬逾月之後，異門大功浹旬之後，小功緦麻三日之外，皆得行之。其餘薦享小祀，則己身及祖考降服大功以上卒哭之後，同居大小功緦浹旬之後，異門小功及緦麻三日之外皆行之。《曾子問》云：「所祭於死者無服則祭。」故論祖考之服。但恩情深密，而執喪謹嚴，及同居之親未葬，則不拘此，須節量稱宜矣。忌日亦小祀也，雖尊長之靈座在正堂，恐亦於別室可祭他親。況若卑者之喪，避尊者之忌乎？晨謁及告出入，雖居重喪，既成服則不可廢矣。

祭義總論

《祭統》：「凡治人之道，莫急於禮。禮有五經，莫重於祭。吉、凶、賓、軍、嘉之五禮，以吉禮爲首。夫祭者，非物自外至者也，自中出生於心也。心怵而奉之以禮，是故唯賢者能盡祭之義。心怵，有感動也，奉之以禮者，見乎物；盡之以義者，存乎心。徇其物而忘其心者，衆人也。發於心而形於物者，君子也。賢者之祭也，必受其福。非世所謂福也。福者，備也。備者，百順之名也，無所不順者之謂備。吉内盡於己，而外順於道也。忠臣以事其君，孝子以事其親，其本一也。上則順於鬼神，外則順於君長，内則以孝於親。如此之謂備。唯賢者能備，能備然後能祭。是故賢者之祭也，致其誠信與其忠敬，奉之以物，道之以禮，安之以樂，參之以時。明薦之而已矣，不求其爲。此孝子之心也。明，猶潔也。誠信忠敬四者，祭之本也，不求其爲求福之心也。祭者，所以追養繼孝也。孝者，畜也。順於道，不逆於倫，是之謂畜。畜者，藏也，中心藏之而不忘也，孝子之事其親，上則順於天道，下則不逆於人倫，是之謂畜。孔子曰：「父子之道，天性也。」孟子曰：「内則父子，人之大倫也。」是故孝子之事親也，有三道焉：生則養，没則喪，畢則祭。養則觀其順也，喪則觀其哀也，祭則觀其敬而時也。盡此三道者，孝子之行也。」時者，以時思之也。

「夫祭也者，必夫婦親之，所以備外内之官也。官備則具備，具，謂所供衆物。水草之菹，陸産之醢，小物備矣。三牲之俎，八簋之實，美物備矣。昆蟲之異，草木之實，陰陽之物備矣。欽按：陰陽之物，關上二物。凡天之所生，地之所長，苟可薦者，莫不感在，示盡物也。外則盡物，内則盡志，此祭之心也。是故天子親耕於南郊，以共齋盛；王后蠶於北郊，以共純服。諸侯耕於東郊，亦以共齋盛，夫人蠶於北郊，以共冕服。天子諸侯，非莫耕也；王后夫人，非莫蠶也。身致其誠信，誠信之謂盡，盡之謂敬，敬盡然後可以事神明，此祭之道也。」純服，亦冕服也，純以色言。冕服，顯其爲祭服耳。

《祭義》：「祭不欲數，數則煩，煩則不敬。祭不欲疏，疏則怠，怠則忘。是故君子合諸天道，春禘秋嘗。霜露既降，君子履之，必有悽愴之心，非其寒之謂也。春雨露既濡，君子履之，必有怵惕之心，如將見之。樂以迎來，哀以送往，故禘有樂而嘗無樂。合於天道，因四時之變化。二禘字當讀爲褕，霜露言非其寒，則雨露爲其温之謂矣。雨露言如將見之，則霜露爲如將失之矣。蓋春夏所以迎其來，秋冬所以送其往也。致齋於内，散齋於外。齋之日：思其居處，思其笑語，思其志意，思其所樂，思其所嗜。齋三日，乃見其所爲齋者。五其字，及下文所爲，皆指親而言。五者先思其粗，漸思其精，餘見齋戒説。祭之日，入室，僾然必有見乎其位；周還出户，肅然必有聞乎其容聲；出户而聽，愾然必有聞乎其嘆息之聲。僾然，彷佛之貌。周還出户，謂薦設時也。肅然，儆惕之貌。愾然，太息之聲也。舊説無尸者闔户，若食頃，則有出户而聽之。是故，先王之孝也，色不忘乎目，聲不絶乎耳，心志嗜欲不忘乎心。致愛則存，致慤則著。著存不忘乎心，夫安得不敬乎？君子生則敬養，死則敬享，思終身弗辱也。」致愛，極其愛親之心也。致慤，極其敬親之誠也。存以上文三者不忘而言，著以上文見于其位以下三者而言。不能敬則養與享，衹以辱親而已。

「孝子將祭，慮事不可以不豫，比時具物不可以不備，虚中治之。比時，及時也。慮中，清明在躬，心無雜念也。宫室既修，牆屋既設，百物既備，夫婦齋戒沐浴，奉承而進之。洞洞乎、屬屬乎如弗勝，如將失之。其孝敬之心至也與！薦其薦俎，序其禮樂，備其百官，奉承而進之。於是諭其志意，以其恍惚以與神明交。庶或饗之，庶或饗之，孝子之志也。兩言奉承而進之，上謂主人，下謂助祭者。諭其志意，祀以孝告也。孝子之祭也，盡其慤而慤焉，盡其敬而敬焉，盡其禮而不過失焉。進退必敬，如親聽命，則或使之也。此亦前章著存之意。孝子之祭可知也。其立之敬以詘，其進之也敬以愉，其薦之也敬以欲。退而立，如將受受命。已徹而退，敬齋之色不絶於面。孝子之祭也，立而不詘，固也。進而不愉，疏也。薦而不欲，不愛也。退立而不如受命，敖也。已徹而退，無敬齋之色，而忘本也。如是而祭，失之矣。」孝子之祭可知者，言觀其祭，可以知其心也。立之者，方待事而立也；進之者，既從事而進也；薦之以敬，則心之欲而冀其享也。立而不詘，以其恃親，是故謂之固。而忘本，而字衍。慎終如始，故已徹而退，無敬齊之色，爲忘本也。

「孝子將祭祀，必有齊莊之心以慮事，以具服物，以脩宫室，以治百事。及祭之日，顔色必温，行必恐，如懼不及愛然。其奠之也，容貌必温，身必詘，如語焉而未之然。宿者皆出，其立卑静以正，如將弗見然。及祭之後，陶陶遂遂，如將復入然。是故，慤善不違身，耳目不違心，思慮不違親。結諸心，形諸色，而術省之。孝子之志也。」懼不及愛者，懼愛親之心有所未至也。諸而未之然，如親欲有所語而未發也。宿者皆出，謂賓助祭者事畢出去也。如將弗見，祭畢而不知親所在也。陶陶言思親之心存乎内，遂遂言思親之心達乎外。祭後猶如此者，以其如將復入故也。慤善不違身，周旋升降無非敬也。耳目不違心，所聞所見不得以亂其之所存也。術與述同，述省，猶循省也，謂每事思省。

「《詩》云『明發不寐，有懷二人』，文王之詩也。祭之明日，明發不寐，饗而致之，又從而思之。祭之日，樂與哀半；饗之必樂，已至必哀。」《詩·小雅·小宛》之篇。明發，自夜至光明開發之時也。詩本謂宣王永懷文王武王之功烈，此備以喻文王，念父母之勤耳，於將祭而齋焉，則逆思其所以去，故曰享而致之，又從而思之。饗之必樂，則樂致其來；已至必哀，則哀思其去。前經言樂以迎來，哀以送往，正謂是矣。

《檀弓》：「子路曰：『吾聞諸夫子：喪禮，與其哀不足而禮有餘也，不若禮不足而哀有餘也。祭禮，與其敬不足而禮有餘也，不若禮不足而敬有餘也。』」

瓊山丘氏曰：「《易·萃》：『王假有廟，致孝享也。』按：祖孝精神，自有生以來，禪續承傳，以至於今日。子孫之精神即祖考之精神，而祖考之精神，又即其所承祖考之精神也。先儒謂人之精神萃於己，祖考之精神萃於廟，先王設爲廟祧，以聚祖考於其間，而子孫致其孝享之誠。上以承祖考氣脉之傳，下以爲子孫嗣續之地，使其精神萃聚，凝結而常不散，繼承而不絶也。」《大學衍義補》。